Das neueste Emma-Buch

Herausgegeben und eingeleitet von Alice Schwarzer
Mit Zeichnungen von Franziska Becker

Deutscher
Taschenbuch
Verlag

dtv

Originalausgabe
April 1991
Deutscher Taschenbuch Verlag GmbH & Co. KG,
München
Mit freundlicher Genehmigung des
Emma Frauen Verlags GmbH, Köln

Umschlaggestaltung: Celestino Piatti
Umschlagbild: Franziska Becker
Gesamtherstellung: C. H. Beck'sche Buchdruckerei,
Nördlingen
Printed in Germany · ISBN 3-423-11375-8

Inhalt

SEXUALITÄT/PORNOGRAPHIE

TATORT GERICHT

DDR

Emma-Leserinnen

Zum Abschied

EMMA 6 DM/Nr. 2 Febr. 87 G 4155 E
10 Jahre
EMMA

Vorwort

»›Emma‹ wie Emanzipation! ›Emma‹ ist so gut geprägt, daß es spielend den schwierigen Sprung vom Eigennamen zur Gattungsbezeichnung schaffte.« Das erklärt die feministische Sprachforscherin Luise Pusch in ihrem neuen Buch ›Alle Menschen werden Schwestern‹. ›Emma‹ für Emanzipation. So wie Uhu für Alleskleber und Persil für Waschpulver. Pusch: »Fachfraulich ausgedrückt: Emma ist das einzige Eponym (das Namengebende, Anm. d. Red.), das die deutsche Frauenbewegung hervorgebracht hat. Die Mitarbeiterinnen und die Leserinnen von ›Emma‹ bezeichnen sich selbst als Emmas. Ja, für viele ist *Emma* schon gleichbedeutend mit *Feministin*, gleichgültig, ob als Ehrenbezeichnung oder als Schimpfwort (Emanze) gemeint.«

Stimmt. Quasi täglich werden im deutschen Blätterwald Sätze losgelassen wie »Wenn das ›Emma‹ wüßte!« oder auch »Sie ist eine richtige Emma«. Meist schwingt eine Mischung von Achtung und Horror zugleich in solchen Worten mit: Ein Donnerwetter! Aber auch ein: Muß-es-denn-sein...? Und auf den Schulhöfen wird in den Pausen schon seit langem hinter besonders aufmüpfigen Mädchen ›Emma‹ hergerufen. Hinter mir selbst auf der Straße übrigens ebenfalls und zunehmend: »Ja, ist das nicht die Emma Schwarzer...?« Ja, sie ist.

›Emma‹ ist mein Leben geworden, denn ohne Leidenschaft kann ein Mensch eine solche Zeitschrift nicht machen. Und meinem Dutzend enger Kolleginnen, von denen so manche schon seit rund zehn Jahren oder gar seit der Stunde Null dabei ist, geht es nicht anders. Cartoonistin Franziska Becker und Schreiberin Viola Roggenkamp waren schon vor Erscheinen der ersten Ausgabe dabei, seit Herbst '76.

Für die Öffentlichkeit ist ›Emma‹ längst zur Institution geworden. Was ein Vorteil ist, denn ihre Stimme wird gehört und ernst genommen. Was aber auch ein Nachteil sein kann, denn sie wird leicht festgelegt. ›Emma‹? Ach, die kenn ich, da steht doch immer dasselbe drin... Meist kommt dieser Satz von Menschen, die selbst noch nie eine ›Emma‹-Ausgabe in der Hand hatten.

Stimmt. ›Emma‹ ist keine Frauenzeitschrift. ›Emma‹ ist ein Magazin für Politik und Kultur für Frauen von heute, eine aktuelle Monatszeitschrift für Frauen von Frauen. Sie erscheint seit Februar 1977 jeden Monat mit 64 Seiten, kann in der ganzen Welt abonniert und in den deutschsprachigen Ländern überall am Kiosk gekauft werden, ist also einem breiten Publikum zugänglich.

Heute, zu Beginn der 90er Jahre, ist ›Emma‹ das letzte aktuelle feministische Magazin dieser Art auf der Welt, das engagiert und journalistisch routiniert für eine breite Spanne von Frauen gemacht wird: für Bewußte wie Unbewußte, für Junge wie Alte, für Professorinnen wie Hausfrauen. Denn wir meinen, daß Frauen zwar keineswegs alle gleich sind und in sehr unterschiedlichen Lebenslagen sein können, daß uns alle jedoch trotzdem mehr miteinander verbindet, als uns lieb sein kann ... Was es für unser Leben bedeutet, eine Frau zu sein und welchen Blick wir aus dieser Betroffenheit heraus auf die Welt richten – das beschreibt ›Emma‹ konsequent. Monat für Monat.

Als ›Emma‹ Mitte der 70er Jahre startete, gab es in Amerika noch ›Ms.‹. Sie wurde später von einem Konzern aufgekauft, zu einem Konsumblättchen abgewrackt und eingestellt, neuerdings ist sie wieder als Zweimonatsheft über Abonnement zu beziehen. Auch in Westeuropa existierten damals in mehreren Ländern etliche Versuche, sich mit engagierten Frauenblättern nicht nur an die eigenen Reihen, sondern auch am Kiosk an alle Frauen zu richten.

Welche Schwierigkeiten dabei zu überwinden waren und warum ›Emma‹ heute als einzige übriggeblieben ist, das beschreibe ich in dem diesem Vorwort folgenden Text, den wir zum Geleit der 10-Jahres-›Emma‹ im Februar 1987 veröffentlichten: »Und wenn die Jungs sich totärgern!«

Wer die Frauen sind, die heute ›Emma‹ lesen? Das spiegelt sich getreu in der am Ende dieses Buches veröffentlichten dritten großen ›Emma‹-Leserinnen-Analyse: Frauen, die ›Emma‹ lesen, sind wie alle Frauen, aber eben doch auch ein bißchen anders – spätestens dann, wenn sie anfangen, ›Emma‹ zu lesen ...

Dies ist das dritte ›Emma‹-Buch, das bei dtv erscheint. Das erste präsentierte 1981 eine programmatische Text-Auswahl aus den ersten vier ›Emma‹-Jahren: von der Sexualpolitik bis zur »stern«-Klage, von den »neuen Vätern« bis zur Frauenliebe. Das zweite Buch erschien 1986 mit den vielsagenden Schlagworten: Standpunkte, Vorbilder, Krieg und Frieden, mehr Recht! In diesem dritten Buch nun, für das ich eine Text-Auswahl aus den Jahren 1986 bis 1990 traf, schreibe ich die begonnene ›Emma‹-Chronik fort.

Als Herausgeberin und alltägliche Macherin von ›Emma‹ fiel mir die Auswahl diesmal besonders schwer. Natürlich ist es unmöglich, auf 386 Buchseiten die Vielfalt von 60 mal 64 – also genau 3840 Heftseiten zu spiegeln. Ich mußte mich also damit begnügen, Akzente zu setzen; herauszuarbeiten, was neu war in diesen Jahren (zum Beispiel die Souveränität und Ironie, mit der wir die vielumstrittene Männer-›Emma‹ gemacht haben), aber auch, was in der besten ›Emma‹-Tradition steht: der Kampf gegen das Abtreibungsverbot, gegen die frauenfeindliche Pornographie und für die Hälfte der Welt für Frauen (und die Hälfte des Hauses für Männer)!

Diese Themen sind für ›Emma‹ in den 90er Jahren leider so aktuell wie eh und je, ja vielleicht sogar noch dringlicher als in den 70er Jahren. Und zu beiden Problemen haben wir in den letzten Jahren nicht zufällig Sonderbände gemacht (die noch bei ›Emma‹ zu bestellen sind): ›PorNO‹ und ›Fristenlösung jetzt!‹. Beide Male haben wir uns nicht mit dem Analysieren und Informieren begnügt, wir haben gehandelt!

Ohne die gezielten Informationen und Appelle von ›Emma‹ ab April 1989 über die Absicht der Parteien, einen gesamtdeutschen § 218 einzuführen, hätte es einen so heftigen erneuten Kampf gegen die deutsche Zwangsmutterschaft wohl nicht gegeben. Ohne die von ›Emma‹ initiierte Kampagne gegen die Pornographie (PorNO) wäre die Darstellung der sexuellen Erniedrigung und Folterung von Frauen und Kindern hierzulande wohl noch immer salonfähig.

›Emma‹ war immer mehr als eine Zeitschrift. ›Emma‹ ist eine Stimme aller Frauen und ein politisches Kampfblatt außerhalb der Parteien. Und sie ist Stütze und nicht selten sogar Freundin all ihrer Leserinnen – was die nicht hindert, oft ordentlich zu wettern. ›Emma‹ kann, und will!, es nie allen recht machen. Daß uns dabei das Lachen nicht vergangen ist – das zeigt die folgende Textauswahl.

Kurzum: ›Emma‹ ist eine Stimme, die von ihrer ersten Ausgabe an nicht zu überhören war. Und so soll es bleiben. Daß ›Emma‹ Eponym für Emanzipation geworden ist, ist also alles andere als ein Zufall.

Alice Schwarzer
Januar 1991

Kommentar

›Emma‹ lebt ... und wenn die Jungs sich totärgern!

Konkret wurde es an einem vernieselten Nachmittag im Januar 1976. Im ›Il Gattopardo‹ am Berliner Breitenbach-Platz. Mir gegenüber saß Kollege Hermann Gremliza. Sag mal, Hermann, stimmt das wirklich, daß man zum Start einer Monatszeitschrift mindestens vier Millionen Mark braucht? Quatsch, antwortete besagter Hermann, der es als ›konkret‹-Verleger ja wissen mußte, für die ersten drei Ausgaben genügt eine viertel Million. Und, fügte er großzügig hinzu: Mach bloß nicht denselben Fehler wie ich, miete die Redaktionsräume nicht zu klein, sonst mußt du gleich wieder umziehen.

Für diesen Rat bin ich ihm heute noch dankbar. Seit dem 1. September 1976 logiert der Emma-Verlag auf zwei Etagen des Hauses Kolpingplatz Nr. 1, im Schlagschatten zweier großer Brüder: des Kölner Doms und des WDR. Platz ist genug. Am Anfang hätte es auch eine Etage getan, sogar ein Zimmer. Denn außer mir war da nur noch eine Person fulltime mit der Vorbereitung der ersten ›Emma‹ beschäftigt: das war die Redaktionssekretärin Christiane Enßlin, bis dahin im Zuge der Sippenhaft arbeitslos.

Die Handvoll Journalistinnen, die einigermaßen ernst machten mit ihrem im Sommer angemeldeten Interesse an der noch vor Erscheinen höhnisch totgesagten Zeitschrift, die waren und blieben fest angestellt in den etablierten Medien und schauten am Feierabend oder am Wochenende mal rein. Mein etwas naiver Rundbrief, den ich im Frühling 1976 durchs Land geschickt hatte (»An alle Kolleginnen – bitte weitergeben«) hatte viele zum Mitreden angeregt, das Mitarbeiten aber ließ auf sich warten. Die Kolleginnen warteten erst einmal ab.

Bereits Monate vor Erscheinen der ersten Emma mußte mit Druckereien und Vertrieben verhandelt werden. Zu einem Gespräch mit dem Hamburger Vertrieb IPV im Oktober '76 nahm ich, auf den Rat seiner Tochter hin (»Mein Vater kennt sich da aus«) einen alten Hasen aus der Branche, Hans Huffsky, den Ex-Chefredakteur von ›Constance‹ mit. Ich hatte ihn nie zuvor gesehen und sah ihn danach nie wieder. Dennoch trug uns dieser kurze Auftritt dieses zweiten Mannes in ›Emmas‹ Vorleben ein vom Herrenmagazin ›Spiegel‹ und von der Schwesternstreitschrift ›Courage‹ hartnäckig verbreitetes Gerücht ein, der »eigentliche Macher« sei Herr Huffsky und das eigentliche Geld komme vom Konzern Gruner & Jahr (ausgerechnet). Cherchez l'homme.

Nur ein dritter wurde nie erwähnt. Der einzige, dem wir wirklich zu Dank verpflichtet sind für fachkundige Unterstützung beim Start. Das war der Buchhersteller Franz Greno, der einst noch beim Fischer-Verlag den ›Kleinen Unterschied‹ produziert hatte. Diesem Franz imponierte das dreiste Husarenstück. Er war es, der mir die erste Druckerei besorgte, mich in Papierfragen beriet und, nach einer durcharbeiteten Nacht, mit rotgeränderten Augen und unrasiert, die ersten 64 Seiten ›Emma‹ in die Frankfurter Lithographie und von da aus in die Kulmbacher Druckerei fuhr.

So war das am Anfang: Das Wissen um das *Machen* von Zeitschriften mußte ich, mußten wir uns fast ausschließlich bei den Männern holen. Frauen hatten bis dahin von so was kaum Ahnung. Denn das Zeitungsmachen ist eine ganz andere Sache als das Artikelschreiben. Und ich war und bin ja eigentlich Journalistin und nicht Verlegerin. Verlegerin wurde ich nur aus Verlegenheit: damit meine und die Artikel anderer engagierter Kolleginnen, die es Mitte der 70er Jahre zunehmend schwerer hatten (»Ihr seid zu voreingenommen, weil ihr betroffen seid«), wieder erscheinen konnten.

Denn das war seit Beginn der neuen Frauenbewegung klar: Wir durften nicht abhängig bleiben von den männerbeherrschten Medien, wir mußten auch eigene Stimmen haben. Die einzige andere deutschsprachige feministische Zeitschrift am Kiosk, ›Courage‹, war zunächst nur als Berliner Stadtzeitung angekündigt worden und erschien, überraschenderweise, überregional erst im Ersterscheinungsmonat von ›Emma‹, Februar '77.

Hätte ich die Emma auch gemacht, wenn mir damals, im Herbst '76, jemand alle persönlichen Folgen prophezeit hätte? Vielleicht hätte ich mir das Ganze noch mal gut überlegt... Schließlich konnte ich nicht ahnen, daß diese Zeitschrift die nächsten zehn Jahre meines Lebens fressen würde: sie hat mir als Schreiberin oft nicht genug Zeit gelassen und mich zur Macherin verurteilt; sie hat mich in einem mir bis dahin unbekannten Ausmaße den weiblichen Selbstzerfleischungs- und den männlichen Spaltungsmanövern ausgeliefert; sie zwingt mich täglich neu zum Kampf um die (politische) Haltung, die (journalistische) Qualität und das (zum Existieren) notwendige Geld. Ich gebe zu, es war manchmal fast zuviel. Aber noch war die Freude ungetrübt. ›Emma‹ wurde geboren. Mit einem Budget, das knapp fünf Prozent des sonst für ein solches Unterfangen üblichen betrug und in einer Zeit, die atemberaubend kurz war. Vier Monate nach Einzug in die Kölner Redaktionsräume stand das Konzept für die ›Emma‹ und lag die erste Nummer auf dem Tisch.

Der Name? Der war irgendwann mal aufgetaucht und gefiel uns. Nicht nur wegen der Anspielung auf die Em(m)anzipation, sondern auch, weil er das selbstironische Gegenteil vom platt Erwarteten war: Wie würde sie wohl heißen, diese Zeitschrift dieser jetzt vollends größenwahnsinnig gewordenen Schwarzer? Nora? Die Rächerin? Die Amazone? Alice la castrateuse?

Nein. Emma. Ganz einfach Emma. Ein Name zum Anfassen. Ein guter Name. – Schon wenige Wochen nach Erscheinen war ›Emma‹ nicht mehr der Laden von nebenan und auch nicht mehr die Möwe von Ringelnatz, die so aussah, als ob ... Ab jetzt war sie Synonym für die Sache. Aufmüpfige Schulmädchen oder spülunlustige Hausfrauen waren nun als »richtige Emma!« verschrien.

Doch bevor es soweit kam, mußte sie erst einmal erscheinen. Als ich im Dezember 1976 meine erste ›Emma‹-Kolumne schrieb, tat ich das recht unwissend. Daß 58 Jahre zuvor die Feministinnen, Pazifistinnen und Münchner Räterepublikanerinnen Anita Augspurg und Lida Gustava Heymann in München die Monatszeitschrift ›Die Frau im Staat‹ mit der Absicht herausgegeben hatten, »das politische Leben vom Standpunkt der Forderungen und der Mitwirkung der Frauen zu verfolgen« – ich wußte es nicht. Daß 82 Jahre zuvor in Berlin die Feministinnen Minna Cauer und Lily von Gizycki ›Die Frauenbewegung‹, eine Monats-›Revue für die Interessen der Frauen‹ mit dem Ziel gestartet hatten, »der Vielfalt der Deutschen Frauenbewegung« eine »gemeinsame Stimme« für den »Kampf der Frauen« zu geben – ich wußte es nicht. Daß 128 Jahre zuvor die erste ›Frauen-Zeitung‹, initiiert von der Feministin und 48er Revolutionärin Louise Otto mit dem stolzen Motto erschienen war: »Dem Reich der Freiheit werb ich Bürgerinnen« – ich wußte es nicht.

Das ist vielleicht das Zermürbendste am Kampf der Frauen um Menschenrechte für alle, *auch* und vor allem für die Frauen: daß wir immer wieder ganz von vorn anfangen müssen. Immer wieder neu müssen wir die verschütteten Spuren unserer Geschichte mühsam freilegen. Vollends den Rest gab uns deutschen Feministinnen die 12jährige Barbarei des höchsten Männlichkeitswahns: des Faschismus. Er verwischte endgültig alle Spuren. Feministische Bücher wurden verbrannt, radikale Feministinnen wie Augspurg und Heymann starben im Exil. Und selbst die Gemäßigten, die sich mit ihrem Doch-noch-Frau-sein lieb Kind hatten machen wollen und mit ihrer Ideologie vom natürlichen »Anderssein« des Weibes fatal zum Bild der »deutschen Frau und Mutter« beigetragen hatten – selbst sie waren, einmal benutzt, mundtot gemacht worden; ihre Zeitschriften wurden einige Jahre nach der Vertreibung der Radikalen eingestellt.

Diese seit Beginn des Jahrhunderts ebenfalls erschienenen Publikationen der Gemäßigten, wie Helene Lange oder Gertrud Bäumer, habe ich nicht etwa vergessen. Ich habe sie bewußt nicht genannt, weil sie nicht direkt *unsere* Vorläuferinnen sind. Emma bewegt sich in der Tradition der »radikalen«, der an die Wurzel des Unrechts gehenden Feministinnen. Das heißt, wir lehnen *jeden* Glauben an eine angeborene Ungleichheit von Menschen ab – egal ob er nun im Namen des Geschlechts, der Klasse oder der Rasse propagiert wird! Wir sind dem Kampf gegen *alle* Machtverhältnisse und Ausbeutung verpflichtet, sind für uneingeschränkte Selbstbestimmung und Menschenrechte, *auch* für die immer wieder »vergessenen« Frauen.

26. Januar 1977. Die erste ›Emma‹ erscheint. Spätestens an dem Tag muß ›konkret‹-Herausgeber Gremliza den guten Tip bereut haben. Der Genosse nämlich ließ in seinem strammen Blatt umgehend eine gewisse Frau Rotkohl (sic) »die schwärzeste Schwarzer« mit dem »schwärzesten Kurs«, den es je gab, rügen. Und nicht nur die Linken reagierten, wie gewohnt, auf uns Feministinnen besserwisserisch und bigott. Auch die bürgerlichen Männermedien verloren die Kontenance. So hielt das ZDF in der ›Drehscheibe‹ der Nation sämtliche (pingeligst nachgezählten) Kommatafehler von

›Emma‹ vor, ›Der Spiegel‹ addierte die »Konterfeis von Alice« und ein C. H. Meyer von der ›Süddeutschen Zeitung‹ vermeldete die Sichtung von ›Emmas‹ krankhaftem Feindbild: »Eine Art King Kong mit einem Penis wie das Empire State Building ...«.

Daß die Männer so reagieren würden, damit hatten wir, ehrlich gesagt, gerechnet. Wir hatten es sogar einkalkuliert. Schließlich hatte Emma keinen Pfennig für Werbung übrig, der von den Männermedien angezettelte Skandal war ihre beste Reklame. Daß allerdings auch einige Kolleginnen und darunter nicht die schlechtesten, ›Emma‹ für einen sich bei den Kollegen anbiedernden Verriß benutzten, hat uns doch überrascht. Und manchmal auch getroffen. So wie in dem Fall einer als »links« renommierten WDR-Redakteurin, die die Gelegenheit nutzte, ihren Kollegen über den Sender zu versichern, sie sei »nicht lesbisch und sehe darin kein Manko. Geschieden bin ich auch nicht«. Wie schön. Und wie traurig. Doppelt traurig, wenn frau bedenkt, daß auch diese Kolleginnen innerhalb der Männermedien nur deshalb überleben, weil wir von außen Druck machen. Kompromißlos.

Die 200000 Exemplare der ersten ›Emma‹ waren innerhalb von drei Tagen vergriffen. Den 100000 nachgedruckten Heften ging es nicht anders. Was die Laune der etablierten Kollegen nicht gerade hob. Denn hier ging es ja nicht nur um eine feministische, sondern auch um eine journalistische Herausforderung: Eine Handvoll bis dahin lohnabhängiger und quasi mittelloser Frauen hatte eine Zeitung aus dem Nichts gestampft, hatte sich in Zeiten der Übermacht der Konzerne und der gebrochenen Rückgrate meinungsfreudig auf die eigenen Füße gestellt.

Nicht zufällig war Rudolf Augstein der erste »Pascha des Monats«. Sein Blatt beherrscht meisterhaft die hohe Schule der Pseudo-Objektivität, seine Kritik verläßt nie die Männer-Kumpanei und selten die oberste Etage (von Mann zu Mann, von Herausgeber zu Kanzler). Auch journalistisch setzt ›Emma‹ dem etwas entgegen: Wir haben Schluß gemacht mit der Verschleierung der Zusammenhänge und der Lüge von der angeblichen »Objektivität«. Wir sind eingestanden engagiert. Denn nur durch dieses Eingeständnis unserer Haltung, von der aus wir unseren Blick auf die Welt richten, sind die so gesammelten Informationen und gemachten Analysen für Leserinnen wie Leser nachvollziehbar – und damit erst wirklich objektivierbar.

Daß wir all das nicht nur taten, sondern auch noch selbstbewußt und offensiv vertraten, verletzte vollends die Spielregeln. Vor allem ich, die Initiatorin und Verkörperung der Zeitschrift stand und stehe im Visier.

Doch angegriffen wurden nicht etwa die von mir vertretenen Inhalte, angegriffen wurde meine Person. So was hat Tradition in Deutschland. – Die frustrierte Schwarzer, die keinen mitgekriegt hat. Die bürgerliche Schwarzer, die jetzt einen kapitalistischen Verlag gegründet hat. Die autoritäre Schwarzer, die nun auch noch schlimmer ist als jeder männliche Chef. – Kein Klischee war zu plump. Und natürlich blieb immer etwas hängen. Manchmal etwas zuviel für einen Menschen.

Daß ich, daß wir – das knappe Dutzend Frauen, das ›Emma‹ seit Jahren mitverantwortlich trägt – es dennoch durchgehalten haben, ist ein kleines Wunder. Einfach war es nicht immer, das sind Wunder nie, aber gelohnt hat es sich. Denn ›Emma‹ ist so viel mehr als eine Zeitschrift: ›Emma‹ ist eine Institution. Für viele isolierte Frauen ist sie einzige Ansprechpartnerin, oft sogar »beste Freundin«. Für so manche, die sich ins Frauenzentrum nicht trauen, ist sie Anlaufstelle für alle Arten von Fragen und Problemen. Für Medien und Institutionen ist sie zentrales Auskunftsbüro. Für die Vielfalt von Frauen in Bewegung ist sie heute die einzige überregionale Stimme, die die Öffentlichkeit erreicht. Und vor allem: ›Emma‹ ist die Garantie dafür, daß der Widerstand von Frauen nicht mehr so einfach verdreht oder totgeschwiegen werden kann!

Themen, die sich erst heute in ›Brigitte‹ oder ›Stern‹ spiegeln, haben vor zehn Jahren in ›Emma‹ gestanden. Schon 1977 forderte ›Emma‹ mehr Häuser für geschlagene Frauen, brach ›Emma‹ das Schweigen über den Inzest und berichtete ›Emma‹ über den weltweiten Anti-Pornographie-Kampf von Frauen.

Dem schleichenden Zersetzungsprozeß von innen, der sich als Auch-Feminismus präsentierte und auch weite Teile der Frauenbewegung erfaßte, hat Emma früh kritisch gegenüber gestanden: Uns war die Falle der »neuen« (alten) Weiblichkeit (»Frauen sind die besseren Menschen«) und des Rückzugs ins Irrationale immer klar.

Den weltweit ersten Sexismusprozeß gegen die Männermedien initiierte ›Emma‹. Diesen Prozeß gegen die erniedrigenden, pornographischen Titelblätter des ›Stern‹ hätten wir bei dem anfänglichen allgemeinen Hohngelächter wohl nie durchgestanden ohne die Möglichkeit der differenzierten und kraftvollen Argumentation im eigenen Blatt.

Und auch die neue Friedenspolitik wäre ohne eine Stimme wie ›Emma‹ vielleicht abgeglitten in eine Befriedungspolitik der Geschlechter, die den Frauen die bequeme Rolle der Friedensengel zuweist und die Sache der Frauen damit vom Tisch wischt.

›Emma‹ ist keiner Partei und keinem Trend verpflichtet. ›Emma‹ hat oft zwischen allen Stühlen gesessen. ›Emma‹ wird das auch weiterhin tun.

Ich kann das so sicher sagen, weil wir unabhängig sind. Auch ökonomisch (was ja die Voraussetzung für jede Unabhängigkeit überhaupt ist). Entgegen aller wohlmeinenden anderslautenden Gerüchte, die ›Emma‹ mal bald bankrott, mal von geheimnisvollen Geldgebern finanziert wissen wollen, teilen wir nicht ohne Stolz mit: ›Emma‹ lebt aus eigener Kraft, ganz und gar ohne fremde Mittel.

›Emma‹ ist heute die auflagenstärkste Feministinnen-Zeitschrift in Europa. Nach langen schwierigen Zeiten steigt seit etwa anderthalb Jahren die Auflage wieder, leicht aber stetig.

›Emma‹ ist radikalfeministisch. Allgemeinpolitisch ist sie als links einzuordnen. Wo sonst. Sie freut sich über (fast) jede Reform, die den Frauen das Leben erleichtert, arbeitet aber auch in diesen eher entmutigenden Zeiten auf eine wirklich tiefgreifende, auf eine revolutionierende Veränderung hin. ›Emma‹ hat auch in Zukunft nicht die Absicht, Kreide zu fressen.

Ist ›Emma‹ heute noch nötig? Ja. Nötiger als vor zehn Jahren! Denn wir leben in Zeiten des Fortschritts und Rückschritts zugleich. Und je mehr wir Frauen erreichen, um so mehr versucht man, uns zu verdummen. Längst hat das Patriarchat zurückgeschlagen. Seine Methoden sind vielfältig, subtil und brachial zugleich. Wer darauf antwortet? Hoffentlich nicht nur ›Emma‹, aber auch ›Emma‹.

Denn ›Emma‹ lebt. Auch wenn die Jungs sich totärgern.

Alice Schwarzer
Februar 1987

Sprichst du vor Frauen – sagen wir in einer Frauenkneipe oder in der Volkshochschule – und willst ihnen etwas über deine feministische Arbeit erzählen, dann laß dir gleich zu Beginn anmerken, wenn du an dem Abend nicht so gut drauf bist. Frauen haben dafür Verständnis. Beginne im Ton unausgeschlafener Überlastung. Am besten so: »Also, Frauen, ich würde jetzt mal anfangen wollen, eigentlich.« Verschwende nicht deine ersten Sätze ans Thema. Sprich statt dessen: »Es geht also darum, wie in unserer Stadt im Rahmen der Mädchenarbeit ganz konkret strukturelle Konzeptionen jetzt praktisch Konturen kriegen und umgesetzt werden.«

Das sitzt und vibriert vor Wichtigkeit. Anwesende Studentinnen der Politik, Soziologie und vor allem der Kommunikationswissenschaften werden sofort die Sprache ihrer Doktormutter wiedererkennen und entspannt die Ohren zuklappen.

Du sprichst – worüber auch immer – in jedem Fall über die miese Lage von Frauen in dieser Gesellschaft. Darum solltest du gleich zu Beginn deine Solidarität und persönliche Erfahrung zeigen. Ob nun dein Thema heißt »Musikalische Massenkultur unter Berücksichtigung der Frauenproblematik« oder »Mädchen in Mißbrauchsituationen« oder »Berufsfrauen ohne Kreativitätsfreiräume«, sage möglichst noch in den ersten zehn Minuten ... Nein! Nicht: »Ich habe das auch erlebt.« So direkt will das keine wissen. Sage: »Ich bin da auch Betroffene.« – Und dann mache eine kleine Pause. Jetzt ist es an der Zeit, deinen Zuhörerinnen genau zu erzählen, was du tust und für wen du es tust. Aber vergiß nicht: Die Einfachheit deiner Sprache mindert die Bedeutung deiner Arbeit.

Sage also nicht: »Die Frau kommt zu uns in die Beratungsstelle. Wir sprechen gemeinsam mit ihr über ihre Sorgen, ihren Kummer und über die Gründe dafür.«

Sage besser: »Wenn die Frau zu uns kommt, geht es darum, die Situation offen zu machen, irgendwie, in der sie konkret steht, also ganz aktuell zu gucken, was bei ihr das Problem ist. Und allein indem ich ihr das mitteile, kann ich ihr halt auch 'ne Hilfestellung geben, ein Stück weit, daß sie das dann macht.«

Sätze von dieser aufschlußreichen Wichtigkeit mußt du

sprachlich auflockern durch kleine, quasi menschliche Geräusche wie »'ne« statt »eine« oder das kleine Wort »halt«, das völlig bedeutungslos ist und nur einem Zweck dient: Auf seinen vier Buchstaben können sich deine Zuhörerinnen halt einen Atemzug lang ausruhen. Denselben Zweck erfüllen »irgendwie«, »eigentlich« und »oder so«; wobei »oder so« dann angefügt werden sollte, wenn du etwas völlig Endgültiges gesagt hast. Zum Beispiel: Eine deiner feministischen Zuhörerinnen begnügt sich nicht mehr damit, dir zuzuhören, sondern stellt eine Frage. Und die paßt nicht in dein Konzept. Du antwortest – erste Stufe: »So 'ne Detailfrage kann man mal ansprechen, geht aber im Augenblick nicht inne richtige Richtung.« Zweite Stufe: »Was du hier hinterfragen willst, ist überhaupt noch nicht angedacht.« (Sehr schönes Wort übrigens. In »angedacht« schwingt viel von kluger Verhaltenheit). Dritte und letzte Stufe: »Du, also, ich meine, ich bin heute auch unter Streß, und wenn du dich hier irgendwie nicht einbringen kannst, dann gehst du vielleicht besser oder so.«

Das »oder so« soll diesen gezielten Rausschmiß in Watte packen. Weil Frauen mit Frauen einfach nicht so umgehen.

Du kannst jetzt zum Feministischen an deiner Arbeit kommen und solltest dabei deinen Sätzen breiten Raum geben. Nimm dir ein Beispiel an der feministischen Ärztin, die das Feministische an ihrer Arbeit so definierte: »Im Grunde arbeite ich im Einzelschicksal der Patientin eher intensiv im Lebensalltag, den sie dabei also einfließen lassen kann.« Sie hätte auch sagen können: »Ich höre der Frau zu.« Aber das kann ja jede sagen.

Wenn du beispielsweise mit Mädchen arbeitest, die von ihren Vätern vergewaltigt wurden; wenn du es schaffst, ihr Vertrauen zu gewinnen und sie mit dir und anderen Mädchen in einem Mädchenhaus ungestört wohnen können; und wenn du sie dann nach zwei Monaten wieder zu ihrem Vater zurückschicken mußt, weil die Behörde, die dich bezahlt, der Meinung ist, daß Kinder bei ihren Eltern in jedem Fall am besten aufgehoben sind, dann laß dir von alledem nichts anmerken.

Bleibe sachlich und sprich: »Wir sind 'ne Ersteinrichtung und wollen Freiräume schaffen für Mädchen mit Mißbrauchserfahrungen, damit sie ihre eigenen Gefühle wieder erarbeiten können, wobei wir sie halt aktiv unterstützen, wo sie auch einfach nur mal Spaß haben oder so. Der Aufenthalt bei uns ist begrenzt.« Dieser Satz ist mehrfach verwendbar. Tausche die drei Wörter »Mädchen mit Mißbrauchserfahrungen« aus gegen »Berufsfrauen ohne Kreativitätsfreiräume« oder gegen »Frauen in der musikalischen Massenkultur«.

Es geht: »Wir sind 'ne Ersteinrichtung und wollen Freiräume schaffen für Frauen in der musikalischen Massenkultur/ Berufsfrauen ohne Kreativitätsfreiräume, damit sie ihre eigenen Gefühle wieder erarbeiten können, wobei wir sie halt aktiv unterstützen, wo sie auch einfach nur mal Spaß haben oder so. Der Aufenthalt bei uns ist begrenzt.«

Sprich beim Thema »Mädchen mit Mißbrauchserfahrungen« nie vom Vater, Großvater, Bruder, Onkel oder Stiefvater. Sprich vom: Täter. Und sage schlicht: das Opfer. Nicht: die Tochter, die Schwester, die Nichte, die Enkelin. Je allgemeiner du hier sprachlich bist, desto objektiver wirst du. Auch gegenüber Frauen. Du schonst damit die Gefühle der Betroffenen.

Hast du inzwischen den Eindruck, deine Zuhörerinnen hören dir nicht mehr zu, sage: »'ne Frage für mich wäre jetzt auch, ganz konkret zu wissen, ob hier unter euch weitgehend noch das Bewußtsein besteht, also, was ihr jetzt für 'ne Erwartung an mich habt. Das fände ich total wichtig.«

Verzweifele nicht. Solche Sätze sind einfach zu sprechen. Höre nur, wie sie Feministinnen allüberall aus dem Munde perlen. Sie sind bloß schwer zu behalten. – So soll es sein.

Wenn du konkret würdest, müßtest du genau sein. Das würde eine Revolution auslösen. Erst bei dir. Dann bei den anderen. Laß das. So kommst du nie in leitende Positionen. Und genau in die Chefsessel willst du ja, ein Stück weit.

Viola Roggenkamp
März 1990

Männer

Die glorreichen Sieben

Eine Woche lang waren sie im Mai 1988 in der ›Emma‹-*Redaktion: sieben Männer. Ihr Gastspiel löste durchaus gemischte Gefühle aus. Angefangen hatte alles mit einer Wette von Alice Schwarzer bei ›Wetten daß‹. Wenn sie die Wette verliert, versprach die* ›Emma‹-*Herausgeberin Thomas Gottschalk, dürfen die Kollegen, die am Montag morgen zuerst anrufen, in eigener Regie die halbe Ausgabe der nächsten* ›Emma‹ *machen. Das Telefon ging den ganzen Montag lang ... Die sieben ersten rückten an.*

Wie lesbisch ist ›Emma‹ wirklich? Ehrlich gesagt, ich habe es in den gut zweieinhalb Tagen meines durchaus angenehmen Gastspiels nicht herausgefunden. Nichts ist dran an dem Image vom männermordenden Tick jener Frauen, die den wichtigsten aller kleinen Unterschiede dieser Welt ignorieren. Sie sind auch nicht die Schwanz-ab-Schwestern, für die sie zumindest der Großteil der männlichen Nation hält. Die Emmas – Alice, Susanne, Cornelia und Judith – passen so gar nicht in die Schublade männlich-chauvinistischer Schablonen. Ihnen fehlt nichts von dem wohl in allen anderen Redaktionen so sattsam bekannten und geschätzten kumpelig-kollegialen Verhalten weiblicher Raffinesse. Zugegeben: Auf der Fahrt in die Kölner Emanzen-Redaktion kamen plötzlich Zweifel, leichte Berührungsängste und Beklemmung. Ein völlig unbegründeter Zustand, denn die Frauen von der Feministinnen-Front ließen die Männer wursteln und verkrochen sich in ihre Stuben.

Die Frage war vielmehr: Wie kommen sieben gestandene Mannsbilder unter einen Hut? Schwerlich, männlich kompliziert. Sollte eigentlich MANN denen das Geschäft besorgen, die nur darauf aus sind, patriarchalische Errungenschaften zu kappen? Was ist es denn, Mut, Masochismus oder was sonst, wenn MANN bei ›Emma‹ mitmacht? Was mich angeht, so war es reine Neugier, ein Abenteuer mit erheblichem Reiz, keine reine Freude, aber ein Erlebnis mit Gewinn. Meine gefestigten Vorurteile gerieten ein wenig ins Wanken – ohne grundlegende Veränderungsmerkmale.

Nach meinem Auftritt bei den Emmas aber passiert mir das

nicht mehr: Früher verdrängten sich schon mal Gedanken an die ganz sicher vorhandene Gewalt durch Sprache und an die Vorkämpferinnen Alice Schwarzer und Senta Trömel-Plötz. Verballhornungen wie Trümmel-Plüntz haben keinen Platz mehr in meinem Hirn, in das in diesen Tagen ein bißchen mehr feministisches Denken eingezogen ist. Verändert hat sich in den Tagen bei ›Emma‹ ansonsten nichts. Ich bleibe was ich bin: ein Mann.

Hermann Henkel

Ich dachte, ich komme in den Pfuhl. Atmosphäre wie im Kroko-Bassin. Lauernde Frauenblicke. Hämische Sprüche. Totale Kontrolle. Verspannte Tanten. Und über den Wassern Alice, die allgegenwärtige Domina.

Doch was geschah?

Das Lächeln des Feminismus hat mich besiegt. Nicht, daß sie mich auf ihre Pritsche gezogen hätten; an ihrer Sache ist einiges ein ziemlicher Seich. Doch die haben ihr Ding, und es tut ihnen gut. Diese höchst produktive Bunkermentalität verblüffte mich, reizt mich. Eine überaus erotische Angelegenheit. Jede Frau ist besiegbar? Die hier nicht. Und diese Stärke macht mich an.

Holger Fuss

Am ersten Abend sitzen wir in der Kneipe, wir ›Emma‹-Männer und die ›Emma‹-Frauen. Noch nie habe ich mit so vielen Frauen zu tun gehabt, die so wenig von mir wissen wollten. Alle interessanten Fragen muß man selber stellen: »Wie lebst du, wie geht es dir mit uns?« Hat ›Emma‹ Angst vor uns? Daß wir nicht ins Feindbild passen? Für Alice Schwarzer sind wir die »netten Jungs«. Später kommt dann auch Neugierde auf: »Was machen die aus unserem Blatt?« Der Ton ist locker, der Umgang fröhlich, aber die Distanz bleibt. Man kocht uns sogar Kaffee.

Und wir eitlen Neugierigen, was wollen wir hier? Für uns ist der Feminismus doch eigentlich abgehakt, im Grunde langweilig. Wer will denn ernsthaft das Recht der Frauen auf Gleichberechtigung bestreiten? Wer fühlt sich provoziert, wenn er Chauvi genannt wird? ›Emma‹ hat doch einen Bart. Das sind die alten Kämpferinnen, die noch gar nicht gemerkt haben, daß sich die Zeiten geändert haben und die Frauen heute das Feindbild Mann gar nicht mehr nötig haben, um sich zu behaupten.

Haben wir das Feindbild Emanze nötig? Ich finde, Frauen sollen so stark sein, daß sie ihre Interessen artikulieren können, ohne daraus den Anspruch abzuleiten, daß dem dann auch gehorsam nachgekommen werden muß. Ich will mich also mit Frauen streiten können.

Ein guter Streit setzt Achtung voraus, denn seine Voraussetzung ist: Der andere könnte auch recht haben. Mit Feinden streitet man nicht, man hält sie sich vom Leib. Man will von ihnen auch gar nichts wissen, weil das sonst schwermachen würde, sie als Feinde von sich wegzudefinieren. Auch auf die liberale Art: Laß die mal machen, Frauenthemen sind Frauensache. Auch zuviel Freundschaft, falsche Freundschaft, steht einem Streit im Weg: Wer uns zu nah steht, den kann man kaum angreifen, ohne sich zu verletzen.

Ich wünschte mir, daß das, was wir hier machen, ein Beitrag für einen guten Streit ist. Daß ›Emma‹ ihre Schubladen öffnet. Daß Männer sich mal wieder für ihre Rolle interessieren. Daß Feindbilder überwunden werden, indem man sie ironisch bestätigt.

Der Anfang war wenig ermutigend. Die deutsche Männerwelt hat sich mit ihren Zuschriften blamiert. Wir lachen uns mit diesen Seiten über unsere Sprachlosigkeit hinweg. Mir persönlich fehlt auch die politische Auseinandersetzung neben der Provokation.

Ihr habt gesagt, in Zukunft macht ihr ›Emma‹ wieder alleine. In Ordnung, streiten wir uns anderswo weiter.

Thomas Schmitz-Günther

»Soll ich dir die lila Bollerhose von meiner Freundin leihen?«, soviel geballten Mutter – (sorry, Emma) – Witz wohlgesonnener Kollegen mußte ich vor meinem Eintritt in die ›Emma‹-Redaktion erst mal verdauen. Was haben die Kolleginnen und Kollegen erwartet? Daß wir sieben Männer-Emmas aufs Streckbett kommen? Daß wir uns als Softies von den Frauen die Richtung vorgeben lassen? War doch alles nicht. Das wußten doch eigentlich alle, die uns neugierig oder hämisch angerufen haben und wissen wollten, na, wie isses denn so? Schon in der Pressemitteilung von Alice Schwarzer konnte man lesen, sechs Redakteure und ein Layouter machen einen Männerteil nach ihrer Fasson. Damit wollten oder konnten sich einige offenbar nicht zufriedengeben. Ich denke da an einen Kollegen vom Fernsehen (»würde ich nie machen«), der sich seine Meinung von der Recherche lieber nicht kaputtmachen lassen wollte. Pech für ihn, ihn traf die geballte Solidaritätsladung von sieben Männern. So einfach wollten wir es ihm denn doch nicht machen.

Es waren nette drei Tage. Mit Frust (»schaffen wir das überhaupt noch«) und Ärger über zu lange Diskussionen. Aber auch viel Spaß und Blödeleien, sogar chauvinistische ...

Ich gehe nicht »verändert« weg. In drei Tagen kann sich wohl niemand wirklich ändern. Ich habe auch kein neues Frauenbild oder mein altes korrigiert. Das mußte ich wohl auch nicht. In meiner täglichen Arbeit komme ich mit mehr Kolleginnen zusammen als die ›Emma‹-Redaktion stark ist. Meinen skeptischen Kollegen in der ARD werde ich sagen, daß ›Emma‹-Frauen auch nicht anders sind als ihre Frauen und Freundinnen, die die gleichen Sorgen und Freuden haben (»Mein Freund und ich sehen uns nur am Wochenende. Und das klappt sogar«, Originalton einer ›Emma‹-Redakteurin). Ich hoffe allerdings, daß die ›Emma‹-Frauen in der Zukunft ein weniger dröges Blatt machen werden. Ich befürchte, sonst wird ›Emma‹ eines Tages eine Zeitschrift für emanzipierte Altersheimbewohnerinnen und -bewohner. Motto: Weißt Du noch damals auffe § 218-Demo? Das wäre schade. Ich glaube nicht, daß wir mit unseren Beiträgen dazu beigetragen haben, aber hoffentlich mit den vielen Diskussionen, die hier nicht abgedruckt worden sind (was'n Glück). Und nur ganz nebenbei – die lila Bollerhose habe ich überhaupt nicht gebraucht.

Gunnar Schultz-Burkel

Wir kamen als Softies und gehen als Kerls. War's so gedacht? Ich erlebte hier eine vom Manne losgelöste heitere Weiblichkeit, die mich staunen machte und flüchten ließ in männerbündische Verbalferkelorgien. Seit Juniortagen habe ich nicht mehr so viel geschweinigelt wie in diesen Tagen zwischen Emmas, die lächelnd an unserem gemeinsamen Redaktionstisch vorbeigingen und Unmassen von belegten Brötchen vertilgten. Das Lächeln war spöttisch, selbstsicher und schnitt in die Seele. Es machte mich verdammt unsicher. Wir flohen zu ausführlichen Mittag- und Abendessen in männeranheimelnde Kölsch-Kneipen, versuchten ernsthaft zu sein und landeten doch immer im Müllkübel sexistischer Macho-Gaudi: »Sie werden gerade vergewaltigt. a) Flehen Sie um Gnade, b) ziehen Sie sich zurück, c) feuern Sie ihn an« – aus einem selbstgestrickten Psychotest. Scheiße das. Wieviel Mist in einem drinnen steckt. Ich war sechs, als ich die erste Freundin in der Schlierseer Volksschule hatte. Annemirl hieß sie, und ich nahm sie mit zu meiner Mutter nach Hause. Dort wusch sie statt meiner das Geschirr ab. Guter Anfang für einen Vollmann. Nach 40 Jahren bin ich kaum näher rangekommen an die Frauen. Vielleicht bis zum Abtrocknen dessen, was die Annemirls abwaschen. Erkenntnis bei ›Emma‹.

Ich dachte, ich sei viel weiter, sah mich als Freund und Helfer der Frauenbewegung. Jetzt weiß ich, daß Unterstützung von ferne die geschickteste Form unauffälliger Distanzierung ist. Ich weiß, daß ich dieser Erkenntnis keine Taten folgen lasse, es macht mich zu verlegen.

Niklas Frank

Emma ist für mich entzaubert. Das Blattgold eines Mythos namens Alice Schwarzer zerfällt zu Staub – in dem Moment, in dem man ihr zum ersten Mal die Hand drückt. Sie wirkt so weltlich. Das freut und irritiert mich zugleich. Es war so, als ob man sein erstes gemeinsames Bier mit Menschen trinkt, über die man zuvor viel Verwirrendes hörte und las und jetzt erleichtert feststellt: Es sind dufte Kumpels. Für mich ist ›Emma‹ mit ihren Ansprüchen und Zielen begreifbarer geworden. Nicht, daß sie mich überzeugt hätten, aber sie haben starken Eindruck hinterlassen. Das wird sicher auch meine Frau freuen, mit der ich oft genug wegen ›Emma‹ Streit hatte. Sie ist Stammleserin.

Alexander Bütün

und . . .

›Herbert‹-Art-Direktor Christoph Pracht erleichtert nach seiner ›Emma‹-Zeit: »Buchstaben haben kein Geschlecht.«

Fünf der sieben Herberts waren von ihren Redaktionen als Rollenreporter nach Köln geschickt worden. Ein Herberts schrieb für den ›Stern‹, ein anderer für den ›Wiener‹ (eigentlich sollte seine Reportage im ›Spiegel‹ erscheinen, wurde aber abgelehnt), ein dritter für die WAZ, ein vierter für die ›Communale‹, ein fünfter berichtete täglich live aus der ›Emma‹-Männer-Redaktion – für den Südwestfunk:

»Kann mir mal einer sagen, wie der Becker gespielt hat?« Der Kollege vom ›Stern‹ hatte damit gestern die meisten Probleme. Wir anderen (. . .) hatten erst mal andere Sorgen. Immerhin muß die ›Emma‹-Männer-Ausgabe morgen mittag fertig sein. Zwischendurch ging's kurz zum Essen. Motto: »Viel-

leicht kommen wir dort auf bessere Ideen.« Statt dessen bekommen wir Zweifel. Machen wir hier nicht nur eine große PR-Aktion mit? Was wollen Frauen lesen? Was ist mit den Männern, sprechen wir die auch an? Lücken werden sichtbar. Was wissen wir eigentlich von der Emanzipationsbewegung der 60er und 70er Jahre?

Gunnar Schultz-Burkel am 31. Mai im SWF 3

Eine ›Anti-Emma‹ sollte es werden. Kontrapunkt gegen das in Aufmachung und Inhalt als antiquiert empfundene Original. (...) Doch hier erwies sich, daß die quirligen Ressortleiter ohne Ressort, abgeschnitten von den redaktionellen Zuträgern und Archiven unvorbereitet und unter erheblichem Zeitdruck nur ein paar erbauliche Gags zu produzieren in der Lage waren. (...) Wir hatten »den Frauen« einfach nichts zu sagen, weil wir ihre generellen Ziele – Gleichberechtigung, Quotierung, Ende der Diskriminierung – nicht bestreiten wollten,

aber zur Kommentierung ihrer konkreten Kämpfe sehr viel mehr von uns selbst hätten preisgeben müssen. (...) Zu solcher Selbsterfahrung war aber keiner bereit.

Thomas Schmitz-Günther in der ›Communale‹ vom 9. Juni

(...) Wie sie alle grinsend immer wieder am Männertisch der Qual vorbeigehen, die Redakteurinnen und Sekretärinnen. Mit jenem selbstsicheren Lächeln, das wir bisher nur bei den Frauen fürchteten, die uns ihre Schwangerschaft mitteilten. Die Heidelberger ›Communale‹ gesteht mutig den Schock, den wir alle abbekommen haben. »Noch nie bin ich von so vielen Frauen so wenig beachtet worden.« Kein Wunder, daß wir uns in umliegende Kneipen zurückziehen (...). Wir werden breitärschig. Schuld daran sind natürlich die schamlos über uns lächelnden Frauen. Aus Softies werden Kerls. »Gib dem Goethe eins auf die Flöte«, sagt der WAZ-Mann, der gebildete DFB ergänzt: »... und dem Schiller eins auf den Triller.« Der SWF 3 legt nach. »Da lacht der Docht.« Endlich zu Hause im Männerheim.

Niklas Frank im ›Stern‹ vom 23. Juni

Ist es Mut oder Masochismus, wenn mann bei ›Emma‹ mitmacht? Die Frage ist nach drei Tagen »Tollhaus« rasch beantwortet: Nichts davon. Es war eine Chance, ein wohl einmaliges Experiment, hinter die Kulissen einer kampfbetonten Frauenpresse zu schauen. Positiv die Erkenntnis: Die Frauen, die ausschließlich für Frauen schreiben, sind auch nur Frauen. Männlich-gefestigte Vorurteile gerieten ins Wanken und Witz-Weisheiten über die schreibenden Em(m)anzen wurden gründlich abgebaut.

Hermann Henkel am 4. Juni in der WAZ

»Wir sitzen hier stellvertretend für den deutschen Mann«, sagt Alexander. Geschieht uns ganz recht. Als ob wir nicht Besseres zu tun hätten? (...) Welch ein Kamikaze! Sich in eitler Hektik darauf einzulassen, binnen kaum dreier Tage 32 ›Emma‹-Seiten aus dem Männerhirn zu stampfen, mithin dem von uns Kerlen stets verlachten Frauenkampfblatt die Spinnweben aus dem Schritt zu fegen (...). In der abendlichen Gesellschaft mit den ›Emmas‹ in Paulas Wirtshaus umspielen wir charmant unsere tagesbelichtete Ideenlosigkeit. Wer hätte das gedacht! Ich, einst von ihr verfemter »new boy«, ein »moderner Zuhälter« weil Reporter des von ihr attackierten ›Wiener‹, sitze nun einträchtig neben der Femi-Domina Alice (46), und wir schauen uns verblüfft in die Augen. Sie drückt mir den Arm und kann gar nicht begreifen, wie so ein begabter junger Mensch jemals bei einem »solchen« Blatt arbeiten konnte. Und ich kann gar nicht begreifen, daß ich die Frau jemals für eine vertrocknete, frustrierte Zicke gehalten habe. Statt dessen erlebe ich einen witzigen, sinnlichen, unverstockten Brummkreisel, nach allen Seiten unentwegt parlierend, mit unendlich sentimentalen Augen. (...) Anderntags fühlen wir uns auf ›Emma‹-Terrain schon so vertraut, daß uns das schlechte Gewissen heimsucht. Sind wir nicht eigentlich Verräter? Sitzen wir hier nicht auf Feindesland und »besorgen denen das Geschäft«? Wieso hocken die Mädels zurückgezogen auf ihren Buden und arbeiten nicht mit uns zusammen? (...) Weshalb sollen wir für die denn überhaupt ein Heft machen? Weil uns nichts Rechtes einfallen will, fühlen wir uns auf einmal total verschaukelt. (...) Die Frauen wollen uns reinlegen, uns der militanten Weiberwelt vorführen, zeigen, wie wir Männer uns blamieren, wenn wir mal dürfen. Zeit läuft. (...) Nervös hasten wir in unsere Hotels, um uns den ersten Texten zu widmen. Auf dem Weg dorthin komme ich an einer Video-Peepshow vorbei. Und bin entschlossen, dort reinzugehen. Aus Trotz, weil wir Männer uns auch die blödesten Spelunken nicht einfach von ein paar Miliz-Emanzen verbieten lassen. Vor dem Eingang zucke ich vernehmlich zusammen: »Wenn du da jetzt reingehst, hat Alice dich besiegt!« fährt es mir durch den Kopf.

Holger Fuss in der Juli-Ausgabe des ›Wiener‹

»Die männerlose Zeit bei ›Emma‹, der Zeitung ›von Frauen für Frauen‹ ist nach elf Jahren vorbei«, meldete die ›Westfalenpost‹ am 19. Mai, fünf Tage nach Alice Schwarzers Auftritt in ›Wetten daß‹. Hier allerdings irrten die Zeitungsmacher aus Hagen, denn aus ›Herbert‹ wird durchaus kein Dauerzustand. Aber über den Ausnahmezustand ›Herbert‹ schrieben sich die KollegInnen die Finger wund:

Alice Schwarzer, die als Vollprofi weiß, daß im Millionenpublikum des Fernsehens ein ungeschminkter Frauenmund gehässiger kritisiert wird als eine ungeschminkte Meinung aus demselben, war gut drauf. Gottschalk wirkte neben ihr gachblond und wimperngetuscht. Wie wohltuend, daß die Zeiten vorbei sind, da Feministinnen im Fernsehen ausschließlich als Schießbudenfiguren des Männerspotts vorkommen durften, und daß selbst Alice Schwarzer heute für die jahrelang so unbedankte Aufgabe ›Funken zu werfen‹ den verdienten Applaus erntet.

Eva Deissen im Wiener ›Kurier‹ vom 16. Mai

»Das war ein schuß in den eigenen hintern, alice schwarzer. auf daß feministische weichheit und verständnisvolle angebote das millionenfernsehpublikum vom wahren wesen der alice schwarzer überzeugen mögen: oder ich die feministin bin doch ganz anders als mein böser ruf. (. . .) ich fordere alle frauen auf die emma nicht mehr zu kaufen.

Gela in ›Zyklotron‹ 6/88
(Zeitung des autonomen Frauenzentrums Innsbruck)

Die Juli-›Emma‹ wird zur Hälfte von Männern gemacht werden – nun gut, nachdem ›Emma‹ bei Thomas Gottschalk . . . angeboten hatte, ›Emma‹ von Männern machen zu lassen, wenn sie verliert, ginge ja vielleicht noch. Aber sie hat nicht verloren. Nun werden aber doch 36 ›Emma‹-Seiten von Männern gestaltet. Im Mai hatten sie das Buch mit dem Cartoon-Briefwechsel von Franziska Becker und Papan herausgebracht, unwitzig ist es nicht.

›Kom'ma‹ 6/88 (Düsseldorfer Frauenzeitung)

Montag, 17.50 Uhr: Anruf bei ›Emma‹ in Köln. »Die Herren sind in einer Sitzung und nicht zu stören.« Die Herren? Richtig gehört. Obwohl garantiert gerade kein Karneval ist, sind bei ›Emma‹ für drei (tolle) Tage die Männer an der Macht. (...) Ein bißchen Reklame konnte ›Emma‹ (...) ganz gut gebrauchen. Deshalb rief Deutschlands radikalste Frauenrechtlerin via Bildschirm auch gleich alle Männer auf: Schickt Beiträge, Fotos, Bilder, Texte. Vor dem Ergebnis sitzen nun seit Montag die sechs männlichen ›Emma‹-Eleven (...) und gerieten erst einmal in Panik. Auch Holger Fuss, bei einschlägigen Zeitgeist-Postillen einst wenig zimperlicher Mann fürs Grobe und zugestandenermaßen »ein alter Chauvi« war da, richtig geschockt: »Um Gottes willen, bin ich denn beim falschen Geschlecht gelandet? Was sollen wir davon bloß drukken?«

Fritz Janda in der Münchner ›Abendzeitung‹ vom 1./2. Juni

Der Schweiß harter Männerarbeit schlägt sich in den Räumen nieder, die ansonsten ausschließlich von Frauen durchlüftet werden. »Die Mädels sind doch hier ganz brav«, meint Hermann Henkel von der WAZ. Er gibt offen zu, daß er gegenüber den ›Emma‹-Frauen Vorurteile hatte.

Gisela Arndt im ›Kölner Stadtanzeiger‹ vom 2. Juni

Die Chance ist vertan, die Satire ging in die Hose. ›Emma‹ sollte ihren Fehltritt ganz schnell vergessen.

Dorothea Tilger im ›Mannheimer Morgen‹ vom 25./26. Juni

Man(n)/Frau kann dazu stehen, wie er/sie will. (...) Ein Medienspektakel und -erfolg ist es auf jeden Fall. (...) Und was ist das Resultat? Wenn Männer über Frauen schreiben, dann meinen sie in erster Linie sich selbst und ihre Ängste und Vorurteile.

Karin Krawczyk im ›Kölner Stadtanzeiger‹ vom 1. Juli

Das können nur Männer: Was kaum noch vorstellbar zu sein schien, haben jetzt sechs Journalisten und ein Grafiker in nur sage und schreibe 4 Tagen fertig gebracht: ›Emma‹ auf 29 Seiten, das Zentralorgan der einzigen Feministin Deutschlands, noch peinlicher, noch dümmlicher und noch überflüssiger zu gestalten.

›Pflasterstrand‹ 7/88

Gäbe es den Preis »Schwachsinn des Monats«, er ginge im Juli an das ›Männermagazin Herbert‹. In ihrem Editorial schweigen die ›Emma‹-Frauen zu den dummdreisten Sexismen, die ihre Kollegen absonderten, »statt dessen sehen sie die ›schlimmsten Machos‹ in Hamburg, beim ›Spiegel‹. Dort hatte ein Ressortleiter die Reportage des Ex-›Wiener‹-Redakteurs Fuss über seinen Einsatz bei ›Emma‹ nicht ins Blatt genommen. Warum nicht. Emma weiß wie immer Bescheid: weil die Attacken gegen Alice Schwarzer ausblieben. Andere Gründe kann es schließlich nicht geben. Wir danken dem ›Spiegel‹, daß er uns diese Sülze ersparte.«

Gunhild Schöller in der TAZ vom 2. Juli

Ein Paradebeispiel von innerer Pressefreiheit kann in der neuesten ›Emma‹ bestaunt werden. (...) Auch wenn die Damen der Schöpfung es bei diesem einmaligen Experiment belassen wollen, stellen sie einmal mehr ihre Courage und ihr Selbstbewußtsein unter Beweis. Der deutschen Presselandschaft stände es nicht schlecht zu Gesicht, wenn »Meinungsblätter« ihren publizistischen »Gegnern« Raum zum befruchtenden Meinungsaustausch zur Verfügung stellten. Ein Leitartikel von Enno von Loewenstern würde der TAZ ebensowenig schaden wie der ›Welt‹ eine Augstein-Kolumne. Why not?

›new business‹ – Medienmagazin vom 27. Juni

Jüngere Männer

Tina Turner hat einen, Marika Kilius hat einen, Elizabeth Taylor hat einen, Shere Hite hat einen, Ruth Gordon aus ›Harold und Maude‹, diesem verrücktesten und poetischsten Liebespaar der Filmgeschichte, hatte auch im Privatleben einen: Sie starb in den Armen ihres 16 Jahre jüngeren Freundes. Und Ursula Richter hat einen. Die Frau von Welt, die Frau, die die Wahl hat, wählt immer häufiger einen jüngeren Mann.

Und statt sich, wie bisher, mit ihm zu verstecken, zeigt sie ihn auch noch öffentlich und selbstbewußt. Das vor allem ist neu. Edith Piaf löste 1962 noch einen Skandal aus, als sie einen 20 Jahre jüngeren Mann heiratete. Doch sie bereute nichts – der junge Grieche blieb ihr bis ins Grab hinein rührend treu. Doch auch heute, nach 20 Jahren Frauenbewegung, kaschieren es viele Frauen noch immer, wenn sie älter sind als er. Dabei ist das inzwischen schon jede fünfte. Und bei den nicht verehelichten Beziehungen sogar fast jede dritte! Eines dieser Paare ist die Autorin selbst, die Wiener Soziologin Ursula Richter. Sie ist 47, und Großmutter. Ihr Freund Heiner, ein Schlagzeuger, ist 34 und hat durchaus Spaß daran, schon »Stief-Großvater« zu sein. »Meine Kinder«, sagt sie, »haben Heiner von Anfang an als Freund ins Herz geschlossen.« Zwei Generationen zuvor sah das noch ganz anders aus. Ihr Buch ›Einen jüngeren Mann lieben‹ widmet Ursula Richter ihrer »starkherzigen Großmutter Anna Richter, die die ›Schande‹ eines jüngeren Mannes noch mit ins Grab nehmen mußte«. Heute nehmen Frauen sich zunehmend die Freiheit. Weil der Mensch, den sie lieben, einfach zufällig ein jüngerer Mann ist. Weil sie die Pascha-Allüren der Männer ihrer Generation nicht länger ertragen. Und vielleicht auch, weil sie, die Lebenserfahreneren, so der gesellschaftlichen Überlegenheit des Mannes privat ein wenig gegensteuern.

Frankfurter Buchmesse, 1989: Am Stand des Verlags ist die Umschlagseite meines Buches in Großformat auf Holzleisten aufgezogen. Im Strom der Messebesucher schiebt sich ein Mann vorbei. Wie viele andere verdreht er den Kopf nach hinten, während er vorwärts geht, weil sein Blick am Titel ›Einen jüngeren Mann lieben – Neue Beziehungschancen für Frauen‹ hängenbleibt. Doch dann geht er nicht einfach weiter.

Nein, er dreht ruckartig den Kopf nach vorn, hält ein, geht zurück, bleibt vor dem Plakat stehen, schaut verstohlen nach rechts und links und schüttelt den Kopf. »Das gibt's doch nicht«, sagt sein empörter Blick, »die Frauen werden immer dreister«.

»Nein, danke!« Ein Herr mittleren Alters winkt entsetzt ab, als ihn meine Freundin zur Buchpräsentation einladen will, »dort sind ja dann nur lauter alte Weiber!« Das sei nun wirklich nichts für ihn, junge Frauen seien ihm schon lieber.

Ablehnung auch bei manchen Frauen. Meine Mutter: »So etwas schreibt man nicht!« Sie meint, wenn frau schon »so etwas« tut, dann solle sie wenigstens nicht auch noch darüber schreiben. So eine wie ich: mein Freund Heiner ist 13 Jahre jünger – und von jungen Feministinnen muß ich mir anhören, daß der jüngere Mann für die Frauenbewegung »keine Bedeutung« habe. Mit diesem Argument verwehrt frau dem Buch sogar den schwesterlichen Platz im Schaufenster des Frauenbuchladens. Für wen habe ich dieses Buch eigentlich geschrieben?

Andererseits – der erste »Fanbrief« kommt von einer Frau aus Bonn: ». . . ist Ihnen ein fabelhaftes Buch gelungen. Dazu gratuliere ich herzlich, und gleichzeitig bin ich dankbar. Wenn mein Vater hören könnte, was ich meinen drei Enkelinnen auf den Lebensweg gebe – er käme glatt aus dem Grab hervor und hielte die alte Predigt lautstark: das Weib diene dem Mann, und es hat dankbar dafür zu sein . . .« Hat das Thema »jüngerer Mann« also doch etwas mit der Gleichheit von Frau und Mann zu tun?

»Die muß einen Mann ja dringend nötig haben«, flüstert ein Kollege der 43jährigen Irina hinter vorgehaltener Hand einem anderen Kollegen zu. Irina hört die Bemerkung natürlich trotzdem. Der »nötige« Mann ist ihr 26jähriger Freund Wolfgang. Groß, blonde Locken, offener Blick, ihr liebevoll zugewandt. Eigentlich ein ganz »normaler« Mann für eine Frau. Aber nicht für die Kollegen, die's nicht fassen können: »Der könnte ja ihr Sohn sein.«

Und die 40jährige selbständige Geschäftsfrau Hania hat eine hübsche Teenagertochter, gerade 18 Jahre alt, und einen 30jährigen Freund, Richard, Informatiker bei einer Bank in Frankfurt. Sie tanzen alle drei sehr gern. Bei der Gelegenheit treffen sie eines Abends zufällig Richards ehemalige Freundin. Beim Tanz mit ihrem Ex fragt sie ihn schäkernd – durchaus in Hanias Hörweite: »Sag mal, Richard, hast du denn nicht mehr Appetit auf die Tochter als auf die Alte?«

Diese Beispiele stammen nicht etwa aus einer längst vergangenen, verstaubten Zeit. Nein, es sind Erlebnisse von Frauen aus der allerjüngsten Gegenwart. Und ich weiß, wovon ich rede. Über Monate habe ich mit zahllosen »älteren« Frauen und ihren »jüngeren« Freunden geredet, auch mit Frauen, die ihn verlassen hatten. Die Frauen, über die ich in meinem Buch berichte, sind zwischen 28 und 74 Jahren alt, die Männer zwischen 19 und 42. Von Beruf sind sie Sekretärinnen oder Künstlerinnen, Hausfrauen oder Managerinnen. Die meisten stehen voll im Beruf, ihre Freunde sind oft noch in der Ausbildung.

Nicht alle Frauen waren gleich bereit, mit mir zu reden. Oft baten sie sich Bedenkzeit aus, sagten abwehrend: »Wir sind doch ein ganz normales Paar.« – Aber genau das sind sie eben nicht! Denn es ist noch lange nicht die Norm, sondern immer noch die Ausnahme, daß sie älter ist als er (statt umgekehrt).

Doch zunehmend mehr Frauen nehmen sich die Freiheit eines jüngeren Mannes. Vor allem, wenn die Liebe dabei im Spiel ist. Und die ist ja schon länger im Spiel. Spätestens seit der deutschen Romantik hat die »Liebesheirat« ihren festen Platz in unserer Gesellschaft. Die von den Eltern mit Weitblick und Berechnung arrangierten Ehen, die »Muß«-Ehen als Resultat der Vor-Pillen-Ära – sie sind Vergangenheit. Heute werden Frauen und Männer ein Paar, weil sie sich lieben. Zumindest am Anfang.

Mit dieser Begründung unterscheiden sich Irina und Wolfgang, Hania und Richard wohl kaum von anderen Paaren. Sie unterscheiden sich jedoch in den gesellschaftlich zugebilligten Chancen, ihre Beziehung wie ein »normales« Liebespaar leben zu können. »Normal« ist, wenn der Mann eine jüngere Frau liebt. Das ist das Paar, dem man Glück wünscht, »bis daß der Tod sie scheidet«. Auch heute noch, wo jede dritte Ehe geschieden wird.

Ist die Braut älter als der Bräutigam, werden statt der guten Wünsche böse Prophezeiungen geboten. Vor allem für die Frau: Für die einen ist sie eine sexbesessene Verführerin, für die anderen eine tragisch-komische Figur – die »alternde Frau, die sich mit allen Mitteln an ihre verlorene Jugend klammert«. Aber auch der jüngere Mann kriegt sein Fett ab: Er wird als »Opfer«, »Schwächling« oder »Schüler in Sachen

Erotik« hingestellt. Die ganze Verbindung gilt als »unnatürlich«, und man gibt ihr keine Chance auf eine lange Dauer.

Dabei sind sie gar nicht (mehr) so selten, die Frau-älter-als-Mann-Beziehungen. Das zeigt die Statistik: Bei fast jedem fünften Ehepaar in der BRD und in Österreich ist die Frau mindestens ein Jahr älter als der Mann. Das ist in den letzten zehn Jahren deutlich gestiegen. Bei den Lebensgemeinschaften ohne Trauschein ist in Österreich sogar fast jeder dritte Mann jünger. Und in jedem zweiten Fall ist sie sogar mindestens fünf Jahre älter als er!

Es hat sie übrigens immer schon gegeben, diese Paare, auch unter DichterInnen und DenkerInnen, KünstlerInnen und KönigInnen: Denken wir nur an Wolfgang von Goethe, der in Charlotte von Stein (sieben Jahre älter als er) eine verwandte Seele fand. An Caroline Schlegel und Wilhelm-Joseph Schelling (Altersunterschied: zehn Jahre). An George Sand und Frédéric Chopin (sechs Jahre auseinander). Nicht zu vergessen Salvador Dali und seine Managerin-Muse Gala (rund 20 Jahre älter). Auch die kreativsten unter den Beatles, John Lennon und Paul McCartney, suchten sich starke (und ältere) Frauen aus: Yoko Ono war sieben Jahre älter als John, Linda McCartney ist drei Jahre älter als Paul. Und daß Silvia von Schweden, geborene Sommerlath, nicht nur eine Bürgerliche und ehemalige Olympia-Hostess, sondern auch noch dreieinhalb Jahre älter als ihr königlicher Gemahl Carl Gustav ist, wird ihr die Regenbogenpresse wohl nie verzeihen . . .

Trotz der großen Zahl von »Ausnahme«-Paaren und trotz der prominenten Vorbilder hält sich offiziell eisern die Regel: Der Mann muß älter sein. Von der Frau wird erwartet, daß sie diese Regel kennt – und beachtet. »Meine zukünftige Schwiegermutter rief an«, erzählt mir Hania betroffen, »um mit mir ›von Frau zu Frau‹ zu sprechen. Sie wolle Enkelkinder haben, und dafür sei ich als Vierzigjährige ja wohl zu alt. Deshalb solle ich doch endlich ihren Sohn in Ruhe lassen, denn wenn ich nicht wäre, könnte sie schon längst eine glückliche Großmutter sein.« Altersgrenzen stecken ab, was für die Frau »erlaubt« ist. Erlaubt ist nicht, den jüngeren Mann an sich zu binden, ihn abzuhalten von der Erfüllung des »normalen« Lebenslaufs: jüngere Ehefrau, Kinder. Erlaubt, vielmehr gerade noch geduldet, ist die ältere Frau in der von vornherein begrenzten Rolle der erotischen Lehrmeisterin.

Wer diese Grenze überschreitet, wird hart bestraft. Wie etwa die 31jährige Lehrerin Gabrielle Russier aus Marseille, die sich 1968, im Barrikaden-Mai, in einen ihrer 16jährigen Schüler verliebt hatte. Auf Betreiben der Eltern ihres Geliebten wurde sie damals nicht nur aus dem Schuldienst entlassen, sondern wegen »Unzucht mit Abhängigen« sogar ins Gefängnis geschickt. Die lokale Presse berichtete breit über den »Skandal«. Gabrielle Russier sah keinen anderen Ausweg mehr als den Selbstmord. Ihr Vergehen war, daß sie sich nach der »Affäre« im Mai nicht von ihrem Geliebten getrennt, daß sie auf den jungen Mann nicht verzichtet hatte.

Selten ist die Verurteilung so brachial. Oft sitzt sie nur als Angst in den Köpfen der Frauen selbst: im Bild der »Alten«, die vom jüngeren Mann verlassen wird. Warum? Nicht, weil sie »älter« ist, sondern weil sie nicht jünger ist und daher sehr bald nicht mehr »jung«. Denn Jungsein ist zwingend für Frauen. Sexualität im Alter ist »unschicklich«. Und eine jüngere Frau kann einen älteren Mann später auch besser versorgen als umgekehrt. Die Konsequenz, die Frauen ziehen, ist nicht selten der Verzicht. Scheinbar edel, aber im Grunde geboren aus Angst.

»Ich kann mir in Wirklichkeit nicht vorstellen, wenn ich dann 60 bin und der Franz ist 45, daß mich das nicht beeinflußt. Und ich glaub, daß mir im Grunde so graut vor einer solchen Situation, daß ich mir denke, daß ich die Trennung schon vorher provoziere«, erklärt mir die Münchener Gartenbauarchitektin Lisa K., 45, die sich in ihrer Beziehung zu Franz R., Architekt, 30 Jahre, im übrigen »sehr glücklich« fühlt.

Warum nicht einfach annehmen, daß das Glück auch bis ins hohe Alter dauern kann? Zugegeben, es fehlt an positiven Orientierungsmustern. Nicht zuletzt deshalb, weil das »Frau älter als Mann«-Paar als altes Paar öffentlich kaum sichtbar ist, obgleich es existiert. Agatha Christie etwa: Sprach man je von ihrem jüngeren Mann, der ein Leben lang an ihrer Seite war? Und wußten Sie, daß Ruth Gordon, die Maude im Film ›Harold and Maude‹, auch im wirklichen Leben in den Armen ihres 16 Jahre jüngeren Mannes friedlich verstorben ist?

Es gibt sie, die vielen glücklichen Paare mit dem »umgekehrten« Altersunterschied. Doch sie verstecken sich oft, um den Druck von außen abzuschwächen. Sie zeigen sich als »ganz normales« Paar. Ihr Aussehen hilft ihnen häufig dabei: die Frau sieht oft jünger aus, der Mann ein bißchen älter, als er ist. Über ihr Alter sprechen sie nicht. Wozu auch? Für ihre Beziehung bedeutet Alter nur am Anfang etwas. Dann vergessen sie es beide schnell.

»Liebe ich sie/ihn trotz oder wegen ihres/seines Alters?« Das ist die Frage, die sie beschäftigt. »Das war auch bei uns sehr lange die Frage«, erinnert sich die 51jährige Sachbearbeiterin Irma, die seit 16 Jahren mit ihrem sechs Jahre jüngeren Mann zusammenlebt, »bis wir feststellten, daß wir uns aufgrund ganz anderer Qualitäten liebten.« Stefan M. liebt Irma. Warum? »Ich bewundere ihre Souveränität und die Konsequenz, mit der sie ihr Leben führt. Und gleichzeitig diese Mädchenhaftigkeit, die Altersgrenzen verwischt.« Er hat sie beobachtet, wie sie mit Menschen umgeht, wie sie den Alltag mit Kindern meistert, wie sie ihren Körper trägt und Zärtlichkeit ausstrahlt. Ihre Erotik sei »gefährlich« für ihn, sagt der 45jährige Psychologe Stefan M.

Er weiß, daß Irma ihn als jungen, temperamentvollen Mann von Anfang an genossen hat. Damals nahm er ihr die Sorgen einer Frau über Dreißig, gab ihr das Wissen um ihr Begehrtsein wieder. »Er findet mich auch heute noch begehrenswert, und das ist süß«, lacht Irma, und sie spricht von seiner Treue, »die von selber da ist, nicht aus einer Ideologie heraus«. Das gebe ihr »Ruhe und Kraft«: »Wir sind eine Frau und ein Mann, die sich in relativer Freiheit etwas zu geben haben. Wir haben nicht das Gefühl, unser Eigenleben opfern zu müssen«, sagen beide.

In einer Lebensgemeinschaft die persönliche Freiheit zu bewahren, ist eine ideale Voraussetzung für Liebespaare jeglichen Alters. Und doch bietet die spezifische Alterskonstellation des »Frau älter als Mann«-Paares noch eine besondere Chance für eine echte Partnerschaft: Die »ältere« Frau wird nämlich nicht von vornherein in die Rolle der Unterlegenen verwiesen, denn der Mann ist jünger und damit »schwächer« als sie. Der Mann wiederum wird nicht von Anfang an mit der Erwartung konfrontiert, in der Beziehung die Führung zu übernehmen. Das Frau-älter-als-Mann-Paar durchbricht die kulturell abgesicherte Machthierarchie, in der die Norm des »älteren« Mannes selbstverständlich ist. Das ist eine gute Grundlage für mehr Gleichheit, zumindest im Privaten.

Gewohnt, als Mann »übergeordnet« zu sein, wäre es durchaus denkbar, daß der Jüngere leidet, daß er verunsichert reagiert, einen Konkurrenzkampf entfesselt, Machtverlust befürchtet. Der 27jährige Musiker Roland aus München meint dagegen: »Ich glaube, es tut mir gut, daß ich der Jüngere bin. Es ist schon so bei einem Typen wie mir, da muß eine Frau schon eine sehr starke Persönlichkeit sein, damit sie nicht zu sehr von mir dominiert würde. Ich finde es für mich ganz vorteilhaft, daß bei Marlene das Alter ins Gewicht kommt. Insofern fühle ich mich auch wohl als der Jüngere.« Seine Frau Marlene ist 13 Jahre älter.

Umgekehrt ist die Position der Älteren für die Frau noch ungewohnt. Und Frauen gehen mit einer Machtposition häufig verantwortlicher um als Männer dies tun. Lisa: »Manchmal merke ich plötzlich: Ach, der Franz, der reagiert ja wie eine junge Frau gegenüber einem Mann, und das will ich nicht.« Dann steuert sie gegen, schafft oft schon im Vorfeld einen Freiraum, »damit er sich selbständig entscheiden kann oder muß und nicht immer auf mich Rücksicht nimmt«. Als Warnung hat sie das Dominanzverhältnis des »normalen« Paares im Kopf.

Und Roberta, 35, aus Ulm, geschieden und Mutter zweier Töchter, erklärt: »Fest steht, daß ich nie wieder einen Mann in meinem Haus haben werde, der mich nicht als die Person, die ich bin, akzeptieren kann. Und nicht, weil ich eine aggressive, dominierende, ›männliche‹ Frau sein will, sondern weil ich von niemandem bestimmt werden möchte. Und auf der anderen Seite möchte ich ebensowenig über jemanden bestimmen.«

Gegenwärtig scheint es, als sei der »jüngere« Mann eher als der »ältere« fähig, es mit einer Frau, die Selbstbestimmung fordert, aufzunehmen. Deshalb gehört er dazu, wenn die Gleichheit von Frau und Mann zur Diskussion steht. Und darum meine ich: Der Platz meines Buches im Fenster des Frauenbuchladens ist durchaus gerechtfertigt.

Ursula Richter
Februar 1990

Sie spielen ihre Rolle gut. Im Film. Und in der Wirklichkeit? Emma hat sich diese »neuen Väter« einmal genau angesehen. Ganz genau. – Wer steckt wirklich hinter der sogenannten »Väterbewegung«?, fragte die Münchner freie Journalistin Inga-Maria Richberg, die ihre zweijährige Tochter allein erzieht. Sie erforschte detektivisch Ursprünge, Zusammenhänge und Absichten. Und bekam einiges heraus ... – Ebenso wie die erfahrene Scheidungsanwältin Barbelies Wiegmann. Sie verfolgt die »Väter auf der Flucht«.

Brauchen Kinder Väter? Anders gefragt: Wirkt es sich positiv auf das spätere Leben aus, wenn Väter die Kinder aktiv miterziehen; sich in der Erziehung engagieren, wenn sie nicht nur biologische, sondern auch soziale Väter sind? »Auffallend bei den Lebensläufen erfolgreicher Frauen fand ich, daß sie fast nie aus ›normalen‹ familiären Verhältnissen kommen«, schreibt die (Groß-)Vatertochter Alice Schwarzer in ihrem neuen Buch (›Warum gerade sie?‹). »Sie sind unehelich, vaterlos oder, im Gegenteil, sogenannte ›Vatertöchter‹ (also mit dem Vater identifiziert, ihm nacheifernd).«

Also was nun: Sind Väter die besseren Mütter? Oder sind sie besser gar nicht da? »Ein toter Vater ist Rücksicht in höchster Vollendung«, polemisierte Maureen Green 1977 in ihrem Buch ›Die Vater-Rolle‹. Und 1979 gab ihr Leona Siebenschön im Prinzip recht. In einer heftig diskutierten dreiteiligen Emma-Serie veröffentlichte sie ihr ›Plädoyer für die Abschaffung der Väter‹; Motto: »Mütter und Kinder gemeinsam sind stark!«

Ende der 70er machten gerade die ersten Gruppen geschiedener Väter von sich reden, die um das Sorgerecht für ihre Kinder kämpften. Neue Väter?

Für Leona Siebenschön nur eine neue Variante im Machtkampf der Geschlechter: »Das Patriarchat hat nur die Methode gewechselt, hat Kreide gefressen, nicht aber die Absicht geändert.« Auch die sogenannten emanzipierten Männer, so stellte sie fest, übernähmen, wenn überhaupt, nur die angenehmen, spielerischen Aufgaben in der Kindererziehung, von »gleichen Elternpflichten« könne nicht die Rede sein. Männer stuften »die Vaterrolle als Nebenrolle« ein: »Ihr neues Vater-Pathos (etwa vor Gericht) widerspricht ihrem tatsächlichen Verhalten.«

Hat sich heute, zehn Jahre später, etwas daran geändert? Sind die »neuen«, die bewußten, die real existierenden und real praktizierenden Väter mehr geworden? Sind Väter endlich nicht mehr abwesend oder nur Sonntagsväter, sondern Mütter zugleich?

Fest steht, daß in der Öffentlichkeit viel von ihnen die Rede ist. Es boomt der Väter-Buchmarkt, eine »Vaterforschung« beginnt sich zu etablieren, und die Grünen fordern einen gesetzlichen »Vaterschaftsurlaub«. Und: Immer mehr Väter äußern in Umfragen den Wunsch nach mehr und intensiverem Kontakt zu Kindern (allerdings bleibt es häufig beim Wünschen . . .).

Auch immer mehr Nicht-Väter wünschen sich Kinder. Inzwischen übertrifft die Zahl der Männer, die angeben, Kinder haben zu wollen, sogar die Zahl der Frauen mit Kinderwunsch! Kein Wunder also, daß sich die jüngsten Kampagnen für mehr Kinder – und die Initiativen gegen das Recht auf Abtreibung! – an die Zielgruppe Männer wenden. Ihnen, und nicht den störrischen Frauen, wird jetzt verstärkt »Mut zum Kind« gemacht.

Neu scheint auch die Reue der »späten Väter«, die nach Jahren der ausschließlichen Karriere-Orientierung ihre Versäumnisse an Familienleben nachholen – oder doch zumindest die jungen »neuen Väter« in ihrer Rolle unterstützen. So erzählt zum Beispiel Herbert Stepp, 31, Physiker und werdender Vater (der zwecks Betreuung seines Babys seinen Job für die nächsten Jahre gekündigt hat) stolz in ›freundin‹: »Besonders gefreut hat mich, daß mein Chef der Sache so unerwartet positiv gegenübersteht. Der Mann ist zwar ein Typ, der immer Karriere machen wollte und schließlich auch gemacht hat. Aber ich habe so den Eindruck, er beneidet mich jetzt sogar ein bißchen. Von seiner Tochter, sagt er, habe er jedenfalls nicht viel gehabt.«

Herbert Stepp und sein Chef sind aber leider nicht die Regel. »Das Hohe Lied auf die neuen Männer und Väter kann ich nicht singen«, klagt die Frauen- (und Männer-)Forscherin Prof. Sigrid Metz-Göckel. Zusammen mit Ursula Müller hat sie 1985 eine repräsentative Männer-Umfrage für die Zeitschrift ›Brigitte‹ gemacht. »Obwohl sehnlichst gewünscht«, bekennt Sigrid Metz-Göckel, trafen sie sie kaum an bei ihren Recherchen, jene Väter, die »einen Teil ihrer Berufstätigkeit und ihrer Karrierepläne zugunsten ihrer Kinder aufgeben, alltäglich einen Teil der Betreuungsaufgaben für Kleinkinder übernehmen und somit eine symmetrische Elternschaft praktizieren.« Solche Väter, so die Soziologin, seien noch immer »eher Traum als Wirklichkeit«. Auf zwei bis maximal vier Prozent schätzen auch andere Forscherinnen den Anteil der Mütter-Väter unter den Erzeugern.

Die Wirklichkeit sieht eher so aus: Eine gerechte, also »partnerschaftliche« Aufteilung der Hausarbeit klappt oft recht gut bei berufstätigen Paaren – solange keine Kinder da sind. Aber, so Metz-Göckel: »Wenn Männer Väter werden, dann fällt ihnen buchstäblich der Staubsauger aus der Hand. Sie beteiligen sich weniger an der Hausarbeit als vorher, selbst dann, wenn die Mutter des Kindes teilzeit- oder ganztägig erwerbstätig ist!« Das heißt: die Frau hat jetzt plötzlich zwei zu versorgen: Kind und Mann. Die Kinderfalle ist zugeschnappt.

In Zahlen: 80 Prozent der deutschen Männer (und 84 Prozent der deutschen Väter) befürworten den Ausstieg der Frauen aus der Erwerbsarbeit, wenn kleine Kinder da sind. »Der Mann ist berufstätig, die Frau bleibt zu Hause«, diese Lösung finden sie im allgemeinen »gut«. Die Mütter fügen sich widerwillig: 70 Prozent weichen auf Teilzeitarbeit und ungeschützte Beschäftigungsverhältnisse aus oder unterbrechen ihre Erwerbstätigkeit ganz.

Der Druck zur Veränderung der Familienverhältnisse geht darum weiterhin vor allem von den Frauen aus. Das haben auch die Sozialwissenschaftlerinnen Gabriele Busch, Doris Hess-Diebäcker und Marlene Stein-Hilbers festgestellt. Für ihre Studie ›Den Männern die Hälfte der Familie, den Frauen mehr Chance im Beruf‹ befragten sie 15 Paare, die – nach einigermaßen strengen Kriterien – tatsächlich eine »geteilte Elternschaft« praktizieren. Busch und Kolleginnen fanden ihre »Modellpaare« vor allem unter jungen Akademikerinnen mit flexiblen Arbeitszeiten (zum Beispiel Lehrer und Lehrerinnen) und starkem Wunsch nach Gleichberechtigung (der meist von der Frau ausging und vom Mann akzeptiert wurde).

Die Umwelt, so stellten die drei Forscherinnen fest, legt solchen Paaren eher Steine in den Weg; dabei werden die Frauen vor allem von Frauen, die Männer vor allem von Männern für ihren »Rollenbruch« angegriffen. Auch fehlt es an staatlicher Unterstützung, an Krippen, Horten und Kindergärten.

Daß es auch anders geht, zeigt ein Blick nach Schweden. Dort geht inzwischen das gesamte »Ehe- und Familienrecht von der Idealvorstellung der egalitären Erwerbsarbeit, Kinderbetreuung und Hausarbeit beider Eltern aus« (Busch u. a.). Das Steuer- und Rentenrecht, der Arbeitsmarkt (geschützte Teilzeitarbeit), das Schulsystem (Ganztagsschulen) und die Gesetze zu Elternurlaub bei Geburt und Krankheit der Kinder wurden entsprechend angepaßt. Die Folge: Eine wirklich partnerschaftliche Aufteilung von Familien- und Erwerbsarbeit wird häufiger praktiziert als bei uns, bei zehn Prozent der Paare/Familien. Doch auch im Modell-Land Schweden sind es vor allem die Frauen, die auf Teilzeit gehen, Elternurlaub nehmen, bei Krankheit der Kinder zu Hause bleiben etc.; denn alle diese Eltern-Regelungen sind freiwillig, keine ist bindend für beide Geschlechter.

Der Kampf um verbesserte Rahmenbedingungen und neue Rechte für Väter genügt also nicht, um dem Ziel »Gleichheit« ein Stück näherzukommen. Prüfstein für die Echtheit eines »neuen Vaters« könnte sein, ob er bereit ist, auch Pflichten und Nachteile in Kauf zu nehmen und sich politisch dafür einzusetzen. Zum Beispiel für einen gesetzlich verankerten Erziehungsurlaub halbe/halbe für Mutter und Vater! Denn neue Rechte bedeuten eben auch neue Pflichten.

Judith Rauch
Januar 1990

Väter in der Offensive

»Jeder Vater hat ein Recht auf sein Kind.« »Gemeinsames Sorgerecht als Regelfall.« Immer lauter hallen die Kampfrufe der neuen Väter-»Bewegung« durch die Republik. Und kommen an. Die jüngste Änderung des Umgangsrechts nichtehelicher Väter durch die Bonner Regierung wird von den bewegten Vätern frenetisch als ihr Erfolg gefeiert. Wir erinnern uns: Künftig werden Väter nichtehelicher Kinder auch gegen den Willen der Mutter einen Umgang mit dem Kind gerichtlich durchsetzen können.

Aber wer sind sie eigentlich, diese neuen Väter? Hingebungsvolle Männer, die zugunsten ihrer Kinder auf Karriere verzichten, einen Halbtagsjob annehmen, zwischen Mikrowelle, Waschmaschine und Laufstall rotieren ...? Fehlanzeige. Die Väter, die die neue Bewegung tragen, sind bis auf wenige Ausnahmen allesamt Männer, die nach einer Scheidung oder Trennung ihre Felle davon schwimmen sehen. Ihnen geht es nicht um die Kinder, sondern um Geld. Und um Macht. Das zeigt ganz deutlich die Geschichte dieser sogenannten Bewegung, die nichts anderes ist als eine Interessenlobby.

Schon bald nach der Reform des Scheidungsrechts durch die sozial-liberale Koalition im Jahre 1977 gründeten sich mehrere Männergruppen, die die Abschaffung des Schuldprinzips nicht ertragen konnten und schon gar nicht die »nacheheliche Solidarität« in Form des Unterhaltes für den nicht erwerbstätigen Ex-Ehepartner, in aller Regel die Frau. Einige dieser Gruppen, so der »Bürgerbund gegen Scheidungsunrecht« (BUR) in Bonn und die »Interessen- und Schutzgemeinschaft Unterhaltspflichtiger Väter und Mütter« (ISUV) in München, entwickelten sich rasch zu pressure groups, zu lautstarken Männerlobbys, die auch bei der konservativen Wenderegierung in Bonn Gehör fanden.

Sofortige »Rückkehr zu der vor sieben Jahren über Bord geworfenen abendländischen Rechtstradition« forderte 1984 der damalige ISUV-Vorsitzende Peter Meinck im ›Spiegel‹. Nun, das haben die Herren inzwischen fast geschafft. Die faktische Wiedereinführung des Schuldprinzips durch die Re-Reform des Scheidungsrechtes vom 1. 4. 1986 zeugt davon.

Dabei war und ist es nicht etwa die Mitgliederzahl dieser als gemeinnützig anerkannten Verbände, die ihren Erfolg ausmacht. (Die Mitgliederzahl ist eines der am besten gehüteten Geheimnisse, sie dürfte aber insgesamt 2000 nicht wesentlich übersteigen.) Die soziale Stellung und die gesellschaftliche Machtposition ihrer Wortführer garantieren ihren politischen Einfluß: Vor allem Juristen, Ärzte, Psychologen, aber auch Theologen und Journalisten sorgten und sorgen für die eingängige Formulierung (»Lebenslange Unterhaltsknechtschaft«) und öffentlichkeitswirksame Verbreitung des angeblichen Männerleids.

Denn aus dem Leid des verlassenen Ehemannes wurde inzwischen nach der Re-Patriarchalisierung des Scheidungsrechtes das Väterleid. »Der Entzug des Sorgerechts, den fast alle

Väter nach der Scheidung erleiden«, so der Vorsitzende der »Aktionsgemeinschaft Recht auf Sorgerecht« Leo Sucharewicz, »ist eine Menschenrechtsverletzung. Auch Sklaven hat man ja früher die Kinder weggenommen ...« Daß es sich bei den Sklaven um Sklavinnen handelte, ist dann auch schon egal.

Nachdem auf finanziellem Gebiet nun wirklich kaum mehr zu holen ist, mußten die Herren einen neuen Weg finden, um ihre Macht zu dokumentieren: Die »Sorge« für die gemeinsamen Kinder – *nach* der Trennung oder der Scheidung, versteht sich. Dabei geht es ihnen aber nicht um die Inhalte dieser Sorge, gar um das ›Wohl der Kinder‹, wie die bewegten Väter in der Öffentlichkeit nicht müde werden zu betonen. Sie wünschen gesetzlich verbrieft zu sehen, daß sie auch nach der Trennung immer noch der Herr im Haus sind.

Diese Erfahrung machte auch der 60jährige Frederik K.. Ein halbes Jahr nach der Geburt der gemeinsamen Tochter warf ihn seine Freundin aus der Wohnung und verweigerte jeglichen weiteren Kontakt. Für ihn brach eine Welt zusammen: »Bella war doch unser Wunschkind. Wir hatten keinen Streit, meine Freundin änderte einfach urplötzlich ihre Meinung. Ich habe jetzt fast drei Jahre gebraucht, um zu verstehen: Ich bin ausgenutzt worden, sie wollte nur ein Kind, keinen Partner.«

In seiner Verzweiflung schloß sich Frederik K. einer Gruppe zur Wahrung der Väterrechte an. »Aber was ich da erlebt habe ... Die Männer dort, es waren geschiedene und nichteheliche Väter wie ich, redeten nur von ›Rache‹, von ›Geld‹ und von Ehre, ihrer ›Ehre‹. Die Frauen galten als Schlampen. Die Kinder haben keine Rolle gespielt.« Nach wenigen Treffen ergriff Frederik K. die Flucht.

Schon ein Blick in die Broschüren von BUR und ISUV genügt, um klarzusehen: »Jeder Vater hat ein Recht auf sein Kind«, heißt es da. Vom Recht des Kindes ist nicht die Rede. Auch über die Herkunft dieses Vaterrechts lassen sie uns nicht im unklaren: Es sei ein »natürliches Recht«, behauptet die der ISUV nahestehende und in ISUV-Geschäftsräumen residierende Münchner Beratungsstelle für »intakte Elternschaft trotz Ehescheidung« (IETE). Vom natürlichen Recht zum Naturrecht ist nur noch ein kleiner Schritt. »Wußten Sie, daß Mann und Frau notwendig sind, um die sexuelle Identifikation jedes einzelnen Kindes zu entwickeln? Denn jedes Geschlecht weist sowohl weibliche als auch männliche Anlagen auf; die 23 Chromosomenpaare«, lehrt IETE und leitet daraus die Forderung ab auf das »gemeinsame Sorgerecht als Regelfall«.

»Das gemeinsame Sorgerecht erlaubt einem Vater maximale Kontrolle über seine frühere Ehefrau bei minimaler Verantwortung. Es ist auch ein geeignetes Drohmittel, um Mütter von finanziellen Ansprüchen abzubringen«, sagt die Amerikanerin Phyllis Chessler in ihrem neuesten Buch ›Mother on Trial‹ klar heraus. Bleibt hinzuzufügen: nicht nur die Kontrolle über die Ex-Ehefrau, sondern die über alle Mütter. Denn auch die nichtehelichen Väter haben als Fernziel das »gemeinsame Sorgerecht« im Visier.

Einzelne dieser bewegten Väter, wie etwa Werner Sauerborn vom Verband »Väteraufbruch für Kinder« erkennen zwar durchaus an, daß die soziale und ökonomische Unterdrückung von Müttern das Ergebnis von »patriarchalischen Rollenzuweisungen« ist. Am Ende bedienen sich aber auch diese »bewußten« und »sensiblen« Väter desselben Unterdrückungsinstruments, das sie zuvor als Ursache für die »ausgeprägte Platzhirschattitüde von Müttern« heftigst kritisierten: der patriarchalischen Rollenzuweisungen, festgeschrieben durch patriarchalische Gesetze.

Denn weder der Wille der Mutter noch etwa der des Kindes spielen eine Rolle, wenn sich der Vater sein Recht nimmt. Bei den Frauen ist das klar: Sie sitzen angeblich mangels wahrer Emanzipation auf ihren Kindern. Die Kinder brauchen erst gar nicht gefragt zu werden, zu ihrem »Wohl« ist alles recht.

Gar nicht erstaunlich ist daher, daß sich sowohl Sauerborn als auch BUR und ISUV an die »wahrhaft« emanzipierten Frauen als Verbündete für das Vaterrecht wenden. Sauerborn in perfekt weichgespültem Soziologendeutsch, der BUR im altdeutschen Stammtischjargon und die ISUV in geschliffener Juristensprache. Zumindest der BUR scheint damit schon Erfolg zu haben. Zitat: »Die wirklich emanzipierten, erfolgreichen Frauen sind auch Betroffene und kämpfen mit uns. Die Zweitfrauen werden durch die eheflüchtige erste Frau mitbelastet und kämpfen im Bürgerbund. ... Frauen haben erkannt, daß sich hinter Pseudoemanzipation Undankbarkeit, Eigensucht, Unverschämtheit, letztlich fehlende ethische Grundhaltung verbergen.« Geschrieben hat das angeblich eine Frau: Maria Semm, Bebra.

Nur komisch das Ganze? Nein, durchaus nicht. Denn es

besteht tatsächlich die Gefahr, daß sich die Herren auch mit ihren Vaterrechts-Forderungen in Bonn noch weiter durchsetzen können. Dazu betreiben sie fleißig Basisarbeit: Unter Hinweis auf internationale Erfahrungen und »wissenschaftliche« Expertenmeinungen werben sie in Presse, Funk und Fernsehen für das gemeinsame Sorgerecht und setzen damit verunsicherte Mütter zusätzlich unter Druck. »Gerade Frauen, die sich sowieso schon schuldig dafür fühlen, daß sie ihrem Kind durch die Trennung den Vater genommen hätten, lassen sich dadurch beeinflussen«, weiß Gunhild Gutschmidt vom Verband Alleinstehender Mütter und Väter (VAMV).

Wie sich übrigens das gemeinsame Sorgerecht in der Praxis ausnimmt, zeigt eine Statistik des Allgemeinen Sozialdienstes in München, die auch gerne von der ISUV zitiert wird. Untersucht wurde die »Häufigkeit der Kontakte der Kinder zu den Elternteilen, bei denen sie nicht leben«: 50 Prozent der Mütter gaben an, ihre Kinder täglich zu sehen, die anderen fünfzig Prozent sahen ihre Kinder mehrmals in der Woche. Von den Vätern sahen 26 Prozent ihre Kinder täglich, 50 Prozent mehrmals in der Woche, 16 Prozent einmal in der Woche und sieben Prozent einmal im Monat.

Auf den ersten Blick stimmt diese Statistik durchaus zuversichtlich, beweist sie doch, daß Mütter keineswegs auf »ihren Kindern sitzen«. Doch bei näherem Hinsehen ergibt sich eine ganz andere Perspektive: Auch wenn die Kinder beim Vater leben, werden Mütter offensichtlich sehr viel häufiger als im umgekehrten Fall der Vater in die Alltagsbetreuung eingespannt. Etwa so: Mutter holt die Kleinen vom Kindergarten oder der Schule ab, Vater muß arbeiten.

Wie sollte das auch anders sein: Eine gesetzliche Verankerung gleicher *Pflichten* für Väter wird in keinem der Väterbewegungs-Traktate gefordert und schon gar nicht praktiziert. »Das wäre ja auch rein technisch nicht möglich. Was glauben Sie, was ich beruflich alles am Hut habe«, bekam Gunhild Gutschmidt beispielsweise von einem bewegten Vater zu hören. Und selbst im VAMV vertreten Väter die Meinung, daß man einen Vater nicht zum Kontakt mit seinem Kind zwingen kann.

Dieser Überzeugung entspricht auch einer der vielen Vorschläge der ISUV zur Gesetzesänderung: Zwar haben »der Vater und die Mutter des nichtehelichen Kindes (...) das Recht und die Pflicht, für das minderjährige Kind zu sorgen.«

Aber: »Sollte ein Vater (...) einmal nicht bereit sein, zu dem Kind eine Beziehung aufzubauen«, kann ihn »das Vormundschaftsgericht auf seinen Antrag hin von der elterlichen Sorge entpflichten«. So einfach ist das.

Mit solch zumindest scheinbar demokratischen Ambitionen hat der Berliner »Verband Scheidungsgeschädigter Bürgerinitiativen gegen Kindesentzug und Unterhaltsmißbrauch« (VSBI) nicht viel am Hut. Der VSBI gilt auch in der Väterbranche als der militanteste. Nicht nur sein Emblem, eine Männerfaust, die ein Paragraphen-Zeichen zerschlägt, zeigt, wohin die Reise geht. In mehreren der etwa 300 bislang in der Bundesrepublik und Westberlin bekanntgewordenen Kindesentführungen durch Väter waren VSBI-Mitglieder beteiligt. Sie entführten entweder selbst oder leisteten Unterstützung. Ist ein Kind einmal außer Landes geschafft, so sind die Chancen für die Mutter, ihr Kind jemals wiederzusehen, sehr gering.

Gegen solche Entführungen gibt es keinen sicheren Schutz, zumal sie meist perfekt vorbereitet sind. Allerdings können ehemals verheiratete Mütter einige Vorkehrungen treffen, so daß sie wenigstens im Inland Hilfe von Behörden und Polizei beanspruchen können. Dazu gehören zu allererst: Kein gemeinsames Sorgerecht und ein(e) gute(r) Anwältin/Anwalt.

Auch für Mütter, die zwar keine Entführung ihrer Kinder befürchten müssen, dafür aber alle Arten unberechtigter und unerwünschter Vätereinmischung, gilt bis auf weiteres: Kein gemeinsames Sorgerecht!

Bessere Chancen beim Kampf um das Kind haben dagegen ledige Mütter. Sie können ihr eigenes Kind adoptieren und damit wirklich wirksam vor dem Vater schützen. Denn durch die Adoption erlischt das Verwandtschaftsverhältnis des Kindes mit dem Vater. Damit entfallen zwar jegliche Ansprüche des Kindes gegen seinen Vater, aber auch jegliche Rechte des Vaters auf das Kind. Und darauf kommt es schließlich an. Frauen, die sich diesen Weg überlegen, sollten sich allerdings bald entscheiden. Auch wenn natürlich das Gesetz (§ 1747 bis 1766 BGB) etliche Hürden für die adoptionswillige Mutter bereithält, bislang muß der Kindsvater der Adoption nicht zustimmen. Doch wer garantiert, daß das so bleibt?

Inga-Maria Richberg

Väter auf der Flucht

Wir erleben oft, daß die Mütter regelrecht auf den Kinder sitzen ... Sie kämpfen mit allen Mitteln dagegen, daß der Vater nach der Trennung Kontakt zu den Kindern hat, lassen sich oft erst per Gericht dazu verurteilen.« Meinungen wie diese (zitiert in der ›Frankfurter Rundschau‹, 27. 5. 1989) prägen die öffentliche Auseinandersetzung zum Thema »Väter nach der Scheidung«. Sie festigen ein Klischee, wie es gern in den Medien entworfen wird: Ein Vater kämpft nach der Trennung verzweifelt um sein Kind; gegen alle Gerechtigkeit erhält es aber die besitzergreifende Mutter; der liebende Vater bleibt allein.

Derartige Rührseligkeit verstellt den Blick für die alltägliche Realität in den Beziehungen zwischen Kindern und geschiedenen Vätern. Nur in ungefähr fünf Prozent aller Ehescheidungsverfahren mit Kindern passiert es überhaupt, daß der Vater mit der Mutter gerichtlich um das Sorgerecht streitet – übrigens mit guten Erfolgschancen, da es ihm wirtschaftlich meist besser geht als ihr. Die überwiegende Mehrheit aller Väter ist nach meinen Erfahrungen als Anwältin (die durch die Statistik bestätigt werden) an einem Zusammenleben als alleinstehender Vater mit Kindern nach der Scheidung *nicht* ernsthaft interessiert und weiß die Kinder bei der Mutter gut aufgehoben.

Vor allem fehlt es in der Regel an der Bereitschaft, für die Kinder im Beruf zurückzustecken, um ein Leben mit ihnen zu ermöglichen. Ein junger Beamter zum Beispiel bat mich vor einiger Zeit, das Sorgerecht für seine zwei noch kleinen Kinder, an denen er sehr hing und die er vor der Trennung ebenso wie die Mutter versorgt hatte, beim Familiengericht zu beantragen. Voraussetzung wäre gewesen, daß er seine dienstliche Tätigkeit eingeschränkt hätte, was ihm als Beamten möglich war. Eine Woche später hatte er es sich anders überlegt: »Wissen Sie, dann ziehen ja alle Kollegen an mir vorbei.« Die Kinder blieben bei der Mutter.

Die große Mehrzahl der Väter also *flüchtet* nach der Trennung von der Ehefrau aus der Verantwortung für die Kinder; überwiegend vergessen geschiedene Väter ihr Vatersein. Geschiedene Väter sorgen materiell nur höchst unzureichend für ihre Kinder. Zwar haben mindestens 90 Prozent aller Kinder, die bei geschiedenen Müttern leben, einen Anspruch auf Unterhalt von ihren Vätern. Nach neuesten Untersuchungen erhalten jedoch mehr als die Hälfte, nämlich 58 von hundert geschiedenen Müttern gar keine, unregelmäßige oder verminderte Unterhaltszahlungen für ihre Kinder.

Wird Unterhalt gezahlt, dann meist wenig: Die Mehrzahl (rund 80 Prozent) aller monatlichen Unterhaltsbeträge liegen zwischen 100 und 300 Mark. Die »Verbraucherausgaben für ein Kind« belaufen sich demgegenüber auf durchschnittlich 730 Mark pro Monat, wie das Bayerische Sozialministerium 1986 errechnete (heute sind sie sicher noch höher). Ausbleibende oder verminderte Unterhaltszahlungen tragen somit zur Armut alleinstehender Mütter und ihrer Kinder in der Bundesrepublik nicht unwesentlich bei. Rund ein Drittel der Mutter-Kind-Familien mit einem Kind lebt heute unterhalb der Sozialhilfegrenze, hat also ein Familieneinkommen von weniger als 1200 Mark monatlich.

Noch schwerwiegender als die materielle ist die *seelische* Not derjenigen Kinder aus geschiedenen Ehen, die von ihren Vätern persönlich im Stich gelassen, »vergessen« werden.

Nach mir vorliegenden Untersuchungen, die meine Erfahrungen in der Praxis bestätigen, haben nur etwa 60 Prozent der Kinder aus geschiedenen Ehen Kontakt zum nicht sorgeberechtigten Vater. Nur bei 27 Prozent von ihnen, also weniger als einem Drittel, ist die Beziehung eng und herzlich. Bei den übrigen geht meist allmählich die Zahl der Besuche zurück, und die Väter werden den Kindern immer fremder. Manche Vater-Kind-Kontakte beschränken sich mit der Zeit darauf, daß der Vater zu Weihnachten und zum Geburtstag mit einem Geschenk in der Tür steht oder die Kinder bei diesen Anlässen zum Essen ausführt.

40 Prozent aller geschiedenen Väter brechen schließlich jeden persönlichen Kontakt zu ihren Kindern ab. Diese flüchtenden Väter und die Probleme, die sie verursachen, werden weder in Gerichtsakten noch in der juristischen Fachliteratur erwähnt, noch landen sie je auf den Schreibtischen der Rechtsanwältinnen und Rechtsanwälte. Denn das gesetzlich garantierte Besuchs*recht* des Vaters ist keine Besuchs*pflicht*.

Diese Väter auf der Flucht, die nur noch in der Erinnerung der Kinder existieren, rufen nicht an, sie schreiben weder zum Geburtstag noch zu Weihnachten, sie melden sich nicht nach Operationen des Kindes und nicht zum Abitur. Manchmal lehnen sie ausdrücklich alle Besuche bei den Kindern ab, wie zum Beispiel ein mir bekannter Diplom-Psychologe, der »Ärger mit der neuen Frau« befürchtet. Meistens schlafen die Kontakte stillschweigend ein.

Die Ursachen für diese Tragödien werden selbstverständlich gern bei den Müttern gesucht, die angeblich die Kontakte zum Vater sabotieren. In der Mehrzahl der Fälle ist das Gegenteil richtig: Die Mütter sind traurig und beschämt über das Verhalten des Vaters ihrer Kinder.

Die eigentliche Ursache für die Flucht der Väter liegt aber auf der Hand: Neben Ängsten vor Konflikten und unliebsamer Trauer ist sie in der fehlenden Vatergeschichte zu suchen. In der patriarchalischen Leistungsgesellschaft, die die tägliche Sorge und Verantwortung für Kinder allein den Müttern zuweist, ist, wie wir wissen, tätiges Vatersein bisher nicht eingeplant.

Barbelies Wiegmann
Januar 1990

Die neuen Männer

Zehn Jahre nach dem »Internationalen Jahr der Frau« und 14 Jahre nach dem Wiederaufbruch der Frauen stellt sich die Frage: Was haben denn nun die Männer dazugelernt? Wie halten sie es mit der Arbeitsteilung daheim, der Sexualität und mit der neuen Väterlichkeit? Männer auf dem Prüfstand.

»Erst mal ist die Ernährung da. Es muß eingekauft werden. Dazu gehören Lebensmittel und Hausratsdinge, alles, was hier so anfällt. Dann, ja – gut, Essen machen, Wäsche waschen, Wäsche aufhängen, trocknen, zusammenlegen, wegpacken. Und vor allen Dingen das Schlimmste, das ist das Saubermachen, das Unangenehmste.«

Hier spricht unser Traummann. Er ist gerade vom Einkaufen zurückgekommen und hatte vorher noch die beiden Kinder zur Schule gefahren. Nun sitzt er am Küchentisch, den unerledigten Abwasch von gestern abend vor der Nase, hat sich einen Kaffee gemacht und spricht sich mal so richtig aus.

»Ja, das ist wirklich ekelhaft. Denn das ist also auch das, ich meine, das lernt man wirklich erst kennen, wenn man es jeden Tag macht, wenn man, sagen wir mal, freitags irgendwo saubergemacht hat, nächste Woche, zur selben Zeit, an derselben Stelle liegt der gleiche Dreck. Und das ist wirklich das fast Entwürdigende, wenn nicht zumindest Nervtötende an dieser Beschäftigung.« (Aus ›Neue Männer in Beruf und Familie‹ von Hoff/Scholz, 1985).

Die »neuen Männer« – keine Frage, es gibt sie. Ganz gewiß als Markenartikel in den Medien. Aber auch im Alltag mit der Freundin oder Frau, mit dem Kind oder den Kindern? Die Frauenzeitschrift ›Brigitte‹ fahndet schon lange nach ihnen. Vor knapp zehn Jahren schickte sie die Soziologin Helge Pross aus, die bis dahin unerschütterlich behauptet hatte, »die deutsche Hausfrau ist glücklich«.

Jedoch auf der Suche nach dem, was die Frauen glücklich macht, lernte Professorin Pross das Fürchten. In ihrer 1978 veröffentlichten Untersuchung referierte sie realistisch: »Die Männer sind nicht angekratzt von den Forderungen der Frauen. Die Phase, in der sie nicht umhin können, die Probleme der Frauen zu sehen, hat noch nicht begonnen.« – Das war sieben Jahre nach Beginn der neuen Emanzipationsbewegung.

Inzwischen, 14 Jahre nach dem Wiederaufbruch der Frauen, hat sich das geändert. Männer wissen, daß sie zu Frauen-Themen Stellung beziehen müssen. Sie wissen, daß Frauen im Beruf für alle, auch die besseren Positionen, gleichermaßen qualifiziert sind, daß Frauen erwerbstätig sind, weil sie selbst Geld verdienen wollen, den Kontakt zur Umwelt, zu Kolleginnen brauchen, ehrgeizig sind und erfolgreich sein wollen.

Männer wissen auch, daß Frauen sich nicht mehr widerspruchslos durch Kinder ans Zuhause, an die Familie binden lassen. Sie wissen aus der persönlichen Erfahrung, von Frauen verlassen worden zu sein, daß Frauen sich auch dann scheiden lassen, wenn sie ohne den Ehemann, aber mit ein, zwei, drei Kindern an der Hand beruflich noch einmal ganz unten anfangen müssen.

Männer haben längst begriffen, daß Liebe, Gefühle, Vertrauen, daß Sexualität, Gewalt, Verhütung und Abtreibung wichtige Themen für Frauen sind, die sie mit ihrem Freund oder Mann besprechen können wollen.

Und es ist den Paschas selbstverständlich, daß Frauen es leid sind, es absolut satt haben, für ihn die Dreckarbeit machen zu müssen. Wenn denn in einer Familie zusammengelebt wird, erwarten und fordern Mütter den verstärkten Einsatz der Väter.

Kurzum, Männer haben begriffen, daß sie sitzengelassen werden oder keine abkriegen, wenn sie nicht dazulernen.

Sie haben gelernt, über Probleme des Zusammenlebens zumindest vernünftig zu reden. Aber sie tun weiterhin das Gegenteil, nämlich nichts. Männer wissen, was Frauen hören wollen. Und sie glauben, das reiche aus. Um diese deprimierende Erkenntnis kam auch unsere gutwillige Schwester-Zeitschrift ›Brigitte‹ nicht herum.

Die jetzt vorgelegte Männer-Befragung haben die beiden Wissenschaftlerinnen Sigrid Metz-Göckel von der Dortmunder Universität und Ursula Müller vom Dortmunder Landesinstitut Sozialforschungsstelle geschrieben. Über tausend Männer im Alter zwischen 20 und 50 Jahren, von denen 68 Prozent mit ihrer Frau/Freundin zusammenleben – davon die Hälfte mit Kindern –, wurden ausschließlich von Frauen zu Frauenthemen befragt.

In vier Gruppen, verteilt über Großstadt bis ländlichen Raum, wurden Männer getestet, wieweit sie überhaupt infor-

miert und gesprächsbereit seien. Es schlossen sich 15 Einzelinterviews an. Sowohl die Gruppen- als auch die Einzelgespräche mit Männern waren die Grundlage für die Konzeption der Fragebögen. In einem Resümee für ›Emma‹ schreiben Metz-Göckel und Müller: »Wir Frauen haben in den Männern keine zuverlässigen Partner.« Aber »die Männer und Väter können sich bisher immer noch darauf verlassen, daß die Frauen die Kinder nicht auf der Straße stehen, verwahrlosen und den gemeinsamen Haushalt verkommen lassen«.

Schlimmer noch: Die Untersuchung hat ergeben, daß selbst die sogenannten »neuen Männer«, die sich am Haushalt scheinbar selbstverständlich beteiligen, weniger tun, wenn die Arbeit mehr wird – wenn ein Kind kommt. Das ist kein Zufall, denn dann sind Frauen angebunden und schwächer. Das ist vielleicht die bitterste Erkenntnis dieser Befragung.

Wo Frauen aber gegen Männer Druck machen, müssen Männer nachgeben. Allerdings finden solche Kraftproben vorwiegend außer Haus, nicht in der Familie statt. Daheim läuft das Serviceprogramm wie gehabt. Dort nützt es nichts, Männern auf die Füße oder sonst wohin (siehe Titel) zu treten. Sie bleiben faul und träge auf demselben sitzen.

Wenn Männer helfen, tun sie das – zehn Jahre nach dem »Jahr der Frau« – überwiegend (46 Prozent) am Wochenende für ein bis zwei Stunden (50 Prozent).

Und was machen sie in diesen kostbaren Minuten? 4 Prozent betätigen den Staubsauger, 2 Prozent kochen, 2 Prozent waschen ab, und 3 Prozent greifen zum Geschirrhandtuch. Wäsche waschen – 1 Prozent, Wäsche aufhängen – 1 Prozent, naß aufwischen – 1 Prozent, aufräumen – 2 Prozent, bügeln – niemand, einkaufen – 5 Prozent.

Das Bad reinigt ein Prozent der »Partner«, die Blumen pflegen vier Prozent. 20 Prozent bringen den Müll hinunter (»Liebling! Kannst du mal bitte den Müll mitnehmen?«), zwei Prozent putzen Fenster, und 68 Prozent sind der Überzeugung, daß ihrer »Partnerin« die Hausarbeit »überhaupt nicht auf die Nerven geht«.

Wahrscheinlich tragen Männer deshalb so gern den Müll zum Ascheimer (»Liebling! Vergiß den Müll nicht!«), weil sie von dort aus direkt in die Kneipe oder zum Fußballplatz gehen. Zumal Väter sind noch öfter von Zuhause fort als die kinderlosen Männer. Die Familie »ist eine persönliche Entscheidung der Frauen, ihre Privatangelegenheit«, meinen Männer.

Daß Kinder auch Väter haben, ist nicht in ihrem Blickfeld. »Einmal gezeugt«, so die beiden Frauenforscherinnen, »und mit zunehmender Wahrscheinlichkeit auch im Beisein des Vaters zur Welt gebracht (toll! – Anm. d. Red.), sind Kinder Männern lästig.«

Mit Freunden, Verwandten, Nachbarn, Bekannten oder Arbeitskollegen sprechen 78 Prozent nie, selten oder höchstens gelegentlich über Kinder. Ganz im Gegensatz zu diesem Desinteresse finden aber rund 70 Prozent der Männer, daß eine Ehe erst durch Kinder sinnvoll wird.

Um diesen Widerspruch zu verstehen, braucht es männliche Logik, die sich am eindrucksvollsten an der folgenden Reihe der gestellten Fragen und der Abfolge der gegebenen Antworten nachvollziehen läßt. Es war ein Prinzip dieser Untersuchung, daß Männer ausschließlich von Frauen befragt wurden. Es zeigt sich unübersehbar: Männer antworten, wie sie meinen, daß es von Frauen gewünscht wird. Das tun sie immer dann, wenn es sie nichts kostet:

»Es belastet eine Partnerschaft zu sehr, wenn Kinder da sind und beide Partner berufstätig sind.« – Das finden 67 Prozent.

»Eine Frau sollte nicht berufstätig sein, damit sie sich mehr ihrem Mann widmen kann.« – Nein, so weit wollen es 66 Prozent nicht treiben.

»Ein Familienleben kann genauso gut funktionieren, wenn die Frau arbeitet und der Mann sich um Haushalt und Kinder kümmert.« – 62 Prozent finden das absolut denkbar.

»In einer Partnerschaft ist es wichtig, daß jeder seine eigenen Interessen verwirklichen kann.« – Genau, 89 Prozent wollen dem nicht widersprechen.

»Eine Frau sollte auf jeden Fall berufstätig sein, egal, ob sie eine Familie hat oder nicht.« – Na ja, also das finden 70 Prozent nun nicht.

»In einer Ehe/Partnerschaft sollte die Frau nicht berufstätig sein, damit die Partner mehr Zeit füreinander haben.« – Das finden 35 Prozent gar nicht mal so schlecht.

»Für die Frau ist der Beruf genauso wichtig wie für den Mann.« – Aber selbstverständlich, 83 Prozent, klar.

»Eine Frau sollte bereit sein, für die Karriere des Mannes ihre eigenen beruflichen Interessen zurückzustellen.« – Warum eigentlich nicht? – 48 Prozent gedämpfte Zustimmung.

»Solange keine Kinder da sind, sollte die Frau auf jeden Fall berufstätig sein.« – Jawohl! In Ordnung – 76 Prozent.

»Wenn ein Kind da ist, sollte die Frau auf jeden Fall zu Hause sein.« – Dem stimmen »voll und ganz« 44 Prozent zu. Kein Gedanke mehr wird daran verschwendet, daß ein paar Antworten zuvor noch beide ihren eigenen Interessen nachgehen können sollten. Weitere 30 Prozent sind, wenn auch nicht ganz so »dicke« auf seiten der 44 Prozent: Die Frau bleibt zu Hause.

Und nun Klartext: »Der Mann sollte bereit sein, für die Karriere der Frau seine eigenen beruflichen Interessen zurückzustellen« – so einen euphorischen Schwachsinn unterstützen nur noch fünf Prozent.

»Der Beruf ist für den Mann wichtiger als für die Frau.« – So ist es, 61 Prozent.

»Auf jeden Fall – der Mann ist für die finanzielle Basis der Familie zuständig.« – Ist doch auch wahr, meinen 71 Prozent.

Alles palletti? Oder noch eine Frage? Dann ist hier die Antwort: 68 Prozent der Männer finden ganz und gar nicht, daß sie viel zuwenig Zeit für ihre Kinder haben. Wieso denn auch? Läuft doch ganz gut so. Das macht doch »ihre« Frau. Der Beitrag der Männer: Sie stellen ihren Kindern eine Mutter zur Verfügung. Das ist doch auch was. Jedenfalls besser als Kindergarten oder Tagesmutter.

Von der öffentlichen Kinderbetreuung haben Männer zwar überhaupt keine Ahnung, aber sie lehnen sie ab. »Mutter ist die Beste und Billigste«, so die beiden Wissenschaftlerinnen sarkastisch.

»Die Kinder«, schreiben Sigrid Metz-Göckel und Ursula Müller in ›Emma‹ (nicht etwa in ›Brigitte‹ . . .), »sind die stabilste Bastion gegen die Gleichstellung der Frau, auf die wir bei den Männern gestoßen sind. Es ist das letzte Faustpfand, das die Männer in der Hand haben.«

Daß Frauen heutzutage berufstätig sind, finden Männer heutzutage ganz in Ordnung – bloß die eigene soll es nicht sein. Noch aufschlußreicher wird dieser nur scheinbare Widerspruch, nimmt man die Aussagen der Männer zum Thema Arbeitslosigkeit. Was sie ihrer Frau, die sie zu Hause am liebsten unter Verschluß hielten, nicht zugestehen, billigen sie mitfühlend jeder anderen erwerbslosen Frau zu: Bei einer Frau, die ihren Arbeitsplatz verloren habe, leide das Selbstbewußtsein, vermuten sie zu 51 Prozent, sie habe dann auch wohl Angst, sich überflüssig zu fühlen (33 Prozent) und werde gewiß zu 25 Prozent *fürchten*, den ganzen Tag zu Hause sein zu müssen. Aber die eigene Frau *muß zu* Hause sein, wenn er nach Hause kommt. Das erwarten die meisten Männer mit großer Selbstverständlichkeit.

Das ist die Logik der Machtverhältnisse. Männer erleben Frauen am Arbeitsplatz als ebenso tüchtig, manchmal auch als sie bedrohende Konkurrenz. Männer kommen nicht umhin, Frauen im Erwerbsleben ernst nehmen zu müssen.

Aber kommt er abends nach Hause, ist die Welt für ihn wieder in Ordnung. Dort findet er »seine« Frau vor, die eine unbezahlte, ihm minderwertig erscheinende Arbeit macht. Für ihre Situation Verständnis aufbringen zu sollen, gibt es für ihn keinen Grund. Er weiß sie ja ans Haus gebunden. Schon Martin Luther wußte es: »Kleyn-Kinderscheisse ist der beste Kitt für Weiberthreu.« Ihr Verantwortungsgefühl, ihre Liebe zu den Kindern macht sie hilflos. Wenn sie seine Mithilfe will, muß sie ihn darum bitten.

Arbeitsteilung, Sexualität, Gewalt – das sind die drei großen Themen-Komplexe dieser Untersuchung, denn die Frauenbewegung hat sie von Anfang an als Angelpunkte benannt und die Mechanismen aufgedeckt.

Zum Stichwort »Arbeit« jubelt ›Brigitte‹: »Er liebt die starken Frauen, aber er bekämpft sie auch.« Was hat sie uns nun zur Sexualität zu sagen?

»Die Männer sehen sich selbst nicht mehr als die großen Zampanos im Bett. Sie haben überwiegend das Argument fallengelassen, daß Sex für den Mann etwas ganz anderes ist als für die Frau, daß der Mann einen stärkeren Triebdruck und stärkere Bedürfnisse hat. Wir haben die Männer in vielen Interviews gefragt, ob sie auch eine Zeitlang ohne sexuelle Beziehungen auskommen könnten.« Und? »Das«, freut sich ›Brigitte‹, »hat keiner bezweifelt. Auf das wilde, schwer zu zähmende Tier im Mann haben sie sich nicht mehr berufen.« Wie nett! Und noch netter: »Sexuelle Bedürfnisse gegen den

Willen der Frau durchzusetzen, lehnen die Männer nahezu einmütig ab.« Dieses romantische Geschwafel glaubt ›Brigitte‹ am Ende selbst. Wiewohl sie zögerlich anmerkt, daß »Auskünfte aus dem Intimbereich immer mit einiger Vorsicht zu bewerten sind«, bleibt sie im Höhenflug: »Hier können wir sicherlich von einer Wandlung sprechen.«

Sollte also das dritte große Thema, das Frauen in den vergangenen Jahren auf den Tisch gebracht haben, sollte Gewalt kein Thema mehr sein?

Ganz im Gegensatz zu ›Brigitte‹ halten 62 Prozent der »sanften Männer« (›Brigitte‹) zum Beispiel Frauenhäuser für eine »sinnvolle Einrichtung«. 18 Prozent gar meinen, es gäbe viel zuwenig. Fast alle Männer haben um ein paar Ecken von anderen Männern gehört, die sich gewalttätig gegenüber ihrer Frau verhalten. Jeder Fünfte kennt einen Mann, der seine Frau schlägt. Von 100 Männern, so meinen 60 Prozent der ›Brigitte‹-Männer, schlagen zwischen 10 und 60 Männer ihre Frau. Der Zufall wollte es, daß zu ›Brigitte‹ 1039 sanfte Männer kamen.

Sie fiel recht unterschiedlich aus, die Kommentierung der Frauenzeitschrift und der Frauenforscherinnen zu diesem Thema. Sigrid Metz-Göckel und Ursula Müller meinen: »Ein hierarchisches Geschlechterverhältnis birgt als Garantie seiner Aufrechterhaltung prinzipiell die Gewalt in sich. Dies wird offenbar, wenn sich das übliche Geschlechterverhältnis von oben und unten verkehrt. Dann kommt ein Bodensatz von Frauenfeindlichkeit zutage. In der Tendenz sieht fast die Hälfte der Männer in männlichen Unterlegenheitsgefühlen einen Anlaß zu Gewalttätigkeiten.«

»Völlig unvorstellbar« sei gewalttätiges Verhalten aus diesem Grunde nur für 14 Prozent. 22 Prozent nennen »weibliche Überlegenheit« als Anlaß, und »sexuelle Demütigung« (»wenn die Frau den Mann auslacht, wenn er im Bett versagt«) findet sogar bei 48 Prozent der Männer als begreiflichen Grund für eine Vergewaltigung der »Partnerin« Zustimmung. Ein Drittel sieht einen gewaltauslösenden Anlaß darin: ›Wenn die Frau sich weigert, mit dem Mann zu schlafen.‹«

Gewalt gehört zu dem Bild, das sich Männer von Männern machen. Frauen dagegen sollen ohne Gewalt anzuwenden Demütigungen und Unterlegenheit akzeptieren.

Geradezu reaktionär erweist sich die Untersuchung in der

Fragestellung zum Paragraphen 218. »Die Regelung erlaubt«, heißt es da, »einen Schwangerschaftsabbruch nach eingehender Beratung, wenn die Gesundheit von Mutter und/oder Kind gefährdet ist oder wenn die Frau sich in einer besonderen Notlage befindet.«

Der Paragraph 218 erlaubt überhaupt nichts, sondern verbietet die Abtreibung bei Gefängnisstrafe. Nur in Ausnahmen dürfen Frauen ungestraft abtreiben lassen, wobei Ärzte und Psychologen darüber entscheiden, was eine Notlage ist – am allerwenigsten jedoch die betroffene Frau selbst.

Die Forderung nach freier Abtreibung war nicht zufällig der Auslöser der Frauenbewegung; um diese Selbstbestimmung entwickelte sich der Hauptkampf.

»Frauen müssen bei einer ungewollten Schwangerschaft grundsätzlich die Möglichkeit zum Schwangerschaftsabbruch haben«, finden 38 Prozent. 33 Prozent können sich »nicht vorstellen, daß eine Frau ohne Not eine Schwangerschaft abbrechen läßt«. Männer sollten, so meinen 36 Prozent, »die Entscheidungen von Frauen für oder gegen einen Schwangerschaftsabbruch auf jeden Fall akzeptieren«. Ein absolutes Verbot würde – so glauben 37 Prozent – nicht weniger Abbrüche zur Folge haben.

Nur Frauenfreundlichkeit? Oder auch Männerbequemlichkeit? So offen haben Männer noch nie zugegeben, daß sie an einer auch für sie problemlosen Verhinderung einer ungewollten Vaterschaft interessiert sind.

Ein Themenkomplex fehlt in der Untersuchung. Frauenforscherin Metz-Göckel sprach offen aus, warum: Beim Stichwort »Scheidung« habe sich ein »solcher Frauenhaß« bei den Männern entladen, wie sie ihn selbst nicht vermutet habe. Und Kollegin Müller: »Wir waren ziemlich entsetzt.«

In den Männer-Diskussionsgruppen, die für diese ›Brigitte‹-Untersuchung eingerichtet worden waren, kam so manches Thema zur Sprache. Daß die Männer etwa bei Fragen zur Hausarbeit geschönte Antworten zum besten gaben oder über Gefühl und Sexualität oft überhaupt nichts zu sagen wußten, ist nicht verwunderlich. Verwunderlich ist nach den umfänglichen Kampagnen der Männerpresse in Sachen »Scheidung« auch nicht, daß sich die Test-Männer zu »absurdesten Beschuldigungen, Unterstellungen und Verdächtigungen« gegenüber Frauen »hinreißen ließen«.

Verwunderlich ist bloß, daß das gesamte Kapitel »Scheidung« nicht wieder aufgetaucht ist. Weder in der Untersuchung noch in der zweckoptimistischen Präsentation der Frauenzeitschrift ›Brigitte‹. Das dunkle Kapitel »Scheidung«, in dem der Frauenhaß der Männer ungehemmt ausbrach, wurde ganz einfach unter den Tisch gekehrt und mit keinem Wort mehr erwähnt.

Als Markenartikel haben sich die »neuen Männer« bislang am besten bewährt. Ein ganzer Stapel Literatur liegt bereits da, vorwiegend von Männern geschrieben und dann vorwiegend in larmoyanter Tonart. Auf einen Nenner gebracht, heißt die Erkenntnis unter Maskulinisten wie Softies: Wenn Männer nicht weinen können, sind die Frauen schuld. Wenn sie weinen – auch.

In Schweden wurde jüngst eigens eine Regierungskommission gebildet, weil sich der schwedische Mann »gefühlsmäßig kastriert« fühle und zunehmend haltlos werde. Er säuft, er wird kriminell, er begeht Selbstmordversuche. Die Kommission empfahl den verunsicherten Männern, sie mögen sich mehr um ihre Kinder kümmern, damit sie endlich emotional dazulernten, dadurch stabiler würden und nicht anderen emotional auf die Nerven gingen. Väterliche Gefühle kommen ebensowenig wie mütterliche Gefühle über Nacht. Das muß man üben, üben, üben.

»Männer und Väter, die darunter leiden, zuwenig Kontakt zu ihren Kindern zu haben, die darum kämpfen, durch eine Umverteilung der bezahlten und unbezahlten Arbeit mehr vom Leben in der Familie und im Beruf zu haben«, konnten auch die beiden Frauenforscherinnen nicht finden:

»Sie sind offensichtlich nur in einer solch winzigen Anzahl vorhanden, daß sie mittels einer repräsentativen Stichprobe nicht aufzuspüren sind.«

Für die Institution Ehe votieren sie aber mit überwältigender Mehrheit. 93 Prozent können sich nur so ein geordnetes, sicheres, zufriedenstellendes Leben denken. Die kommenden »neuen Männer« aus der Generation der 20- bis 29jährigen machen da keine Ausnahme.

Die These »der Mann ist berufstätig, die Frau bleibt zu Hause« finden 80 Prozent gut (74 Prozent der 20- bis 29jährigen). Für 44 Prozent aller Männer ist es sogar die »beste Lösung«. Dem stimmen 34 Prozent der jüngeren Generation zu. Daß die gemeinsamen Kinder von einer anderen Person

beaufsichtigt werden, während beide Eltern ihrem Beruf nachgehen, finden 81 Prozent der Männer schlecht (80 Prozent der 20- bis 29jährigen).

Daß Frauen anders über Ehe, Haushalt und Kinderbetreuung denken, wissen wir nicht nur aus der eigenen Erfahrung, sondern aus zahlreichen Untersuchungen. Die Hamburger Universität zum Beispiel hat Ende 1985 eine Forschungsarbeit über alleinstehende Mütter und Väter veröffentlicht. Darin bestätigt die Soziologin Anneke Napp-Peters, daß für die Mehrzahl der Frauen die Ehe offensichtlich kein Thema mehr ist. Schon die vom Geißler-Ministerium in Auftrag gegebene Studie kam nicht umhin zuzugeben, daß jede zweite junge Frau heute nicht mehr heiraten will.

72 Prozent der geschiedenen Frauen, 60 Prozent der verwitweten und 42 Prozent der ledigen Mütter wollen nicht oder niemals heiraten. Vor allem berufstätige und alleinstehende Mütter lehnen eine Heirat ab. Sie wissen, nur so können sie sich die erkämpfte Position im Beruf und ihre persönliche Unabhängigkeit erhalten. Ein Ehemann wäre keine Erleichterung, sondern eine zusätzliche Belastung mit rückschrittlichen Konsequenzen für die Frau.

Männer denken anders. Sie wollen als alleinstehende Väter lieber wieder heiraten. Wegen der Kinder? Nicht unbedingt. Sie erhoffen sich eine »Verbesserung ihres Berufsstatus«. Das Dienstleistungsprogramm, das eine Ehefrau erfüllt, ist – wenn er dafür bezahlen müßte – nicht zu bezahlen. »Da kommt einem die Frau billiger«, kommentierte ein befragter Mann.

»Das männliche Interesse daran, alles so zu lassen, wie es ist, hat gute Gründe«, muß bei den Verhältnissen selbst die ›Brigitte‹-Untersuchung konzidieren. O-Ton aus Gruppendiskussionen mit Männern:

Ein Mann: »Wenn eine Frau es wahr macht, nach Jahren wieder in die Arbeit zu gehen, dann ist die Ehe auch oft in Gefahr. Und wenn sie dann zu lange im Geschäft ist, er ist schon längst zu Hause. Das glaube ich ihr, daß sie dann gestreßt ist, das kann nicht gutgehen.«

Frauen-Frage: »Aber es geht doch umgekehrt auch sehr gut, woran liegt das?«

Ein Mann: »Ja, woran liegt das. Das ist die Frage, das ist richtig.«

Ein Mann: »Das liegt auf der Hand, woanders wird der Mann akzeptiert, und da darf er dann alleine zu Hause sitzen und vielleicht ...«

Ein Mann: »Nein, der Mann akzeptiert das nicht, ich auch nicht.«

Frauen-Frage: »Und was akzeptieren Sie daran nicht? Daß sie nicht zu Hause ist, wenn Sie kommen?«

Ein Mann: »Ja, daß sie nicht zu Hause ist.«

Ein Mann: »Ja, ich glaube, so ist allgemein die Einstellung.«

Ein Mann: »Ja, die überwiegende Mehrzahl denkt heute noch so.«

Ein Mann: »Also, daß die Frau zu Hause ist, damit meine ich nicht, sie muß das Heimchen am Herd spielen, das bestimmt nicht, aber daß – sagen wir mal – die Frau jederzeit für den Mann dazusein hat.«

Frauen-Frage: »Und das gilt nicht umgekehrt?«

Ein Mann: »Nein.«

Frauen-Frage: »Ist Ihre Frau immer da, wenn Sie nach Hause kommen?«

Ein Mann: »Meine Frau – ja.«

Ein Mann: »Ja, meine auch.«

Ein Mann: »Ja, das ist so eingerichtet.«

Ein Mann: »Normalerweise ja.«

Ein Mann: »Ja, im allgemeinen schon.«

Ein Mann: »Ja, allein schon deshalb ist sie zu Hause, weil die Kinder da sind. Meine Kinder sind noch nicht so alt, da müssen Schularbeiten überwacht werden, und gezwungenermaßen ist sie dann zu Hause.«

Wie sehr unterscheidet sich dieses Gespräch einer Gruppe von 40- bis 50jährigen Männern von 30- bis 40jährigen?

Gar nicht:

Ein Mann: »Das kann man ja bei den Kleinkindern auch so sehen, wenn eines in die Hose gemacht hat, dann schiebt man das Saubermachen gerne ab.«

Ein Mann: »Das würde ich nicht sagen . . .«

Ein Mann: »Manche können das halt nicht . . .«

Ein Mann: »Man kann schon. Wenn man dazu gezwungen wird, dann kann man das ganz gut.«

Ein Mann: »Nur, in der Regel hat die Frau eben diese Aufgabe übernommen, die liegt ihr auch natürlicherweise gut, und deswegen fällt ihr's leichter – aber der Mann könnte das auch. Von der Technik oder von der Praxis her wäre es überhaupt kein Problem.«

Und die noch jüngeren Männer, die 20- bis 29jährigen, auf die, dekoriert mit dem Etikett »neue Männer«, so viel Hoffnung gesetzt wird? Sie können zum Thema Kindererziehung, Arbeitsteilung im Haushalt und wechselseitige Ansprüche an die Frau beziehungsweise den Mann wenig aus eigener Erfahrung sagen. 70 Prozent des hoffnungsvollen Männer-Nachwuchses hatten zum Zeitpunkt der Untersuchung überhaupt keine »feste Partnerin«.

Von den jungen Frauen dieser Altersgruppe werden die »neuen Männer«, die »Partner« im heiratsfähigen Alter, einfach sitzengelassen. Der neue Mann, der ganz der alte ist, kriegt keine ab.

Viola Roggenkamp
Januar 1986

Unser Mann in Bonn

In vier Monaten wählen wir den neuen Bundestag. Unser Mann wird wieder dabei sein. Ob seine Partei nun gewinnt oder verliert. Er hat seinen todsicheren Listenplatz.

»Uschi! Wo ist denn der Kübel?« – Es ist 21 Uhr, und im Bonner Nachtclub »Royal« beginnt der Arbeitstag wie üblich mit kleinen Aufräumungsarbeiten. »Der Kübel«, ruft Uschi zurück, »der is doch inner Wanne, noch von jestern.«

Gestern war heute morgen gewesen, so zwischen vier und fünf Uhr. Und die Wanne, in der sich der Sektkübel tatsächlich noch immer befindet, ist ein herzförmiges Planschbecken in lila Scheinwerferlicht getaucht. Auf dem hellblauen Kachelboden kleben die bunten Plastikblümchen eines bekannten Geschirrspülmittels; von Prils Saubermännern entworfenes Design. Das gibt der raffiniert frivolen Anlage so etwas anheimelnd Reinliches.

Silvia und Ina haben sich inzwischen umgezogen und sitzen in der Nische vis-à-vis der Bar. Über dem Sofa mit den Seidenkissen hängt das unvermeidliche Carmen-Porträt in Öl; ganz offensichtlich eine Kaufhaus-Arbeit aus der Karstadt-Schule.

Monika in weißem Spitzenkleidchen setzt sich neben Claudia auf einen Barhocker. Uschi poliert Gläser. Anne taucht in das Dunkel der hinteren Nachtclub-Räume, um dort nach dem Rechten zu sehen.

Ganz am Ende das Serien-Bett, einsfünfzig mal zwei Meter. Auf schwarzbraunem Kordsamt leuchtet übereck ausgebreitet eine weiße Stoffunterlage. Auf einem Tischchen daneben liegt ein Stapel kleiner, säuberlich zusammengefalteter Handtücher – griffbereit. Anne kommt zurück an die Bar, überprüft noch einmal die rötlich dämmerige Beleuchtung und das eigene Make-up. Es ist alles bereit. Bloß einer fehlt: Unser Mann in Bonn. Wo ist er jetzt? Wahrscheinlich noch im Amt. Er ist fleißig. Aber so fleißig ist er nun auch wieder nicht. Die meiste Zeit verbringt er damit, sich und sein Gewicht herumzuzeigen. Sein politisches Gewicht, das sich in seinem Gesichtsausdruck widerspiegelt.

Was er zu sagen weiß, ist nie ausschließlich sein gedankliches Eigentum. Sein Wissen entstammt vielen Köpfen. Er ist ein geistiger Akrobat, ist das Leichtgewicht auf der Spitze einer menschlichen Pyramide. So gesehen ist er der Größte. Seine Untermänner, die am meisten an ihm zu tragen haben, sind fast ausschließlich Frauen, zuständig für sein psychisches und physisches Wohl. Unser Mann in Bonn (MdB im offiziellen Sprachgebrauch), ist wie die meisten ein Hinterbänkler. Sein Wahlkreis könnte im Sauerland liegen oder in Schleswig-Holstein. Ihm ist das einerlei. Er hat da keine politischen Vorurteile. Bereits als Jura-Student wußte er, daß er Politiker werden würde. Jetzt absolviert er gerade seine zweite Legislaturperiode und seine zweite Ehe.

Insgesamt hat er drei Kinder, zwei Ehe-Frauen, davon eine geschieden, und eine Freundin. Er ist 46 Jahre alt und will auf alle Fälle wiedergewählt werden. Das wissen wir von seiner Sekretärin, die manchen Mann kommen und gehen sah: »Wer hier mit 40 anfängt, will hier schließlich auch in Rente gehen. So gut können Sie anderswo gar nicht für Ihren Lebensabend vorsorgen wie als Abgeordneter bei uns in Bonn.«

Die Arbeitswoche seiner Sekretärin beginnt montags zwischen 8 und 9 Uhr. Seine dienstags gegen 9.30 Uhr, »denn erst Montag abend oder Dienstag früh reisen die Herren an, gegen Freitag mittag reisen sie wieder ab.« Dazwischen reisen sie in Bonn hin und her, ins Parlament, zum Essen mit Industriellen aus dem Wahlkreis, zur Fraktionssitzung, ins Büro zur Unterschriftenmappe, zur Ausschußsitzung, in die Kneipe, in den Nachtclub mit ausländischen Gästen, ins Bonner Appartement, ins Bett. »Die Herren gehen nie zu Fuß«, sagt die Sekretärin, »die nehmen alle immer die Fahrbereitschaft«, den Dienstwagen mit Chauffeur.

Ihren Chef sieht sie selbst kaum. Das hat sie mit seiner Frau gemeinsam. Mit der hält sie wiederum telefonisch von Bonn aus öfter Kontakt als er. Meistens, um für ihn das Wochenende mit der Familie abzusagen: »Oh ja, ich kenne seine Erste, ich kenne auch die Zweite.« Sie selbst ist, wie die meisten Sekretärinnen in Bonn, nicht verheiratet, hat aber ein Kind. »Im Grunde arbeite ich, um meine Kinderfrau bezahlen zu können.«

In der Bundeshauptstadt sind Frauen unter den fast 300000 Einwohnern in der Mehrheit. Das sind sie zwar überall auf der Welt, aber in Bonn ganz besonders, nämlich zu rund 54 Prozent. Nur im Bonner Parlament sind sie es nicht – in der Mehrheit. An dem Profil eines Mannes stillschweigend und ungenannt im Hintergrund zu arbeiten, sind Frauen ja gewohnt. Um das tun zu können, brauchen sie wiederum andere Frauen, die ihre Frauenarbeit daheim übernehmen. Männer wollen weder das eine noch das andere leisten.

Darum und weil sich gerade in Bonn männliche Eitelkeit zugespitzt auslebt – hier wird Welt-Politik gemacht –, braucht es so viele Frauen für jeden der 468 männlichen Abgeordneten im 10. Deutschen Bundestag. Von den insgesamt 520 Sitzen im Parlament werden nur 52 von Frauen besetzt. Weil sie so oft herumfahren, die Abgeordneten, sind sie auch so oft nach Diktat verreist. Selten haben sie das Diktat vorher selbst diktiert. Für fast alle Sekretärinnen ist darum die Beantwortung der Bittbriefe, Anfragen und Hilferufe aus dem Wahlkreis ihr persönliches Erfolgserlebnis, »weil ich mir dann im stillen denken kann, da hast du weitergeholfen.« Selbstredend in seinem Namen. Er will ja wiedergewählt werden.

Aber der Artikel im sauerländischen Lokalanzeiger über die Rentenreform, der war ja wohl von ihm. Er ist schließlich unser Rentenexperte, und sein Name stand auch darunter. Doch was würden seine Wählerinnen und Wähler von ihm denken, wenn sie wüßten, daß eben dieser Artikel Wort für Wort auch in Kiel, Wolfsburg und Bamberg erschien, nur mit jeweils einem anderen Namen. Eben mit dem Namen des dort stets kandidierenden Abgeordneten.

Und was erst würden sie sagen, wenn sie wüßten, daß der Autor eine Autorin ist, nämlich seine Sachbearbeiterin, deren Namen niemand kennt und die darum wegen ihrer vernünftigen Ansichten auch nicht gewählt werden kann. Gewählt wird er.

Durch ihn und mit ihm sind Sachverständige wie Sekretärin aufgestiegen aus der Provinz bis nach Bonn. Daß sie aber nicht über den Status seiner Mitarbeiterinnen hinaus weiterkommen können, liegt auch an ihm.

Wenn er sich nach 15 Jahren Bonn zur Ruhe in irgendeinen Aufsichtsrat begibt, ist seine Sekretärin arbeitslos. »Ich bin in seiner Partei. Voraussetzung ist das zwar nicht, aber es ergibt sich so. Anfangs macht es sich besser. Nachher stempelt es einen ab. Viele solcher Jobs werden ja unter der Hand vergeben. Auf meiner Ebene hat man keine Vorteile vom Parteibuch. Sein Nachfolger wird seine eigene Sekretärin mitbringen. Erst dann werde ich wirklich empfinden, wie sehr mich die berufliche Treue zu ihm von der Außenwelt isoliert gehalten hat. – Ich bin übrigens«, sagt sie, geht ans Fenster und blickt auf das Bonner Parlamentsgebäude, »noch nie drüben gewesen, im Plenarsaal. Aber seit zwölf Jahren bin ich Bonner Abgeordneten-Sekretärin.«

Zu guter Letzt obsiegt hat bislang nur eine Sekretärin; die von Konrad Adenauer. Anneliese Poppinga studierte nach Adenauers Tod Geschichte, promovierte über ihn (›Die adenauersche Politik‹) und leitet heute in Rhöndorf die Stiftung Konrad-Adenauer-Haus. Wahrhaftig – das Happy-end einer Partnerschaft als Beginn einer neuen Karriere, ihrer Karriere. Nach seinem Tod.

Dagegen hat die damalige Sekretärin von Hans-Dietrich Genscher sehr unemanzipiert und kurzsichtig gehandelt, als sie den FDP-Politiker heiratete und dadurch den bedauerlichen Abstieg in die Isolation einer Bonner Hausfrau hinnehmen mußte.

Tatsächlich ist es fast tragisch zu nennen, daß im politischen Zentrum der Bundesrepublik noch mehr Frauen als anderswo Männern den Steigbügel halten. Denn hier werden nicht bloß Korrespondenz und Geschäftsabschlüsse von Männern unterschrieben, sondern Gesetze, frauenfeindliche Gesetze.

Diese Frauen, die vor lauter Arbeit für ihn nicht zum Heiraten kommen – wie unser Mann in Bonn teilnahmsvoll erzählt – und darum sich lieber die Zeit nehmen, überdurchschnittlich vermehrt vom Balkon zu springen oder Valium mit Alkohol zu schlucken, wie ein Kollege vom ›Bonner Generalanzeiger‹ statistisch belegt – diese Frauen, die allen Grund hätten, das wenige Schritte von ihrem Arbeitsplatz entfernt liegende Parlament zu stürmen, müssen auch noch seine Rede tippen: »Meine Hochachtung unseren Müttern, die ein Leben lang ihre Pflicht getan haben, ohne zu protestieren. Die nie demonstrieren konnten – gar nicht wissen, wie das geht.« (Helmut Kohl, Bundeskanzler)

In dieser Stadt, in der Politik gemacht wird, die neuerdings ja auch für Frauen sein soll, muß die Frau eines Bundeskanzlers, reduziert auf Lächeln, Wohltätigkeit und Entgegennahme von Blumensträußen, der oberste weibliche Eunuche des Staates sein, die Gattin, die First Lady.

Erica Pappritz, ehemalige stellvertretende Protokollchefin des Bonner Auswärtigen Amtes und zuständig für den guten Ton in Bonn, hatte schon 1957 über Politiker unmißverständlich die Nase gerümpft: »Lange Unterhosen bleiben unmännlich und häßlich, auch wenn sie kaum jemand sieht.«

Jahre später fügte Marie Schlei hinzu – sozialdemokratische (zu) fortschrittliche Entwicklungshilfe-Ministerin, die ihren Rausschmiß durch Alt-Bundeskanzler Helmut Schmidt aus der Morgenpresse erfuhr: »Die Menschen sehen nicht auf den Schmerbauch eines männlichen Politikers, seine paschahaften Manieren, aber sie schauen sofort auf die Frisur, auf die Kleidung einer Frau und bewerten das erst einmal vordergründig.«

So durfte denn Annemarie Renger wegen ihres guten Aussehens und ihrer einsam guten Haltung ohne jede geringste Chance für das Amt des Bundespräsidenten kandidieren, als eh schon offiziell feststand, daß sie es nicht werden würde, sondern Carl Carstens.

Den Wert einer Mitarbeiterin, ihre unauffällige Allgegenwärtigkeit, klaglose Hilfsbereitschaft, tägliche Ausdauer, ehrgeizlose Informiertheit und Sachkenntnis, ihre Zuverlässigkeit und Gescheitheit, weiß man in Bonn erst dann richtig einzuschätzen, wenn es plötzlich heißt: Sekretärin nach Diktat verreist. Dann haben die Herren das Nachsehen, vor allem die MAD-Männer.

Aber nicht einmal dann gönnt ihr die genasführte und aufgescheuchte Bonner Männerwelt die Aura der cleveren Agentin. Sie sei eine dumme, kleine, einsame Tipse gewesen und habe es aus Liebe getan. Das wird ihr am Ende negativer angelastet als ihrem vermeintlichen Liebhaber, unserem Mann aus Bonn eben, der im Bett das Maul nicht halten konnte und sich wichtig machen mußte.

Doch wo ist unser Abgeordneter jetzt? Er sitzt beim Essen. Die Aussprache des Parlaments über die Erklärung des Bundeskanzlers wurde bis 14 Uhr unterbrochen – Mahlzeit. Er sitzt in einem italienischen Gartenlokal und kommt sich insgeheim vor wie der Bundeskanzler oder der Außenminister persönlich. Das liegt sowohl an seinem türkischen Gast (demgegenüber er sich um einige Klassen bedeutender fühlt) als auch an der Dame zwischen den beiden Männern – es ist die Dolmetscherin. Andere hohe Herren des hohen Hauses können auch keine Fremdsprache, und nun erst Türkisch.

Wer die drei Menschen von weitem beobachtet und nicht weiß, daß die charmante Dame in der Mitte nahezu synchron und qualitativ vergleichbar nur noch mit »his master's voice« jeden Satz hinüber und herüber dolmetscht, der muß die beiden Männer am Tisch für das ungehobeltste Pack halten, das man je gesehen hat: Nicht nur, daß sie der eleganten Frau unablässig über den Mund fahren, sie aber keines Blickes würdigen, wiewohl sie selbst an den Lippen der beiden Kerle hängt, die Arme kommt auch gar nicht zum Essen. Ihr Spaghetti al pesto dürfte inzwischen kalt geworden sein.

Aber nicht darum scheint sie allmählich reif für ein Magengeschwür: Sie denkt mit, denn sie kann nicht anders. Schon vieles hat sie in ihrem Beruf sagen müssen, bei dem sich ihr die Haare gesträubt hatten. Seine Interpretation der Nachteile des EG-Grenzausgleichs ist dabei leichter zu verkraften als etwa seine Erläuterungen zum NATO-Doppelbeschluß, zur Kernenergie oder zur Familienpolitik. Denn ihre persönliche Ansicht läuft meistens dem zuwider, was sie gerade lippensynchron von sich gibt.

In dem italienischen Gartenlokal ging es zwischen unserem Mann in Bonn und dem Angehörigen der türkischen Botschaft um die Frage der Familienzusammenführung bei türkischen Gastarbeitern. Genaugenommen geht es darum auch am späten Abend in seiner Stammkneipe.

Zwar hatte er mittags dem türkischen Diplomaten in aller Deutlichkeit einmal zu verstehen gegeben, daß die Bundesregierung kein Wundertäter sei und es da einen Konsens seit einigen Jahren sogar zwischen den Parteien von Regierung und Opposition gebe undsoweiterundsofort. Aber hier, vor seinem Bier, geht ihm zum soundsovielten Mal auf, daß er ja auch fern vom Sauerland drei Tage in der Woche ein einsamer Gastarbeiter ist – mutterseelenallein. Gott sei Dank ist Heike da.

Heike und ihr Mann hatten 1983 ihre neue Kneipe an der B 9, vis-à-vis von der Bannmeile des Politiker-Gettos, eröffnet und »Provinz« genannt. Man geht in die »Provinz«. Man kommt aus der Provinz.

Unser Mann in Bonn ist in der »Provinz«, dort sitzt er an der Theke, und Heike, deren Name hier als einziger genannt werden kann, weil sie überparteilich und unabhängig ist, Heike steht dahinter. Ihre graugrünen Augen sind das Hellste und Klarste, was sich in Bonn finden läßt.

Auch sie ist wie fast alle Frauen in Bonn für die Arbeit, die sie macht, überqualifiziert. »Das Anstrengendste für mich ist die ständige Präsenz.« Sie muß von allem wissen und alles für sich behalten. Sie braucht das Namensgedächtnis einer Schulleiterin und hin und wieder auch deren Durchsetzungsvermögen.

Wenn am Fenster Sozialdemokraten die Köpfe zusammenstecken, hinten im Raum die Grünen »was ausdiskutieren«, zwei letzte Liberale ein Bier zusammen trinken, dazwischen die Bonner Berichterstatter von ›Spiegel‹, ›Stern‹ und ›Zeit‹ bemüht sind, sich ausschließlich auf ihr Essen zu konzentrieren, und ein Kollege vom Fernsehen über seinen vergangenen Bericht aus Bonn von einem völlig unbekannten Polit-Touristen vernommen wird, dann muß Heike kurz aber resolut dazwischen: »Manche Männer kommen nur herein, um mal mit den großen Hunden zusammen zu pinkeln.«

Es ist jetzt nach 23 Uhr. Der »Bericht aus Bonn« ist längst gelaufen, die Theke füllt sich mit bekannten Männern, die jedermann vom Bildschirm nur bis zur Gürtellinie kennt. Und da unser Mann aus Bonn so was nicht nötig hat, bezahlt er sein Bier und geht. Und geht auf dem Wege in sein einsames Appartement noch im »Royal« vorbei.

Dort ist heute abend nicht viel los. Um ehrlich zu sein – gar nichts. Die Frauen sind unter sich und machen es sich gemütlich. Silvia und Ina würfeln in der Sofa-Nische. Silvia, bekleidet mit einem straßbesetzten Band, ist an der Reihe. Sie hat die in extrem hohen Goldsandaletten steckenden Füße mehr oder weniger gedankenlos vor sich abgestellt. Der kleine, nackte Bauch hängt völlig entspannt und außer Kontrolle ein wenig durch. Sie schwingt den Becher und klappert verheißungsvoll mit den Würfeln.

Ina, die verständlicherweise gewinnen will, aber am Verlieren ist, reckt den Oberkörper vor, macht einen langen Hals und harrt der Würfel, die da fallen sollen. Statt dessen leuchtet das Lichtsignal auf. Das Zeichen dafür, daß einer draußen auf die Klingel gedrückt hat.

In nicht mehr als fünf Sekunden läßt Ina routiniert Aschenbecher, Spielblock, Bleistift, Würfel und Knobelbecher hinterm Sofa verschwinden, während Silvia über das Tischdeckchen streicht, ihre Beinhaltung korrigiert, den Bauch einzieht, den Oberkörper etwas nach hinten lehnt, den linken Arm hinter dem Kopf drapiert, die rechte Hand auf dem Knie ablegt und so insgesamt eine betont lockere Hab-Acht-Stellung einnimmt.

Natürlich – es ist unser Mann aus dem Sauerland. Ob man ihn hier kennt? Das wird sich gleich zeigen: Uschi schenkt ihm ein Bier ein und auf seinen Wink hin auch einen Piccolo für die sich neben ihn setzende Ina. Er begrüßt sie mit gedämpfter

Stimme, und sie erwidert mit aufgesetztem Schmollmund, aber im Ton unverkennbar gereizt: »Jedesmal sagst du einen anderen Namen! Ich heiße aber Ina. Das ist doch wirklich ganz einfach.«

Gegen zwei Uhr nachts machen sich in der Nähe von Aachen etwa 30 Frauen auf und klettern in einen wie jede Nacht bereitstehenden Sonderbus, der sie pünktlich um 4.45 Uhr vor dem »Langen Eugen« absetzt. Das sind die Putzfrauen. Eine Viertelstunde später schließt um 5 Uhr der Nachtclub »Royal«, so daß also insgesamt das Service-Programm aller Frauen für unseren Mann in Bonn 24 Stunden und 15 Minuten dauert, eine viertel Stunde mehr als Tag und Nacht zusammen lang sind.

Gegen 8.30 Uhr müssen die 30 Frauen mit den 30 Stockwerken – pro Etage 32 Räume – fertig sein. »Manche von uns macht dat schon die vierte, fünfte Legislaturperiode. Aber dat da einer mal wat ausjejeben hät' von den Herren! Nä! Ein Abgeordneter mal, kann ich mich noch erinnern. Da wa Wahlkampf gewesen. Aber zu Weihnachten oder so mal für die Kaffeekasse für uns Frauen – nix!«

Draußen graut der Morgen herauf. Für Ina vom Nachtclub »Royal« ist endlich Feierabend. In Joggingschuhen und Jeans, die Goldsandalettchen in der Plastiktüte, trabt sie nach Hause. Und unser Mann in Bonn? Der schläft. Wie meist.

Viola Roggenkamp
Oktober 1986

Die Freier

Sie sind nicht die Ausnahme, sie sind die Regel. Die Männer, die zu Prostituierten gehen. Allein in der BRD tun das täglich (!) rund eine Million. Gekaufter Sex ist für diese Männer normaler als der mit ihrer Freundin oder Frau. Sie zahlen lieber. Und lassen sich von Frauen bedienen. Widerspruchslos. Den Lohn für die härteste Frauenarbeit der Welt kassieren Männer. Sie sind es, die das große Geld mit der Prostitution machen. Den Löwenanteil der mindestens 40 Millionen, die täglich durch Prostitution verdient werden.

»Auf die Frage ›Wo kann man hier am besten ...‹, gibt es nur eine richtige Antwort«, heißt es auf einem Flugblatt, das ein »exklusiver Saunaclub« im Ruhrgebiet immer mal wieder an »alle Taxifahrer zur Information und zur Erinnerung« verteilen läßt. Für jeden Gast, den ein Taxifahrer dort abliefert, bekommt er 50 Mark. »Eine Fahrt mit drei Gästen gleichzeitig«, verspricht der Saunaclub, »bringt nicht nur 50 DM, sondern 150 Mark! Wir garantieren, daß jeder Taxifahrer diese Belohnung erhält, auch für Stammgäste, die sowieso gekommen wären.«

Und damit Herrn Jedermann und Herrn Biedermann »die schönste Sache der Welt auch weiterhin unbedenklich Spaß« macht und »nicht zum Russischen Roulett« wird, versichert der Saunaclub »aus aktuellem Anlaß: Unsere 15 Mädchen werden nicht wie in Nachbarstädten vierzehntägig, sondern wöchentlich beim Gesundheitsamt untersucht; hierbei ist auch ein Aids-Test selbstverständlich.«

Nach Auskunft von Taxifahrern sind es überwiegend Geschäftsleute, »die wir hier rausfahren, die kommen zu Messen oder Geschäftsverhandlungen, machen ihren Vertragsabschluß und dann einen drauf. Manche hier von uns dürfen auch schon mal'n Nümmerchen gratis schieben, wenn der Kunde, den wir gebracht haben, besonders spendabel war. Na ja, und die Mädchen, die sind echt Spitze, fast alles Studentinnen. Die brauchen das Geld.«

Katjas Stammkunden sind überwiegend Männer zwischen 30 und 50 Jahren, auch ältere. Ganz solide Männer, Ehemänner, Manager, Ärzte, Wissenschaftler, Journalisten, Juristen,

Kaufleute; insgesamt 250 Stammkunden, die regelmäßig zu ihr kommen, weil die 23jährige in der Hamburger Herbertstraße »auf Stiefel arbeitet und auch Operationen« macht. Katja: »Auf Stiefel arbeiten ist, wenn er gequält werden will. Schlimmer sind die, die dich als Frau schlagen und quälen wollen. Operation ist zum Beispiel, wenn der Mann einen Einlauf haben will, einen schmerzhaften Einlauf. Da wird ihm so ein Schlauch in den Hintern reingeklemmt, und dann gibt's Einläufe. Mit 'ner speziellen Mischung. Das kann Alkohol sein. Das können Tees sein mit Hasch oder anderen Zusätzen. Ihm kommt's dann zweimal: Beim Einlauf und wenn er es alles wieder rausscheißt.« Die Brutalität und der Wunsch nach Brutalität unter den Freiern im Umgang mit den Frauen sei enorm gestiegen, sagt Elisabeth, die heute 58 Jahre alt ist und vor über 30 Jahren zum erstenmal auf den Strich ging. »Früher war pro Haus eine Stiefelfrau, heute sind das schon drei bis fünf. So perverse Wünsche wie ›warmer Sekt‹ muß heute zum normalen Angebot gehören. Das wollen so viele Männer, das und immer Analverkehr. Also, ›warmer Sekt‹ ist, wenn er will, daß du ihm direkt in den Mund pinkelst.«

Neben der wachsenden Brutalität »wird von Beobachtern der Szene allgemein ein Hang der Freier zu immer jüngeren Frauen und Mädchen mit entsprechender Zunahme auch der Kinderprostitution behauptet«. Die Gründe für eine solche Entwicklung seien nicht bestimmbar. So betont distanziert und lapidar äußerte sich unlängst über die Freier der Hamburger SPD-Senat (zehn Männer und zwei Frauen).

Zur Zeit arbeiten etwa 200 bis 300 Minderjährige in der Hansestadt als Prostituierte. Conny, 16 Jahre alt, deren Vater »Zahnklempner ist« und sie »immer wieder sexuell mißbraucht hat«, mußte auf ihrem Weg von Kiel nach Hamburg »beim Trampen schon den ersten Mann für 50 Mark wichsen«. Der Lkw-Fahrer – Anfang 40, mit Drei-Tage-Bart und ganz gutmütigem Gesicht, beschreibt Conny den Freier – »hat mich einfach dazu gezwungen, und irgendwo ist es mir nicht mehr schwergefallen, verstehst du. Denn hat mich einer angemacht, da war grad' 'ne Messe hier, ›Du und Deine Welt‹ oder so. Ich sollte das doch mal 'ne Woche machen, anschaffen, und denn sehen, was für mich dabei rumkommt. Ich hab' den Job gebracht, aber nur mit Drogen. All die dikken Pappis, Fettbäuche und affenscharf. Die haben einem nix erlassen.«

Claudia, 28 Jahre alt, die in einem Provinz-Puff in Schleswig-Holstein arbeitet, hat viel mit Prominenten zu tun. Männer in Amt und Würden. »Wenn sie sehr prominent sind, schicken die ihren Sekretär oder persönlichen Referenten ins Bordell. Der sucht dann 'ne Frau für den aus, oder auch mehrere. Und dann wirst du zu dem ins Hotel gebracht.

So ist mir das mal passiert. Das ist noch gar nicht so lange her. Da war ›warmer Sekt‹ fällig. Ich wußte gar nicht, daß der Typ aus Bonn war. Zufällig habe ich ihn dann am nächsten Abend in der ›Tagesschau‹ wiedergesehen. Der wurde da interviewt. Da ist mir ganz schlecht geworden.«

Wie der Politiker will auch der Familienvater auf gar keinen Fall erkannt werden. Sogar dauerhafteste Stammkunden lassen sich lieber »Bubi« oder »Dickerchen« nennen als ihren richtigen Vornamen zu verraten.

Auch die Leser von ›Cosmopolitan‹, die auf den obszön geschriebenen Bericht ›Warum Männer zu Huren gehen‹ prompt reagierten, blieben selbstverständlich lieber anonym, schrieben aber lustvoll-schuldbewußt wie »schmunzelnd-vergnügt« von »bezahlten Nebenfrauen«, vom »Hurenkauf«, von der »Lust am kalkulierbaren und folgenlosen Erniedrigtwerden und Erniedrigen«, vom »Haßgefühl auf Frauen ganz allgemein«: »Ich erwähnte meiner Frau gegenüber, die Prostituierte X sei schöner als sie, die Y sexuell befriedigender . . .«

Es sind auf beiden Seiten ausnahmslos Männer, die von der Prostitution profitieren, denen die Prostitution nützt: Zuhälter wie Freier. In der Bundesrepublik arbeiten 400000 Prostituierte, legal und illegal – mindestens!

Nehmen wir einmal an, jede Prostituierte hat täglich zwei bis drei Kunden (manche haben zehn, andere nur einen: einen freien Tag gibt's auch mal). Dann gehen täglich eine Million deutscher Männer auf den Strich, täglich jeder 16. Mann (denn in der BRD gibt es 15,9 Millionen Männer zwischen 20 und 59 Jahren). In einem Monat gehen deutsche Männer 30 Millionen mal zu einer Prostituierten (d.h. jeder mindestens zweimal – für die wenigen, die nicht gehen, gehen die anderen dann öfter). Und in einem Jahr 365 Millionen mal. Der Verdacht liegt nahe, daß der deutsche Mann Sexualität mit Prostituierten öfter lebt als mit der eigenen Freundin oder Frau.

Nach den Erfahrungen der Frauen kommen die meisten Männer nicht deshalb, weil sie allein und ohne Freundin oder Ehefrau leben, sondern weil ihre sexuellen Wünsche den

Freundinnen und Ehefrauen zuwider sind; den Prostitutierten übrigens auch.

Mit ihren sexuellen Bedürfnissen bewegen sich viele Freier in der Grauzone der Kriminalität oder der Psychopathie. Männer, die täglich irgendeinem Beruf nachgehen, es dabei meistens mit anderen Menschen zu tun haben, gehen in ihrer Freizeit ins Bordell, um Prostituierte auszupeitschen oder um sich auspeitschen zu lassen.

Nach Erkenntnis erfahrener Prostituierter sind vor allem Männer in Machtpositionen sado-masochistisch veranlagt. Soziologische Untersuchungen über Freier gibt es hierzulande nicht. In den USA lag 1977 eine erste Untersuchung vor (›Sexual Profile of Men in Power‹) über die Sexualität von Männern in Machtpositionen: Darunter auch 1242 Freier von Call-Girls, die speziell Männer mit masochistischen Vorlieben bedienten.

Die Untersuchung ergab, daß 17 Prozent dieser Männer bevorzugt eine Sklavenrolle gegenüber der Prostituierten haben wollten. Am häufigsten vertreten waren dabei Rechtsanwälte und Richter sowie gehobene Manager. (So die feministische Zeitschrift ›Streit‹). Daß solche Männer, die das »Rückgrat der Nation« bilden – so die US-Regierung offiziell entsetzt –, in großer Zahl gelegentlich oder regelmäßig Prostituierte aufsuchen, ist auch anderswo nachzulesen, beispielsweise in der Tagespresse.

Jüngster Fall war der Berliner Korruptions-Skandal um den Ex-Baustadtrat Wolfgang Antes und die Berliner CDU. Bei solchen Gelegenheiten wird immer offenbar, was die Männergesellschaft gern vernebelt: Die engste Verquickung zwischen Zuhälter und Freier und Politiker/Beamter – bis hin zur Austauschbarkeit der Rollen und Interessen.

Neben dem Namen des Regierenden Bürgermeisters von Berlin, Eberhard Diepgen, tauchte auch der des bekannten Bordellbetreibers Otto Schwanz auf, »der sich tatsächlich gerne seiner Duzfreundschaft mit dem Regierenden Bürgermeister rühmte« (›Die Zeit‹).

Otto Schwanz, CDU-Mitglied im Kreisverband Wilmersdorf und seit etwa zehn Jahren erfolgreicher Bordellbesitzer, hat laut einem »Kiez-Kenner« in der ›Zeit‹ auch beste Kontakte zur Polizei: »Der Schwanz hatte so 'ne Bar mit Karibikmädchen, alle ohne Erlaubnis. Das Telefon klingelte, die Mädels haben sich angezogen und sind gegenüber einen Kaffee trinken gegangen. Eine Viertelstunde später gab's 'ne Razzia. Wenn die vorbei war, kehrten die Frauen zu ihrer Arbeit zurück.«

Kein seltener Fall. In solchen Fällen ist es vielmehr außerdem üblich, daß die uniformierten Freunde und Helfer des Hauses gratis dürfen und/oder vom Geld, das die Freier zahlen, ihr Teil abbekommen. Ein ebenso dunkles Kapitel ist in Berlin die Verbindung von Fluchthelfern und Zuhältern. Frauen aus der DDR, aber auch aus Polen müssen auf dem Strich die hohen Fluchtgelder für sich, auch für nächste Angehörige, auf unbegrenzte Zeit abarbeiten.

Gerade diese Frauen sind bei Freiern beliebt, weil sie sich – wie andere Ausländerinnen auch – sehr viel zumuten lassen. Ihre Abhängigkeit ist noch größer, da sie nicht nur illegal auf dem Strich arbeiten, sondern auch noch illegal in der Bundesrepublik leben; ein besonderes Druckmittel für Zuhälter, die ihrerseits ohne die Goldgrube Prostitution völlig machtlos wären. Aber auch ein besonderes Druckmittel für Freier, Frauen noch hemmungsloser zu erniedrigen, sie am Ende gar ums Geld zu betrügen.

In Hamburg leben und arbeiten rund 6000 Prostituierte, legal und illegal. Wenn wir davon ausgehen, daß jede der Frauen bloß zwei Freier pro Tag hat, gehen allein in Hamburg täglich 12–18000 Männer ins Bordell oder auf den Straßen- beziehungsweise Autostrich.

Wenn jeder Freier nur 50 Mark zahlt (die übliche Summe für eine »einfache Nummer«), sind das in Hamburg täglich allein mindestens 600000 Mark, die Männer, Biedermänner für ihre sexuelle Befriedigung ausgeben. Auf der anderen Seite wiederum kassieren Männer für die von Frauen geleistete Arbeit. Pro Tag für die Bundesrepublik hochgerechnet sind das 40 Millionen Mark, im Jahr 14,6 Milliarden Mark, die mindestens von Männern ausgegeben werden.

So schwindelerregend die Zahlen sich lesen mögen, sie sind realistisch, wenn man bedenkt, daß damit jede Prostituierte nur 100 Mark täglich »verdient« und wiederum zwischen 60 und 120 Mark für ihre Zimmermiete im Bordell täglich zahlen muß – in die Kasse von Männern.

Wir haben die tägliche Mindesteinnahme für die Mindestleistung vorausgesetzt. Nicht mitgerechnet ist das Drum und Dran, die Drinks und Biere, das Eintrittsgeld in den Nachtclub, sexuelle Extras. Ein Riesengeschäft! In einer Männergesellschaft können sich das nur Männer leisten. Das Geld, das da zirkuliert, wird von Männern zu ihrem Vergnügen ausgegeben, von Männern zu ihrem Vergnügen kassiert und von Männern zu ihrem Vergnügen investiert:

Im April 1964 genehmigte der Hamburger Senat einstimmig den »Bau von zwei Mädchenwohnheimen«. Gedacht war dabei an die beiden der Hansestadt Hamburg gehörenden Grundstücke Reeperbahn 140 und 170, mitten im sogenannten Vergnügungsviertel St. Pauli.

1967 wurde das erste »Mädchenwohnheim« mit 173 Appartements eröffnet, ein Jahr später das zweite mit 139 Zimmern; dazu ein sogenannter Kontakthof, um Besucher empfangen zu können. Die Namen »Eros-Center« und »Palais d'Amour« wurden in der Beschlußvorlage des Hamburger Senats ebensowenig genannt wie Zweck und Bestimmung dieser »Mädchenwohnheime«. Sie sind zusammen mit der im Jahr 1900 eröffneten Herbertstraße die drei größten verpachteten Bordell-Anlagen Hamburgs. Dort gibt es weitere 17 Häuser mit insgesamt rund 200 Zimmern.

Das ist kasernierte Prostitution, darauf eingerichtet, in jeweils zwei Schichten (eine »Tagfrau«, eine »Nachtfrau«) à zwölf Stunden über 1000 Frauen als Prostituierte arbeiten zu lassen. Für jedes der insgesamt 520 Zimmer kassieren die Pächter (Zuhälter) auf diese Weise zweimal, eine Tages- und eine Nachtmiete von je 60 Mark pro Frau und Zimmer in der Herbertstraße, 120 Mark im »Palais d'Amour« und 140 Mark im »Eros-Center«; allein pro Tag 48440 Mark, abzüglich der Pachtsumme, die an die Stadt Hamburg geht.

Auf eine Anfrage der GAL in der Hamburger Bürgerschaft, »an welchen Bordellen in St. Pauli« die Freie und Hansestadt »in Form von verpachtetem Grundbesitz, verpachteten oder vermieteten Gebäuden, anteiligem Besitz (Grund und Boden oder Gebäuden) beteiligt« sei, antwortete der Senat:

»An verschiedenen städtischen Grundstücken im Bereich St. Pauli hat die Stadt Privaten ein Erbbaurecht bestellt. Die hierauf errichteten Gebäude sind Eigentum der Erbbauberechtigten. Über die Nutzung dieser Gebäude zu Bordell-Zwecken hat die Stadt keine Kenntnis. Im übrigen werden bebaute städtische Grundstücke von den Gesellschaften Sprinkenhof AG und SAGA verwaltet.« Wenn sich – wie im Hamburger Stadtteil St. Georg – die Anwohner über Lärmbelästigung durch kreisende Fahrzeuge beschweren, nimmt sich die Polizei nicht die Freier vor, sondern die Prostituierten. Kennzeichen von Fahrzeuginhabern werden nur notiert, sofern Zeugen gebraucht werden. »Betroffene und Zeugen (gemeint sind die Freier) werden nach einer Personalienfeststellung angehört. Dazu ist in aller Regel eine Mitnahme zur Wache nicht erforderlich.« (Senatsdrucksache 11/2451).

Dem Freier geschieht nichts. Sogar in St. Georg nicht, wiewohl er da immerhin zur Förderung der Prostitution mit minderjährigen Mädchen aktiv beiträgt. Die Polizei, prahlte unlängst Ludwig Rielandt, inzwischen pensionierter Chef der Davidswache auf St. Pauli, gegenüber der ›FAZ‹, habe das »Milieu fest im Griff«. »Hätten wir«, nach Ansicht des Hamburger Polizeipräsidenten, »in ganz Hamburg Verhältnisse wie auf St. Pauli, gäbe es für die Polizei in dieser Stadt keine nennenswerten Probleme.«

Es ist also kein Problem, wenn eine überwältigende Mehrzahl der Männer in der Bundesrepublik sich regelmäßig für ein paar Scheine die Körper und Seelen von Frauen kaufen kann. Mal eben auf dem Liegesitz im Auto. Oder hinterm Bauzaun. Oder in der Absteige. Es ist also kein Problem, wenn die Normalität der Sexualität von Männern in diesem Land die direkt erkaufte Möglichkeit zur Erniedrigung und Benutzung von Frauen ist. Es ist kein Problem. Zumindest nicht in einer Gesellschaft, in der die Freier die Norm sind.

Anna Nehemias
September 1986

Frauen

Simone de Beauvoir: Der Abschied

Simone de Beauvoir ist tot. Das ist mehr als der Verlust der bedeutendsten Theoretikerin des neuen Feminismus und einer integren Intellektuellen, deren Werk und Leben fast ein halbes Jahrhundert mitgeprägt haben. Für die Frauen in der ganzen Welt ist mit ihr der einzige international bekannte weibliche Mensch verschwunden, der ihnen Ermutigung und Herausforderung zugleich war. Beauvoir war ein Anti-Star. Ihre Art zu denken und zu leben und die Schonungslosigkeit, mit der sie sich selbst mitgeteilt hat, verbot jede Idealisierung. Ein Grund mehr, sie um so selbstverständlicher als Vorbild anerkennen zu können. Wäre der Begriff »Mutter« nicht so belastet, so wäre sie die Mutter des neuen Feminismus zu nennen. Ihre Töchter stehen jetzt an vorderster Front.

Sie öffnete uns die Tür. Uns allen. Den vielen Frauen, überall auf der Welt, deren Leben sie auf immer bewegt und erleuchtet hat. Auch für die Frauen, die nie von ihr gehört hatten, änderten sich durch sie Charakter und Qualität des Lebens. Von nun an war nichts mehr dasselbe.

Die Hälfte der Menschheit. Wer hätte je ein Buch geschrieben, das das Schicksal aller Menschen verändern würde? Fanon, Marx vielleicht. Es wird Zeit brauchen, voll und ganz zu ermessen, welche Auswirkungen ›Das andere Geschlecht‹ auf die Sozialgeschichte gehabt hat, auf das Privatleben, das Alltagsbewußtsein und die Wahrnehmung.

Das Verhältnis zwischen Männern und Frauen wurde unumstößlich verändert. Sie hat es benannt. Endlich so klar und unvoreingenommen beschrieben, daß die Ungerechtigkeit der intellektuellen Fassade des Patriarchats einfach zerbröckelte: Angesichts einer mühelosen Logik, mit der sie äußerst sorgfältig, detailliert und differenziert beobachtete, wie der Mann die Menschheit nach seinem eigenen Bilde formte. Und dann die Frau dazu verurteilte, das »Andere«, Fremde, der Untermensch zu sein.

Das war der Auftakt. Beauvoir ging weiter als die frühen Feministinnen, wie zum Beispiel Wollstonecraft und Mill, deren Gedanken auf den Prinzipien von Gleichheit, Gerechtigkeit und Menschenrechten beruhten. Statt dessen wagte sie sich vor bis in das Zentrum, in die verborgenen Tiefen patriarchalischer Denkstrukturen, patriarchalischen Unterbewußtseins, sogar in die patriarchalische Mythenbildung. Es war die letzte, notwendige Untersuchung, die endgültige, unwiderlegbare Wahrheit, die sie uns darbot. Jetzt war der Weg frei, es war nur noch eine Frage der Zeit. Und so lange dauerte es auch gar nicht, wenn wir zurückblicken auf die Jahrhunderte und die Millionen von Frauen.

Nun brauchten wir nur noch zu kämpfen, denn die Waffen hatten wir jetzt. Beauvoir, die 1949 ›Le Deuxième Sexe‹, ›Das andere Geschlecht‹ veröffentlicht hatte, war uns weit voraus. Da stand sie und wartete auf uns. Mit unendlicher Großzügigkeit und Geduld widmete sie ein Großteil ihrer letzten Lebensjahre den Feministinnen, deren Veranstaltungen und Kampagnen. Stets war sie gastfreundlich und aufmerksam gegenüber jüngeren Feministinnen und Studentinnen. Man konnte sie einfach anrufen, sie hatte keine Sekretärin, war meistens daheim. Die Person Beauvoir und ihre Präsenz in der Welt standen für ein Ideal, sie war die lebendige Verkörperung des Prinzips Freiheit in unserer Zeit. Makellos, prinzipientreu, gelassen: solche Integrität war beispiellos für eine Figur der Öffentlichkeit. Das alles bedeutete sie mir. Und noch mehr. Was dieses »mehr« ist, muß vielleicht noch entschlüsselt werden. In dem Sinne, wie ihr restliches Œuvre – literarische Meisterwerke wie ›Eine gebrochene Frau‹ oder große gesellschaftspolitische Dokumentationen wie ihre Bücher über das Alter und den Tod – immer noch überschattet wird von der gigantischen Leistung ›Das andere Geschlecht‹, so sind viele andere Konturen ihrer Lebenswirklichkeit der Allgemeinheit weniger bekannt.

Sie öffnete die Tür nicht nur für uns – die Frauen meiner Generation, die ihr auf diesem Weg folgten – durch ihre autobiographischen Lebenszeugnisse; sie lehrte, ja, führte uns am eigenen Beispiel vor, wie wir als freie Frauen zu leben vermöchten. Wie wir uns zum Risiko und zur Kühnheit bekennen könnten. Bei ihrem Lebensentwurf entschied sich Beauvoir für das Glück, für le bonheur, wie sie es nannte.

Ein seltsamer Entschluß, so könnte man meinen, für eine Person, die so hart arbeitete, so viel produzierte, so häufig öffentliche Verantwortlichkeit einem literarischen Rückzug vorzog. Aber für sie bedeutete dieser Entschluß wahres Leben. Teilzuhaben am Lebensnerv ihrer Zeit, an den Ursachen, Krisen, Gefahren und Wagnissen. Während ihrer langjährigen Beziehung zu Sartre flüchtete sie nie in die Ehe. Der inneren Logik dieser großen Zuneigung entsprach die Bejahung anderer Liebesbeziehungen, befristete wie die zu Nelson Algren, dauerhafte wie die zu Claude Lanzmann oder Sylvie Le Bon.

Immer gab es diese großartige Integrität. Eine einfache Wohnung, ein großer Raum – das war alles. Sie besaß nichts. Bei der ersten Begegnung mit ihr traf ich den Inbegriff meiner ganzen Hoffnungen. Ja, sie ist das Wahre, dachte ich. Das war erkennbar in ihrer Höflichkeit, ihrem Wohlwollen, in der Moralität jeder Äußerung, in ihrem literarischen Scharfsinn, in ihrer unerschütterlichen Standfestigkeit. Hier stand das Gewissen Frankreichs, ja, des Westens. Eine große Feministin und eine große Humanistin. In ihrer Person verband sich beides.

Kate Millett

Unser aller Vorbild

Für meine Generation waren sie in den 50er Jahren der einzige Lichtblick. Liebe? Ehe? Kein Nachdenken darüber war denkbar ohne das Modell des Traumpaares: Beauvoir und Sartre. Liebe ohne Ehe, ohne Abhängigkeit, ohne Ungleichheit. Das Wort Emanzipation fiel damals ganz sicherlich nicht. Es wurde noch nicht einmal gedacht. Aber gefühlt. Denn das demonstrierte dieses Paar bei jedem Schritt: daß sich hier zwei Gleiche begegnet waren. Irgendwann in den frühen 60ern habe ich dann die ersten Romane und ›Das andere Geschlecht‹ gelesen. Es war wie ein Geheim-Code. Man las und verstand, aber man wußte sich allein damit. Ende der 60er sah ich das Buch zum ersten Mal bei einer anderen Frau: in einem Frankfurter Studentenheim lag es auf dem Schreibtisch einer Aktiven des legendären Weiberrates . . .

Anfang der 70er begannen wir, endlich, miteinander zu reden. Wir entdeckten, daß ›Das andere Geschlecht‹ unser aller heimliche Fibel war und Simone de Beauvoir unser aller Vorbild. Sie hatte uns, mit ihren Memoiren und Romanen, mit ihren politischen Engagements und privaten Revolten, das Bild einer Frau vermittelt, die hoch erhobenen Hauptes gegen die Angepaßtheit, gegen die Feigheit und Dreistigkeit der anderen anlebte. Und die dabei nicht auf der Strecke blieb, sondern, im Gegenteil, erst wirklich anfing zu leben.

Sicher, die Frauen der westlichen Welt hätten sich, wieder einmal, auch ohne ›Das andere Geschlecht‹ in Bewegung gesetzt. Aber sie hätten das nur zögernder und nicht mit dieser intellektuellen Klarheit tun können. »Man kommt nicht als Frau zur Welt, man wird es.« – Dem gab es nichts hinzuzufügen.

Beauvoirs umfassender Essay wurde allerdings erst eine Generation nach seinem Erscheinen zur radikalen Streitschrift gegen die Männergesellschaft, aber auch – gegen die Weiblichkeit.

Beauvoir, 1970 von den neuen Feministinnen persönlich angesprochen, gehörte selbstverständlich dazu. Sie wurde unsere Wegbegleiterin; sie stellte sich, wie sie es selbst formulierte, der Sache »zur Verfügung«, gab ihren Namen, demonstrierte mit, bezog Stellung.

›Das andere Geschlecht‹ habe »nur« die Analyse geliefert, aber keine Strategie entwickelt, kritisierten einige. Als sei eine Strategie von einem einzelnen Menschen überhaupt denkbar (und wünschenswert) und nicht nur als Produkt eines handelnden Kollektivs wirklich politisch ... In zwei Punkten allerdings, und in sehr wichtigen, konnte der neue Feminismus aufgrund der neuen historischen Gegebenheiten über die Analyse Beauvoirs hinausgehen: Die Töchter Beauvoirs erkannten das Ausmaß der Männergewalt gegen Frauen. Und sie benannten die Funktion der (Zwangs)Heterosexualität (und damit die subversive Rolle der weiblichen Homosexualität).

Beauvoir war zu Beginn der neuen Frauenbewegung in der Tat leicht verschreckt von der militant lesbischen Amazonen-Fraktion. In ihren frühen Solidaritätsbekundungen versäumte sie selten, anzumerken, daß es doch auch sympathisierende Männer gäbe, ja sogar solche, die Feministen seien. Wenige Jahre später allerdings hatten diese Ausnahmemänner zwar weiterhin den altgewohnten Platz in ihrem Herzen, vom Kopf her aber wurden sie politisch nun offen von ihr kritisiert (»Selbst Sie, Sartre, teilen nicht die Erfahrungen der Frauen! Sie wollen uns einfach nicht verstehen!«).

Ihre Beziehung zu Sartre war, das wird nach der Veröffentlichung der Briefe Sartres an Beauvoir noch klarer, sehr bald eher geschwisterlicher Natur. Zwei Menschen, die sich als Gleiche erkannt und gewählt und sich in dem halben gemeinsamen Jahrhundert so manches Mal einen durchaus hemmungslos komplizenhaften Umgang gegenüber Dritten erlaubt hatten. Um so absurder der Versuch, Beauvoir jetzt, nach ihrem Tod, wieder einmal zum Anhängsel Sartres, zur »großen Sartreuse« und »lebenslangen Gefährtin«, zum relativen Wesen, zur »Anderen« reduzieren zu wollen. Wie bezeichnend und grotesk, daß wir das selbst bei einer der bedeutendsten Frauen der Geschichte immer noch und immer wieder klarstellen müssen.

Versteht sich, daß Beauvoir selbst nie Ideal sein wollte. Sie war ein Anti-Star. Sie hat, glaube ich, bei allem stolzen bis manchmal schroffen Selbstbewußtsein, selbst nie wirklich die eigene Bedeutung begriffen, sie nicht begreifen wollen. »Berühmt«, hat sie einmal zu mir gesagt, »berühmt ist man immer nur für die anderen.« (Ein Satz, der in die Poesiealben aller Tagesschau-Politiker/innen gehört.)

Auch darin war sie eine konsequente Existentialistin: Sie hat sich nie festlegen lassen, hat immer wieder neu nachgedacht, ist der Versuchung eines fixierten Bildes von sich selbst – und sei das auch noch so strahlend – nie erlegen. Beauvoir ist bis zum Schluß bereit geblieben, sich auf Ungewohntes einzulassen, dazuzulernen. Recht unduldsam allerdings war sie immer mit der Dummheit und der Selbstgefälligkeit. Selbstbetrug konnte sie kaum ertragen (es ist darum nicht ohne Ironie, daß die bemühte TAZ ausgerechnet Luce Irigaray, die für Beauvoir eine typische Vertreterin der intellektuellen Schaumschlägerei und der neuen Weiblichkeit war, zur »Hommage« an sie aufgefordert hat).

Trotz alledem mußte der sperrige »Castor« (= Biber – ihr Spitzname) dennoch als Ideal herhalten. Wer, wenn nicht sie?! Menschen brauchen Vorbilder. Keine vernebelnden, entmündigenden Idole. Aber mitreißende Vorbilder. Solche, die vorleben, daß widerständiges, integres Denken und Leben möglich ist, mehr noch: erfüllend sein kann.

Männer haben solche Vorbilder. Sie haben davon soviele, daß sie sich in dem reichhaltigen historischen Angebot die jeweils passende Variante aussuchen können. Frauen haben sie nicht oder kaum. Frauen gehören nicht dazu. Sie sind ganz draußen, haben, bis sie überhaupt den Horizont erblicken, soviele innere und äußere Hürden zu nehmen, daß sie meist auf der Strecke bleiben oder – den Weg gar nicht erst antreten (welche Gründe und Folgen das hat, hat Beauvoir in nicht zu übertreffender Klarheit im ›Anderen Geschlecht‹ analysiert). Die wenigen, die es dennoch schaffen, sich von den Fesseln zu befreien, versucht man spätestens im nachhinein in die Niederungen des Ewig-Weiblichen hinabzuzerren.

Selbst einer Beauvoir bleibt das nicht erspart. Die Nachrufe waren mehr als bezeichnend, sie waren Strategie. Den schwarz-rot-goldenen Vogel schoß in ihrer dumpfen Uniformiertheit und sexistischen Dreistigkeit diesmal ›Die Zeit‹ ab, subtil aber nicht weniger dreist flankiert von der ›Frankfurter Rundschau‹.

Beauvoir selbst haben solche Manöver schon zu Lebzeiten kaum angefochten. So skeptisch und klarsichtig sie intellektuell war, so vital war sie emotional. Von einem nicht totzukriegenden Optimismus. Von der Art Optimismus, aus dessen Holz die Revolutionär/innen geschnitzt sind.

An diesem 14. April 1986 haben Millionen Frauen in der ganzen Welt geweint. Wenige Tage später standen Kate Millett und ich an ihrem aufgebahrten Sarg. Zu traurig, um zu reden, zu denken. Aber gefühlt haben wir, glaube ich, beide dasselbe: Das war nicht nur Abschied, es war auch Versprechen. Versprechen, weiterzukämpfen. Für die Freiheit. Für die Selbstverantwortung. Für das Glück aller Menschen. Vor allem und endlich auch für das der weiblichen Menschen.

Alice Schwarzer
Juni 1986

Marianne Sägebrecht: Eine Femme banale

Paris und New York liegen ihr zu Füßen. Aber hierzulande ist die Bayerin noch ein Geheimtip. Mit Percy Adlon drehte sie ihre Erfolgsfilme ›Out of Rosenheim‹ und ›Zuckerbaby‹.

»Kurz nach der Prämierung für ›Out of Rosenheim‹ in Berlin mit'n Bundesfilmpreis stakste eine Reporterin auf die Bühne, stakste auf mich zu, und das erste, was sie g'sagt hat ...«

Marianne Sägebrecht zieht die Schultern zurück und sitzt, mit dem Rücken zu ihrem Schreibtisch, kerzengerade auf einem hölzernen Drehstuhl. Ihre hell leuchtenden Augen gefrieren zu Eiseskälte. Die Lippen straffen sich zu einem sparsamen Mund, und im Tonfall wird sie durch und durch preußisch: »›Gratuliere, Frau Sägebrecht. Eine Frage. Wenn jetzt ein Regisseur käme, und Sie müßten 20 Kilogramm weniger wiegen?‹«

Sie beugt sich vor: »Das war das erste, was sie ... Also, das muß man sich vorstellen.« Ihre Hände fliegen hoch, ballen sich zu zwei kräftigen Fäusten und schlagen auf ihre Schenkel herunter: »Eine solche Frechheit!«

Doch die Geschichte ist noch nicht zu Ende. Marianne Sägebrechts Geschichten enden anders: Sie bleibt nicht hilflos zurück. Zwar sehr wohl getroffen, auch verletzt, voll Scham über die Zudringlichkeit ihres Gegenübers. Aber doch niemals ohne ein letztes selbstbewußtes Wort.

Reporterin: »20 Kilogramm weniger, Frau Sägebrecht! Was würden Sie dann machen?«

Frau Sägebrecht: »Also, als erstes möchte ich doch sagen –, war das jetzt ein Preis für ...? Wo sin mer jetz? Sin mer jetz am Rindermarkt g'wesn? War das jetzt ein Preis fürs Gewicht? Oder war das jetzt ein Preis für die Leistung? Wenn Sie mich weiter so blöd fragen, ...«

Reporterin: »Wieviel wiegen Sie?«

Frau Sägebrecht: »87 Kilo, und jetzt nach Ihrem Gespräch schon 86,5!«

Sie zieht die Augenbrauen hoch und greift sich an die Stirn. Dann senkt sie den Kopf und kichert in sich hinein. Endlich legt sie die Hände in den Nacken, lacht frei heraus, streckt die Füße weit von sich und wippt vor und zurück. »Marianne«, sage ich in die eintretende kleine Pause hinein, »laß uns das Gespräch zu Beginn etwas strukturieren.«

»Das ist eine gute Idee«, erwidert sie und springt auf: »Magst an Sekt?« – Auch eine gute Idee. Sie läuft nach nebenan, in die Küche, in der Agnes Pellkofer am Tisch sitzt und bügelt. »Mutti«, sagt die Tochter, »du sollst doch nicht bügeln.« Und während Agnes Pellkofer gewohnheitsmäßig irgend etwas Beschwichtigendes vor sich hinbrummelt, rennt Marianne zurück in ihr Zimmer, holt aus ihrem Kleiderschrank ein total zerknittertes Stoffbündel und läuft damit wieder zur bügelnden Mutter.

In dieser Wohnung leben drei Frauen miteinander: Agnes Pellkofer, 70 Jahre alt und Mutter von Marianne Sägebrecht, Marianne, die im August 43 Jahre alt geworden ist, sowie deren Tochter Daniela, 20 Jahre alt. Im Zentrum der Münchner Altbauwohnung liegt eine geräumige, helle Wohnküche, um die herum sich die Zimmer der drei Frauen gruppieren. Danielas Zimmer wirkt in den Farben so leicht und schwebend wie eine kleine weiße Wolke an einem hellblauen Sommerhimmel. Agnes Pellkofer nennt ein geräumiges Wohnzimmer ihr eigen, mit Schrankwand, Sitzgruppe und Fernseher, wie sich's g'hört.

»Meine Mutter«, sagt Marianne Sägebrecht, »ist die Chefin, es ist ihre Wohnung.« Eine zierlich wie zäh wirkende Chefin, in deren Gesichtszügen Humor und Wachheit zuerst auffallen. »Normalerweise kann das auch schwierig sein, aber wir leben hier mit sehr viel Toleranz«, erzählt Marianne und stellt nebenbei die Katzen vor; zur Zeit sind es vier: ein mächtiger Kater, Typ pensionierter Geheimrat, schläft in einem bequemen Korb in der Küche. Zwei voluminöse Katzendamen, zweifellos Operndiven aus dem Charakterfach, haben sich den Rest der Wohnung geteilt. Eine kleinere Katze ist gerade dabei, sich durchzusetzen und niederzulassen.

»Es gibt nicht diese Tagesabläufe in unserer Familie: um 12 Uhr wird gekocht, um 6 Uhr wird gekocht, daß die Frau den ganzen Tag in der Küche ist. Wir frühstücken miteinander, und dann macht jede, was sie will. Zweimal in der Woche, wenn ich's einrichten kann, mach ich was zu essen, meistens was Pfiffiges, was sie noch nicht kennen. Und einmal macht meine Mutter. Aber wir alle drei sind frei von den Familienzwängen, nach denen man rund um die Uhr zu funktionieren hat.«

Das bescheidenste Zimmer ist Mariannes Domizil, ein sehr schlichtes Arbeitszimmer, fast das Zimmer eines jungen Mädchens, doch dafür ist zuwenig geliebter Ballast darin. Nur ein Schreibtisch, ein Schrank, Bücherborde, ein bequemer Sessel. Sie ist draußen zu Hause, in der Stadt, in Münchens urigen Kneipen, in kleinen Restaurants mit ausgezeichneter Küche (versteht sich) und im Englischen Garten um die Ecke, draußen unter Menschen, mit Freundinnen und Freunden, und weit über München hinaus, neuerdings bis nach Newberry Springs, California, und schon immer bis nach Surinam. »Momentan will ich nur raus, raus, raus. Ich bin eine globale Person. Laßt mich ruhig wandern.«

Ja, und ein Sofa steht in ihrem Zimmer, neben dem auf einem Wandbrett griffbereit und sehr benutzt ein dickes Wörterbuch liegt, Deutsch–Englisch/Englisch–Deutsch: Jasmin Münchgstettner aus Rosenheim hat neue Freunde gewonnen in der kalifornischen Wüste zwischen Disney-Land und Las Vegas, und Marianne Sägebrecht ist treu.

Bekannt über Bayern hinaus bis nach New York ist Marianne durch zwei Filme geworden, die beide der Münchner Regisseur und Autor Percy Adlon (53) für sie geschrieben und mit ihr gedreht hat:

›Zuckerbaby‹ (1985) und ›Out of Rosenheim‹ (1987). In ›Zuckerbaby‹ spielt die Sägebrecht eine dicke Frau Ende 30, »allein lebend in ungewollter Einsamkeit, die entsteht, wenn ein Mensch zum Tabu erklärt wird« (Percy Adlon). Die Verachtung, die Nicht-Beachtung hat sie grau und scheinbar dumpf werden lassen. In einem Bestattungsinstitut arbeitet sie als Leichenwäscherin. Die Toten-Arbeit erledigt sie mit Respekt und Wärme. (»Zu Beginn und zum Ende eines Lebens braucht es eine Hebamme.«) An den Wochenenden liegt sie aufgebahrt auf ihrer schmalen Bettcouch, sieht fern und ißt. Es gibt in dieser Vereinsamung nur den stummen Dialog mit der toten Mutter: Ein kleines antikes Tischchen, einst gemeinsames Symbol für nie genossenen Reichtum und Fetisch grenzenloser Träume, ist jetzt Altar.

»Daß ich als Dicke – was ja in unserer Zeit schon eine ästhetische Provokation darstellt – auch noch Leichen wasche, macht diese Person noch mehr zur Außenseiterin.« Dieses Mehr an Provokation war ihre Idee, die der Freund und Kollege Adlon gern aufnahm.

In ihre tägliche Tristesse dringt allmählich die Stimme eines

U-Bahn-Fahrers, in die sie sich verliebt: »Nächster Halt: Sendlinger Tor« – »Zurückbleiben bitte«. Sie nimmt Urlaub, spioniert den Dienstplan und das Leben des jungen, schlanken Mannes aus (Eisi Gulp), schleppt eine riesige Doppelmatratze nach Hause, kauft sich große Hüte und tiefdekolletierte Kleider, zeigt, was sie hat und macht sich auf die Jagd: »Sssso! Zzzukkerbäbi!«

Aus ihrer kleinen Wohnung wird mit ihm der siebte Himmel. An dem Abend, an dem die beiden zum erstenmal ihr Versteck verlassen und unter Menschen in einer Discothek verliebt und ausgelassen Rock'n'Roll tanzen (Marianne auf höchsten Pumps und in höchster Fahrt, sie war schließlich Rock'n'Roll-Meisterin), wird sie von seiner Ehefrau auf der Tanzfläche zu Boden geschlagen. Aber das ist auch im Film nicht ihr Ende ...

Hier war ›Zuckerbaby‹ ein Insider-Tip, die großen Kinos in der Bundesrepublik nahmen den Film nicht zur Kenntnis. In den Staaten jedoch wurde er ein Renner, ein Hit. Marianne Sägebrecht erhielt für ihre Darstellung den Ernst-Lubitsch-Preis.

Der große Publikumserfolg ihres neuen Films ›Out of Rosenheim‹ ließ sie zur begehrtesten Interview-Partnerin in den vergangenen Monaten werden. Talk-Show-Master, TV-Kultur-Päpste, JournalistInnen, FotografInnen und Drehbuch-Autoren sind ihr auf den Fersen. Die gestylte Plastikwelt zwischen Talk und Traumdiät kann noch immer nicht fassen, was Percy Adlon vor zehn Jahren, am Beginn ihrer Freundschaft, erkannt hatte: »Ein runder Mensch, der gleichzeitig ganz leicht ist. Eine Künstlerin, die mit weiblicher Intuition« und gelebter Authentizität arbeitet.

In ›Out of Rosenheim‹ steht – nach einem handfesten Krach mit ihrem Mann – Jasmin Münchgstettner, Geschäftsfrau in Hut und Lodenkostüm aus Rosenheim, unvermittelt, aber entschlossen allein zu bleiben, in der Wüste Californiens. In einem heruntergekommenen Motel mit Tankstelle und Imbiß quartiert sie sich ein. Hier herrscht Brenda (Carol C. H. Pounder), eine Schwarze, die gerade ihren Ehemann vor die Tür gesetzt hat. Sie begegnet der seltsamen Fremden, die da am Horizont in bayerischer Lodentracht auftaucht, mit großem Mißtrauen.

In Brendas »Bagdad Gas & Oil Café« finden sich Lastwagenfahrer, ihr Sohn Sal, der ständig Bach auf dem Klavier übt, ihre junge Tochter, außerdem eine schweigsame Tätowiererin und Rudy Cox, ausgedienter Kulissen-Maler aus Hollywood. Langsam beginnt Jasmin, den abgewirtschafteten Laden wieder aufzumöbeln. Sie fängt an mit dem Scheuerlappen – und arbeitet weiter mit »Magic«: Sie beginnt Zaubertricks vorzuführen; als erstes zaubert sie für Brenda eine rote Rose aus dem Nichts herbei. (Die Magie des kleinen Wunders war wiederum Marianne Sägebrechts Idee, und sie hat selbstredend jedes Zauberkunststück gelernt; gleich zu Anfang das schwerste: der tanzende Spazierstock. Tricksen mit Hilfe der Kamera vor einem Bagdad-Café voller Komparsen hätte sie sich nie erlaubt.) Die schwarz/weißen Ladies werden zum Geheimtip der Highways. Glamour zieht in Bagdad ein. Jasmin und Brenda sind Freundinnen geworden. Selbst Jasmins abgelaufenes Visum kann die beiden nur für kurze Zeit trennen.

»Bavarians are the last Indians in Germany«, hat Marianne Sägebrecht in einem Interview mit der New Yorker Szene-Wochenzeitung ›Village Voice‹ gesagt. »Wenn die Jasmin in ihrem Lodenkostüm mit Hut und Feder am Kopf – da geht ma schon ganz anders! – durch die amerikanische Wüste zieht, fühlt sie sich ebensowenig deplaziert wie ein Indianer in München. Was sie trägt, ist schön, das tut ihrem Körper gut. – Das Fossil! Natürlich ist sie komisch, diese gepanzerte Rosenheimer Person. Aber das ist eine ganz schmale Gratwanderung gewesen wegen der Unschuld. – Meine Urgroßmutter Theresia stand neben mir und hat mir ins Ohr gesagt: ›Gell, bin fei auch aus'm Chiemgau, gell.‹ – Und wie sie das später dann weglegen darf – welche Freunde!«

Der Kulissenmaler Rudy Cox (Jack Palance) will Jasmin aufs Papier bringen. Sie willigt ein. Erst im Lodenschmuck, dann ohne Jacke. Als er ihr für eine neue Öl-Konzeption am Blusenkragen nestelt, korrigiert sie den kleinen Zugriff und – führt ihn selbst aus. Sie übernimmt die Regie, sitzt in geschnürtem Mieder und Strümpfen da. »Und dann kommt dieser Augenblick: Ganz nackt der Busen. Mein Gott. Mit all meinen Ängsten. Da ist der Jack Palance, ein großer Schauspieler und Patriarch, da ist der Kameramann, da ist der Percy, da sind schon sechs, sieben Menschen, vor denen ich das machen muß. Da brauche ich die Sicherheit, daß da keine Verachtung aufkommt, und muß es auch in der Hand haben, denn ich öffne mich denen und auch denen da hinten, dem Publikum, das noch nicht da ist. Die muß ich spüren. Dieser wahnsinnige Moment, wo sie selber den kleinen Schritt macht, die Führung übernimmt, wo man sterben kann vor Angst. Diesen kleinen, verwundeten Punkt da zu zeigen, ganz vorsichtig, den Busen – nackt.«

Ob in Seattle, in Paris, in Berlin, Frankfurt oder Segeberg: »Es war überall still in den Kinos. Mein Gott. Und was da alles noch mitläuft, alles, was uns Angst macht, das ganze ästhetische Diktat: Eine Frau muß so und so aussehen, erst dann darf sie sich ausziehen.«

Rudy Cox macht Jasmin am Ende des Films einen Heiratsantrag. Da er selbst bescheiden ist, begründet er ihn mit der Möglichkeit für Jasmin, immer in den USA bei Brenda bleiben zu können, aber er ist auch Mann genug, die attraktive Zauberin haben zu wollen. So war denn in Kritiken von männlichen Journalisten stets im Ton amüsierter Zustimmung vom »Happy-End« die Rede: Jasmin kriegt einen ab. Dazu Marianne Sägebrecht: »Sie muß es mit Brenda besprechen! Das ist ihre Antwort. Da, am Highway, in der Wüste sind 24 Stunden 24 Stunden, da können die Menschen bei 60 Grad im Sommer vor Hitze nicht aufrecht gehen. Wenn da 'ne Frau freiwillig hingeht, wenn das nur wegen der Romantik mit einem Mann sein soll, also, dann weiß i nimmer. Klar, daß die Frauen da zusammenhalten müssen. Das ist der alte Matriarchatsgedanke, den ich sehr schön finde.« Zu Hause, im Münchener Matriarchat, haben alle drei Frauen mehrere Rollen übernommen, Marianne zumindest diese fünf: Sie ist die Tochter, aber auch die Freundin ihrer Mutter, sie ist der Mann, der von draußen die Welt mit hereinbringt, und sie ist die Schwester ihrer Tochter, deren Mutter sie ist.

»Ich bin ja keine Mamma in dem Sinn. Das ist ja der Trugschluß. Die Form wirkt mütterlich. Aber ich muß frei sein, ich brauche Platz, ich muß fliegen dürfen.« Agnes Pellkofer und Daniela Sägebrecht lassen sie.

Hausfrau und Mutter in dieser Ausschließlichkeit ist sie nach eigener Angabe nur ein Jahr lang gewesen, von 1968 bis 1969, nach der Geburt ihrer Tochter. »Meine Seele wurde immer kränker.« Sie begann sich zu fragen, ob das alles so sein müsse. »Man hat als Frau mit Kind halt zwei Kinder, der Mann ist ja auch eines, und mit dem zweiten Kind kann ich nicht noch mal fünf Kinder haben, das geht ja gar nicht. »Seit ihrer Scheidung 1975, nach elf Ehejahren, hat sie ihre »schwangere Form« wieder.

»Die Idee vom Körper wird innen geschaffen, aber auch gleichzeitig von außen bestimmt. Dadurch kriegt der Körper seine Form und kann seine Spannung halten. Meine Form ist ein Ausdruck, der sagt: Ich muß mich nach innen konzentrieren, auf mich, ich hab was zu produzieren, ich brauche meine Ruhe.« Sie sitzt die ganze Zeit auf dem Drehstuhl vor ihrem Schreibtisch, und doch ist das Zimmer von ihr erfüllt, als würde sie pausenlos auf- und abrennen. Die Worte und Bilder überstürzen sich jetzt, denn nun geht es darum, womit die Gesellschaft die Frauen am Schlafittchen hält (ein Wort aus der Umgangssprache, das »Schwungfeder des Flügels« bedeutet): das gnadenlose Diktat über den weiblichen Körper.

Daß Marianne Sägebrecht es gewagt hat, mit ihren 87 Kilo in München, Berlin, Hamburg öffentlich anzutreten, war schon ungeheuerlich für alle, die zu Größe 38 beten. Doch immerhin geschah dies ja im Rahmen ihrer »Opera Curiosa«, einer künstlerisch lustvollen Institution Sägebrechtscher Prägung. Ein kabarettistisches Revuetheater, arrangiert und organisiert von ihr, in dem viele das von sich zeigen durften, was sie bislang zu verbergen hatten: eine deklamierende Stripperin, ein Tänzer als klassische Primaballerina, eine Primaballerina, die zum Kraftmenschen wurde, insgesamt 180 Mitwirkende aus ganz Europa in sieben Produktionen.

In dieser »Rainbow-Family« kam ihr Talent zum Zuge, Menschen, Charaktere zusammenzubringen. »Und da entsteht was. Da bin ich eine alte Alchimistin«, sagt die ehemalige Laborantin und medizinisch-technische Assistentin, die am Ende ihrer bürgerlichen Berufslaufbahn einem Psychiater assistierte. »Gut, manche können nicht miteinander, es blitzt, und da entweicht ein Schwefeldioxid. Aber ich habe keine Angst vor den Elementen.«

Gab es allerdings unfruchtbares Gemetzel hinter den Kulissen, konnte Marianne auch schon mal in Tränen ausbrechen vor Enttäuschung. »Wir waren alle ineinander verliebt. 13 Tage und nicht mehr.« Dann trennt sie sich in ihrer mütterlichen Form von ihren Geschöpfen. »Nur so bleibt Qualität zurück. Sonst wird's banal.«

In diesem phantastischen Biotop hatte die Sägebrecht nicht nur die Aufgabe der Regisseurin (»Ich nehm schon fertige Charaktere und geb denen ganz andere Formen, wegen der Rollenbrüche«). Sie trat auch selbst auf: als Miss Piggy, als

Biene Maja, als Müll-Lady mit Tee-Ei am Ohr, tief-schwarzem Gesicht, rotem Haar und im Abfallbeutel steckend.

Der Mut zur sogenannten Häßlichkeit, mit dem sie sich selbst und ihre ZuschauerInnen herausforderte, – dazu ihr Charisma und die Kunst der Alchimistin Marianne – verliehen der Müll-Lady Attraktivität und Macht, dem Schwein Miss Piggy pompöse Autorität und der runden Biene Maja Komik und unbeschwerten Charme. Wenn's einen nicht angerührt erschauern ließ, hielt man sich den Bauch vor Lachen. Rainbow-Family machte in vielen Variationen Karriere, Marianne Sägebrecht wurde 1982 der Schwabinger Kunstpreis verliehen.

Daß sie als Oberhaupt einer riesigen Gaukler-Familie, als Dicke unter Transvestiten, Schwulen, Lesben, Transsexuellen, schüchternen Exhibitionisten, Mischlingen, Ausländern, gemeinsam mit ihnen gefeiert und umjubelt wurde, mochte noch angehen – eben als Außenseiterin unter Außenseitern.

Daß sie sich aber nun als eine Frau wie viele andere – und welche entspricht schon dem weiblichen Hunger-Ideal der Männer-Gesellschaft – als »Zuckerbaby« und Jasmin Münchgstettner in die Welt aufmacht und daß von New York über Paris bis Bad Aibling das Kino-Publikum hocherotisiert von dieser Frau spricht, das sprengt offenbar das Diktat der Männer-Medien. Vor allem hierzulande fehlen den Journalisten die Worte, und sie verschlucken sich an ihren Klischees.

›Süddeutsche Zeitung‹ – »dralles, pummeliges Riesenbaby in debiler Negerfamilie«, ›Spiegel‹ – »häßlich und fett« (Zukkerbaby), »herzhafte Schwergewichtlerin« (Jasmin), ›Welt‹ – »bayerisches Kraftwerk«, ›Evangelischer Presse-Dienst‹ – »eine vollschlanke, ledige Dame«, Münchener ›Abendzeitung‹ – »nicht mehr ganz junge, korpulente Frau«, und schließlich ›Brigitte‹ fassungslos: »An eine Diät hat sie noch nie gedacht.« ›Cosmopolitan‹ dagegen, die gelackten Krallen immer am Ball, titelte jüngst inspiriert vom Sägebrechtschen Fluidum: »Dick im Geschäft« und gab den von ihr gemarterten Karriere-Frauen gnadenlos den Rest: »Nicht mehr glatte Schönheit, gefragt sind unverwechselbare Typen«. Nicht mehr »die Bohnenstange«, sondern »das üppige Weib«.

Marianne Sägebrechts Antwort auf das irritierte Presse-Gestammel: »Für mich ist jede Form, die aus der Form geht, ein kreativer Ausdruck. Sin mer bloß froh. Ganz egal, auch wenn man noch so dick oder ganz dünn is, oder ein Zwerg is. Schütz mer doch um Gottes Willen unsere Formen. Also, ich laß mich überhaupt nicht als Anführerin der Dicken der Welt jetzt ... Da bin ich zuständig? Also, da krieg ich Zustände! Damit werden die in ein Behinderten-Ghetto gedrängt! Wozu denn?«

Die Sätze sprudeln aus ihr heraus. Der Redefluß sei erheblich abgebaut im Vergleich zu früher, versichert sie. (Das Tonband jedenfalls hält Schritt.) Die Argumente kommen Schlag auf Schlag. Sie pulsiert. »Der eine ist wirklich krank und ißt zuviel. Der andere hat seine Schutz-Geschichte. Ich hab meine schwangere Form, wo ich den Männern zeig, ich bin jetzt nicht bereit zur ... zur Begattung. Und nix anders. Und damit hat man automatisch Ruh. Das funktioniert ja. Das hab ich für mich gefunden, und so muß man ganz ehrlich mit sich sein. Das ist mein Schutz, und das ist meine Freiheit. Ich bin ja in ganz anderen Dingen drin. Ich bin ja schwanger mit meinen künstlerischen Gedanken und Produktionen. Das ist ein hocherotisches Leben, das ich führ.«

Und noch dies zu ›Brigittes‹ Ideal-Diät: »I werd mi hüt'n.« Wir gehen essen. Bagdad, die hingebungsvolle Mischlingshündin aus Newberry Springs (Marianne stolz: »Ihre Mutter ist Kojotin, die hat die Jungen dem Alten vor die Hundehütte gelegt«) bleibt unterm Schreibtisch zurück. Schon die Atmosphäre in dem kleinen Restaurant ist sehr gut, das Essen nicht minder. Marianne empfiehlt als Vorspeise Carpaccio und dann Fisch. Die Kellnerin kommt. Ich bestelle. Etwas hängt überm Tisch. Eine gewisse kleine Unruhe, die aus Mariannes Augen kommt. Oder täusche ich mich? »Ja, zunächst also Carpaccio«, sage ich, und da kreist es in meinem Kopf:

Frauen, vor allem eben Frauen machen immer wieder den Fehler, köstliche Vorspeisen miteinander zu teilen, nur halb zu genießen, weil ja noch das Hauptgericht kommt, und damit es ja nicht zuviel wird. »Als Vorspeise also Carpaccio, zweimal bitte«, sage ich und sehe von der Speisekarte auf in Mariannes Augen. Der Mund zeigt ein ganz kleines Lächeln, kaum, daß man's sieht: Ich habe bestanden.

Marianne Sägebrecht ist in Bachhausen in Oberbayern aufgewachsen, ganz in der Nähe vom Starnberger See, und da für sie auch Zufälle nie ohne tiefere Bedeutung sind, hat der Bach in Bachhausen, das strömende Wasser etwas mit ihrer Psyche zu tun. Wasser trägt: mit ausgebreiteten Armen und gestreckten Beinen auf der Wasseroberfläche liegen und sich wiegen lassen.

»Wir waren das letzte Haus im Dorf, was prägend ist.« Vielleicht war sie darum als Kind »so stichelhaarig«? Mit einem gewissen Abstand zu den anderen wohnten sie am Dorfrand, und nach ihnen kamen die Zigeunerfamilien. Rechts und links eine Zigeunerfreundin im Arm, so ist sie durchs Dorf gezogen. »Kommt's nur raus!« Sie kamen nie raus.

Marianne ist kein Bürgerkind. Sie ist nicht bürgerlich aufgewachsen. Ihre Mutter, Agnes Pellkofer, hat alleinstehend mit zwei kleinen Töchtern zu spüren bekommen, was Doppelmoral und Scheinheiligkeit in einer dörflichen Gemeinschaft bedeuten können. Sie hat mit Näh- und Hausarbeiten ihre kleine Familie durchgebracht und hat ihre Töchter zur Selbstachtung erzogen. Was es heißt, am Rande zu stehen, hat Marianne als Kind erfahren und sich darüber hinwegzusetzen gelernt: »Ich habe keine Angst, vor niemand.«

Mit den Kindern des Dorfes probte sie eigene Theaterstücke in der Kiesgrube. Sie war die Anführerin, sie war auch als Kind zumindest nicht dürr und dadurch stärker als mancher Junge. Marianne aus dem letzten Haus besuchte die Realschule und machte ihren Abschluß.

Kam es mal ganz hart zwischen dem letzten Haus und dem großen Rest des Dorfes, gab es immer noch und immer schon diese Sicherheit: »Und überhaupt, ich komme aus Surinam.« Denn: Mit dem Bach von dort zum Fluß, zum großen Strom und dann zum Meer »komme ich nach Surinam zurück«, wo immer das liegen mag.

Ihr Vater ist vier Wochen vor Kriegsende gefallen, im April 1945. Ihre Mutter war mit ihr schwanger. Agnes Pellkofer hatte auf eine Ferntrauung verzichtet. Schon Urgroßmutter Theresia aus dem Chiemgau hatte eine nichteheliche Tochter zur Welt gebracht. »Der Herr Pfarrer hatte es von der Kanzel heruntergepredigt«, sie sollte das Kind dem Kloster schenken, was sie nicht tat und vom Vater darum verstoßen wurde. »Ein armer Flickschuster hat sie noch genommen, weil sie so schön war.«

Agnes Pellkofer mußte schon als Neunjährige ihre Geschwister und den Vater versorgen, denn ihre Mutter war mit 46 Jahren gestorben. »Sie konnte ihren despotischen Mann nimmer verkraften«, sagt die Enkelin Marianne.

Alles Frauen, die aus unterschiedlichen Konfrontationen

Konsequenzen gezogen haben. Auch Marianne: »Ich kann so Patriarchen, so starke Männer, die nix gelten lassen, nix wachsen lassen, nicht ab. So'n Mann, der würd' mich nicht sein lassen, wie ich bin. Einen so großen Geist zu finden, mit viel Weite und viel Nähe gleichzeitig«, sagt sie, »ach, das ist schwierig.«

Es hat sich da bei ihr etwas eingependelt, »eine Art lustvolle Gesamtheit, die sich auf viele Menschen erstreckt, wo ich viel zurückkriege. Das läuft über sehr viel Zärtlichkeit und Sinnlichkeit.« Der Fluß, das Wasser, »so ist meine Psyche«, empfindet sie. »Wenn man mich hindert am Fließen, dann muß ich unheimlich atmen, fang ich an irrsinnig aufzutürmen, dann stürzt es fürchterlich runter, und das Wasser läuft wieder weiter. Ich muß fließen dürfen, dann dürfen viele Menschen in diesem Wasser baden.«

Und Frauen? »Ich mag Frauen sehr gern, schon grundsätzlich, und ich glaube, das spüren Frauen. Meine Freundinnen sind alle sehr starke Frauen, klar. Es sind wenige verheiratet. So diese reinen Ehefrauen, die ihr ganzes Leben ausrichten auf den Mann, dem zu dienen, zu gefallen, sich äußerlich in bestimmte Formen zu zwingen, die bringen große Opfer. Wenn ich das erleb', dieses Gebalze und Getue um einen Mann, irgendwie nimmt mir das die Qualität des Tages weg.« Und Mariannes Tochter? »Die Danni, die hat ja auch damit Probleme gehabt bei ihren Freundinnen, weil sie das nicht kennt. Sie hat nie erlebt, wie das ist, wenn man den Alten umschnurrt, um einen Pelzmantel rauszukitzeln. Aber sie ist auch verletzt. Sie hätt' gern eine Familie gehabt mit fünf, sechs Geschwistern. Aber das wird dann sein, daß sie sich das vielleicht mal selber schafft.«

Für Marianne Sägebrecht gab es 1964, als 19jährige, nach ihrer Ausbildung zur Laborantin und medizinisch-technischen Assistentin zunächst nichts Näherliegendes als zu heiraten. Fünf Jahre später – Tochter Daniela war inzwischen geboren (1967) – brach sie aus dem Hausfrauendasein aus und assistierte einem Psychiater. Was sie auf ihren »interessanten Studienreisen durch medizinische und soziale Institutionen« über Menschen erfahren hatte, wollte sie endlich auf ihre Weise praktizieren: Gemeinsam mit Ehemann Fritz eröffnete sie das Kleinkunstlokal »Spinnradl« in Starnberg. Jetzt war sie Gastgeberin und tischte auf, Lukullisches und Künstlerisches.

1975 ließ sie sich scheiden. Diese Ehe hatte sie am Fließen

gehindert, sie hatte sich irrsinnig auftürmen müssen und diesen Durchlaß gefunden, um fortan in breitem Strom weiterzufließen: 1976 – Geschäftsführerin des Münchener Künstlerlokals »Mutti Bräu«. Gäste von nah und fern kamen, auch Punks, auch KünstlerInnen, auch Penner, auch das Roncalli-Ensemble. Autor Martin Sperr wurde Stammgast und engagierte Marianne Sägebrecht als »Hure Bella« für sein Bühnenschauspiel »Adele Spitzeder«. Die Titelrolle der großartigen (übrigens lesbischen) Geldverleiherin spielte er selbst. Marianne hatte schon bei dieser ersten schauspielerischen Arbeit um die Interpretation ihrer Rolle gekämpft: »Bella ist ganz scheu und zart und mädchenhaft, und keine betrunkene Nutte.« Das war 1979, und Percy Adlon saß im Publikum.

Trotz ihrer großen Erfolge hat Marianne Sägebrecht keine Reichtümer gescheffelt, weder durch ihre Künstlerlokale, deren phantastische Umsätze die Besitzer einstrichen, noch mit ihren Revuetheater-Tourneen. Im Gegenteil. Sie hat noch immer Schulden aus ihren Unternehmungen. »Ich habe keinen Preis. Jetzt, bei der Film-Produktion macht der Percy den Preis. Ich kann mich nicht als Marktfaktor einbringen. Das wird mir als Schwachpunkt ausgelegt. Aber mir ist klar, daß mein Verhalten auch dieses System schwächt.«

Das System der Beziehungen, beim Geld wie in der Liebe. »Was ich nicht steh'«, sagt sie im Ton mütterlicher Abgründigkeit, und ihr Haar knistert, »sind diese sexuellen Wisch- und Weg-Geschichten, weil das einfach nur schmerzt. Ganze viele Menschen wissen das auch und spielen dieses Spiel trotzdem und haben nur Frust.« Um diesen Frust des Betruges wegzukriegen, »holt man sich selbst ein Opfer und fühlt sich dann erleichtert«, privat wie geschäftlich.

Rosalie aus Oberbayern – die Dritte im Bunde mit Zuckerbaby und Jasmin – wird sich (im Gegensatz zu ihren beiden Film-Vorgängerinnen) dem Geld-System widmen, und sie wird es auf ihre Weise schwächen, als riesenhafter, nicht zu ignorierender Marktfaktor, drüben, in den USA. ›Rosalee goes Shopping‹ (Drehbuch und Regie Percy Adlon) soll im November 1989 in die Kinos kommen: mit ihrem vor zwanzig Jahren in Oberbayern angetrauten GI und den fünf Kindern muß sie in die amerikanische Provinz; sein Zuhause. Sie tröstet sich mit Konsumverhalten, und zwar in ganz großem Stil, denn sie hat »getschekkt«, daß »ma mit denen ihre Kreditkartl« nicht nur tausend oder hunderttausend, sondern auch eine Million Dollar Schulden machen kann. Hinter solchen Tricks kann kein armer Schlucker stecken, sondern nur ein g'standenes Weibsbild.

»Hast du in Berlin, nach der Preisverleihung für ›Out of Rosenheim‹ etwas sagen müssen?« fällt mir noch ein. Es ist jetzt ein Uhr nachts, und Marianne verströmt sich konzentriert und hellwach seit heute mittag um drei, seit zehn Stunden.

»Ich hab's erst währenddessen gemerkt, daß jeder was g'sagt hat«, erinnert sie sich. »Ich denk: ogottogott. Aber das geht dann bei mir sehr schnell. Und da saßen sie alle da unten im Publikum, die Gudrun Landgrebe und so ganz schöne Frauen, alles Gazellen.« Und dann hat Marianne Sägebrecht gesagt:

»Ihr braucht keine Angst zu haben. Ich nehm euch nix weg; eure Rollen, die könnt ihr alle selber spielen. Wenn überhaupt, dann werd ich g'standenen Weibsbildern Leben geben. Eine Femme fatale werd ich sowieso nie. Ich bin eine Femme banale.«

Viola Roggenkamp
September 1988

Patricia Jünger: Die Komponistin

»Die ersten Yeti-Schritte in den weißen Schnee«, so beschreibt Elfriede Jelinek die Arbeit ihrer Freundin, der Komponistin Patricia Jünger.

Vielleicht kann ich nicht darüber reden, aber schweigen will ich auch nicht. Auch wenn sich vieles der Sprache entzieht dadurch, daß es eben nicht Wort ist, nicht Wort werden will, sondern etwas ANDERES. Aber sich mit dem Wort verbünden kann zu etwas darüber hinaus.

Die Bachmann sagt: »Über Musik, über Dichtung, über ihrer beider Wesen, muß man beiseite sprechen. Das vorlaute Reden darüber sollte aufhören, denn was, wenn nicht jede neue Hervorbringung, legte den wirklichen Wandel und das Unwandelbare dar. Aber manchmal mutmaßen wir, daß sich etwas von Grund auf ändern könnte, daß nichts beim alten bleibt. Und dann haben wir ein Recht, zu rätseln, uns Verstörung anmerken zu lassen und, wenn wir abseits stehen, uns wieder einen Gedanken zu gestatten über Zusammenhänge.«

Die Zeit vergeht, und in der Musik hört man ihr zu, wie sie vergeht. Patricia will, daß nichts vergeht, sie will der Zeit ihre Spur aufzwingen, damit nichts vergessen sein soll. Aber: Ähnlich dem amerikanischen Schriftsteller Thomas Pynchon, der eine beträchtliche persönliche wie künstlerische Leistung aufgewendet hat, um die Spuren seiner Existenz, von frühester Jugend an, zu verbergen, in seiner Literatur jedoch Zeichen zu setzen für ungeheure Verschwörungen, legt Patricia Jünger, die Komponistin: Spuren, Spuren, Spuren. Bis ein Verwirrspiel entsteht, ein Netz, in dem sie als Person verschwindet: Oder in vielhundertfacher Ausführung (und jede komplett anders als die vorangegangene!) wieder auftaucht.

Da Frauen immer durch ihre Biographie, durch Mütter, Väter, Partnerinnen und Partner definiert worden sind, da Frauen in der Kultur nur als Töchter, Ehefrauen, Geliebte, Mütter aufgetaucht und ausschließlich als solche beschrieben worden sind, sozusagen: die Frau als ihre eigene Biographie, und außerhalb ihrer familiären Zusammenhänge ist sie nichts, ist sie nicht lebensfähig, und ihre Kunst erschließt sich aus ihrem Leben – nichts sonst, was darüber hinausweist auf etwas AN-

DERES – (sogar die eigenständigsten in ihrer Kunst, von Artemisia Gentileschi bis Ingeborg Bachmann, von Virginia Woolf bis Djuna Barnes), werde ich hier bewußt nichts Biographisches über Patricia Jünger mitteilen. Außer daß sie meine Freundin ist, und daß ich öfter mit ihr gearbeitet habe und gewiß noch öfter mit ihr arbeiten werde.

Ich lasse Sie nicht am Leben, an der Biographie dieser Künstlerin teilhaben, damit Sie nicht an ihrem Leben teilhaben können. Ich spreche nur über ihr Werk, für dessen Verständnis ich die Biographie Patricias nicht zu bemühen brauche. Das ist ein Fortschritt. Noch über Fanny Hensel, die Schwester Mendelssohns, die ihrem Bruder Teile ihrer Komposition (und oft auch ganze Werke!) abzutreten hatte und ihre Werke nur in privatem Kreis, bei Hauskonzerten, hören durfte, kann man nicht sprechen, ohne über ihr Leben, über das sie in ihrer Kunst nicht hinausgekommen ist, zu sprechen.

Oder: Clara Wieck, die bedeutendste Pianistin des 19. Jahrhunderts, als Komponistin von ihrem Mann Robert Schumann im Keim erstickt; das neu angeschaffte zweite Klavier durfte sie nicht einmal zum Üben benutzen, um Robert nicht beim Komponieren zu stören. Und so weiter.

Die Ortlosigkeit der Frauen und ihre verzweifelten Versuche, in dieser Ortlosigkeit Antennen auszufahren, Anker auszuwerfen, um sich irgendwo festmachen zu können. Dieses Nichts, das nicht spricht, und von dem niemand spricht, wenn es sich nicht selbst zu sprechen entschließt. Dieses kulturelle Schwarze Loch namens Patriarchat, das die Leistungen der Frauen auf Nimmerwiedersehen verschluckt, und dafür pausenlos gebügelte Hemden, entfernten Schmutz, unzählige Mahlzeiten – alles sehr vergängliche Güter, denn Hemd wie Wohnung werden sofort wieder schmutzig, und die Mahlzeiten werden gegessen – ausspuckt, diesem Schwarzen Loch wird man die Leistungen von Künstlerinnen entreißen müssen, und ich schreibe hier darüber. Aber das Werk würde dableiben, auch ohne mich.

Patricia Jünger sagt selbst von sich: »Die heutige Tendenz der sogenannten Avantgarde geht mehr und mehr wieder in Richtung l'art pour l'art. Ich aber glaube nach wie vor und immer mehr an die Notwendigkeit einer engagierten Kunst, die ihre Form nutzt, Probleme – insbesondere die der Unterdrückung des Menschen durch den Menschen – zur Sprache, zum Klingen zu bringen.«

Sie sagt das in einem Werkstattbericht zu einem ihrer letzten Werke ›Sehr geehrter Herr - ein Requiem‹, für das sie im letzten Jahr den Karl-Sczuka-Preis, den bedeutendsten Preis für Neue Musik, bekommen hat. Selbstverständlich als bisher einzige Frau.

Dieses Stück, wahrscheinlich bislang ihr wichtigstes, hat als Ausgangs-Material (ich werde später zu erläutern versuchen, warum das Wort Material hier das einzig angemessene ist) einen Brief der ersten Juristin der Welt, Dr. Emilie Kempin-Spyri. Emilie Kempin wurde zwölf Jahre nach Abschluß ihres Studiums der Rechtswissenschaften in die Irrenanstalt Friedmatt in Basel eingewiesen (übrigens ein Schicksal, das häufig für die frühen weiblichen Akademiker vorgesehen zu sein schien; konnte man sie nicht am Studieren hindern, konnte man doch dafür sorgen, daß sie mit dem gegen den Willen der Männer erworbenen Wissen keinen Schaden mehr anrichten konnten!). Von diesem schönen Ort aus, in den sie von den Mitgliedern ihrer Familie verbracht worden ist, schreibt Emilie Kempin einen Brief, um sich als Dienstmagd in einem Haushalt zu bewerben.

Dieser 1899 geschriebene Brief, der Patricia zufällig in die Finger gekommen ist, ist ein erschütterndes Dokument weiblicher Existenz, um so erschütternder in seiner Normalität, also darin, daß er eben nicht ein Einzelfall ist, sondern exemplarisch steht für die Vernichtung weiblicher Kreativität, weiblicher Intelligenz, weiblicher Begabung. Millionenfacher Mord, einmal jedoch aufgezeichnet, dokumentiert, festgehalten und nicht verschwiegen, wie es für weibliche Lebensäußerungen, die über die Norm ihrer Zeit hinausgehen, Praxis ist, denn weibliche Lebensäußerung ist eben NICHTS, ist vergänglich, unwichtig, unbedeutend, zählt nicht. Hier wird zur Kunst, was NICHTS ist.

Die kompositorische Technik, in der Patricia Jünger dieses Briefmaterial verarbeitet, bewegt sich sowohl in ihren Farben als auch in ihren Frequenzbereichen in Extremen:

- eine nonverbale Sopranpartie (Emilie Kempin in ihrem Überbewußtsein, das sich jeglicher Verbalisierung entzieht)
- eine Sprechpartie (Emilie Kempin mit dem Text ihres Briefes sowohl im kompletten Wortlaut als auch in Extrakten mit unterschiedlichen Kombinationen)
- ein Chor, der ausschließlich mit dem Brieftext arbeitet,

aber: in der dritten Person Singular, ähnlich dem Chor in der griechischen Tragödie, und das ist ja auch eine!
- zwei Schauspieler in der dritten Person Singular, die Jünger im Gegensatz zum Chor der Großbourgeoisie zuordnet
- Klarinetten von der Kontrabaßklarinette über die Altklarinette hinauf zur Es-Klarinette, Percussion (Felle, Metalle, Hölzer), Klavier

All diese Elemente sind eher zurückhaltend elektronisch verarbeitet. »Es kam mir sehr darauf an, den Originalton in größtmöglichem Umfang erkenntlich zu halten, damit die elektronische Klangtransformation nachvollziehbar bleibt.« (Jünger)

Bei der Bearbeitung dieses gigantischen Sisyphos-Blocks kam es in erster Linie darauf an, Sprache akustisch zu organisieren, als musikalisches Material zu behandeln. Patricia Jünger hat immer als ihren wichtigsten Lehrer und Anreger Luigi Nono betrachtet. Aber auch Hanns Eisler hat ihr wesentliche Anstöße zum Arbeiten mit Text gegeben. Anders jedoch als Eisler, dem der Text hauptsächlich Ausgangsmaterial für seine Kampflieder gewesen ist (aber immerhin doch Sprache, die auf das musikalische Material sich auswirkt, mit ihm in dialektischer Wechselwirkung steht, womit auch die alte Lüge entlarvt wäre, daß man einem Arbeiterkampflied nur einen faschistischen Text unterlegen müsse, um ein faschistisches Kampflied zu erhalten, daß fortschrittliche Lieder wie Nazi-Lieder sich eben nur durch ihre Texte voneinander unterscheiden würden), wird bei Patricia Jünger das gesprochene Wort selbst zur Musik, wird gleichberechtigt behandelt wie diese, wird zu akustischem Material. Wenn Eisler die sprachliche Aussage seiner Lieder »wie in Bernstein« in Musik einfrieren wollte, so geht es der feministisch und politisch engagierten Komponistin Jünger auch darum, in ihren Arbeiten auf gesellschaftliche Mißstände hinzuweisen, also agitatorisch zu wirken.

In ›Sehr geehrter Herr – ein Requiem‹ besteht die künstlerische Leistung der Komponistin, wie es bei einem Text von solch aufwühlender Intensität verführerisch und naheliegend gewesen wäre, nicht einfach darin, dieses beispiellose Dokument der Zerstörung einer Frau in ständig neuer Überhöhung den Zuhörenden anklägerisch ins Gesicht zu schleudern. Nein, Patricia verwendet einen genialen Trick: sie zerstört den

Text, bzw. läßt ihn, gleichsam vor sich selbst erschreckend, sich selbst zerstören!

Das Leidensdokument der Dr. Emilie Kempin wäre schon – zum Kunstwerk ernannt, aber Vorsicht: ist es nicht neuerliche Ausbeutung, dieses Leiden, als Kunst aufgezäumt, dem Publikum vorzuführen, es gewissermaßen kulinarisch aufzubereiten, mit Saucen und Salaten und hier und dort noch einer Prise Leid-Würze? – als simpler Lesetext so stark, so niederschmetternd, daß es keiner weiteren künstlerischen Arbeit bedürfte, eine kathartische Wirkung damit zu erzielen.

Patricia Jünger steigert den Text, der zuerst unverändert, gleichsam als Protokoll einer Verhandlung, verlesen wird, sozusagen als Thema für Variationen, nicht durch immer neue Akkumulation, sondern durch Destruktion. Sie zerbricht den Text, um ihn ständig neu zu ordnen. Sie läßt keinen Stein auf dem anderen, auf daß man sich nicht wohlig im Leid dieser Frau einnisten könne. Dieses Zerbrechen gehorcht wieder einem strengen musikalischen Ordnungsprinzip, und dieses wiederum wird überhöht (und nicht sentimentalisiert!) durch die Sopranstimme, Emilie Kempins unzerstörbares Ich, ihre Essenz, das-was-sie-ausmacht. Und schließlich zerbricht nicht die Komponistin ihr Wortmaterial, der Text zerbricht an sich selbst, und dieses Zerbrechen erscheint – das ist die künstlerische Leistung – folgerichtig und logisch, das Sprachmaterial zehrt sich im eigenen Erschrecken auf. Es kann gar nicht anders sein.

»Das Wort, aus der Musik verbannt, würde sich abzufinden wissen. Wir, befaßt mit der Sprache, haben erfahren, was Sprachlosigkeit und Stummheit sind – unsre, wenn man so will, reinsten Zustände! –, und sind aus dem Niemandsland wiedergekehrt mit Sprache, die wir fortsetzen werden, solang Leben unsre Fortsetzung ist.« (Ingeborg Bachmann)

Patricia Jünger will über den physisch real existierenden Klang immer differenziertere Sensibilisierungs- und Denkprozesse auslösen. Für diese Denkprozesse gilt es, eine neue Grammatik zu erstellen, um sich einmischen zu können mit kompositorischen Mitteln.

So ist ihre elektroakustische Komposition ›Über allen Wipfeln ist Ruh‹ eine Trauerarbeit für alle allzu schnell aufgeräumten Schlachtfelder der Geschichte, aus denen nur allzu leicht die nächste (und letzte) Schlacht hervorgehen könnte, und die wird schon vorbereitet. Das akustische Material besteht aus realen Militärsignalen von Warnung, Alarm, Angriff, Rückzug bis zur Entwarnung (in ständiger Wiederholung dieser Signale, die das Allzeit-Bereit der Militärs symbolisieren sollen). Um diese Signale herum gruppiert sich in elektronischer Organisation die Reflexion/Trauer; die politische Parteinahme der Komponistin umschließt das Werk, bettet es ein. Diese Ästhetik, die Patricia für sich erarbeitet hat, ist eben nicht mißbrauchbar, denn die politische Aussage ist dem Material nicht aufgepropft, sie ist ihm immanent, Aussage und Methode sind voneinander nicht zu trennen.

In ›Machine's Party‹ für Kammerorchester (geschrieben im Auftrag von Paul Sacher, der auch mehrere Uraufführungen von Jünger'schen Werken dirigiert und mäzenatisch betreut hat – dieses Stück wurde am 20. 2. 1987 in der Tonhalle Zürich aufgeführt) wendet sich die Komponistin – in einer grandiosen Ironisierung der eigenen Position auf dem Gipfel des gigantischen (Mist?-)Haufens der so beliebten »Musik für großes Orchester« – der Reflexion über die Orchestermaschine selbst zu, jenes alten Werkels, das sie in diesem Stück immer mehr heißlaufen läßt in sich immer stärker verselbständigenden Accompagnati-Verläufen. Die Strukturen und Stimmen (das Stück ist bis zu 64-stimmig!) verdichten sich permanent, ohne Pause, bis zum Durchdrehen der Orchestermaschine hin zum Grande Valse, der Juke-Box-artig behandelt wird, immer wieder hängenbleibt in verstimmter Juke-Box-Manier, schließlich abreißt, und zwar im allerlautesten Fortissimo.

Das Stück ist wohl Patricias zynischste Abrechnung mit dem Orchesterapparat, jenem Repertoire-Endlostape der Orchester und der Orchesterveranstalter und der reisenden Dirigenten, ist auch – wie die meisten ihrer Arbeiten – Patricias Abrechnung mit ihrem eigenen vergangenen Interpretendasein (sie ist Pianistin und Organistin). Immergleiche Floskeln in ständiger Umschichtung, die Junggesellenmaschine, die, getreten von flinken Geniefüßchen, immer schneller sich dreht, bis sie schließlich heißläuft.

In ›Zeitläufig – Dialog mit Störung‹ für zwei Schlagzeuger/innen (Uraufführung 1986, Chur) werden 24 Fellinstrumente (jeder Schlagzeuger zwölf) in Viertel- und Halbtonreihen »gegeneinander« gestimmt. Die beiden Interpreten stehen in größtmöglicher Entfernung voneinander, die Unmöglichkeit (Unsinnigkeit?) eines Dialogs verkörpernd. Es handelt sich also um zwei virtuos monologisierende »Partner«, die beiden

Bravourpartien stehen einander gegenüber und brüllen sich gegenseitig an, das erreichbare Maximum ist der Monolog des einen mit Accompagnato des anderen.

Eine weitere Arbeit für Percussionsinstrumente ist ›Oh You my Sweet Evening Star‹ für 200 Schlagwerke mit sechs Percussionalisten (Uraufführung 1982 in der Victoria Hall, Genf), in der kollektive Wunschträume in wagnerianischer Massigkeit (und diese Üppigkeit gleichzeitig wieder ironisch zerbrechend) instrumentiert und organisiert werden.

Zuletzt vielleicht noch ein paar Notizen zu meiner eigenen Zusammenarbeit mit Patricia Jünger:

Die erste Arbeit war ›Muttertagsfeier‹. Sie basierte darauf, daß Patricia aus meinen bisherigen Prosatexten ausschließlich Stellen ausgewählt hat, die auf Gewalt gegen Frauen bzw. auf Gewalt der Herrschenden gegen die von ihnen Unterdrückten basieren. Diese Texte werden von elektroakustischem Material wie von einer Klammer umschlossen (eigentlich ein umgekehrter Vorgang zum Requiem), aneinandergekettet zu einem sägenden Inferno, das (wie neulich erst anläßlich einer Aufführung in Köln) die Zuhörer, gewöhnt an die akustisch wohldosierte Berieselung der Medien, ihre eigene Aggressivität als eine der Gesellschaft innewohnende und ihnen aufgezwungene hat erkennen lassen (natürlich nur, soweit sie dazu bereit waren, diesen Erkenntnisprozeß, diese musikalische Lehre auch anzunehmen, was keineswegs für alle zutraf).

Derzeit arbeitet Patricia an einer weiteren Gemeinschaftsarbeit: ›Es brennt die Labsal vielleicht nicht mehr ganz so hell wie früher‹, einem Klavierstück mit Bandzuspielung, und auf dem Band ist ein Text von mir. Jawohl!

In Erinnerung ist mir auch die unglaubliche Schnelligkeit und Sicherheit, mit der Patricia, im Laufe eines einzigen Nachmittags, mit mir am Computer sitzend, aus einem langen Prosatext wie ein Vogel, oder vielleicht ein trittsicherer Bergsteiger, der traumwandlerisch weiß, wohin er Hände und Füße zu setzen hat, jene Sätze herausgepickt hat, von denen sie absolut sicher war, sie für die Bandzuspielung zu benötigen. Sie wollte diesen Satz, diesen auch, diesen nicht, und dann wieder diesen und keinen anderen. Aus. Fertig. Das hat mich fasziniert. Daß sie es einfach *weiß*.

Es gehört große Kraft dazu, in einem weiten, unwirtlichen, von männlichen Genies wie von riesigen Einsiedlerkrebsen (sie hausen in den Körpern ihrer Frauen!) bewohnten Gebiet wie der Musik, in dem das Ausschlußverfahren gegen die Frauen erfolgreich war wie nirgendwo sonst in der Kunst (als hätten die Männer immer nur die größte Kraftanstrengung daran gesetzt, die Frau aus dieser reinsten, gläsernsten Abstraktion von allen – Musik – auszuschließen, sie endgültig zu verbannen in das Konkrete, Praktische, »Sinnvolle« der Reproduktionssphäre), die ersten Yeti-Schritte in den weißen Schnee zu setzen.

Ich kenne niemanden, der mehr Kraft hat als Patricia Jünger. Ich hoffe, sie wird weiterhin meine Worte für ihre Arbeit annehmen, für den Zeitpunkt, »an dem Dichtung und Musik den Augenblick der Wahrheit miteinander haben«. (Bachmann)

Elfriede Jelinek
Juni 1987

In den 60er Jahren wurde Mai Zetterling mit Bergman, Fellini und Buñuel verglichen. In den 80er Jahren scheint sie vergessen, und ihr neuester Film ›Amorosa‹ läuft quasi unter Ausschluß der Öffentlichkeit.

Mit 35 sagte sie sich: »Entscheidend ist der Wille, es zu tun.« Sie machte einen »Fünf-Jahres-Plan«. Und in der Tat: Zwei Jahre später erhält das Ex-Slumkind aus Stockholm, die einstige Verkäuferin und spätere (Film)Schauspielerin Mai Zetterling in Venedig den begehrten »Goldenen Löwen«: für die Regie bei ihrem ersten Kurzfilm ›The War Game‹ (Kriegsspiele). Das war 1963.

Ein Jahr darauf eröffnet ihr erster Spielfilm, ›Liebende Paare‹, die Filmfestspiele von Cannes. Er erzählt die Geschichte von drei Frauen verschiedenster Herkunft und Temperamente, die im Krankenhaus auf ihre Entbindung warten und sich erinnern ... Der Film bekommt das Etikett »Frauenfilm« zu einer Zeit, zu der es den Begriff noch gar nicht gibt (und der auch noch nicht so reduzierend ist). Gleichzeitig heißt es, »Zetterling führt Regie wie ein Mann« (was auch immer das meinen mag).

Weitere zwei Jahre später spricht die ganze Filmwelt, von Hollywood bis Paris (Berlin gab es damals noch nicht), von ›Nattlek‹ (›Verbotene Spiele‹), dem zweiten Spielfilm der Zetterling. Er hat im September 1966 in Venedig Premiere: »Mehr als 200 Polizisten hatten den Zugang zum Festivalkino auf dem Lido hermetisch abgeriegelt«, berichtet die Presse. »Niemand aus der schaulustigen Menge, der nicht den Presseausweis vorweisen konnte, hatte Zutritt. Noch vor Beginn des Films führten die Polizisten eine Razzia durch: sie wiesen alle Journalisten aus dem Saal, die eine Kamera bei sich hatten.«

Die Zensur hatte zugeschlagen. Denn Zetterlings ›Nattlek‹ ist zu der Zeit eine noch größere Provokation als Bergmans ›Schweigen‹: Sie zeigt eine Geburt, auch noch eine Totgeburt, die zur Orgie ausartet, und eine Inzest-Szene zwischen Mutter (Ingrid Thulin) und Sohn. Die Zensoren schwärzen Programmhefte und Filmplakate. »Skandal« schrien die einen,

»genial« die anderen. Die Kritik feiert den »ersten großen Regisseur der Nach-Bergman-Ära«.

Genau 20 Jahre später, 1986, hat wieder ein Film von Mai Zetterling auf dem Lido Premiere: ›Amorosa‹, der wohl reifste und vielleicht gewagteste Film der Regisseurin. Wieder sind Sexualität, Dekadenz, Macht und – das Frausein in einer Männerwelt zentrale Themen. Wieder verblüfft die Schwedin durch ihren traumsicheren Umgang mit den verschiedenen Welten: Gegenwart, Erinnerung und Phantasie verschmelzen zu einer barocken und bedrückenden phantastischen und klarsichtigen Bilderwelt zugleich.

Die Heldin von ›Amorosa‹ ist die in Skandinavien auch heute noch berühmte und zu Lebzeiten skandalumwitterte Agnes von Krusenstjerna (1892 – 1940). Sie ist nicht zufällig Zetterlings Heldin (auf ihren Kurzgeschichten basiert auch deren erster Spielfilm: ›Die Liebenden‹). Auch für Krusenstjerna waren Sexualität, Kreativität und Weiblichkeit existentielle Themen. Auch sie war eine Tabubrecherin, bäumte sich auf gegen Zwänge: »Ich bin lebendig geboren und will lebendig sterben.« – Sie starb in der Psychiatrie.

Mai Zetterling lebt. Und sie ist, nach langem Schweigen, erneut auf der Höhe ihrer Möglichkeiten. Das beweist ›Amorosa‹. Aber man tut, als sei sie tot. Sicher, einige InsiderInnen und KennerInnen merkten auf, aber eigentlich lief und läuft ihr letzter Film unter Ausschluß der Öffentlichkeit. Nur: Diesmal mußten keine 200 Polizisten das heranstürmende Publikum stoppen. In Venedig ging ›Amorosa‹ leer aus, und in der Bundesrepublik läuft der Film von der Kritik quasi unbeachtet und nur in einigen wenigen – entsprechend schlecht besuchten – Vorstellungen in Programmkinos der Cinematheken.

Was ist passiert? Warum feiert die unter avantgardistischen Kassenfüllern nicht gerade zusammenbrechende Filmbranche nicht das wiederauftauchende Talent? Weil Zetterling eine Frau ist? Ja. Weil sie fast 20 Jahre lang keinen großen Spielfilm gemacht hat? Auch. Aber da ist noch etwas: den letzten Spielfilm, den, den sie vor ›Amorosa‹ und nach ›Verbotene Spiele‹ gedreht hat, den hat man ihr nicht verziehen. Bis heute nicht.

Denn der verstieß nicht nur gegen die Sitten, der verstieß auch gegen die Spielregeln. Und zwar gegen die Spielregel, die besagt, daß eine Frau, die schon die Ehre hat, in den erlauchten

Männerreihen mitmischen zu dürfen, nicht auch noch gegen die Schienbeine derselben tritt. – Doch genau das hat Mai Zetterling getan. Und das zu allem Überfluß auch noch recht allein, ein paar Jahre zu früh. Also nicht flankiert von wütenden Schwestern ...

Die Rede ist von ihrem Film ›Girls‹, der 1968 in Stockholm Premiere hatte und einmütig von der schwedischen Presse als »völlig daneben« verrissen wurde, denn: »Solche Probleme haben wir hier in Schweden nicht.« Welche Probleme? Die mit den Frauen. Und den Männern. Genauer: die der Frauen mit den Männern.

Die Story von ›Girls‹ ist rasch erzählt: Eine Theatergruppe reist mit ›Lysistrata‹ durchs schwedische Hinterland. Die drei Hauptdarstellerinnen (darunter Harriet und Bibi Andersson) nehmen die Geschichte von den friedens- und emanzipationssüchtigen Frauen, die ihren sich bekriegenden Männern den Beischlaf verweigern, zunehmend für bares Leben und spielen sie auch noch nach der Vorstellung.

Herausgekommen ist dabei ein Film, der auch noch nach 20 Jahren die volle Kraft des Aufbruchs, der Freude, der Wut und des Übermutes, also die Power der ganz frühen Frauenbewegung hat. Es ist die Art von Film, nach der frau – auch noch heute – Bäume ausreißen und Revolution machen könnte, zumindest aber sich stantepede einen doppelten Whisky bestellt! (Ich kann das bezeugen, ich habe den Film damals wie heute gesehen und jedesmal einen doppelten Whisky bestellt.) Aber 1968 half auch die präfeministische Begeisterung nicht, nicht die einer Susan Sontag (»Die bemerkenswerteste Regisseurin der Nachkriegszeit«), nicht die einer Simone de Beauvoir (»Der beste Film, den je eine Frau gemacht hat«). Die Männerpresse hielt verbiestert und entschlossen den Daumen nach unten. Resultat: Die in den 60ern gern mit Bergman, Buñuel oder Fellini verglichene Zetterling erhielt sieben Jahre lang keinen Pfennig mehr für einen Film. Sieben Jahre lang.

Sie hat es überlebt. Wunderbarerweise. Grund genug, sich zu erinnern und zu fragen, wer sie ist und wie sie es wurde. Ihr Weg war nicht gerade gradlinig. Und es hat der kleinen Mai auch niemand an der Wiege gesungen, daß sie eines Tages die große Zetterling werden würde.

Am 24. Mai 1925 wurde Mai Zetterling als uneheliches Kind geboren. Wenig später zogen ihre Mutter und ihr Stiefvater mit ihr nach Australien. In dem fremden Kontinent war das kleine Mädchen sehr einsam und flüchtete sich in Tagträume. Als Mai sieben war, brach die Mutter aus der kaputten Ehe aus und ging zurück nach Schweden, zog in einen der Slumvororte von Stockholm. Mais einzige Zuflucht waren in dieser Zeit die Großeltern, vor allem mit dem Großvater verband sie eine sehr liebevolle Beziehung.

Und dann gab es da noch eine mitreißend verrückte Tante. »Tante Good« nennt Mai Zetterling sie in ihrer 1985 in London erschienenen Autobiographie ›All Those Tomorrows‹. Tante Good konnte sich unsichtbar machen und Unsichtbares sichtbar. Sie flog nachts zu den Geistern und erzählte morgens, wie die Welt wirklich entstanden ist.

In dieser Zeit schrieb Mai, mit zehn, ihre ersten Gedichte. Tante Good wurde eines Tages abgeholt. Ins Irrenhaus.
Zur Mutter hatte Mai ein »kühles und distanziertes« Verhältnis. Die beiden wohnten über einem Vorstadtkino. Prompt wollte Mai Filmstar werden, »so wie Shirley Temple«. Sie ließ sich Locken machen, sie versuchte, der Anmache der Jungs und der Prostitution der Mädchen aus dem Viertel zu entgehen. »Schließlich erkannte ich, daß ich nicht länger träumen konnte, sondern etwas tun mußte.«

Mai geht mit 14 in die Fabrik, eine Textilfabrik. Und da geht der Horror für das zarte, auffallend hübsche junge Mädchen erst richtig los. Immer wieder Vergewaltigungen durch immer wieder wechselnde Chefs. Bis Mai schließlich auf den Gedanken kommt, sich »selbst zu verkaufen«. Auch keine Lösung. Noch mehr Putz zu Hause.

Mai bewirbt sich beim Wettbewerb eines Kindertheaters, kriegt die Rolle als »Hexe« und sofort bemerkenswerte Kritiken: »Sie sieht aus wie eine 16jährige und spielt wie eine 100jährige.« Mit 17 besteht sie die Prüfung an der hochangesehenen Königlichen Schauspielschule in Stockholm (auf der auch Greta Garbo und Ingrid Bergman gelernt haben). Zum Vorsprechen wählt sie Passagen aus Stücken von Ibsen und Lillian Hellmann, sowie ›Mädchen in Uniform‹ von Christa Winslow.

In den Filmen, die sie später als Regisseurin machen wird, sind die Beziehungen der Frauen zu den Männern immer bedrückend und fremd, bestenfalls gleichzeitig faszinierend oder herausfordernd (wie in ›Amorosa‹). Die Beziehung zwischen den Frauen, den jungen Frauen, sind sinnlich und vertraut –

immer wieder Mittsommernachtsszenen in Birkenwäldern und Saunen – sie ersticken jedoch im Keim.

Es folgt eine rasche, beachtete Karriere am Theater und im Film. Ein Filmvertrag bei Rank in London, einer bei Paramount in Hollywood (»Ich wollte da nicht als Baby oder Puppe verkauft werden.«). Die erste Ehe mit 19, zwei Kinder, Affären, Scheidung. 1959 heiratet die schwedische Schauspielerin Mai Zetterling den englischen Schriftsteller David Hughes. Mit ihm zusammen schreibt sie in der Zeit darauf alle ihre Drehbücher, von ›The War Game‹ bis ›Girls‹. Anfang der 70er Jahre kündigt David diese Lebens- und Arbeitsgemeinschaft auf. Zu den beruflichen Problemen nach ›Girls‹ kommt die private Verzweiflung. Mai Zetterling fällt in ein tiefes Loch des Schweigens.

Erst 1982 taucht sie daraus wieder wirklich auf. Im Auftrag des englischen Fernsehens dreht die seit Jahren in Südfrankreich lebende Schwedin den Spielfilm ›Scrubbers‹, für den sie zwei Jahre lang vor Ort recherchierte. Der Film handelt von der verrohenden und rohen Welt junger Mädchen in einer viktorianischen Fürsorge-Anstalt, die die Gewalt, die von außen kommt, nur noch gegen sich selbst richten.

Das internationale Frauenfilm-Festival in Paris greift das Lebenszeichen auf und widmet 1986 der Regisseurin Mai Zetterling eine große Retrospektive. Alle ihre Filme, die vergessen und zum Teil fast verloren waren, sind zu sehen. Nur für wenige ist dies eine bewegende Wiederentdeckung, für die meisten ist es eine wahrhaft überwältigende Neuentdeckung.

Die Regisseurin kommt selbst nach Paris, stellt sich der Diskussion. Auf dem Podium sitzt eine zarte, schüchterne, auch nach all den Jahren Frankreich sehr skandinavisch wirkende Frau. Sie spricht Englisch, ihre zweite Muttersprache. Übersetzt wird sie an diesem Tag von Delphine Seyrig, der Schauspielerin, die auch gelegentlich als Regisseurin arbeitet.

Die jüngeren Cineastinnen sehen und hören hier zum ersten Mal von Mai Zetterling. Keines der Programm-Kinos ihrer Länder zeigt Zetterling-Retros. Kein Prof ihrer Filmschulen gibt dieser Regisseurin den Platz, der ihr zusteht.

Wie sie, Ex-Bergman-Schauspielerin und »der weibliche Bergman« zugleich, zu Ingmar Bergman stehe? Schlecht. »Er benutzt Frauen, um seine Probleme mit Frauen zu zeigen.« Wer ihr unter den heutigen Regisseuren am nächsten stehe? »Luis Buñuel«. – Die französische Presse verschläft das Ereignis nicht. Sie titelt: »La Zetterling de retour«. Die Zetterling ist wieder da!

Dafür schläft die deutsche Presse um so fester. ›Amorosa‹ läuft weithin unbeachtet. Worauf wartet die Kritik? Worauf wartet die Filmwirtschaft? Worauf warten die Programmkinos? Ich wette, daß ihre Zetterling-Retros ausverkauft wären! Denn die Themen (und die Ausdrucksformen!) dieser Regisseurin, deren Drama es ist, zu früh gewesen zu sein, sind die Inhalte und die Ästhetik von heute und morgen.

Mai Zetterling geht es wie Agnes von Krusenstjerna: Sehr früh und sehr radikal treibt ihr Kampf um Freiheit sie fast bis zum Wahnsinn. Und noch etwas verbindet sie: Agnes kommt aus dem absteigenden Adel, Mai aus dem sich aufrichtenden Proletariat. Hier, auf halbem Weg, wo es brüchig und, für einen Moment lang, schmerzlich wahr und direkt wird, kreuzt sich der Weg der Adeligen aus ›Amorosa‹ mit dem des kleinen Mädchens aus den Stockholmer Slums. Des kleinen Mädchens, das sich vor fast einem halben Jahrhundert aufgemacht hat – mit dem Willen, »es zu tun«.

Alice Schwarzer
März 1988

Monique Wittig: »Ich bin keine Frau«

... diesen berühmt gewordenen Satz sagte die Schriftstellerin Monique Wittig vor einigen Jahren in New York. Ihre Frauen sind Menschen. Sie sind stolz. Mutig. Schön. Sie lieben Frauen und hassen Männer.

Schon am Anfang stand der Skandal. Der renommierte Literaturpreis »Médicis« ging an eine bis dahin unbekannte 29jährige Elsässerin, die in Amazonenstiefeln zur Preisverleihung erschien. Geehrt wurde ihr erstes Buch ›Opoponax‹, das mit einem »Piephähnchen« beginnt und mit einer Mädchenliebe endet. Das war 1964. Sechs Jahre vor Beginn der Frauenbewegung in Frankreich, zu der die Schriftstellerin dann sehr aktiv beitrug.

Heute lebt und lehrt Monique Wittig in den USA, wo sie, literarisch und politisch hoch geschätzt, mit offenen Armen empfangen wurde. Hier fand sie die Frauen und die Bedingungen, um weiter arbeiten und agieren zu können. 1979 erklärte Monique Wittig in einer aufsehenerregenden Rede auf der Simone-de-Beauvoir-Konferenz in New York öffentlich: »Ich bin keine Frau«.

Aber noch schreiben wir das Jahr 1964. Die von Wittig geschätzte Natalie Sarraute ist begeistert von ›Opoponax‹. Marguerite Duras hält es für das »sicherlich erste moderne Buch über die Kindheit überhaupt (...) und die Hinrichtung von 90 Prozent aller übrigen Kindheitsbücher«. Mary McCarthy findet in ›Opoponax‹ die »universellen Gegebenheiten der Kindheit« und Gabriele Wohmann eine »ungewöhnliche und beachtliche Authentizität«. Mit einem Schlag ist die unbekannte Elsässerin berühmt, erscheint in mehreren Sprachen, auch, ganz ausgezeichnet übersetzt, in Deutsch.

Fünf Jahre später – ein Jahr nach dem Barrikaden-Mai '68 also und ein Jahr vor der neuen Frauenrevolte – erscheint Monique Wittigs zweites Buch: ›Les Guérillères‹ (auf deutsch: die Kriegerinnen). Ein »Heldinnenlied« (Wittig). Ein visionäres Fanal zum Aufstand der Frauen.

Ihre Kriegerinnen sind kühn und stolz. Und sie sind vermessen. So vermessen, daß sie sich nicht mehr durch die Männer bestimmen lassen: sie definieren sich selbst, setzen sich als das

Absolute. Auch sprachlich. In der Mehrzahl sind die »elles«, Sies.

Die Wörter »Frau« und »Mann« kommen nicht mehr – und künftig nie mehr – in den Dichtungen Monique Wittigs vor. »Frau« bezeichnet fortan für sie einen »absoluten Zustand der Versklavung«, »eine, die wem anders gehört«. Ihre »Sies« hingegen gehören keinem (mehr): sie sind unabhängig, autonom, sind »Liebesgefährtinnen« und »Guérillères«.

Ein Jahr später, im April 1970, erscheint in der Pariser Anarcho-Zeitschrift ›L'idiot international‹ ein von vier Frauen gezeichneter Text mit dem Titel: ›L'an zero‹, das Jahr null. Eine der vier Autorinnen ist Monique Wittig. Was zuvor nur Papier war, wird nun Realität: Sie brechen auf, Sie ziehen in den Kampf, »Sie sagen, eine neue Welt beginnt« (Wittig). Und die Schriftstellerin ist eine von ihnen.

Erste Treffen, bewegte Auftritte an der »roten« Pariser Fakultät Vincennes (»Macker raus!«); die Kranzniederlegung am Grabe des »unbekannten Soldaten« unter dem Arc de Triomphe für die »Frau des unbekannten Soldaten«; neue Ausdrucks- und Kampfformen: Lieder, Gedichte, Aktionen. Und nicht selten trägt die wieder beginnende Frauenrevolte in Paris auch die Handschrift der Dichterin Wittig: Monique ist eine der Begründerinnen der neuen Frauenbewegung und in diesen bewegten Jahren auch eine der aktivsten Feministinnen.

Als Theoretikerin und Aktivistin ist sie so radikal wie als Dichterin. Im November 1970 vom ›Nouvel Observateur‹ nach ihrem Feminismus befragt, antwortet sie: »Frauen? Kennen wir nicht. Sie sind eine Erfindung des Patriarchats. ›Die Frauenbewegung‹? Gibt es nicht. Das ist eine Erfindung der Presse. Wir sind nicht *die* Bewegung, wir sind *in* Bewegung. Wir sind keine Gruppe. Wir sind ein Phänomen.«

Die sogenannte »Weiblichkeit« war schon für die frühe Feministin Monique Wittig 1964 nichts als eine Erfindung der Männergesellschaft. 1973 geht sie in ihrem dritten Roman ›Le Corps Lesbien‹ (Der lesbische Körper) noch weiter: Sie verweigert den »weiblichen Körper« und die »weibliche Sexualität«, die sie als Produkt des patriarchalischen Diktats begreift, sie bricht mit der Tradition der verquält beschämten Lesbenliteratur der Vergangenheit (wie ›Quell der Einsamkeit‹ etc.) und dem idealisierenden Kitsch (›Sind es Frauen‹) ebenso wie mit der voyeuristisch-pornographischen Beschreibung der lesbischen Liebe in Männerbüchern.

Die Männer sind in ihrem Text so abwesend wie der männliche Blick. Anwesend sind ihre leidenschaftlichen, würdevollen Amazonen, sind die lesbischen Mythen von Christa (statt Christ), Orphea, Archimedea, Pandora, Zeyna (statt Zeus). Vor allem aber bricht ›Le Corps Lesbien‹ mit dem patriarchalischen Mythos, daß Leidenschaft ein Monopol der Heterosexualität sei. Präsent ist die lesbische Passion.

Die literarische Qualität Wittigs zwingt, der Unbequemlichkeit ihrer Inhalte zum Trotz, auch die französische Presse in die Knie: in uneingeschränkter Bewunderung wird sie nun als »französische Sappho des 20. Jahrhunderts« gefeiert.

In Deutschland allerdings bleibt es still um sie. Der Rowohlt Verlag hielt es bis heute nicht für nötig, das Mitte der Sechziger erschienene und längst vergriffene erste Buch ›Opoponax‹ wiederaufzulegen. Auch Wittigs folgende Bücher interessiert die großen deutschen Verlage nicht mehr. Die kleinen Frauenverlage griffen zu. Verdienstvoll und problematisch zugleich, wie sich im nachhinein herausstellte. Denn die späten Übersetzungen von ›Le Corps Lesbien‹ und ›Les Guérillères‹ waren nicht in der Lage, die Kraft und Radikalität von Wittigs Sprache wiederzugeben. Sie saßen auch noch einem politischen Mißverständnis auf, indem sie versuchten, Wittig für ihre Ideologie von der Mystifizierung der Frauen zu vereinnahmen. Was sich am krassesten in der Titelmanipulation ausdrückt: ›Les Guérillères‹ erschien auf Deutsch unter dem Titel ›Die Verschwörung der Balkis‹, ›Le Corps Lesbien‹ unter dem Titel ›Aus deinen zehntausend Augen, Sappho‹. – Allerdings: die Bücher in dieser Übersetzung zu lesen, ist immer noch besser, als sie gar nicht zu kennen.

Gerade Monique Wittig aber war immer eine entschiedene Gegnerin jeder Umkehrung des Biologismus, das heißt gegen jede »natürlich« begründete Aufwertung von Frauen. *Die* Frau ist für sie eine Fiktion, »Männer« und »Frauen« sind nicht natürlich, sondern eine »ideologische Erfindung« – zum Nutzen der Männerherrschaft. Wittigs Antwort: die Ablehnung des Frauseins in bezug auf einen Mann, das heißt die Ablehnung der Heterosexualität. Denn: »Das einzige mir bekannte Konzept, das über die Geschlechterkategorien hinausgeht, ist das des Lesbischseins (...), da lesbische Gemeinschaften nicht auf der Unterdrückung von Frauen basieren, und das Subjekt (die Lesbierin) keine Frau ist – weder ökonomisch, noch politisch, noch ideologisch. Wir sind zum ersten

Mal in der Geschichte mit der Notwendigkeit konfrontiert, als Individuen zu existieren.«

Erst Monique Wittigs viertes, 1976 zusammen mit ihrer Lebensgefährtin Sande Zeig geschriebenes Buch, ›Brouillon pour un Dictionnaire des Amantes‹, wurde 1983 angemessen ins Deutsche übersetzt (›Lesbische Völker. Ein Wörterbuch‹, ebenfalls Frauenoffensive). Es ist der »Rohentwurf« eines »amazonischen« Wörterbuchs und setzt eine lesbische Sprachwelt phantasievoll gegen das zementierte »man sagt« des patriarchalischen Lexikons.

Im Sommer '85 erschien in Frankreich Monique Wittigs jüngstes Buch: ›Virgile, non‹. Sie schreibt darin Dantes ›Göttliche Komödie‹ neu. Ihre Hölle ist der Heter(r)or, die Vorhölle ähnelt den Frauenbars, den »Subs«, und ihr Paradies ist im wahrsten Sinne des Wortes ein Jenseits. Jenseits des Patriarchats, wo die Frage nach dem Geschlecht der Engel leicht zu beantworten ist ... Monique Wittig ist Dante. Sie läßt sich, gewehrbewaffnet, von »Manastabal, meiner Führerin«, einer Amazone, führen.

In diesem, in seiner Knappheit, Konzessionslosigkeit und Selbstironie vielleicht besten ihrer Bücher, geht sie weiter denn je zuvor. Dennoch: Monique Wittig, die Visionärin, bleibt Realistin. Vor den Niederungen der Weiblichkeit schließt sie die Augen nicht, im Gegenteil, sie schaut schmerzlich genau hin.

Die französische Literaturzeitschrift ›Vlasta‹ (für »amazonische Utopien«) widmete Monique Wittig zum Erscheinen von ›Virgile, non‹ eine Sondernummer. Darin schreibt die argentinische Dichterin Noni Benegas: »Während der Eintritt in den Danteschen Garten Eden vom göttlichen Erbarmen (compassion) abhängt, erfordert der Zugang zu dem von Wittig vorgeschlagenen Eden aktive menschliche Leidenschaft (passion). Indem sie dieses Paradies im Hier und Heute ansiedelt, stellt sie noch einmal das grundlegende Problem der Utopien: Wo sollen wir sie verwirklichen? Auf einer verlassenen Insel? In weit entfernten Ländern? Hier und Heute bedeutet, sich bewußt zu machen, daß es ein aktuelles Paradies zwischen unseren täglichen Höllen und Vorhöllen gibt. Für diese Reise braucht es keine Ortsveränderung, sondern einen veränderten Blick (...). Es braucht die schrittweise Konstruktion einer Welt, die unseren Wünschen entspricht, und die radikale Ablehnung jeder anderen.

Aus dem »literarischen Skandal« von einst ist also längst eine politische Herausforderung geworden. Die Dichterin Monique Wittig prüft jedes Wort auf seine patriarchalische Beschränkung und setzt dem ihre eigene Sprache entgegen. Sie bricht aus dem Gefängnis des Heter(r)ors aus, verläßt es hoch erhobenen Hauptes, eskortiert von Amazonen, Heldinnen und Liebesgefährtinnen.

Renate Stendhal
März 1986

Marie Curie: Die Nobelpreisträgerin

Sie war Europas erste Doktorin der Naturwissenschaften. Sie war Frankreichs erste Professorin. Sie war die erste Frau, die einen Nobelpreis bekam und der erste Mensch, der noch einen zweiten erhielt. Sie war der erste wissenschaftliche Weltstar. In den USA wurde sie sogar mit einer Schiffs-Pressekonferenz empfangen. Nein, auf dem Mond war sie nicht. Dafür war es zu früh. Aber Marie Curie (1867–1934) war noch in vielem anderen ihrer Zeit voraus: Die Vatertochter bahnte sich unerschüttert ihren Weg in die Männerwelt Wissenschaft. Die Feministin bestand öffentlich auf ihrem Anteil an der gemeinsamen Forschung mit dem Ehemann. Die Witwe leistete sich eine Affäre mit einem jüngeren Mann (anno 1911) – und eine Beziehung mit einer Frau. Die moderne Mutter zog zwei emanzipierte Töchter groß und prägte eine ganze Forscherinnendynastie, die noch heute weiterwirkt.

Im Dezember 1903 geht die Nachricht um die Welt, daß zum ersten Mal eine Frau den Nobelpreis bekommen soll: die französische Physikerin Marie Curie. Die gebürtige Polin, Entdekkerin des Radiums und Erforscherin der radioaktiven Strahlen, ist zu diesem Zeitpunkt gerade 36 Jahre alt.

Die Fachwelt ahnt bereits Großes. Doch noch niemand kann voraussehen, was aus ihren Forschungen noch alles entstehen wird: Neue Vorstellungen über das Atom und seinen Kern, die bald nicht mehr als unteilbar gelten werden. Die Erkenntnis, daß Masse und Energie verwandt sind. Die künstliche Umwandlung chemischer Elemente in andere chemische Elemente – moderne Alchimie. Die Kernspaltung. Die Atombombe. Kernkraftwerke. Das Wissen um die zwiespältigen biologischen Wirkungen der neuen Strahlen: die Strahlenkrankheit, aber auch die Krebstherapie. Das Atomzeitalter beginnt. Den Anfang macht Marie Curie. In einem baufälligen Schuppen auf dem Hof einer Fachhochschule in Paris, wo die Polin zusammen mit ihrem französischen Ehemann (und Mit-Nobelpreisträger) Pierre ihren Forschungen nachgeht. In diesem Schuppen und in ihrer Vorstadt-Wohnung rennen nun Journalisten aus aller Welt Marie Curie die Türen ein.

Sie gehen so weit, die Gespräche ihrer 6jährigen Tochter Irène mit der Kinderfrau zu belauschen; sie fotografieren den am Kamin zusammengerollten Hauskater »Didi«. Die Fotos gehen um die Welt. Verehrer schreiben Gedichte, Kabarettisten witzeln über das Ehepaar und ihr geheimnisvoll strahlendes Radium. Aus einer vielversprechenden jungen Wissenschaftlerin ist über Nacht ein Medien-Star geworden. »Gestern hat mich ein Amerikaner schriftlich um die Erlaubnis gebeten, ein Rennpferd nach mir zu benennen«, schreibt Marie Curie 1904 in einem Brief an ihren Bruder Josef.

Doch schon sieben Jahre später, im Jahre 1911, wird der Glanz der Nobelpreisträgerin verblaßt scheinen. Die mittlerweile verwitwete Marie Curie wird für die Aufnahme in die berühmte französische »Academie des Sciences« kandidieren – und verlieren. Erst Generationen später, im Jahre 1979, wird eine Frau diese Männerbastion stürmen, die Physikerin Yvonne Choquet-Bruhat. Für Marie Curie ist es noch zu früh.

Und noch eine Bewährungsprobe wird Marie Curie in diesem »schrecklichen Jahr« 1911 zu bestehen haben: Ihre Beziehung zu dem fünf Jahre jüngeren, verheirateten Kollegen Paul Langevin gibt den ihr feindlich gesonnenen Journalisten neues Futter. Ein Klatschblatt veröffentlicht private Briefe der beiden. Die »unmoralische Polin«, entrüstet sich der Chefredakteur, habe einer »ehrbaren Französin« den Familienvater abspenstig gemacht. Langevin ist Vater von vier Kindern. Gipfelpunkt des Skandals: Der Journalist und der angebliche Liebhaber richten an einem kalten Novembermorgen in einem Fahrradstadion die Pistolen aufeinander. Zum Glück wird das Duell vor dem ersten Schuß abgebrochen.

Viel Demütigung für die stolze Marie Curie. Dennoch: die internationale Gemeinschaft der Wissenschaftler weiß genau, was sie an dieser Frau hat. Ihre Leistungen sind nach wie vor unübersehbar. Im November 1911 wird ihr zum zweiten Mal der Nobelpreis zugesprochen – diesmal für ihre Erfolge auf dem Gebiet der Chemie. Das hatte es zuvor noch nie gegeben!

Sicher, die Geschichte der Naturwissenschaften ist voll von den Leistungen bedeutender Frauen. In allen Epochen, allen Disziplinen haben sie existiert: Mathematikerinnen, Astronominnen, Chemikerinnen, Biologinnen, Ärztinnen, Erfinderinnen. Die meisten wurden vergessen. Erst seit den 70er Jahren graben feministische Wissenschaftlerinnen ihre Namen wieder aus. Nur ein weiblicher Name muß nicht wiederentdeckt werden, denn er hat nie aufgehört zu existieren: der Name der Marie Curie.

Ihr Ruhm überstrahlt den ihrer Kolleginnen aller Zeiten so stark, daß eine amerikanische Wissenschaftshistorikerin, Margaret Rossiter, bereits kritisch vom »Marie-Curie-Effekt« gesprochen hat. Sie meint damit die Erwartung, daß jede Frau, die sich in die Männerwelt Wissenschaft hineinwagt, eine Marie Curie zu sein hat – eine Superwissenschaftlerin, eine Ausnahmefrau.

War Marie Curie das wirklich? Ihre Lebensgeschichte wurde schon zu ihren Lebzeiten zur Legende. An dieser Legende hat auch ihre Tochter Eve Curie weitergestrickt. Sie schreibt in ihrer Biographie über die Mutter: »Sie ist eine Frau, sie gehört einer unterdrückten Nation an, sie ist arm, sie ist schön. Eine innere Berufung läßt sie Polen, ihre Heimat, verlassen, um in Paris zu studieren, wo sie Jahre der Einsamkeit, der Schwierigkeiten durchlebt. Sie begegnet einem Mann, der ein Genie ist wie sie selbst. Sie heiratet ihn. Ihr Glück ist einzigartig. (...) In dem Augenblick, in dem der Ruhm der beiden Gelehrten sich in der Welt verbreitet, fällt ein Schatten auf Marie. Der wunderbare Gefährte wird ihr mit einem Schlag durch den Tod entrissen. (...) Der Rest ihres Lebens ist immerwährende Hingabe.«

Aber war Marie Curies Ruhm wirklich nur der Lohn für ein asketisches Leben, das ganz einer einzigen Aufgabe, der Wissenschaft, gewidmet war? Der Lohn für Fleiß und Hingabe, die klassischen weiblichen Tugenden? Fragen wir etwas genauer nach den Voraussetzungen von Marie Curies wissenschaftlichem Erfolg. Die waren bestens. Denn: Welches Mädchen hat schon das Glück, in einer Schule aufzuwachsen? Noch dazu in einer Schule, die von der eigenen Mutter geleitet wird?

Im Mädchenpensionat der Bronislawa Sklodowska in der Fretastraße 16 in Warschau kommt Maria Salomee am 7. November 1867 zur Welt. Auch der Vater, Wladislaw Sklodowksi, ist Lehrer; seine Fächer sind Physik und Mathematik. Außerdem gibt es noch vier ältere Geschwister – also reichlich Gelegenheit zum Lernen für die kleine »Maria«. Mit vier Jahren kann sie lesen und schreiben.

Im unterdrückten Polen wird sie schon früh mit der Politik konfrontiert. Ihr Biograph Robert Reid erklärt: »Im Ausgang des 18. Jahrhunderts war Polen eine Nation, die stückweise unter ihre Nachbarn Österreich, Preußen und Rußland aufgeteilt war. Was als Zentralpolen unter dem Namen Kongreß-Königreich übrig war, wurde von einem sogenannten König von Polen regiert, der in Wirklichkeit der Zar von Rußland selbst war.« Als Gymnasiastin ist es Maria gewohnt, die polnischen Schulbücher in Windeseile zu verstecken, wenn der russische Inspektor kommt. Unter diesen Umständen kann aus dem aufgeweckten Mädchen gar nichts anderes als eine glühende polnische Patriotin werden.

Doch im Gegensatz zu der drei Jahre jüngeren Rosa Luxemburg, die unter recht ähnlichen Verhältnissen in Warschau aufwächst, findet Maria Sklodowska ihre politische Heimat nicht bei den Sozialisten. Sie schließt sich als junge Frau einer Gruppe Warschauer Intellektueller an, die sich »Positivisten« nennen. Die Vorstellung des Klassenkampfes ist diesen idealistischen jungen Leuten eher fremd. Sie setzen auf Volksbildung, Frauenemanzipation und den naturwissenschaftlich-technischen Fortschritt. In der von den Positivisten im Untergrund betriebenen »fliegenden Universität« macht Maria Sklodowska ihre ersten physikalischen und chemischen Experimente. Doch an ein Studium in Polen ist überhaupt nicht zu denken. Wir schreiben das Jahr 1885. Erst Zürich, wo Rosa Luxemburg studiert, und Paris haben die Tore der Universität für Frauen geöffnet.

Marias ältere Schwester Bronia träumt schon länger von einem Medizinstudium an der Sorbonne. Doch sie muß dem verwitweten Vater und den jüngeren Geschwistern den Haushalt führen. Da hat Maria eine Idee: Sie wird sich für einige Jahre als Gouvernante verdingen und der älteren Schwester das Studium finanzieren helfen. Später, wenn sie als Ärztin gut verdient, wird Bronia sie, die Jüngere, unterstützen. Gesagt, getan. Die Schwestern schließen einen Pakt. Und dieser Pakt hält. Im September 1891, mit fast 24 Jahren, folgt Maria der Schwester nach Paris, um Mathematik und Physik zu studieren. Ab jetzt wird sie sich Marie nennen.

Über die Studienjahre der jungen Marie Sklodowska ist viel geschrieben worden. Sie gehören zur Marie-Curie-Legende, all die Geschichten über die »arme, fleißige, polnische Studentin in Paris«. So soll sie manchmal vor Hunger in Ohnmacht gefallen sein, weil sie versuchte, sich von einem halben Pfund Kirschen am Tag zu ernähren. Sie selbst beschreibt, wie sie nachts all ihre Kleider (und einen Stuhl!) auf die Bettdecke türmte, um nicht so sehr zu frieren. Aber in all dem war sie keine Ausnahme, viele Studentinnen lebten damals so.

Mit 26 begibt sich die frisch examinierte Physikerin und Mathematikerin auf die Suche nach ihrem ersten Arbeitsplatz. Der Zufall will es, daß sie dabei auch gleich ihren zukünftigen Ehemann kennenlernt. Sie erinnert sich: »Als ich eintrat, stand Pierre Curie in der Nische der Balkontür. Er sah sehr jung aus, obwohl er damals 35 Jahre alt war. Was mir an ihm auffiel, war der Blick seiner hellen Augen und eine Spur von Lässigkeit in der Haltung seines hochgewachsenen Körpers. Es entwickelte sich ein Gespräch zwischen uns, das bald freundschaftlichen Charakter annahm: wir sprachen über wissenschaftliche Fragen, und ich war glücklich, mich mit ihm beraten zu können.«

Wissenschaftler-Ehen mögen oft so angefangen haben, mit einem freundschaftlichen, sachbezogenen Gespräch »unter Gleichen«. Leider ging es oftmals nicht so partnerschaftlich weiter, wie wir aus der Geschichte wissen. Denken wir nur an Mileva Einstein, geborene Maric, die um ihren Anteil an der Entwicklung der Relativitätstheorie betrogen wurde. Die Curie-Ehe aber steht als Beispiel dafür, daß eine gleichberechtigte wissenschaftliche Kooperation auch zwischen Frau und Mann, ja sogar zwischen Eheleuten möglich scheint.

Was bewahrte Pierre und Marie davor, in die alte Rollenteilung abzurutschen, in der der Mann der Macher, die Frau die Gehilfin ist? Eine Erklärung ist sicher, daß hier eine relativ starke weibliche auf eine relativ schwache männliche Persönlichkeit stieß. Erster Eindruck von Pierres Bruder Jacques von Marie: »Sie macht einen entschlossenen Eindruck, geradezu eigensinnig.« Erster Eindruck des englischen Physikers J. J. Thomsen von Pierre Curie: »Ein äußerst bescheidener Mensch, der alles seiner Frau zuschreibt.« – Vielleicht ja sogar zu Recht? Pierre Curie ist ein Mann fast ohne Ehrgeiz. Es ist ihm egal, ob er oder ein anderer eine wissenschaftliche Entdeckung macht – solange die Sache stimmt. Bewerbungen um Posten oder Ehrenämter sind ihm ein Greuel. Die Frage, was wohl aus Pierre Curie geworden wäre, wenn er seine Frau nicht getroffen hätte, ist von Wissenschaftshistorikern nie gestellt worden. Wir dürfen getrost vermuten: kein Nobelpreisträger.

Denn sie gibt die Richtung an in dieser Beziehung. 1897 beschließt Marie Curie zu promovieren – als erste Frau in

Europa in einem naturwissenschaftlichen Fach. Als Thema für ihre Dissertation wählt sie bewußt das noch relativ neue, spannende Gebiet der Radioaktivität. Gerade anderthalb Jahre zuvor, im März 1896, hat Henri Becquerel die Strahlen entdeckt, die die Salze des Schwermetalls Uran ausstrahlen. Marie Curie untersucht eine ganze Reihe weiterer Metalle, ob sie nicht auch strahlen. Gleich in den ersten Tagen wird sie fündig: Thorium ist ebenfalls »radioaktiv«. Und noch etwas fällt ihr auf: Pechblende und Chalkolith, zwei Uranverbindungen, sind noch wesentlich radioaktiver als Uran selbst. Sie müssen also in kleinen Mengen einen unbekannten radioaktiven Stoff enthalten – ein neues, noch nie beobachtetes Element?

In diesem aufregenden Moment legt Pierre Curie seine eigenen Arbeiten über Kristalle beiseite und steigt in die Experimente seiner Frau mit ein. Im Juli 1898 entdecken sie zusammen das Element Polonium, im Dezember desselben Jahres das Radium.

Besteht nicht spätestens jetzt, wo Mann und Frau auf dem gleichen Gebiet forschen, die Gefahr, daß *ihre* Leistungen *ihm* zugeschrieben werden? Die Curies sind sich dieser Gefahr bewußt. Sie steuern dagegen. Vor allem Marie. Ihr Biograph Robert Reid: »Bei jeder Gelegenheit, mündlich oder gedruckt, sprach sie unzweideutig aus, für welche Ergebnisse sie und nur sie allein verantwortlich war. Das erste Wort ihrer ersten Veröffentlichung über die Strahlung war ›ich‹.«

Eine Frau der Wissenschaft, die selbstbewußt »ich« sagte – das hatte es seit Hypatias Zeiten nur selten gegeben, das sollte es nach Marie Curie lange nicht mehr geben. Dieses Selbstbewußtsein, gepaart mit der feministischen Einsicht, daß einer Frau nichts geschenkt wird, das ist sicherlich einer der wichtigsten Gründe für Marie Curies Ruhm.

Auch die zweite Falle im Leben einer Frau weiß Marie Curie zu umgehen – die Mutterschaft. Sie weicht ihr nicht aus, ebensowenig wie der Ehe. Aber sie läßt sich von ihr nicht das Leben beherrschen. Im Gegenteil. Robert Reid: »Marie Curie gelang die Bewältigung der schwierigsten Perioden ihres Lebens – die zugleich die weitaus kreativsten waren – immer dann, wenn sie schwanger war oder einen Säugling hatte.« Gerade dann arbeitet sie doppelt – als arbeite sie gegen eine Gefahr an.

Während ihrer Schwangerschaften schont die Wissenschaftlerin sich kaum, verrichtet bis kurz vor der Geburt schwere körperliche Arbeit im Labor. Tonnen von Erz müssen nach und nach in Säuren aufgelöst, erhitzt und destilliert werden, um winzige Mengen radioaktiver Salze daraus zu isolieren. Marie Curie: »Ich habe manches Mal bis zu 20 Kilo Materie auf einmal behandelt. (...) Es war eine erschöpfende Arbeit, die Behälter zu transportieren, die Flüssigkeiten umzugießen und die siedende Materiale stundenlang in einem eisernen Zuber umzurühren.« Die Eisenstange, die sie dafür benutzt, ist fast so groß wie sie selbst. Sie wählt bewußt die schwere »Männerarbeit«, die leichteren Messungen überläßt sie Pierre.

Die beiden Töchter, Irène und Eve, 1898 und 1904 geboren, kommen gesund zur Welt und wachsen unkonventionell auf. Marie, die selbst ihre Mutter früh verloren hatte (sie starb, als Marie zehn Jahre alt war, an Tuberkulose) und vom Vater erzogen wurde, hat keine Bedenken, auch die Erziehung ihrer Töchter Männern zu überlassen. Ersatzmutter spielt der Großvater: Pierres Vater Eugène Curie, der sozialistisch engagierte Arzt. Als er 1910 stirbt, übernehmen polnische Gouvernanten die Erziehung der Mädchen.

Am 19. April 1906 gerät Pierre Curie auf regennasser Straße zwischen die Räder eines Pferdefuhrwerks und wird tödlich verletzt. Marie ist außer sich vor Schmerz über den Verlust des Arbeits- und Lebenspartners; sie schreibt erschütternde Briefe an den Toten in ein Tagebuch, aber sie arbeitet weiter.

Im Jahre 1904, ein Jahr nach dem Nobelpreis, hatte Pierre an der Sorbonne einen Lehrstuhl der Physik bekommen, Marie wurde seine Laborleiterin. Nun, zwei Jahre später, ist der Lehrstuhl des Nobelpreisträgers verwaist und kein Nachfolger in Sicht, außer – der Nobelpreisträgerin. Die trauernde Witwe zögert keinen Tag, die Chance zu ergreifen. Zwei Wochen nur bleibt Pierres Lehrstuhl unbesetzt.

Am 5. November 1906 hält Marie Curie dann vor großem Publikum ihre offizielle Antrittsvorlesung als erste Professorin Frankreichs. Die fortschrittlichen Zeitungen jubeln: »Der heutige Tag hat eine Siegesfeier des Feminismus gesehen. Ich sage Ihnen, es naht die Zeit, da Frauen zu menschlichen Wesen werden.« Die unscheinbare Frau mit dem ergrauenden Haar ist jetzt immer öfter auf internationalen Kongressen zu sehen. Und zu hören. So im September 1911, als eine Konferenz in Brüssel nach langen Diskussionen den von ihr hergestellten sogenannten »Radiumstandard«, die Eichmenge für

Radium, anerkennt und das von ihr definierte Maß für Radioaktivität (»die Menge an Emanation im Verhältnis zu einem Gramm Radium«) nach ihr benennt: das Curie. Die Einheit Curie ist gültig geblieben, bis sie vor einigen Jahren durch das mittlerweile einfacher zu bestimmende »Becquerel« ersetzt wurde.

Aber Marie Curie – »Madame Curie«, wie sie jetzt überall ehrfurchtsvoll genannt wird – will mehr. Sie will das Erreichte sichern und ausbauen. Das Radium-Labor an der Sorbonne, Nachfolger des einstigen Hinterhof-Schuppens, wächst und wird zu einer »Schule der Radioaktivität«. Studenten und Studentinnen aus allen Ländern strömen herbei. Vor allem die jungen Frauen verehren die »patronne«. Reid: »Manche von ihnen schauten später auf diese Zeit als auf die glücklichste und produktivste ihres Lebens zurück.«

Auch die Ausbildung ihrer Töchter nimmt Marie Curie jetzt in die eigenen Hände. In den Jahren 1907 bis 1909 gründet sie gemeinsam mit Professorenkollegen (darunter dem Freund Langevin) eine Art experimenteller Privatschule: acht oder neun Kinder werden zu einer freien »Klasse« zusammengelegt und umschichtig von den Eltern in verschiedenen Fächern unterrichtet. Auch Marie Curie unterrichtet die Kleinen.

Ebenso managt die Curie die nächste Aufgabe, die sich ihr stellt: den Neubau ihres Labors. In den Jahren vor dem Ersten Weltkrieg sieht man eine schwarzgekleidete, schmale Gestalt über die Baustelle an der neu benannten Rue Pierre Curie stapfen: die »patronne«, die persönlich jeden Spatenstich überwacht. Kaum ist das Gebäude bezugsfertig, bricht der Krieg aus.

Da hält es die einstige polnische Patriotin nicht länger: Sie will dem neuen Vaterland dienen. Sie, die zwar nichts von Medizin, aber doch von Strahlen versteht, organisiert aus eigener Kraft einen mobilen Röntgen-Dienst für die Lazarette an der Front. Allein in den letzten beiden Kriegsjahren werden hier mehr als eine Million verwundeter Soldaten in rund 200 mobilen Röntgenstationen nach Kugeln und Granatsplittern durchleuchtet. Ist Not am Mann, legt Madame selbst Hand an. Nebenbei bildet sie ihre Tochter, die gerade erst 17 Jahre alte Irène, zu ihrer Assistentin aus. Diese Rolle setzt Irène nach dem Krieg im Curie-Laboratorium fort.

Längst ist Marie Curie aus der Begrenzung der »reinen Wissenschaft« herausgetreten, hat sich in den Rollen der Professorin, der Laborleiterin, der Standespolitikerin, des Oberbefehlshabers im Krieg und des Medienstars wider Willen geübt. Wenige Jahre nach Kriegsende sehen wir Marie in einer neuen Funktion agieren, einer ebenfalls noch nie dagewesenen: als PR-Frau für die Wissenschaft.

Ihr Problem sind die leeren Kassen: Die Radiumpreise sind während des Krieges ins Unermeßliche gestiegen. Radium hat mittlerweile nicht nur die Forschungslabors der Welt, sondern auch die Kliniken erobert; es ist als Heilmittel gegen Krebs entdeckt worden, denn seine Strahlen zerstören kranke Zellen. Das Verfahren ist unter dem Namen »Curie-Therapie« bekannt. Die Entdeckerin des Radiums aber hat einst voll Stolz auf jegliche Patentrechte verzichtet und steht jetzt ohne das so notwendige Rohprodukt da. Jedoch: prompt naht die Lösung – in Gestalt einer Frau.

Marie Mattingley Meloney, genannt Missy, ist Amerikanerin und Journalistin. Die 40jährige Chefredakteurin einer bekannten Frauenzeitschrift kann sich in puncto Energie mit Marie Curie durchaus messen. Als sie bei einem Interview von der finanziellen Not der von ihr bewunderten Wissenschaftlerin erfährt, handelt Missy sofort. Sie organisiert eine Spendenkampagne und eine Vortragsreise für Marie Curie durch die USA. Der Ruhm des Radiums und seiner Entdeckerin wird in klingende Münze umgewandelt. Der Lohn der PR-Tour, die die 54jährige Marie Curie im Jahre 1921 zusammen mit ihren beiden Töchtern antritt, ist ein Gramm kostbares Radium aus der Hand des amerikanischen Präsidenten.

Noch Steigerungen möglich? Für Marie Curie schon. Anfang der 30er Jahre läßt der Pariser Polizeipräfekt im Gebiet um das Pantheon den Verkehr umleiten. Die Forscherin hatte sich beschwert, der Autoverkehr beeinträchtige die feinen Meßgeräte ihrer Mitarbeiterinnen ...

Die »patronne« selbst ist nur noch gelegentlich im Labor. Sie leidet am grauen Star, erblindet allmählich. Forschen kann sie nicht mehr. Bleibt die Politik. Mit Albert Einstein und anderen großen Geistern sitzt Marie Curie im »Internationalen Ausschuß für Intellektuelle Zusammenarbeit« des Völkerbundes. Man (und eine Frau) diskutiert dort über die Rechte und Pflichten der Wissenschaftler im Industriezeitalter.

Im Sommer 1934, am 4. Juli endet das außergewöhnliche Leben von Marie Curie. In einem Schweizer Sanatorium erliegt ihr von den Strahlen geschwächter Körper einer »perniziösen Anämie« (Blutarmut). Albert Einstein, der seine eigene Frau, die Physikerin Mileva Maric, so schmählich um ihre Leistung betrog, nennt Marie Curie seine »trotzige Schwester« und würdigt sie: »Sie war von einer Stärke und Lauterkeit des Willens, von einer Härte gegen sich selbst, von einer Objektivität und Unbestechlichkeit des Urteils, die selten in einem Menschen vereinigt sind.«

Wohl wahr. Das Recht der Frauen auf gleiche Bildung und auf »eine Tätigkeit, die ihnen Freude macht« waren ihr Selbstverständlichkeiten. Eine ihrer engsten Freundinnen war die britische Frauenrechtlerin und Chemikerin Hertha Ayrton. Auf ihre Bitte hin unterschrieb Marie Curie 1911, mitten im Trubel der Langevin-Affäre, eine Petition zur Freilassung hungerstreikender englischer Suffragetten aus dem Gefängnis.

Frauen waren immer wichtig im Leben von Marie Curie. Ihr Leben lang stützte sie sich auf den Rat und die Hilfe ihrer älteren Schwester Bronia, der Ärztin, die in Warschau ein Radium-Institut aufbaute. Die Folies-Bergères-Tänzerin Loîe Fuller gehörte ebenso zu Marie Curies engen Freundinnen wie die Gefährtin ihrer späten Jahre, Marie Meloney.

»Sie ist in stärkerem Maße eine Freundin, als ich es je beschreiben kann«, schwärmte Marie Curie über die dynamische Journalistin, die ihr in Amerika alle Wege ebnete. Missy besucht Marie immer wieder, wenn sie sich in Europa aufhält, dazwischen wechseln die beiden Briefe »fast mit jeder Schiffspost« (Robert Reid). Sie überschütten einander mit Geschenken weltmännischer Art: Meloney verschafft Curie einen Ford samt Chauffeur, Curie Meloney das Kreuz der französischen Ehrenlegion.

Vor allem Männer wundern sich denn auch über die Kraft dieser Frauenbeziehung. Der Schriftsteller Henri-Pierre Roché (›Jules und Jim‹), der das erste Zusammentreffen der beiden vermittelt hat, erinnert sich noch genau, wie überflüssig seine Übersetzungskünste waren, weil sofort eine überraschende »Sympathie und Anziehung« zwischen den Frauen war. Und Reid vermerkt anläßlich dieser Begegnung etwas säuerlich: »Nach der Langevin-Affäre faßte Marie Curie nur noch zu Frauen ein tieferes Vertrauen.« Mehr als eine Freundschaft? Marie Curie ließ alle intimeren Zeugnisse ihres Lebens vernichten. Auch Marie Meloney bat sie, die von ihr geschriebenen Briefe zu verbrennen. »Sie sind ein Teil von mir«, erklärte sie der Freundin, »und Sie wissen, wie zurückhaltend ich mit meinen Gefühlen bin.« Missy verbrannte einige, doch nicht alle Briefe. Nur die Briefe an und von Pierre überließ Marie Curie der Nachwelt.

Auch die Beziehung zu ihren Töchtern scheint gelungen. Sie setzten den Weg der Mutter fort. Eve Curie wurde Musikerin und Journalistin; sie schrieb die erste Biographie ihrer Mutter: ›Madame Curie‹. Irène wurde Atomphysikerin und Marie Curies Nachfolgerin in jeder Beziehung. Sie heiratete einen Kollegen, den Physiker Frederic Joliot, forschte mit ihm gemeinsam wie einst das Ehepaar Curie. Joliot hängte sogar den Namen Curie an seinen eigenen an. 1935, ein Jahr nach Marie Curies Tod, bekamen die Joliot-Curies den Nobelpreis für die »Entdeckung der künstlichen Radioaktivität«.

Selbst die EnkelInnen, die Kinder von Irène, setzen Maries Weg fort: Pierre ist Biophysiker geworden. Und seine ältere Schwester Hélène, verheiratete Langevin, arbeitet heute noch wie Mutter und Großmutter als Kernphysikerin in Paris. – Ob sich das die kleine Maria hat träumen lassen, als sie damals in der Warschauer Pensionatswohnung auf dem Schoße ihrer Schwester die ersten Buchstaben entziffern lernte?

Judith Rauch
November 1990

Beate Uhse: Bomber-Pilotin und Porno-Produzentin

Mit 25 fliegt sie Stukas an die Front. Für Hitlers Luftwaffe. Mit 69 verkauft sie Frauen. Für 90 Millionen im Jahr. Mal als Hascherl, mal als Domina. Ganz wie's den Herren beliebt. Sie ist eine Frau wie ein Kerl und kämpft immer in vorderster Reihe. Für sich und ihre Kameraden.

Eine überdimensionale, stilisierte Margerite schmückt die Wand gleich neben der Eingangstür des »Sex-Ecks«, wie ihr Verwaltungsgebäude in Flensburg ironisch genannt wird. Was die Besucher hinter der Tür erwartet, schildert ›Tempo‹-Reporter Helge Timmerberg wohlwollend so: »Hell, von Licht und Freude durchflutet, und wo das Auge hinfällt, nur zufriedene Gesichter, (...) und ständen da nicht als Raumteiler all jene Pappfiguren oder Pornostars dazwischen, die Sexkalender, Filmposter und Vibratorenarrangements, dann könnte man glauben, in einem Haus zu sein, das skandinavische Kindermöbel unter das Volk bringt.« Oder Naturkost.

Beate Rotermund-Uhse, die »kleine Klare aus dem Norden« (›Zeit‹), legt es darauf an, sauber, frisch und durch und durch gesund zu wirken. Deswegen nannte sie ihren ersten Sexshop »Fachgeschäft für Ehehygiene«. Und deswegen spricht sie, wenn es um Pornographie geht, gern von »sexualgymnastischen Übungen in Glanzpapierheften, Filmen oder auf Video-Kassetten.« Ihr Unternehmen beschreibt Beate Uhse so, wie sie sich wohl auch selbst charakterisieren würde: »vital, leistungswillig und beweglich«. Es trage dazu bei, »menschliches Glück und körperliche wie seelische Harmonie im Bereich der Sexualität zu finden«.

Aus der einstigen Bomber-Pilotin Beate Uhse, geborene Köstlin, die Ende des Zweiten Weltkriegs »im Range eines Hauptmanns« (Uhse) für Hitlers Luftwaffe Jäger und Stukas in ihre Einsatzgebiete flog, ist die Porno-Produzentin Beate Uhse, geschiedene Rotermund, geworden. Die Chefin eines Konzern, der laut Werbeprospekt »heute mit Abstand das größte und bedeutendste Unternehmen seiner Art nicht nur in Deutschland – sondern in aller Welt« ist. Aus dem »Hauptmann der Luftwaffe« wurde der »General der Lustwaffe« (›Penthouse‹).

Als die Pilotin Uhse 1944 Sturzkampfbomber vom Typ Ju 87 sowie die Jäger Me 109 und FW 190 an die Ostfront transportierte, suchten andere Frauen unten auf der Erde in den Trümmern nach ihren Kindern. Und als die Pilotin Uhse im Frühjahr 1945 auf dem Düsenjäger Me 262 übte, wurden andere Frauen von den vorrückenden, alliierten Soldaten vergewaltigt. Ganz so, wie Uhses deutsche »Kameraden« zuvor polnische, sowjetische, französische und holländische Frauen vergewaltigt hatten.

Beate Uhse, die bei ihrer ersten Karriere nie »das Problem hatte, daß mir Männer Knüppel zwischen die Füße schmissen oder so«, dankt es ihnen bei ihrer zweiten Karriere mit der perfekten Frau, der »Po-Puppe«: »Alle Vorzüge einer echten Liebesdienerin bringt ihm diese stets willige, aber schweigsame Lust-Puppe (...). Sie hat einen willigen Mund. Sie hat einen anschmiegsamen, phantastisch geformten Körper. Sie hat eine fordernde Vagina. Sie hat einen einladenden Anus für ungewöhnliche Spiele.«

Beate Uhse, die Frau im Männerberuf, die 70 verschiedene Flugzeugtypen fliegen konnte, hat heute 70 verschiedene Vibratorentypen im Programm (stufenlos regelbar und batteriebetrieben). Nach dem Zweiten Weltkrieg lehrte die Tabubrecherin Beate Uhse die von Hitler zu reinen Gebärmaschinen degradierten Frauen mit als erste wieder das Kinder-Verhüten. Heute lehrt sie die Männer das Frauen-Verachten mit den, so der ›Spiegel‹, »schärfsten Sexfilmen der Republik (Titelbeispiel: ›Gierig, geil und nimmersatt‹)«. Und sie rühmt sich: »Wir haben durch unsere Arbeit dazu beigetragen, daß der Gesetzgeber 1975 die Pornographie für Erwachsene freigegeben hat.« Beate Uhse: immer dabei.

»Stets auf der Suche nach neuen Trends und erfolgversprechenden Wegen«, so heißt es heute im Werbeprospekt der Firma Uhse, und genau das ist auch die Lebensdevise der Chefin, die als Beate Köstlin am 25. Oktober 1919 im ostpreußischen Wargenau auf einem Gutshof geboren wurde. Im Gegensatz zu vielen anderen Karrierefrauen war sie keine Vater-Tochter. Sie hat sich an ihrer Mutter orientiert, auf die sie besonders stolz ist. Und das mit Recht. »Meine Mutter«, erzählt die 69jährige Pornoverkäuferin aus Flensburg, »war eine der ersten Ärztinnen in Deutschland und hatte es damals wirklich noch richtig schwer.« Im Gegensatz zur Tochter, die von sich behauptet: »Zu jeder Zeit habe ich mich vollkommen gleichberechtigt gefühlt.« Mutter Köstlin aber hat sich auf der Uni anhören müssen, wie die Professoren maulten: »Wenn die Langhaarigen hier nicht verschwinden, lesen wir nicht.« Uhse: »Mit so einer Mutter hatte ich es natürlich unheimlich gut. Sie hat mich frei erzogen.« Und sogar auf die Odenwaldschule geschickt, eine koedukative Reformschule, die 30 Jahre später auch Daniel Cohn-Bendit besuchte und die 1934 von den Nazis geschlossen worden war. Ein Lebenslauf, wie aus dem ›Emma‹-Bilderbuch.

Aber so frei war die Erziehung dann auch wieder nicht. Denn als die 15jährige Beate mit der Schule fertig war und sich in die Lüfte erheben wollte (»Schon als kleines Mädchen wollte ich Pilotin werden«), sagte die Mutter: »Erst machst du eine Haushaltslehre. Ein Mädchen muß was vom Haushalt verstehen.« Die vielseitige Beate: »Geschadet hat es mir nicht.«

Ihren ersten Flug machte die Pionierin am 7. August 1937. Das hat sie fein säuberlich in ihrem Flugbuch notiert. Am Ende des Sommers bestand sie die Prüfung für den A-2-Schein. Selbstverständlich ohne Schwierigkeiten: »Während meiner Ausbildung war ich das einzige weibliche Wesen unter 70 Männern, aber ich habe damit nie Probleme gehabt. Allerdings mußte man als Frau schon immer ein kleines bißchen tüchtiger sein. Es war zwar bei Adolf, dem Gütigen, üblich, Frauen zurück in die Familie zu schicken. Doch das merkte ich kaum.«

Und die selbstbewußte Beate ging ihn munter weiter, ihren emanzipierten Weg. Allzeit bereit und allzeit tüchtig. Von 1937 bis 1938 war sie Praktikantin bei den Flugzeugwerken Bücker, machte dort den (nächsthöheren) B-1-Schein sowie zwei Kunstflugscheine und wurde vom deutschen Aero-Club für Kunstflugveranstaltungen im Ausland eingesetzt. Uhse: »Und dann hatte ich dieses kleine bißchen Glück, das man haben muß, wenn man weiterkommen will. Diese Firma Bükker bekam den Auftrag, 80 Maschinen nach Ungarn zu liefern. Deswegen waren die besten Werkspiloten über viele Monate weg, und da ließen die mich als Einfliegerin einfache Werkflüge machen. 1939, kurz vor Kriegsausbruch, hatte ich noch einmal großes Glück. Ich gewann als absoluter Neuling den Küstenflug-Wettbewerb bei den Frauen. Das war mein Durchbruch, und man setzte mich überall gern ein.« Auch an der Front, wo das Glücksmädel Beate nicht etwa als bescheidenes »Blitzmädel« Volk und Vaterland diente, sondern als – Bomberpilotin.

Im Friedensjahr 1934 hatte Hitler zwar noch verkündet: »Wir finden es nicht als richtig, wenn das Weib in die Welt des Mannes, in sein Hauptgebiet eindringt, sondern wir empfinden es als natürlich, wenn diese beiden Welten geschieden bleiben (...) Was der Mann einsetzt an Heldenmut auf dem Schlachtfeld, setzt die Frau ein in geduldiger Hingabe, in ewig geduldigem Leid und Ertragen.« Im Kriegsjahr 1944 aber wurden die Männer knapp, und deswegen war sogar die »deutsche Frau« gut genug zur Erkämpfung des »Endsieges«. Allerdings: Kinderkriegen mußte sie gleichzeitig. »Jedes Kind, das sie zur Welt bringt«, so Hitler 1934, »ist eine Schlacht, die sie besteht, für das Sein und Nichtsein des Volkes.«

Diese »Schlacht« hatte die inzwischen mit ihrem ehemaligen Fluglehrer verheiratete Pilotin bereits 1943 erfolgreich geschlagen: Da kam ihr Sohn Klaus zur Welt. Und weil sie als »Einfliegerin« für die Flugzeugwerke Bücker und Friedrich »so durch den Krieg getüddert« war, hatte sie genug Flugerfahrung, um sich nun auch noch auf dem Schlachtfeld der Männer bewähren zu können.

1944, gleich nach Ausrufung des »totalen Kriegs« durch Goebbels, trat die Luftwaffe an sie heran: »Ich wurde von denen angehauen, ob ich nicht in ihrem in Berlin-Tempelhof stationierten Überführungsgeschwader mitmachen will.« Und ob sie wollte, die Allzeitbereite. Und mit ihr – so Beate Uhse – vier andere Frauen. Mit der berühmten und linientreuen Testpilotin Hanna Reitsch waren es nun schon sechs Frauen, die für Hitler und das Großdeutsche Reich in die Luft gingen (Hanna Reitsch allerdings nicht direkt im Dienst der Luftwaffe. Sie bezog ihr Gehalt als »zivile Angestellte« von der Forschungsanstalt für Segelflug in Darmstadt).

Leider ist die Quellenlage äußerst schlecht, noch keine Historikerin hat sich bisher mit Hitlers Pilotinnen ausführlich beschäftigt. Aber wahrscheinlich irrt der Bundeswehr-Professor Franz W. Seidler, wenn er behauptet: »Als fliegendes (...) Personal wurden Frauen in der Luftwaffe nicht ausgebildet. Der Eindruck, daß das doch der Fall war, entstand, als sich einige ehemalige Sportfliegerinnen für Sondereinsätze zur Verfügung stellten, die ihnen wider Erwarten gelangen.«

Seidler will es offensichtlich – ganz wie Hitler – nicht wahrhaben, daß Frauen durchaus auch das Kriegshandwerk beherrschen. Wenn sie nur dürfen – und wollen. Als sie im Zweiten Weltkrieg wirklich gebraucht wurden, mußten die Frauen ran. An allen Fronten. Zugegeben wurde es aber dennoch bis zum Schluß nicht, daß sie »Frauen«- und »Männer«-Arbeiten machten. Der »Führer« wehrte sich bis zuletzt gegen die Aufstellung von »Frauenbataillonen«.

Obwohl gegen Kriegsende 430000 Frauen im Dienst der Wehrmacht Soldatenarbeit leisteten (außer an den Waffen), davon allein 130000 bei der Luftwaffe, durften sie sich nicht »Soldatinnen« nennen und auch in den meisten Fällen keine Uniform tragen. Und vor allem: Sie durften keine Waffen tragen. Das haben die Männer nicht gern, gestern wie heute.

Über Beate Uhse wird häufig geschrieben, sie sei »Hauptmann der Luftwaffe« gewesen. De facto war es sicherlich so. Die zweifelhafte »Ehre« eines solchen Dienstgrades aber wurde ihr, wie anderen Frauen, verweigert: Sie hatten einfach das falsche Geschlecht. Die Ex-Bomberpilotin Uhse selbst sagt, sie wisse es nicht mehr genau, glaubt aber »im Range eines Hauptmannes« gestanden zu haben.

Klar ist: Beate Uhse kam gleich nach Hanna Reitsch. Die Porno-Produzentin aus Flensburg noch heute stolz: »Ich wurde als einzige Frau in die zweite Staffel meines Geschwaders versetzt, die Jagdflugzeuge und Stukas überführte.«

Selber die Bomben auf den »Feind« abwerfen, das durften sie trotzdem alle nicht – auch wenn sie es gern getan hätten. Nur Hanna Reitsch hätte beinahe »gedurft«. Sie ging in ihrer Aufopferung für das »heißgeliebte Vaterland« so weit, daß sie sich gleich selbst als Bombe zur Verfügung stellen wollte. Sie hatte sich kurz vor Kriegsende freiwillig für die sogenannten und von ihr mit initiierten »Selbstopfereinsätze« gemeldet, die mit der bemannten Version der Rakete »V 1« geflogen werden sollten. Zum Glück machte der Waffenstillstand einen Strich durch diese seltsame Rechnung.

Auch Beate Uhse, die Wagemutige, weiß von einer Heldinnentat zu berichten. Sie schaffte es nämlich, aus dem völlig zerbombten und eingekesselten Berlin auf dem Luftweg zu entkommen. Kurz vor Schluß. Mit einer Siebel 104 am 22. April 1945 vom Berliner Flugplatz Gatow aus. Beate Uhse: »Das letzte Flugzeug, von dem man es weiß.«

Das stimmt nicht ganz, denn nach ihr gelang auch Hanna

Reitsch, die ihre Nase noch ein Stückchen weiter vorn hatte, die Flucht. Sie brachte am 26. mit einer Fieseler Storch den Generaloberst von Greim zum Führerbunker und verließ Berlin am 29. April. Auch auf dem Luftweg. Auch vom Flughafen Gatow aus. So tollkühn konnte die »deutsche Frau« im Dritten Reich sein.

Die Fliegerin Hanna Reitsch war sich auch nach 1945 keiner Schuld bewußt. 1951 schreibt sie in ihren Lebenserinnerungen: »Wer meine Entwicklung von Jugend an verfolgt (. . .), wird verstehen, daß ich auch im Krieg für mich keinen anderen Weg gehen konnte als den, von dem ich berichte.«

Gab es wirklich keinen anderen? Auch für die emanzipierte Beate Uhse nicht? Auf Emmas Frage: »Warum haben Sie für Hitlers Luftwaffe Bomber geflogen?« antwortet sie heute: »Das war einfach mein Beruf, den ich liebte. Stellen Sie sich einmal vor: Sie sind eine begeisterte Journalistin, und Sie gehen völlig in Ihrem Beruf auf. Würden Sie ihn in einer solchen Situation aufgeben?« Haben wir ähnliche Argumente nicht jüngst noch gehört? Ach ja. Aus dem Mund des Kollegen Werner Höfer. . .

Am 30. April 1945 um 20.25 Uhr landete Beate Uhse mit ihrer zweimotorigen Siebel in Leck in Schleswig-Holstein. Mit an Bord waren ihr Sohn Klaus, dessen Säuglingsschwester und zwei verwundete Soldaten. Ihr Mann war im Krieg gefallen. Ihre Eltern waren ebenfalls tot. Ihre gesamte Habe hatte sie in Berlin lassen müssen: Die 25jährige stand vor dem Nichts. Doch unterkriegen ließ sie sich wie immer nicht.

Zunächst arbeitete sie in der Landwirtschaft, in dem kleinen Ort Braderup. Beate Uhse erinnert sich: »Dort lebten außer den etwa 500 Einwohnern auch noch 700 Flüchtlinge. Die meisten waren Frauen. So nach und nach trudelten auch die Männer wieder ein. Erst war die Freude groß, aber nach drei Monaten dann schnottlange Tränen: ›Wir kriegen ein Baby.‹ Da fiel mir ein, daß meine Mutter mir mal etwas von der Verhütungsmethode nach Knaus-Ogino erzählt hat. Ich ging in die Bücherei in der Kreisstadt, fand ein entsprechendes Buch und habe das dann für jede einzelne Frau, die zu mir kam, ausgerechnet.«

Schließlich schematisierte sie es und schrieb es auf, machte ein Faltblatt daraus und bot es per Postwurfsendung an. Für zwei Reichsmark (eine Zigarette kostete sieben). Aus der frauenfreundlichen Tat war ein Geschäft geworden. Und was für eins! Innerhalb weniger Wochen waren 30000 Exemplare verkauft.

Und nicht nur das. Die Währungsreform brachte im Sommer 1948 neuen Gewinn. Denn: »Diese rührenden Menschen« (Uhse), die oft nur 40 D-Mark in der Tasche hatten, zahlten trotzdem eine D-Mark für die Verhütungsbroschüre der Bomberpilotin. Die Allzeittüchtige und Allzeitbereite: »Und damit war ich ein wohlhabender Mensch.« Inzwischen kassiert sie keine Markstücke mehr, sondern Scheine. Jahresumsatz: 90 Millionen Mark. Kundenzahl: 20 Millionen. Aber noch sind wir bei den Anfängen.

1949 nimmt sie Präservative, Aufklärungsliteratur, Spiele und orgasmusfördernde Mittel in ihr Sortiment auf. Ihr Versand »sexpansiert« (›Spiegel‹). Und 1951 – sie ist inzwischen mit dem Kaufmann Rotermund verheiratet – gründet sie ganz offiziell ihr »Unternehmen Beate Uhse« mit Sitz in Flensburg. 1953 hat sie 14 Mitarbeiterinnen und einen Umsatz von 370000 Mark. 1957 hat sie bereits 200000 Kunden und 1958 eine eigene Fabrik für Miederwaren (wegen der Dessous); später kommt ein pharmazeutisches Labor hinzu (wegen der potenzsteigernden Mittelchen).

1960 kauft die Trendsetterin den Berliner Stephenson-Verlag für Unterhaltungsliteratur und funktioniert ihn um in einen »Verlag für populäre Literatur aus dem Bereich der Sexualwissenschaft und verwandte Gebiete«. 1962 eröffnet die Spezialistin für »Ehehygiene« (dieses Wort hört sie ein paar liberalere Jahre später nicht mehr so gern) ihren ersten Sexshop. 1965 beschäftigt sie 260 MitarbeiterInnen, setzt 12,7 Millionen Mark um und liefert ihre Pariser, Pasten und Prothesen an zwei Millionen Kunden.

1969 weiht der Flensburger Oberbürgermeister das »Sex-Eck« mit den Worten ein: »Bei Beate Uhse kann man mit Lust und Liebe für die Lust und Liebe arbeiten.« Die »Liebesdienerin der Nation« (›Zeit‹) und gute Steuerzahlerin, die in einer »zu einem behaglichen Holzhaus umgebauten alten Wehrmachtsbaracke« wohnt, ist hoffähig geworden.

Trotz ihrer Findigkeit hat die gewiefte Emanze 1970 ihre Nase nicht mehr ganz so weit vorn im Wind. Statt der angepeilten 36 setzt sie laut ›Zeit‹ »nur« knapp 33 Millionen um. Doch dafür kann sie nichts. »Der umstrittene Pornographieparagraph unseres Strafgesetzbuches« ist schuld, so ›Die Zeit‹. Wie schrecklich, aber dem sollte bald abgeholfen werden.

Aus dem Tief versucht sich die Ex-Bomber-Pilotin mit Hilfe von Bumsbombern herauszumanövrieren. Ein neuer Markt tut sich auf: der der emanzengeschädigten Männer. Für ihre Reisen nach Amsterdam und Fernost wirbt Uhse mit den Worten: »Welcher Mann genießt es nicht, wenn eine Frau in ihm noch ihren Herrn und Meister sieht, den man anbetet und dessen Wünsche zu erfüllen, oberstes Gebot ist?«

So richtig aufwärts geht es allerdings erst wieder 1975: Die Pornographie wird freigegeben. Die Trendsetterin Uhse (die mittlerweile geschieden ist und ihrem Mann eine großzügige Abfindung zahlt) startet durch zu einem neuen Höhenflug. Sie gründet die »Blue-Movie-Filmtheater«-Kette (mit Clubatmosphäre, Raucherlaubnis und Vollklimatisierung), die zur Zeit 17 Kino-Center hat. 1976 eröffnet die rasante Beate ihren Filmverleih. Den übergibt sie ihrem jüngsten und – wie es heißt – liebsten Sohn Ulrich Rotermund. Ihm zufolge deckt der Verleih heute rund 60 Prozent des deutschen Porno-Kinomarktes ab.

1978, das Jahr, in dem ihr Unternehmen 50 Millionen Mark umsetzt, fragt der ›Kölner Express‹ den »Porno-General«: »Könnten Sie sich auch als Chefin von Call-Girls vorstellen?« Uhses Antwort: »Warum nicht? Ich bin nicht prüde.« Stimmt. Zumindest solange nicht, wie es auf Kosten anderer Frauen geht. Selbst würde die Konzernchefin wohl kaum ein Callgirl sein wollen. Nicht mal im Dienste für Volk und Vaterland und gute Kameraden an der Front.

1979 läßt sich die 60jährige »die Gesichtshaut liften – und«, so der ›Spiegel‹, »schluckt die Konkurrenz: Für vier Millionen Mark kauft sie die sadomasochistisch orientierte Sexshop-Kette ›Dr. Müller's‹.« Ihr Umsatz beläuft sich in diesem Jahr auf 70 Millionen Mark und 1980 – ihr Kundenstamm ist auf 4,5 Millionen gestiegen – erreicht er die 100-Millionen-Marke.

1981 teilt die gute Geschäftsfrau und gute Mutter (darauf legt sie Wert) ihr »Sex-Imperium« (FAZ). Sie und ihr jüngster Sohn Ulrich behalten die Ladenketten »Beate Uhse« und »Dr. Müller's« (heute insgesamt 28 Geschäfte) sowie das Filmverleih- und Filmproduktionsgeschäft. Diese Firmen werden in die neue Aktiengesellschaft »Beate Uhse AG« eingebracht. Einzige Aktionäre: Die Chefin und ihr jüngster Sohn. Der Versand und der Stephenson-Verlag gehen an ihre beiden anderen Söhne Klaus Uhse und Dirk Rotermund.

Die FAZ nennt als Grund für die Teilung die »unterschiedlichen Vorstellungen über die langfristige Geschäftspolitik«. Das klingt nach einem Zwergenaufstand in der nach außen so harmonisch wirkenden Uhse-Family, in der die Flugzeugführerin von einst für gewöhnlich das Steuer fest in ihren resoluten Händen hält.

1983 steigen Beate Uhse und Sohn Ulli, der inzwischen auch Hardcore-Spielfilme produziert (für 1,5 Millionen Mark das Stück) ins Videogeschäft ein. Viel zu spät, wie das flotte ›Tempo‹ moniert: »Der einzige wirkliche Fehler in der 36jährigen Geschichte des erfolggewohnten Hauses Uhse«. Doch die Chefin hat diese kleine Schlappe längst wieder wettgemacht und kooperiert munter mit der Konkurrenz, die sie liebevoll »meine Mitbewerber« nennt. Mit Wolf Rademacher zum Beispiel, der laut ›Stern‹ »für die Uhse tätig ist als Produzent, Regisseur und Geschäftsführer der Film & Sound-Studios«. Und mit Werner Ritterbusch, genannt »Mr. Metro-Goldene Eier«, von »ribu-film«, dessen ebenfalls goldenen Rolls-Royce ›Tempo‹-Reporter Timmerberg zutiefst bewundert.

Uhse-Porno-Filme (›Big Sex‹, ›Feuchte Lippen‹, ›Baby Face‹ etc.) werden überwiegend in den USA gedreht. Unter den deutschen Bewerberinnen für Haupt- und Nebenrollen hat Ulrich Rotermund »noch nie ein brauchbares Bumshuhn« gefunden. »Das sind Spinnerinnen, die keinen Spiegel zu Hause haben«, vertraut er 1983 der ›Stern‹-Reporterin Paula Almquist an.

Und Wolfgang Rademacher läßt im selben Jahr den ›Spiegel‹ wissen: »Unsere Kunden brauchen den besonderen Kick. Wer ein Mädchen von 18, das aussieht wie eine 14jährige, herausbringt, hat einen unheimlichen Renner.« »Eine Vergewaltigung«, so der ›Spiegel‹ weiter, »hält auch Uhses Rademacher für ein ›sicherlich nicht unattraktives Stilmittel, um eine gewisse Dynamik in den Film zu bringen‹.«

Laut ›Spiegel‹ spielen Rotermunds »Spitzenfilme« an den Kinokassen dreieinhalb Millionen Mark ein. Das »Erfolgsgeheimnis« des Uhse-Sohnes: »Ich habe eben den pornographischen Normalgeschmack (. . .) gut ist, wenn sich bei mir was regt.«

Ob Juniors »Normalgeschmack« auch für Frauen gut ist, wird sich zeigen. Auf die hat nämlich neuerdings seine Mutter gesetzt. Die gute Geschäftsfrau läßt sich natürlich ungern 52 Prozent der Bevölkerung und somit ein paar Millionen Kundinnen entgehen. Wie sie die am besten in ihre Sexshops lokken kann, hat Uhse die »Gesellschaft für rationelle Psychologie« aus München im Rahmen einer sogenannten ›Erotik-Studie 86‹ auskundschaften lassen. Eine Marktanalyse für die 90er Jahre, die die Porno-Chefin hinter einer mehrere Tonnen schweren Tür in einem Banktresor unter Verschluß hält – wegen der »Mitbewerber«.

Wichtigstes Ergebnis der Untersuchung, von Uhse-Geschäftsführer Hans-Dieter Thomsen in einem Interview mit Joana Emetz in der TV-Sendung ›Signale‹ auf den Punkt gebracht: »Wir müssen uns auf einen Ansturm der Frauen einstellen.« Und damit diese Heerscharen nicht gleich über die »Po-Puppe« stolpern, ließ Thomsen die Gummidame vor dem Drehtermin in einem Bonner »Beate-Uhse-Shop« klammheimlich aus dem Weg räumen.

Warum wohl sollten die Frauen demnächst die Sexshops stürmen? Wenn es nach Uhse ginge, natürlich nicht wegen der Anti-Porno-Kampagne von Emma. Der »Lustwaffen-General« rechnet mit einem Run der Frauen, weil »68 Prozent ihren Partner verführen möchten«. Das verrät das ›Beate-Uhse-Journal 1‹ (»Neuer Pepp für Sie & Ihn«) aus dem Jahre 1986. Und warum die Frauen das unbedingt möchten, verrät die Firmenchefin selbst: »Früher konnte der Mann seine geheimen Wünsche bei einer Prostituierten ausleben. Durch die AIDS-Angst ist er viel vorsichtiger geworden und animiert die feste Partnerin dazu, das Seelenleben zu intensivieren.«

Im Klartext: Zu bekannten Doppelbelastung soll jetzt auch noch ein dritter Job kommen, der der Hure. Die nötigen Accessoires kauft die moderne Frau natürlich selbst. Bei der noch moderneren Beate Uhse, versteht sich.

Die hat sich schon gründlich auf ihre neue Kundschaft vorbereitet. Seit 1986 – damals lief die mit ihren Söhnen Klaus und Dirk vereinbarte Konkurrenzschutz-Klausel aus – hat sie wieder ein eigenes Versandhaus mit eigenem Katalog: das ›Beate-Uhse-Journal‹ eben (die aushäusigen Sprößlinge firmieren derweil unter dem Namen »Orion«). In dem zur Zeit gültigen Katalog schreibt die Trendsetterin: »›Manchmal hoffe ich‹, so sagte mir vor kurzem eine junge Frau am Telefon, ›daß diese AIDS-Angst noch lange anhalten wird (. . .). Früher gehörten die Seitensprünge meines Mannes Gerhard zum Alltäglichen, jetzt hat er Angst vor Ansteckung und seine Abenteuerlust auf unser eheliches Schlafzimmer verlegt.‹«

Und »Monika J., die Mutter von vier Kindern ist und trotzdem weiterhin ihren Beruf als Lehrerin ausübt«, gesteht Beate Uhse: »›Ich habe einen ganzen Kleiderschrank voller sexy Dessous, vom Lackkleid bis zum Straps-Set. Ich bin die perfekte Verführerin geworden.‹«

Fazit: »Die ›AIDS-Zeit‹ übersteht man am besten beim eigenen Partner – und bleibt gesund.« Womit wir wieder bei der »Ehehygiene« der 50er wären und bei Uhses Motto für die 90er Jahre: »Draußen lauert AIDS, drinnen wartet das Vergnügen.«

Und wie sieht dieses Vergnügen für Frauen aus? Stramm. Das zeigt ein Blick ins ›Journal‹. Ob er nun im »Genuß-Slip« steckt oder im »goldenen Luxus-Sortiment«, dem »Vibrator-Set für Anspruchsvolle«. Ob er »Bobby, der Hammer« oder »Bully, der große Verwöhner« heißt. Ob er sich offen rassistisch reckt (glänzend-schwarz mit einem Eingeborenen-Kopf an der Spitze als »Elefantenbulle mit der Riesenstoßkraft«) oder »computergesteuert« daher kommt (als »E.T.«, der »vier-dimensional reizende High-Tech-Verzückungsstab«).

Uhse macht auch der bravsten Provinzfrau klar: Ohne IHN geht es nicht. Und ohne »es« auch nicht: Sie verführt, er rammelt. Die Ex-Bomber-Pilotin liegt mal wieder voll im Trend. Sohn Ulli auch: Der ist schon seit vielen Jahren CDU-Mitglied.

»Beate Uhse ist harmlos«, sagen die einen. Sie ist es nicht, sagen wir. Sie läßt nur nach außen die Männer die Dreckarbeit machen (ihren Sohn und seine Kumpel). Wie im Krieg. Die Munition aber liefert die Generalin persönlich.

Beate Uhse sei eine »vom Flair einer Mädchenschaftsführerin umwehte Suffragette«, schreibt die ›Frankfurter Rundschau‹. So ganz daneben ist das nicht. Aber ins Schwarze getroffen ist es auch nicht.

Beate Uhse ist eine Emanze. Eine, die sich auf Kosten von Frauen emanzipiert und es mit Kerlen hält. Eine, die alles kann und alles tut. Eine, die immer dabei ist. An vorderster Front. Seite an Seite kämpft sie mit den Kameraden. Im Nazi-Krieg wie im Sex-Krieg. Gestern mit Bomben. Heute mit Pornos.

Cornelia Filter
März 1988

»Und wie hältst du es mit Thatcher, findest du sie etwa gut?« Das war in den 80er Jahren die Gretchen-Frage an Feministinnen, Karrierefrauen und andere unheimliche Ehrgeizlinge weiblichen Geschlechts. Dahinter stand unausgesprochen: »Soo willst du doch wohl nicht werden, soo eine schadet nur den Frauen.« Maggie? Fand ich gut. Ich war froh, daß es sie gab. Weil Thatcher der schlagende Beweis dafür ist, daß der Besitz von Eierstöcken weder Nestwärme noch gütiges Gluckentum garantiert. Weil ihre Biologie an Machtverhältnissen und Machtausübung nichts veränderte. Sie war genauso raffiniert, eitel, herzlos und machtbesessen wie. . . . ein Mann – wie ein Mann in dieser Position. Ihre Ideologie war mir zuwider, ihre Entscheidungen fand ich oft genug gefährlich oder zynisch. Aber wenn die nächsten Bilder von Gipfeltreffen um die Welt gehen, wird mir die Dame beim Gruppenfoto fehlen. Anzüge unter sich – o dröge 90er Jahre!

Als Regierungschefin und Parteiführerin Margaret Thatcher zurücktrat, gab es – nicht nur in den britischen Medien – ungewöhnlich starke, emotionalisierte Worte für den Abgang der Eisernen Lady. Von Coup war die Rede, von Putsch, von Königs(!) mord. »Matricide« – Muttermord war das Schlüsselwort der KommentatorInnen.

Für Thatchers Getreue brach eine Welt zusammen. »Maggie, Maggie, Maggie – ten more years«, skandierten sie trotzig, noch eine Dekade. Der Boss war in bester Gesellschaft und in den besten Jahren, hatte drei Wahlen glänzend für die Tory-Partei gewonnen. Es hatte keine Verfassungskrise, keinen Skandal gegeben. In der ersten Abstimmungsrunde gegen den Herausforderer und politischen Widersacher Michael Heseltine hatte Thatcher mit 204 zu 152 Stimmen nur knapp die notwendige Mehrheit verfehlt. Und dennoch mußte die »größte Premierministerin in Friedenszeiten« abdanken. Eine Hundertschaft »suits«, »Anzüge«, wie die grauen Eminenzen der Konservativen Partei genannt werden, sah in der EG-Feindin Thatcher ein überholtes Modell. Da nutzte es kaum, daß sie in die Geschichtsbücher eingehen wird als Großbritanniens größter Polit-Star seit Churchills Zeiten. Vergleichbar nur noch mit Gorbatschow und Reagan.

Sie war ein Star ohne geliehenen Glanz. Sie war nicht die Tochter *von* (Gandhi, Bhutto) oder Witwe *von* (Aquino, Bandaranaike) einem Politiker. Sie war Meritokratin. Eine, die aus eigener Kraft und eigenem Verdienst nach ganz oben kam.

In elfeinhalb Regierungsjahren machte die Frau aus einer kränkelnden Insel in einer obskuren Ecke Europas wieder einen politischen Faktor auf der Weltbühne. Und im Inneren krempelte sie die verkrustete britische Klassengesellschaft um. »Revolution von oben« nannte Thatcher die Vision, aus Großbritannien eine Nation der Leistungswilligen und Ehrgeizigen zu machen. Daß Klasse, Rasse oder *Geschlecht* niemanden auf dem Weg nach oben behindern müssen, davon war die Krämerstochter aus der tiefsten Provinz zutiefst überzeugt.

Thatcher und die Weiblichkeit. Ein vielschichtiges Thema. »Wenn sie ein Mann wäre«, so schrieb Germaine Greer 1985, »könnte sie sich niemals so viel erlauben. Ihr Schutzpanzer aus Perlenketten macht sie immun gegen die Konsequenzen ihrer eigenen Brutalität.« Mrs. T. verstand sehr genau, den Faktor Geschlecht zu nutzen. Sie wärmte sich sichtlich in der Sonne männlicher Untertänigkeit, sie flirtete und schmeichelte, wenn's opportun war. Und wenn sie nicht Star oder Domina spielte, dann zumindest gütige Mutter. »Junge aufstrebende Männer« förderte sie gerne – bis hin zu guten Ratschlägen fürs Privatleben.

Medienleute erinnern sich, daß sie bei Staatsbesuchen schon mal ihre heizbaren Lockenwickler an Journalistinnen verlieh oder persönlich Mineralwasser für den Pressetroß organisierte. Ihr Kabinett durfte erleben, wie sie mitten in einer Sitzung aufstand, um Frühstücksspeck für Ehemann Denis zu kaufen. Reichlich weiblich.

Dann gab es aber auch noch das Kontrastprogramm. Sie bellte ihre Gefolgschaft auf Parteikonferenzen an, stutzte jeden Kritiker klein. Sie unterbrach rüde, hatte keine Skrupel. Sie demütigte die Mächtigsten und entließ jeden, der ihr in die Quere kam. Das gab oft genug Anlaß zum Aufheulen. Das Hodenkartell fühlte sich vom »weiblichen Dschingis Khan« (O-Ton Maggie) durchschaut und kastriert.

Thatcher wußte genau, daß sie auch wegen ihres Geschlechts im Rampenlicht stand. Also hütete sie sich, Müdigkeit oder Unkenntnis zu offenbaren. Also lernte sie, mit vier Stunden Schlaf auszukommen und auch nach Mitternacht Aktenberge zu bewältigen. Eine Super-Frau eben. Aber als sie sich allzu selbstsicher und tough präsentierte, als sie ihren ungeheuren Appetit auf Aktionismus (Privatisierung der Staatsunternehmen), dramatische Entscheidungen (Massenentlassungen in ihrem Kabinett) und Hasardspiele (Falklandkrieg) demonstrierte, da war es auch nicht recht. »Der einzige Mann in der Regierung« – so flüsterte man über sie. Mit beleidigtem Unterton.

Ihr Kabinett führte sie wie die Aufseherin eines Knabeninternats. Sie setzte dabei Sex-Appeal und eine Prise Sadismus ein. Margaret habe eben »biquality« flüsterten sich ihre Anhänger angeregt zu. Wie sie den Konsens verachtete, die Übereinstimmung! Politisch zu führen hieß für sie: überzeugen, überrumpeln, überfahren. Harmonie war ihre Sache nicht, und sie widerstand auch leichten Herzens jeglicher Gefallsucht, auf nationaler wie auf internationaler Ebene. Ob die Kollegen Giscard d'Estaing und Helmut Schmidt sie als Hausfrau und Krämerstochter diskreditierten, war ihr herzlich egal. Wenn sie nur wieder ein paar EG-Millionen für ihr Land herbeizetern konnte.

Ein Paradox? Wahrscheinlich. Ein Profi? Ganz sicher. Eine von uns? Hmm, nun ja. Sie konnte »Feministinnen nicht ausstehen« und holte nur ein einziges Mal eine Frau in ihr Kabinett. Sie machte ganze Regionen arbeitslos, entmachtete die Gewerkschaften, schwächte die Pressefreiheit. Und dennoch ist sie wichtig für die weibliche Legendenbildung: Es war einmal eine brave Tochter aus kleinbürgerlichem Hause, die von ihrem Vater gefördert wurde, Chemie in Oxford studierte, einen netten Mann heiratete, Zwillinge zur Welt brachte und sich entschlossen für das entschied, was sie wirklich konnte: die Politik. Die attraktive Blondine wurde reich, einflußreich, erfolgreich. Lange nach der Menopause verliebte sie sich in die Macht und wurde noch schöner und stärker dabei. Ihr größter Verdienst? Daß sie als Frau auf der Bühne des Weltgeschehens »ich« zu sagen wagte. Immer unbescheiden. Immer eindeutig. Miss you lots, Maggie.

Sonia Mikich
Januar 1991

Taten, Trends, Theorien

Post-Feminismus kommt nicht von Bundespost

Die ärmliche deutsche Sprache ist um ein Wort reicher geworden. Postfeminismus heißt dieses Wort. »Was fällt Ihnen dabei ein?« Als erstes fallen mir die Postlerinnen ein, die vor neunzig Jahren die Barrieren der Männermacht durchbrachen und die heiligen Hallen der Telegraphenämter besetzten. »Bei der Post« waren die ersten der erwerbstätigen Frauen. Sie waren gewiß nicht alle Feministinnen. Aber das ist auch nicht gemeint. »Post« meint ein nachher. Nachdem wir die Schreckensjahre des Feminismus hinter uns gebracht haben, geht die Morgenröte des postfeministischen Zeitalters an. Das ist gemeint.

Erinnern wir uns an die zurückliegenden Schreckensjahre. Die deutsche Presse war außerstande, die Silben Fe und Mi in irgendeinen sinnvollen Zusammenhang zu bringen. Wenn es nicht Interviews mit erfolgreichen Frauen gegeben hätte (woher erfolgreich?), dann hätten wir das Wörtchen Feminismus niemals gelesen. Jedenfalls nicht in der Männerpresse. Allein die gedruckten Aufschreie: »Aber eine Feministin bin ich nicht«, – »Den Feminismus lehne ich ab«, – »Nein, der Feminismus sagt mir nicht zu«, machten uns auf dieses unanständige Wort aufmerksam. Nein, den Feminismus gab es nicht. Aber nun gibt es den Postfeminismus.

Zu der Zeitbestimmung post = »nachdem« gehört eine Zeitbestimmung ante = »vordem«. Also gab es auch die antefeministische Zeit. Ich bestätige mich als männergleiche Sprachschöpferin, wenn ich den Begriff des Antefeminismus erfinde. In einer antefeministischen Zeit ging ich zur Schule und zerbrach mir den Kopf, was aus mir werden sollte. Ich wollte gern Matrose werden, aber Matrose war ein männlicher Begriff und, obwohl die Schiffe weibliche Namen trugen, durfte ich nicht auf der »Santa Maria« in die Südsee segeln, denn das war Männersache.

Aber es gab einen erstaunlichen weiblichen Begriff, das war »die Großmut«. Groß und Mut mit dem weiblichen Artikel haben mir Mut gemacht. Wenn ich schon auf dem Trocknen bleiben mußte, großmütig durfte ich werden. Das stand mir zu.

Kürzlich lese ich mit hochgezogenen Augenbrauen: »Der Großmut«. Nun also ist Großmut keine weibliche, sondern eine männliche Eigenschaft. Soll ich im Zeitalter des Postfeminismus auf diesen nagelneuen männlichen Großmut bauen?

Erstaunlich, wie schnell die Zeit vergeht. Wieder ist eine Woche um und wieder kniet sich Deutschland in ein Nachrichtenmagazin. Alle Leute zur gleichen Zeit. Es ist wie ein Generalstreik. Wer macht an diesem Tag eigentlich die Arbeit? Ich nicht. Ich streike auch. Und prompt bekomme ich eins vor die Birne. Abermals und abermals, Woche für Woche das gleiche Wort: Postfeminismus. Immer so zufällig eingestreut. Jetzt gibt es sogar schon die »erfolgreichen Frauen des Postfeminismus«. Du kannst richtig sehen, wie der Feminismus die Frauen daran gehindert hat, etwas zu werden. Aber gottlob! Nun, da der böse Feminismus überstanden ist, können auch die Frauen wieder erfolgreich sein.

Es gibt einen schönen Spruch, den wollte ich mir immer aufs linke Handgelenk tätowieren lassen: »Wehre den Anfängen!« Aber ich unterließ es. Ich wußte, es würde nichts nützen.

Ich habe typisch weibliche Abläufe. Als erstes fällt mir überhaupt nichts auf. Als zweites muß ich lachen. Als drittes finde ich es langweilig. Aber nachdem ich mich lange genug darüber hinweggetröstet hatte, wurde ich richtig verbissen. Eine verbissene Postfeministin. Ich konnte an nichts anderes mehr denken als an »Post«. Ja, einen Brief wollte ich schreiben und zur Post bringen. Aber ich wußte: Meine Leserinnenbriefe werden grundsätzlich nicht abgedruckt, jedenfalls nicht in Nachrichtenmagazinen.

Und es kommt ein neuer Montag mit einem neuen Postfeminismus. Während die Sprachforscherinnen noch nach der Macho-Sprache der Vergangenheit forschen, ist eine Armee von Dichtern und Denkern auf dem Vormarsch. Die Redaktionen sind ihre Schützengräben, aus denen sie pausenlos neue Begriffe abschießen. Und wenn sie genug Munition verschossen haben, nehmen sie Urlaub und segeln in die blaue See. Aber ihre Schiffe heißen nicht mehr »Anne« oder »Elise«. Was ein richtiger Mann ist, der nennt seinen Kahn jetzt »Heino« oder »Hotti«.

Christa Reinig
Februar 1987

Margaret Atwood, die kanadische Autorin, fragte einen Freund, warum Männer sich von Frauen bedroht fühlen. Seine Antwort: »Sie haben Angst davor, ausgelacht zu werden.« Dann fragte Atwood Frauen, warum sie sich von Männern bedroht fühlen. Ihre Antwort: »Wir haben Angst davor, umgebracht zu werden.«

Wie tief diese so unverhältnismäßigen Ängste miteinander verbunden sind, das hat sich am 6. Dezember 1989 in der Universität von Montreal gezeigt. An diesem Tag zog der 25jährige Video-Fan Marc Lépin in den Krieg und stürmte die Technische Universität. In einem der Klassenzimmer befahl er allen Männern, den Raum zu verlassen und eröffnete mit dem Schrei »Ihr seid alle Feministinnenpack« das Feuer auf die Frauen. Innerhalb einer halben Stunde tötete er 14 junge Frauen, verwundete neun weitere sowie vier Männer und erschoß sich dann selbst.

»Die Frauen sind an allem schuld. Sie haben mein Leben ruiniert«, klagte er in seinem dreiseitigen Abschiedsbrief. Außerdem fand man bei ihm eine »Todesliste« mit den Namen 15 prominenter Kanadierinnen.

Lépin, der die Aufnahme zur TU nicht geschafft hatte, fühlte sich gedemütigt von »Feministinnen«, die in diese Männerdomäne eingedrungen waren. Seine Reaktion auf die Erschütterung männlicher Privilegien war tödlich. Und politisch.

Die Presse leugnete in den Berichten über das Massaker die politische Bedeutung der Verbrechen und zitierte statt dessen Kommentare wie den des kanadischen Schriftstellers Mordecai Richler: »Es war die Tat eines Wahnsinnigen, für die es keine Erklärung gibt.« Und das, obwohl Lépin selbst seine Tat genau erklärt hatte. *Es ist völlig nebensächlich, ob ein Mörder, der aus Haß mordet, wahnsinnig ist oder nicht.* Denn in einer rassistischen und sexistischen Gesellschaft verhalten sich Psychopathen nicht anders als die sogenannten Normalen: rassistisch und frauenfeindlich.

Lépins Morde waren Verbrechen aus Haß. Seine Opfer mußten wegen ihres Geschlechts sterben, und nicht wegen ihrer Rasse, Religion, Nationalität oder sexueller Orientierung. Bei rassistischen Morden – Lynchmorden oder Pogromen – fragt niemand, ob die Täter wahnsinnig sind oder schlechte Erfahrungen mit Schwarzen oder Juden gemacht haben. Den meisten ist klar, daß Lynchmorde und Pogrome politisch motiviert sind; das heißt, das sie die weiße oder nichtjüdische Vorherrschaft bewahren sollen. Das gleiche gilt für Gewalt gegen Frauen. Mit dieser sexistischen Gewalt will Mann – bewußt oder unbewußt – männliche Vorherrschaft aufrechterhalten.

Frühe feministische Untersuchungen über Vergewaltigung räumten auf mit der Mär des Verbrechens aus enttäuschter, abgewiesener Liebe, vom Opfer selbst provoziert oder ausgelöst durch unkontrollierbare biologische Bedürfnisse, begangen von einem abartigen Irren. Nein, Vergewaltigung ist die direkte Umsetzung von Sexualpolitik: eine Form des Terrorismus, mit der der Status quo der Geschlechter und die männlichen Normen aufrechterhalten werden sollen.

Morde an Frauen, begangen von Ehemännern, Liebhabern, Vätern, Bekannten oder Fremden sind sowenig wie Vergewaltigungen das Ergebnis unerklärlicher Abweichungen. Frauenmord ist nichts anderes als sexistischer Terrorismus in seiner extremsten Form.

Wir brauchen dafür einen neuen Begriff, einen, der die politische Bedeutung dieser Verbrechen enthält. Zum Beispiel »Femizid«. Dieser Begriff benennt eindeutig die Morde an Frauen, begangen von Männern aus Haß, Verachtung, Vergnügen oder aus Besitzgefühl: vom Verbluten bei illegalen Abtreibungen übers Totprügeln bis zum Sexualmord; von historischen und zeitgenössischen Braut- und Witwenverbrennungen in Indien bis zu den historischen Hexenverbrennungen in Europa.

Männer identifizieren sich fast immer mit dem Mörder – Beweis dafür, wie tief verwurzelt der Femizid als männliches Recht in der sexistischen Kultur ist. Kurz nach dem Massaker in Montreal hatte sich zum Beispiel die Ingenieur-Studentin Celeste Brosseau über den Sexismus in ihrer Fakultät an der Universität von Alberta beschwert. Bei einer Feier der Ingenieur-Gesellschaft wurde sie plötzlich von einer johlenden Menge ihrer Mit-Studenten umringt, die lauthals forderten: »Erschießt das Weib!«

In den Männermedien werden geschlagene Frauen, Vergewaltigung und Femizid entweder ignoriert oder zum Ausnahmeskandal gemacht, je nach Rasse, Klasse und »Attraktivität« des Opfers. Femizid ist das unwiderrufliche Ende eines kontinuierlichen Terrors. Seine Stationen sind: sogenannte Schönheitsoperationen; Verweigerung proteinhaltiger Nahrung für Frauen in manchen Kulturen; sexuelle Belästigung; Gewalt in der Beziehung; erzwungener Verkehr; erzwungene Mutterschaft (Verbot von Verhütungsmitteln oder Abtreibung); erzwungene Sterilisation; unnötige gynäkologische Operationen (zum Beispiel Gebärmutterentfernungen); neue Reproduktionstechnologien; medizinische Experimente; Psychochirurgie; genitale Verstümmelung (Klitorisbeschneidung und Infibulation); Kindesmißbrauch; Vergewaltigung; sexuelle Folter; sexuelle Sklaverei (besonders in der Prostitution); Sexualmord. Wann immer diese Formen des Terrors mit dem Tod enden, werden sie zum Femizid.

Offizielle Statistiken geben kaum Auskunft über das Ausmaß der Gewalt gegen Frauen. Umfragen unabhängiger Forscher zeigen dagegen eine erschreckende Zunahme weiblicher Opfer. So zum Beispiel die Umfrage von Diana Russell bei 930 nach dem Zufallsprinzip ausgewählten Frauen in San Francisco: 44 Prozent waren Opfer von Vergewaltigung oder versuchter Vergewaltigung; 38 Prozent waren als Kinder sexuell mißbraucht worden; 16 Prozent waren Inzest-Opfer; 14 Prozent waren in der Ehe vergewaltigt und 21 Prozent von ihren Männern geschlagen worden.

Es ist die reine Ironie, daß das patriarchalische Ideal häuslicher Gemeinschaft (das heterosexuelle Paar) die beste Voraussetzung für den Femizid ist. (Anm. d. Red.: Laut bundesdeutscher Kriminalstatistik werden jährlich etwa 1200 Frauen umgebracht; die Täter sind in 9 von 10 Fällen Männer. 70 bis 90 Prozent dieser Tötungen sind »Beziehungstaten«: Ehemann tötet Ehefrau, Freund tötet Freundin. Im Vergleich zu männlichen Mordopfern stehen die weiblichen zweieinhalb mal so oft in enger Beziehung zu ihrem Mörder.)

Fast alle Experten sind sich einig, daß seit den frühen 60er Jahren eine erhebliche Zunahme der Gewalt- und Sexualverbrechen gegen Frauen zu verzeichnen ist. Die Kriminologen registrieren außerdem seit Beginn der 50er Jahre eine Welle von Serien-Morden, die nicht nur in den Vereinigten Staaten zu einem charakteristischen Phänomen des ausgehenden 20. Jahrhunderts wurden. Die meisten Serien-Mörder sind weiße Männer, und ihre Opfer sind fast immer Frauen.

Diese Eskalation der Gewalt gegen Frauen ist zweifellos

eine Reaktion der Männer auf den Feminismus. Das heißt nicht, daß der Feminismus schuld daran ist: das Patriarchat terrorisiert Frauen, egal ob sie sich wehren oder nicht. Aber der Terror wird um so stärker, je mehr die männliche Vorherrschaft in Frage gestellt wird. Im Mittelalter wurden Frauen, die es wagten, Grenzen zu überschreiten, gefoltert und als Hexen verbrannt (Schätzungen schwanken zwischen 200000 und neun Millionen Ermordeter). Solche Frauen werden heute als Fotzen oder Huren beschimpft, die es nicht anders verdient haben.

»Was soll denn falsch daran sein, ein paar von den miesen Fotzen kaltzumachen?« wollte Kenneth Bianchi, der berüchtigte »Hillside-Würger«, wissen, nachdem er endlich überführt war. »Tötet feministische Huren!« lautet ein Graffiti, das kurz nach dem Massaker von Montreal auf dem Campus von West Ontario auftauchte.

Die sich häufenden, spektakulären Sexualmorde sprechen Bände, und solche Greueltaten werden Frauen auch von ihren Männern angetan. Der Fall von Joel Steinberg, der seine adoptierte Tochter Lisa ermordete und seine Lebensgefährtin Hedda Nussbaum jahrelang folterte (siehe auch den Roman von Susan Brownmiller ›Es geschah bei den Nachbarn‹) ist zwar extrem, aber kein Einzelfall. 1989 wurde in Kalifornien ein Mann zu 32 Jahren Gefängnis verurteilt, weil er seine Frau zehn Stunden lang gefoltert hatte. Als sie ihm analen Sex verweigerte, fesselte Curtis Adam seine Frau mit Handschellen, stieß ihr mehrfach eine Flasche und einen Besenstiel in den Anus und ließ sie nackt aus dem Fenster hängen – unterbrochen von Pausen, in denen sie ihm Bibelpassagen vorlesen mußte, die Frauen zum Gehorsam gegenüber ihren Männern auffordern.

Die Überzeugung, das Recht dazu zu haben, ist das Fundament des sexistischen Terrors. Viele Männer glauben, sie haben das Recht, von Frauen alles zu fordern. Darum kann auch schon die kleinste Verweigerung unglaublichen Haß auslösen: Studentinnen der Universität von Iowa beschwerten sich über die laute Musik der Studenten im Stockwerk über ihnen. Die Studenten reagierten darauf mit einem Graffiti im Männerklo: »Die 10 wichtigsten Regeln zum Umgang mit dem Weiberpack im unteren Stockwerk«. Sie wurden prompt in der Unizeitung nachgedruckt. Die Regeln enthielten unter anderem die Aufforderung, die Frauen »mit einem Vorschlaghammer zu Brei zu schlagen und dabei ordentlich zu lachen« und eine Anleitung, »wie man weibliche Genitalien mit einer elektrischen Heckenschere, Zangen und rotglühenden Eisen verstümmelt«. Zur gleichen Zeit schlug die Unizeitung der Ingenieurstudenten von Toronto vor, die Frauen »sollen sich doch ihre Brüste abschneiden, wenn sie sexuelle Belästigungen leid sind.«

Um zu erfahren, woher die Studenten ihre grausigen Ideen bekommen, brauchen wir uns nur die gängige Pornographie und die Gewaltverherrlichung in den Medien anzusehen. Eine Untersuchung, die das FBI mit 36 Serien-Mördern durchführte, fand heraus, daß bei der Frage nach sexuellen Interessen Pornographie mit erstaunlichen 81 Prozent am meisten genannt wurde. Notorische Mörder wie Edmund Kemper (der »Coed-Mörder«), Ted Bundy, David Berkowitz (der »Sohn von Sam«), Kenneth Bianchi und Angelo Bueno (die »Hillside Würger«) waren alle regelmäßige Pornographie-Konsumenten. Bundy gab an, daß Pornographie »mich so stark beeinflußte, daß sie der zentrale Auslöser für mein gewalttätiges Verhalten wurde«. Seine Angaben decken sich mit den Aussagen vieler anderer Sexualtäter, wie auch mit den Untersuchungen zur Auswirkung von Pornographie. (Anm. d. Red.: Auch in der Bundesrepublik häufen sich die Berichte über meist jugendliche Gewalttäter, die ihre Verbrechen an Mädchen und Frauen nach dem Muster sexistischer Gewalt-Videos begehen. Die Porno-Wirkungsforschung streitet aber noch immer mehrheitlich einen ursächlichen Zusammenhang ab.)

Femizid und Greueltaten an Frauen gelten also als ganz normal, werden heruntergespielt, sind Teil der allgemeinen Phantasie, vom Comic-Heftchen über Snuff-Filme bis zur Kunst. Und das FBI bezeichnet Sexualmorde inzwischen als »Freizeitverbrechen«. Genau wie viele Menschen die Existenz des Holocaust, die Ermordung von sechs Millionen Juden, abstritten, so weigern sich heute die meisten, wahrzunehmen, in welch mörderischen Zeiten Frauen leben – und sterben. Da werden Ehemänner und Väter zu Gefängniswärtern, bereit zu töten, wenn sie Widerstand spüren.

John List, ein »eifriger, hingebungsvoller Bibel-Leser«, wurde dieses Jahr als Massenmörder überführt, nachdem er 15 Jahre lang unentdeckt geblieben war. List gab an, seine Frau habe sich geweigert, zum Gottesdienst zu gehen, und er habe gewußt, »daß dies den Kindern schadet«. Seine Tochter wollte Schauspielerin werden, und er habe »große Furcht davor (gehabt), was das ihrem christlichen Glauben antun würde«. Da ihm die Kontrolle immer mehr entglitt, tötete dieser gottesfürchtige Mann in einem Wutanfall seine Frau, seine Tochter, seine Mutter und seine beiden Söhne.

Wenn jeder Femizid als solcher erkannt und festgehalten würde, wenn die Pornographie und Gewaltverherrlichung als Literatur des Hasses gelten würde, dann müßte diese Männergesellschaft zugeben, daß wir Frauen unter der Knute sexistischen Terrors leben, in Ausmaß, Intensität und Absicht vergleichbar mit der Verfolgung, Folter und Vernichtung der Frauen als Hexen im Europa des 14. bis 17. Jahrhunderts.

Sicher, auch für die meisten Frauen ist es schmerzhaft, die Verachtung, die Gewalt, die Männer uns antun, einzugestehen. Viele Frauen streiten es dann lieber ab oder verdrängen es. Im November 1989 erinnerte sich die 28jährige Eileen Franklin-Lipsker aus Foster City, Kalifornien, plötzlich wieder daran, wie ihr Vater ihre achtjährige Schulfreundin Susan Nason mißbraucht und danach totgeprügelt hatte. 20 Jahre nach der Tat zeigte sie ihren Vater an. Das Wachrufen solcher Erinnerungen und die Ermutigung, diese Taten anzuzeigen, ist das Ergebnis jahrelanger Arbeit von Feministinnen.

Kanadische Feministinnen bemühen sich darum, den 6. Dezember zum nationalen Gedenktag für die ermordeten Frauen von Montreal erklären zu lassen. Wir fordern die Frauen der ganzen Welt auf, den 6. Dezember zum internationalen Tag der Trauer und Wut zu erklären, zum »Erinnerungstag« für alle Frauen, die Opfer sexueller Gewalt geworden sind.

Jane Caputi und Diana E. H. Russell
Januar 1991

(Übersetzung aus dem Amerikanischen: Susanne Aeckerle. Der Artikel erschien zuerst in ›Ms. – The World of Women‹, September/Oktober 1990.)

Zwanzig Jahre Frauenstudium: Intellekt und Leidenschaft

Von Berlin bis Tokio, von Paris bis Bombay, von San Diego bis Melbourne spannt sich ein unsichtbares Netz: das Informationsnetz von Frauen, die heute mit Frauen und für Frauen forschen. Die rasante Entwicklung von Frauenforschung und Frauenstudien, die vor 20 Jahren in den USA begann, ist eine Erfolgsstory des Neuen Feminismus. Erzählt wird sie hier von Dr. Renate Klein, einer der weltweit bekanntesten feministischen Forscherinnen. Begeistert berichtet sie von der Phantasie und Praxisnähe der Frauenforscherinnen in der Dritten Welt und warnt vor Akademisierungstendenzen bei uns.

»Frauenstudien haben ihren Ursprung in der Frauenbefreiungsbewegung, die ihrerseits entstand, weil Frauen unterdrückt sind. Komplex und variabel verbindet sie die Vision einer Welt ohne Sexismus und Rassismus ... Sie lehnen die sterile Aufspaltung in akademisches Wissen und Laienwissen ab, genauso wie die Fragmentation in Kopfweisheit und Körperempfinden, Intellekt und Leidenschaft, Individuum und Gesellschaft.

Frauenstudien ermöglichen es Frauen, nicht nur ein verantwortungsbewußtes Leben zu führen, sondern dazu beizutragen, daß sich die Welt ändert und alle Formen von Unterdrükkung ein Ende nehmen.«

(Aus dem Vorwort der Grundsatzerklärung der US National Women's Studies Association)

Seit 1970 gibt es sie: Seminare, Vorlesungen und ganze Studiengänge, in denen Frauen sich Wissen von, über und für Frauen aneignen können. Es fing an mit wütenden Studentinnen und Dozentinnen in den USA, die die Frauenproteste der zweiten Welle der Frauenbefreiungsbewegung von der Straße in die Universitäten trugen und einen Stop der männerdominierten patriarchalischen Wissenschaft und Lehre forderten, die Frauen unterdrückten und unsichtbar machten. Als ersten Erfolg buchten sie 1970 die Einrichtung von 17 »Women's Studies«-Vorlesungen, aus denen sich dann langsam ganze Studiengänge (»Women's Studies Programs«) entwickelten. Selbst die wildesten Optimistinnen hätten damals jedoch kaum vorausgesagt, daß 1990 mehr als 30000 Frauenstudienvorlesungen und -seminare angeboten werden und an über 600 Universitäten Frauenstudien mit Studienabschluß Diplom (BA) und zunehmend auch mit Magister (MA) und Doktorat (PhD) institutionalisiert sein würden.

In der Bundesrepublik begann der Kampf von Studentinnen und jungen Wissenschaftlerinnen für Frauenforschung und -lehre vor 15 Jahren. Doch die Frauenstudien an der San Diego University in Kalifornien feiern dieses Jahr bereits ihren 20. Geburtstag! Sie sind eines der autonomen »Departments« mit acht vollangestellten Professorinnen und Dozentinnen und einem Jahresbudget von fast 400000 US-Dollar. Pro Semester werden ihre Vorlesungen von über 1300 Studierenden aus allen möglichen Fachbereichen besucht. Offeriert werden im Rotationssystem mehr als 30 Vorlesungen und Seminare, zum Beispiel »Frauen in der US-Geschichte«, »Frauen und Justiz«, »Frauen und Gesundheit«, »Frauenliteratur des 20. Jahrhunderts«, »Ökonomie, Frauen und Arbeit« etcetera. »Gewalt gegen Frauen« und »Fortpflanzungs- und Gentechnologie« sind hinzugekommen. 25 Studentinnen kombinieren diese Kurse sowie zusätzliche Seminare zu feministischer Theorie und Methodologie in drei bis vier Jahren zu einem »major«, das heißt einem interdisziplinären Diplomabschluß in Women's Studies.

Auch in Kanada, England, Neuseeland und Australien gibt es heute kaum mehr eine Universität, die keine Frauenstudien anbietet. Der Trend geht zudem eindeutig in Richtung institutionalisierter autonomer Nachdiplomkurse, das heißt Abschlüssen mit Magister oder Doktorat. An der Deakin Universität in der Nähe von Melbourne findet seit 1989 im Januar ein jährliches »Sommerinstitut« in Women's Studies statt: ein zweiwöchiger Intensivkurs mit zusätzlichen Abendveranstaltungen bietet rund 100 Teilnehmerinnen aller Altersgruppen und Ausbildungsstufen, die während dieser Zeit zusammen auf dem Universitätsgelände wohnen, die Gelegenheit, Feminismus in Theorie und Praxis zu erleben. Wie die legendären »Frauensommeruniversitäten«, die bundesdeutsche Uni-Frauen von 1976 bis 1984 in Berlin organisierten, ist das »Sommerinstitut« in Deakin für viele Frauen eine intensive Zeit, die nicht selten den Anstoß zu tiefgreifenden beruflichen und persönlichen Veränderungen gibt. Die Verbindung von persönlichen Erfahrungen, feministischer Theorie und Strategie läßt die Welt plötzlich in einem anderen Licht erscheinen ... »Women's Studies changed my life« (Frauenstudien haben mein Leben verändert) ist ein oft gehörter Ausspruch von Frauenstudien-Absolventinnen. (Auch an der Londoner Universität fanden 1987 und 1988 spannende Women's Studies-Sommerinstitute statt, und auch dort wurden Leben drastisch geändert.)

Selbst in China und Japan werden an immer mehr Universitäten Frauenstudien angeboten. In Japan erhöhte sich die Zahl von 94 Vorlesungen im Jahre 1983 auf 280 in 1988. Im November 1989 veranstaltete das National Women's Education Centre ein internationales Seminar zu Women's Studies, an denen 300 japanische Fachfrauen (und einige Männer) und sieben ausländische Expertinnen über Sexualität, Gewalt gegen Frauen, Geschlechtsrollen-Stereotype, die Entwicklung von Frauenstudien und Frauenforschung und globale ökonomische Zusammenhänge, insbesondere die Ausbeutung Asiens durch Japan, diskutierten.

Europa hält mit – trotz des rigiden Erziehungssystems vor allem in den deutschsprachigen Ländern. Die Zahl der Lehrstühle in Frauenforschung und Frauenstudien an Universitäten nimmt ständig zu. Daneben wird in den europäischen Ländern ein reiches Spektrum an feministischen Kursen angeboten – organisiert von Gewerkschaften, Volkshochschulen oder auch innerhalb der »alten« akademischen Disziplinen, wie zum Beispiel Soziologie. Das ERASMUS-Projekt, finanziert von der EG, soll dazu beitragen, Verbindungen und Austausch zwischen Frauenstudien in den verschiedenen Teilen Europas (vor allem zwischen England und »Kontinental-Europa«) zu festigen. Besonders innovativ ist der Magister-Studiengang »Women and Development« (Frauen und Entwicklung) im Institute for Social Studies in Den Haag (Holland), wo Frauen aus der ganzen Welt die Problematik der patriarchalen, rassistischen und kapitalistischen Ausbeutung der sogenannten Dritten Welt und ihre Auswirkung auf Frauen untersuchen.

Die wohl spannendste Entwicklung findet im Moment allerdings gerade in diesen Ländern selbst statt: engagierte Feministinnen in Asien, zum Beispiel an der Ewha Women's University in Korea oder der S.N.D.T. Women's University in Bombay, verbinden feministische Theorie mit ihrer Praxis. Das heißt für sie: Was immer auch in Frauenstudien gelehrt (und in Frauenforschung ‚eforscht) wird, muß zur »Befreiung« oder zumindest zur Verbesserung der Lebenssituation *aller* Frauen führen, also nicht nur profitabel sein für Frauen der privilegierten Elite, die Zugang zu den Universitäten haben. Zu diesem Zweck werden Frauenstudienkurse auch in der Volksschule eingeführt. Ein Schwerpunkt der asiatischen Frauenstudien liegt auf der Diskussion über die Zusammenhänge zwischen der Ausbeutung der Frauen und der Ausbeutung der sogenannten Dritte-Welt-Länder durch das westliche (Techno)Patriarchat. Immer wird eine Zusammenarbeit mit lokalen Frauengruppen angestrebt. Auch die südamerikanischen Frauenstudienfrauen, zum Beispiel in Peru, Mexiko und Argentinien, betonen diesen Zusammenhang in ihren zweijährlich stattfindenden »Encuentros«. Andere spannende – und wichtige! – Entwicklungen liegen in der zunehmenden Erkenntnis, daß wir »Erste-Welt-Feministinnen« in unseren eigenen Ländern Frauen haben, die aufgrund rassistischer Vorurteile noch weit mehr benachteiligt und ausgebeutet sind als die weißen Frauen, die die überwiegende Mehrheit der Studentinnen und Dozentinnen in Frauenstudienkursen ausmachen. So versuchen Frauenforscherinnen in Australien, den Lebenszusammenhang von Aborigines-Frauen und den vielen Frauen griechischer, italienischer, jugoslawischer und anderer ethnischer Gruppen, die hier sehr isoliert leben, mit in ihre Forschung einzubeziehen: ein Unternehmen, das vor allem auf dem Gebiet der feministischen Literatur gute Fortschritte macht. Bei der Frauenstudienkonferenz in Neuseeland 1989 war die harmonische Zusammenarbeit von Maori- und Pakeha- (weißen) Frauen ein eindrucksvolles Zeichen der Erkenntnis, daß Rassismus und Sexismus gemeinsam bekämpft werden müssen – und daß Frauen *gemeinsam* stark sind!

Hand in Hand mit der Entwicklung der Frauenstudien ging auch die Entwicklung von Frauenforschung. Auch hier war die schnelle Ausbreitung und enorm vielfältige Art der Forschungsprojekte kaum voraussehbar. Tatsache ist, daß heute so viel geforscht – und veröffentlicht! – wird, daß frau kaum noch mit Lesen mitkommt. War es vor zehn Jahren noch möglich, mit der Entwicklung des internationalen feministischen Wissens Schritt zu halten, so gelingt dies heute nur noch mit massivem Schlafmanko. Selbstverständlich ist diese Flut von feministischer Literatur ein weiteres Zeichen dafür, wie enorm wichtig eine konstante Frauenpräsenz in der Wissenserarbeitung und -verbreitung ist. Es zeigt auch, wie viele Frauen Lust am Forschen und Schreiben haben – und wie viele einen riesigen Wissensdurst zeigen, wenn sie die Art von Lehre und Forschung betreiben können, die auch etwas mit ihrem eigenen Leben, das heißt ihrer Existenz als Frau im Patriarchat zu tun hat. Die vielen Frauenverlage und die seit 1984 zweijährlich stattfindenden internationalen feministischen Buchmessen in London, Oslo, Montreal und 1990 in Madrid – tragen zur Verbreitung der feministischen Frauenliteratur und Sachbücher bei. Und auch die traditionellen Verlage haben gemerkt, daß sich mit Frauenreihen Geld machen läßt – und das auf Jahre hinaus. Göttin sei Dank für die Existenz des monatlichen ›Women's Review of Books‹ – einer feministischen Literaturzeitschrift aus den USA, sowie für ihre Schwester in Australien, England und im deutschen Sprachraum (›Virginia‹), die die wunderbare feministische Bücherflut auffangen und wenigstens einen Teil davon rezensieren.

Zu nennen sind auch die Forschungszentren für Frauenforschung – 60 allein in den USA sowie eine wachsende Anzahl in Holland, Westdeutschland, Japan und Indien: rund 200 sind es mittlerweile, und sie werden immer mehr. Hinzu kommen spezielle Bibliotheken für feministische Wissenschaft (oft einem Frauenstudienprogramm angegliedert). Eine ansehnliche Liste von Frauenstudienzeitschriften trägt zu weiterem Schlafmanko bei.

Schließlich muß auch die stetig wachsende Zahl von Frauenforschungskonferenzen – national und international – genannt werden. Bei diesem Treffen findet ein spannender Austausch von Informationen und, vielleicht noch wichtiger, von »networking« statt (zum Beispiel beim alle zwei Jahre stattfindenden International Interdisciplinary Congress on Women, der im Juni 1990 im Hunter College in New York tagen wird). Auch die jährlichen Treffen der nationalen Frauenstudien-Vereine in England, Australien, den USA und vor allem Neuseeland, das mit seinem bereits 1974 gegründeten Verein die älteste Women's Studies Association der Welt hat, verdienen, genannt zu werden. Neben Dutzenden (in den USA gar Hunderten!) von Vorträgen und Arbeitsgruppen helfen Lesungen mit feministischen Schriftstellerinnen und Dichterinnen sowie Konzerte und wilde Tanzabende, Energie aufzutanken.

Es ist sicher nicht übertrieben zu sagen, daß die Entwicklung von Frauenstudien und Frauenforschung in den letzten 20 Jahren als das spannendste und intellektuell wichtigste Ereignis in der akademischen Welt eingestuft werden kann. Während die männerdominierten »alten« Disziplinen rosten, und sich bei traditionellen wissenschaftlichen Kongressen die Steifheit und Ideenlosigkeit der männlichen Forscher peinlichst von der Leidenschaft und Kreativität ihrer Kolleginnen abheben, erleben Frauenprojekte eine Blütezeit. Die Tatsache, daß sich Women's Studies in den USA trotz der frauenhasserischen, rassistischen Politik der acht Jahre unter Ronald Reagan so enorm entwickeln konnten, kann nicht genug betont werden. Es ist wirklich so, daß Frauen weltweit die Legitimation (inklusive Studienzuschüssen) verlangen, das studieren zu können, was sie wirklich interessiert! Und zwar auf allen Ebenen des Bildungssystems inklusive Erwachsenenbildung. Die berühmte Forderung von Virginia Woolf – eine Frau brauche ein eigenes Zimmer und 500 Pfund pro Jahr – ist zumindest für einen Teil der Frauen in Europa und anderen westlich orientierten Ländern zur Realität geworden.

Die totale Erfolgsstory also? Leider nicht ganz: einige dunkle Wolken ziehen am Horizont auf ... Anders als vor 20 Jahren scheint es heute vielen Frauenforscherinnen nicht mehr selbstverständlich, den einst als absolut lebensnotwendig erkannten Zusammenhang zwischen den Zielen der Frauen*befreiungs*bewegung und den Frauenstudien der Frauenforschung in ihre Lehre und Forschung mit einzubeziehen. Der Zusammenhang von Theorie und Praxis beginnt sich auf die Seite der Theorie zu verschieben. Praxis ist »out«, Strategiediskussionen sind »out«, und demzufolge ist auch action »out« – vor allem wenn es gälte, sich gegen eine der vielen Formen von Gewalt gegen Frauen zur Wehr zu setzen.

Vergessen wir nicht: Während es den Frauenstudien weltweit immer besser geht, nimmt die Frauenverarmung, die Gesundheitsverschlechterung und das Analphabetinnentum sowie die Männergewalt gegen Frauen und Mädchen durch Inzest, sexuelle Belästigung am Arbeitsplatz, Vergewaltigung in und außerhalb der Ehe, die Brutalisierung durch Pornographie, die Prostitution und – das neueste technopatriarchalische Spielzeug – die Gen- und Reproduktionstechnologie weltweit ständig zu. (Im dünn besiedelten Australien beispielsweise werden pro Woche vier Frauen oder Mädchen umgebracht – von Männern.) Wir leben, wie die amerikanische Forscherin Jane Caputi es in ihrem bedrückenden Buch ›The Age of the Sex Crime‹ nennt, im Zeitalter des sexuellen Verbrechens. Und die Männer werden immer aggressiver. Der Massenmord von Montreal ist da nur ein Beispiel für den sich immer offener manifestierenden Frauenhaß vieler Männer.

Doch es scheint, daß sich leider ein Teil der Frauenforscherinnen mit diesen unangenehmen Tatsachen nicht die Hände schmutzig machen will. In der Bibliothek und im Seminarraum ist es trockener und sicherer (wenn nicht gerade geschossen wird). Gelegen kommen dieser Gruppe von Akademikerinnen zum Beispiel die Lehren des Poststrukturalismus, im englischen Sprachraum auch unter den Stichworten »Discourse«, »Deconstruction« oder »French Feminism« bekannt. Von den französischen Philosophen Derrida, Lacan, Althusser, Deleuze, Foucault und anderen (übrigens: alles Männer), die sich ihrerseits zum Teil auf Nietzsche (!) und andere faschistische Theoretiker beziehen, wird die Idee übernommen, daß es eigentlich gar keine Realität gibt: Leben in seiner Vielfalt wird »de-konstruiert«, herumgedreht, in weitere Einzelteile zerlegt, nach seinen Brüchen untersucht.

Das Endresultat ist großes Chaos, ein totaler Relativismus, eine Vielfalt von Subjekthaftigkeiten, aus der sich mit gutem Gewissen nicht ableiten läßt, daß eine Realität »wahrer« sei als eine andere. (Daß Frauen vergewaltigt werden, ist also nicht »wahrer«, als daß sie »freiwillig« ihrer Vergewaltigung zustimmen??) Eine solche Theorie macht es natürlich unmöglich, Strategien und Aktionen zu ersinnen, wie dieser Gewalt ein Ende zu setzen sei: wer wollte schon so simplizistisch sein und feststellen, daß Frauen tatsächlich vergewaltigt werden ... und zwar von Männern!

Noch absurder wird die Diskussion, wenn die DekonstruktionistInnen verkünden, daß es »die Frau« nicht gebe: auch das ein Schlag ins Gesicht der echten, lebendigen Frau, die soeben sexuell belästigt wurde. Wenn angezweifelt wird, daß Männer Frauen unterdrücken, werden Männer ihrer Verantwortung enthoben. Ein Grundaxiom der feministischen Theorie – das Patriarchat überlebt, weil Männer als soziale Gruppe Macht über Frauen als soziale Gruppe ausüben, sie unterdrükken und ausbeuten – wird somit relativiert. Plötzlich sind es gar nicht mehr die Männer selbst, die zur Aufrechterhaltung ihrer Dominanz Frauen und andere unterprivilegierte Gruppen unterdrücken, sondern bloß der »Text«: les mots, les mots ... Wörter, Wörter ... Dieser Trend zur Akademisierung der Frauenforschung und Frauenstudien hat leider virusähnlich die westliche Frauenforschungs-Welt befallen und vor allem in den USA zu einer Flut von Büchern geführt, die in einem nur für eine kleine Gruppe von »Insidern« verständlichen Fachjargon geschrieben sind. Das Resultat sind Stillstand und Lähmung: die Veränderung der Status quo ist nicht mehr aktuell. Die Dekonstruktionistinnen machen sich die Hände nicht dreckig mit Politik, spielen damit aber gerade dem pseudoliberalen Trend – »anything goes«, alles geht – in die Hände.

Verständlich ist, daß einige Akademiker diese Entwicklung mit Wohlwollen begrüßen. Eine theoretisierende Frau auf ihrem Territorium ist ihnen immer noch lieber als eine »Männerhasserin« im separatistischen »Ghetto« Frauenstudien, die sich der Überwachung durch die männliche Norm entzieht und lautstark auf dem Prinzip »Die Frau ist die Norm« beharrt. Nachdem die Kolleginnen endlich »vernünftig« geworden sind, ist es jetzt den Männern schließlich auch möglich, selber die Frauenstudien unter die Lupe und in die starke Männerhand zu nehmen. Die Anzahl der Männer, die in Frauenstudien unterrichten, nimmt jedenfalls zu.

In den USA werden »Women's Studies« auch zunehmend umbenannt in »Gender Studies« (Geschlechterstudien): ein neutraler Begriff, der es auch Männern möglich macht, Geschlechterforschung zu betreiben, wobei sie sich gerne und häufig als Feministen bezeichnen. Und wer's nicht glaubt, daß wir es wieder einmal mit einem Angriff der Männer auf unser Territorium und unsere Integrität zu tun haben, dem sei gesagt, daß der erste US-Lehrstuhl in »Gender Studies« an einen Mann (Harry Brod) verliehen wurde!

Es wäre eine bittere Ironie, wenn die zunehmende Anerkennung von »verschiedenen Gleichheiten« von Frauen (»different similarities«: ein Begriff, den ich in meiner Doktorarbeit zum Thema internationale Frauenstudien geprägt habe), wenn das zunehmende Verständnis für unsere Unterschiedlichkeiten, das zu einer noch stärkeren Allianz zwischen Frauen verschiedener Kulturen, Rassen und Klassen führen kann, sabotiert würde durch solche konservativ-politischen Machenschaften. Theorie *und* Praxis von Frauenstudien und Frauenforschung müssen untrennbar miteinander verbunden bleiben.

Die Leidenschaft, die unsere Arbeit inspiriert, weil damit tatsächlich Leben geändert werden können, darf nicht verlorengehen.

Es gibt noch viel zu tun, bis Frauen als soziale Gruppe endlich Menschen geworden sind, Menschen mit eigenen Wünschen und Bedürfnissen, die in der Lage sind, die Machtgelüste der sozialen Gruppe Männer zu stoppen. Mittels feministischer Lehre und Forschung wird es uns vielleicht möglich sein, den jungen Frauen der heutigen und nächsten Generation einiges an bitterem Erwachen zu ersparen, ja vielleicht sogar zu verhindern, daß sich die Geschichte einmal mehr wiederholt und die Wildflut des feministischen Widerstandes allmählich in einem zahmen Bächlein der Angepaßtheit versickert. *Radikale* feministische Theorie *und* Praxis heißt, mit Leidenschaft und Engagement der Zukunft entgegenzugehen. Wir sollten es zumindest versuchen: unseren Nachfolgerinnen und uns selbst zuliebe!

Renate Klein
Februar 1990

... ist in aller Munde. »Nichts wie Ärger mit den Jungs!« schimpfen die Mädchen von den gemischten Schulen. Und die von den Mädchenschulen wollen sie gar nicht erst reinlassen. – Hat die Koedukation versagt? Verkommt sie zur »K.O.edukation«? Ist die gemischte Schule noch zu retten? Oder hilft nur Geschlechtertrennung? Emma präsentiert: Die Resultate der Forschung. Die Meinung zweier Schülerinnen. Die Erfahrung einer Direktorin. Den Alltag einer Lehrerin. Dazu: Zwei Plädoyers von zwei ›Emma‹-Redakteurinnen. Pro Koedukation die eine. Pro Mädchenschule die andere.

Vor drei Jahren machten die Dortmunder Pädagoginnen Maria Anna Kreienbaum und Jacqueline Kauermann-Walter eine überraschende Entdeckung. Mehr als ein Drittel, genauer: 36 Prozent aller Dortmunder Chemie- und Informatikstudentinnen, so stellten sie fest, hatten ihr Abitur an einer Mädchenschule gemacht. Ein auffallend hoher Anteil, vor allem wenn man bedenkt, daß es zum Beispiel im Bundesland Nordrhein-Westfalen nur noch fünf Prozent reine Mädchengymnasien gibt!

Die beiden Erziehungswissenschaftlerinnen wollten nicht an einen Zufall glauben und gingen in einem Anschlußprojekt der Frage nach: »Begünstigt eine Mädchenschulausbildung die Wahl der – traditionell so ›männlichen‹ – naturwissenschaftlichen Fächer bei Frauen?« Wieder wurden Chemie- und Informatikstudentinnen befragt, diesmal an drei Universitäten: Dortmund, Aachen und Paderborn. Das Ergebnis war eindeutig: Je »männlicher« das Fach und je anspruchsvoller die Uni, desto höher der Anteil von Mädchenschulabsolventinnen. An der Technischen Hochschule Aachen betrug er im Studienfach Informatik sogar 61 Prozent!

Die Gertrud-Bäumer-Schule in Bonn-Bad Godesberg, eine der letzten staatlichen Mädchenrealschulen in der BRD, wurde Anfang 1987 vor die Wahl gestellt: entweder schließen oder Jungen aufnehmen. Die Schule sei zu klein, hieß es, sie lohne sich nicht mehr. Statt sich klaglos der Koedukation zu ergeben, wie andere Mädchenschulen vor ihr, gingen Lehrerinnen, Eltern, Ehemalige, vor allem aber die Schülerinnen der Bäumer-Schule auf die Barrikaden.

In Briefen an PolitikerInnen beriefen sich die »Bäumer-Mädchen« nicht nur auf die Tradition ihrer Schule (»Schließlich wurde sie nach einer bekannten Frauenrechtlerin benannt«), sondern auch auf die feministische Schulforschung: »Früher hat eben niemand darauf geachtet. Aber auf einmal fiel es auf, daß Mädchen aus gemischten Schulen nicht so zufrieden und selbstbewußt waren und nicht so viel gelernt hatten wie solche aus Mädchenschulen«, erklärten die Schülersprecherinnen Yvonne Klövekorn und Elisa Ineid dem »sehr geehrten Herrn Regierungspräsidenten«.

Ihr Protest hatte Erfolg: Im Rat der Stadt Bonn stimmte im Sommer 1987 eine ungewöhnliche Koalition aus CDU, FDP und Grünen für den Erhalt der Mädchenschule; nur die SPD war dagegen. Einzige Bedingung: mindestens 37 Neuanmeldungen pro Jahr. »Das macht uns keine Sorge«, sagt die kommissarische Schulleiterin Carola Schulz. »Bisher haben wir immer zwei erste Klassen vollbekommen. Und die Nachfrage steigt.«

Nicht nur in Bad Godesberg. Auch die restlichen 174 Mädchenschulen in der BRD, die Mehrzahl in privater (das heißt oft kirchlicher) Hand, verzeichnen nach Jahren des Schülerinnenrückgangs wieder regen Zulauf. »Das Borbecker Mädchengymnasium konnte nach 106 Neuanmeldungen zu Beginn des Schuljahrs 88/89 zum erstenmal vier Eingangsklassen bilden. Vor dem benachbarten Kolleg der Congregatio Beatae Mariae standen die Eltern sogar nachts Schlange, um ihre Töchter in einer der sechs ehrwürdigen fünften Klassen unterzubringen«, meldet der sozialdemokratische ›Vorwärts‹, schockiert von der »Renaissance« der totgeglaubten Mädchenschulen.

Haben doch die GenossInnen wesentlichen Anteil daran, daß spätestens seit den 60er Jahren die Koedukation, also die gemeinsame Erziehung von Jungen und Mädchen, als »normal«, als »fortschrittlich«, als »emanzipatorisch« gilt. Nach den restaurativen 50er Jahren, in denen die Schule der »Eigenart der Geschlechter« dadurch »Rechnung zu tragen« pflegte, daß Mädchen häkelten und kochten, während die Jungen laubsägten oder physikalische Versuche machten, mußte es doch auch Feministinnen als Fortschritt erscheinen, daß endlich gleiche Lehrpläne für alle einkehrten, an gemischten Schulen. Anfangs war das auch so. Ende der 70er Jahre aber begannen die Feministinnen, sich Fragen zu stellen. »Macht Koedukation Mädchen dumm?« provozierte Ingrid Strobl 1981 in ›Emma‹. Sie referierte Schuluntersuchungen aus Schweden, der DDR und der BRD, die allesamt der gemeinsamen Erziehung ein schlechtes Zeugnis ausstellt: Mädchen würden im Unterricht zu wenig beachtet und gefördert und fielen deswegen nach und nach hinter die Jungen zurück. Jungen lernten statt partnerschaftlichen Verhaltens Frauenverachtung. »Daß Mädchen und Jungen in derselben Klasse sitzen, muß noch lange nicht heißen, daß sie das als Gleichberechtigte tun«, war Ingrid Strobls Fazit. Und sie bekannte: »Ich träume von der feministischen Mädchenschule.«

Sieben Jahre später zog der ›Spiegel‹ nach. Unter dem Titel ›Kleine Machos‹ ließ er Schulkritikerinnen ebenso zu Wort kommen wie zufriedene Schülerinnen von Mädchengymnasien und stellte hellhörig fest: »Der Ruf nach Abschaffung der Koedukation wird immer lauter.« Tatsächlich stellen sich inzwischen nicht mehr nur eine Handvoll Feministinnen die Frage, ob »K.O.edukation« (Lehrerinnen-Schlagwort) die Mädchen dumm macht. Sondern auch die links-liberale Presse von

›Frankfurter Rundschau‹ bis ›Zeit‹; ja sogar die »Katholische Akademie Schwerte« bei einem Wochenendseminar.

Daß irgend etwas faul ist mit der »K.O.edukation« haben auch die BildungspolitikerInnen gemerkt. Von München bis Kiel, von Grün bis CDU unternehmen sie vermehrte Anstrengungen, sie dennoch zu retten. Mit Reformen: Die Schulbücher sollen – endlich! – von Geschlechtsrollen-Klischees entrümpelt werden. Modellversuche mit zeitweiliger Geschlechtertrennung – in den Naturwissenschaften wie in der Sexualkunde – werden gestartet.

Und der Traum von der feministischen Mädchenschule? Er ist durchaus noch nicht ausgeträumt. Allerdings ist er immer noch ein Traum. Beim siebten Kongreß des feministischen Lehrerinnenvereins »Frauen und Schule« Ende September 1988 in Dortmund stellten sich drei Frauen vor, die ihn verwirklichen wollen, falls sie genug Mitstreiterinnen finden.

Eva Maria Epple und Ursula Rieger aus Berlin, Herausgeberinnen der Zeitschrift ›Frauen und Schule‹, geht es dabei um einen Freiraum für »selbstbestimmte Weiblichkeit«, in dem Frauen von Frauen lernen. Eve Schabel, Lehrerin an einer »freien Schule« für gescheiterte HauptschülerInnen in Hamburg, plädiert für ein Schulmodell ohne Hierarchien, Stundeneinheiten und künstliche Fächertrennung. Geschlechtertrennung hält sie für notwendig, seit in ihrer freiwilligen Lerngruppe die Mädchen wegblieben: »Am Anfang waren drei Viertel der Schüler Mädchen, jetzt ist keine mehr da.«

Schon in der alten Frauenbewegung, Anfang des Jahrhunderts, wurde über die Frage »Koedukation oder Mädchenschulen?« heftig gestritten. Die Radikalsten – Frauen wie Hedwig Dohm und Lida Gustava Heymann, beide Lehrerinnen und Kämpferinnen für das Frauenwahlrecht – waren dabei eindeutig für die Koedukation. Warum?

Die Realität, mit der sie konfrontiert waren, war eine nach Geschlechtern getrennte Erziehung, und das hieß: eine minderwertige Erziehung für Mädchen und Frauen. Gymnasium, Universität, Wissenschaft und höheres Lehramt waren Männern vorbehalten. Mädchen wurden in der Regel nach Abschluß der Volksschule zu Hause »erzogen« – für die Ehe, für die Mutterschaft; die einzigen »höheren Schulen« für Mädchen waren private Anstalten, die der künftigen »Dame der Gesellschaft« den letzten Schliff verpaßten: französische Konversation, Klavierspielen, eine oberflächliche Allgemeinbildung.

Für Frauen, die endlich herauswollten aus den Frauenghettos, die teilhaben wollten an männlicher Bildung, männlicher Macht, war darum klar, daß sie gemeinsam mit den Männern lernen mußten und lernen wollten. »So darf ich denn wohl ... die Frage der Mädchenbildung zu lösen versuchen«, schrieb Hedwig Dohm 1910. »Zwei Worte erledigen sie: Einheitsschule und Koedukation.« Einwände aufgrund der »biologischen Seite des Weibes« oder auch der »bedrohten Sittlichkeit« ließ sie nicht gelten, sondern konterte mit Ironie: »Zur Überwachung respektive Ablenkung der Erotik in Kinderschuhen will ich bei der Koedukation neben dem Direktor eine Frau Direktorin.«

Dohms Mitstreiterin Lida Gustava Heymann verband – ebenso wie die Mädchenschul-Initiatorin Eve Schabel heute – die Idee der Mädchenbildung mit der einer fundamentalen Schulreform. Allerdings koedukativ. In Hamburg gründete sie zusammen mit Anita Augspurg und Käthe Schirmacher vom »Verein Frauenwohl« die sogenannte »Reformschule« mit Abiturabschluß. Sie sollte »keine Nachahmung der bestehenden Knabengymnasien« sein, sondern versuchte, »Eigenart, Begabung und Freiheit der kindlichen Persönlichkeit zu achten«, statt nur Kenntnisse einzupauken.

Die Reformschule weckte Begeisterung bei LehrerInnen und SchülerInnen, mußte aber nach wenigen Jahren geschlossen werden. »Sie teilte das gleiche Schicksal wie die Frauenhochschule einer Malvida von Meysenburg«, schrieb Heymann, »sie fiel Hamburger Vorurteilen, verknöcherter Bürokratie zum Opfer, weil sie ihrer Zeit weit vorausgeeilt war.«

In der Schulpolitik setzten sich damals letztendlich nicht die radikalen, sondern die sogenannten »gemäßigten« Frauenrechtlerinnen durch. Helene Lange und Gertrud Bäumer zum Beispiel, die zusammen arbeiteten und lebten. Diese beiden Lehrerinnen, nach denen noch heute so manche Schule benannt ist, glaubten an die »Natur der Frau«, an eine unterschiedliche »Eigenart« von Männern und Frauen. Ihnen war es wichtig, daß »das Mädchen in seiner inneren Entwicklung durch die Frau geleitet« wird; insofern hielten sie die Koedukation nur im Ausnahmefall für angebracht. Für junge Frauen, die studieren wollten, richtete Helene Lange bereits 1893 sogenannte »Gymnasialkurse« ein, in denen die von den »höheren Töchterschulen« kommenden Mädchen den Bildungs-

vorsprung der Jungen aufholen und das Abitur machen konnten. Ab 1910 wurden nach ihren Vorstellungen Mädchengymnasien geschaffen, die zum Teil heute noch bestehen.

Was also Anfang des Jahrhunderts unter Feministinnen als die radikalere, als die konsequentere Lösung in der Mädchenbildung galt, die gemeinsame Erziehung mit den Jungen, wird heute von Feministinnen als »K.O.edukation« beschimpft. Haben sich Dohm und Heymann geirrt? Irren wir uns heute?

Nein, denn im Prinzip ist sie richtig, die Forderung nach Teilhabe, nach gleichen Lern- und Lebensbedingungen für beide Geschlechter von Anfang an. Zu einer wirklich partnerschaftlichen Gesellschaft gehört auch die PartnerInnenschaft in der Schule, gehört die Koedukation.

Die real existierende Männergesellschaft aber schafft es immer wieder, aus formaler Gleichheit faktische Ungleichheit zu machen: Mann und Frau nebeneinander an der Werkbank heißt noch nicht gleicher Lohn. Mann und Frau nebeneinander auf der Regierungsbank heißt noch nicht gleiche Macht (siehe den Fall Süssmuth). Und Mädchen und Junge nebeneinander auf der Schulbank heißt noch lange nicht auch gleiche Lernchancen.

Dabei sieht, auf den ersten Blick, die Leistungsbilanz der koedukativen Schulen für die Frauen gut aus: Etwas mehr als die Hälfte (52 Prozent) aller Abiturienten sind heute weiblich. Mädchen haben im Durchschnitt leicht bessere Noten als Jungen, sowohl im Gymnasium wie an der Berufsschule.

Schaut frau aber genauer hin, in welchen Fächern die Mädchen so gut sind (und in welchen sie versagen), zeigen sich genau jene Unterschiede, die durch »weibliche« und »männliche« Erziehung, Ermutigung bzw. Entmutigung geprägt werden: Im Aufsatzschreiben und in den Fremdsprachen sind die Mädchen unschlagbar. In Mathematik halten sie anfangs gut mit, fallen aber mit Einsetzen der Pubertät hinter die Jungen zurück.

Entsprechend wählen Jungen und Mädchen in der reformierten gymnasialen Oberstufe ihre Leistungskurse: Mädchen die Sprachen, Jungen die zukunftsträchtigen Naturwissenschaften. »Ist ein Terrain erst männlich besetzt«, schreibt die Dortmunder Pädagogik-Professorin Sigrid Metz-Göckel, »wie es sich zur Zeit bereits mit dem ›Computerwissen‹ andeutet, dann halten sich die Mädchen zurück bzw. werden zurückgedrängt.«

Das kann rasend schnell gehen. Beträgt der Mädchenanteil im ersten Halbjahr des 11. Schuljahres in Physik und Informatik noch etwa 40 Prozent, sind die Jungen im zweiten Halbjahr fast ausnahmslos unter sich. Metz-Göckel: »In nur einem Halbjahr wird den Mädchen auf subtile Weise klargemacht, daß diese Fächer nichts für sie seien.«

Oft auch weniger subtil. InformatiklehrerInnen wissen ein Lied davon zu singen, was für ein Gerenne und Geschubse losgeht, sobald die Tür zum Computerraum aufgeschlossen wird. Und wer beim Kampf um den Platz am Gerät Sieger bleibt. Für Anja Strahl, Schülerin der Getrud-Bäumer-Schule in Bad Godesberg ist klar: »In unserer Mädchenschule können wir in Ruhe lernen, weil keiner da ist, der uns unsere Computer wegnehmen will.«

»Bevor wir auf Koedukation umstellten«, berichtet ein englischer Lehrer, »waren die Mädchen gewöhnlich sehr an Naturwissenschaften interessiert, sie hatten viel Spaß am Experimentieren und daran herauszukriegen, warum etwas passiert. Nun schauen sie nicht mal mehr hin. Die Jungen stürmen herein, schnappen sich die Ausrüstungen. Ich verschwende Stunden darauf, sie wegzuziehen. Die Mädchen hängen nur noch rum. Ich verstehe das nicht.«

Es ist auch nicht immer leicht zu verstehen, was da schiefläuft zwischen LehrerIn und Klasse, zwischen Schülerinnen und Schülern. Denn vieles passiert unbewußt. So glauben zum Beispiel die meisten Lehrer und Lehrerinnen, sie widmeten Mädchen und Jungen gleich viel Zeit im Unterricht. Zeichnet man jedoch eine Stunde per Tonband auf und kontrolliert die Beiträge der SchülerInnen mit der Stopuhr, stellt sich regelmäßig heraus, daß den Mädchen höchstens 38 Prozent, den Jungen nie weniger als 58 Prozent der Unterrichtszeit gewidmet ist.

Verstößt eine Lehrerin einmal gegen diese »Zwei-Drittel-Parität« und widmet den Mädchen geringfügig mehr Zeit als das ihnen »zustehende« Drittel, fühlen sich die Jungen sofort benachteiligt und die Lehrerin bekommt ein schlechtes Gewissen. Es waren britische und amerikanische Schulforscherinnen, die als erste solche Untersuchungen anstellten. Heidi Frasch und Angelika Wagner haben sie für die Bundesrepublik bestätigt.

Bei Unterrichtsbeobachtungen in baden-württembergischen Grundschulen stellten sie fest: Jungen werden häufiger aufgerufen als Mädchen, wenn sie sich melden, aber auch, wenn sie sich nicht melden. Jungen werden mehr als doppelt so oft von der Lehrerin/vom Lehrer gelobt. Auch getadelt werden die Jungen mehr; diese »negative Aufmerksamkeit« erzwingen sie sich durch Ruhestörungen und aggressives Benehmen.

Es ist jedoch keineswegs so, daß das laute Benehmen den Jungen schadet. Im Gegenteil: Lehrer und Lehrerinnen prägen sich ihre Namen und Interessen eher ein. Werden Lehrkräfte aufgefordert, ihre Klasse zu beschreiben, nennen sie typischerweise zuerst die Jungennamen, »und der Rest sind Mädchen«. Die Jungen, obwohl frecher, sind bei den Lehrern beliebter als die angepaßteren Mädchen. Am unbeliebtesten sind die frechen Mädchen.

Uta Enders-Dragässer und Claudia Fuchs, die im Auftrag des Hessischen Instituts für Bildungsplanung und Schulentwicklung solche »Interaktionen« im Unterricht studiert haben, kommen zu dem Schluß: »Die Mädchen bilden eine negative Bezugsgruppe für die Jungen.«

Der freundliche, kooperative Interaktionsstil der Mädchen, ihre Disziplin und ihr Interesse am Unterricht scheinen an gemischten Schulen überhaupt noch Schule möglich zu machen. Dieser Stil wird ihnen jedoch nicht als Lernleistung anerkannt, sondern von LehrerInnen und Mitschülern als selbstverständlich vorausgesetzt. Er ist auch der Grund für die besseren Lernerfolge von Mädchen.

Gleichzeitig erwarten jedoch LehrerInnen und SchülerInnen unbewußt die höheren intellektuellen Leistungen von den Jungen. Diese fühlen sich überfordert und agieren ihre Frustration durch noch aggressiveres Verhalten aus – ein Teufelskreis. Fazit von Uta Enders-Dragässer: »Die Koedukation hat auch bei den Jungen versagt. Koedukation macht nicht nur Mädchen, sondern auch Jungen dumm.« An einer Berliner Hauptschule hat sich das auf dramatische Weise bestätigt. Dort haben die KlassenleiterInnen der siebten Klasse versuchsweise alle Mädchen in *eine* Klasse zusammengefaßt; vier Jungen bildeten die Minderheitsfraktion. Die Parallelklasse bestand nur aus Jungen. Das Ergebnis des Experiments: Die sogenannte »Mädchenklasse« gedieh prächtig, die Noten wurden besser, die Streiche netter, sexistische Sprüche seltener, und selbst die vier Jungen lernten, Gefühle zu zeigen. Die reine Jungenklasse aber war die reine Katastrophe: nicht zu bändigen und erbärmlich schlecht. Die »Blitzableiter« Mädchen fehlten. Zu Beginn des neuen Schuljahrs wurden die Klassen darum wieder gemischt.

Was bedeutet all das? Mädchen lernen besser ohne Jungen. Jungen lernen auf Kosten der Mädchen. Vor allem lernen sie, sich durchzuboxen – im wahrsten Sinne des Wortes.

»Mädchen werden verdrängt durch die rüpelhaften Rangeleien ihrer Mitschüler, die sich rennend, tretend, boxend den Raum verschaffen, den sie brauchen, um ihre Aggressionen abzulassen«, schreiben die Lehrerinnen Gitta Schipek und Erika Starck aus Braunschweig. »Die Mädchen weichen zurück, hinter die Mülltonnen auf dem Pausenhof, auf die Toiletten. Selbst in den Toilettenzellen haben sie keine Ruhe, die Jungen stürzen ihnen nach, klettern über die Zwischenwände – hinein in den intimsten Raum der Mädchen.«

Was sich dort abspielt, gleicht oft einer Vergewaltigung. Hedda Sass, Realschullehrerin aus Karlsbad, schilderte ›Emma‹, was einer ihrer Schülerinnen in einer Freistunde passierte: »Ein ehemaliger Schüler, der seine früheren Lehrer besuchen wollte, sah Monika auf die Toilette gehen und folgte ihr. Monika, die nicht auf den Mund gefallen ist, fragte: ›Hast du dich verirrt oder was willst du hier?‹ Statt zu antworten, drückte er auf die beiden Lichtschalter, das Klo wurde dunkel. ›Sag mal, das ist ein Mädchenklo, laß mich raus!‹ Statt einer Antwort versuchte ihr der Junge, seine Zunge in den Mund zu drücken.«

Die Schülerin befreite sich schließlich, indem sie ihrem Peiniger in den Bauch trat.

»Irgendwo müssen die Jungen ja ihre Erfahrungen machen«, heißt die verständnisvolle Reaktion so mancher Lehrer auf solche Attacken. Müssen sie? Und wie weit dürfen sie dabei gehen?

»Meine Tochter kam aus der Schule und war völlig niedergeschlagen«, schreibt Regine Holz (Name geändert) aus einer Kleinstadt im Ruhrgebiet an ›Emma‹. »Sie erzählte mir, daß ein türkischer Junge eine wilde Geschichte über sie in der Schule verbreitet habe. Er hatte erzählt, daß meine Tochter (neun Jahre) mit meinem Sohn (elf Jahre) derart gefickt hätte (O-Ton des Jungen), daß man sie hätte ins Krankenhaus bringen müssen. Dort habe man ihr eine Spritze gegeben, damit sie nicht schwanger würde.« Der gleiche Junge prahlte im Sexualkundeunterricht damit, daß er zu Hause regelmäßig Pornos sehe und beschimpfte seine Mitschülerinnen als »Nutten«.

Als die Mutter im Elternbeirat den Vater des Jungen zur Rede stellen wollte, hielten ihr andere Eltern vor, »daß es doch wohl an meiner Tochter liegen müsse.« – »Warum haben mich die anderen Eltern so auflaufen lassen?« fragt sich Regine Holz noch Monate danach voller Wut. »Ist es das Thema, über das man nicht sprechen will? Ist es Angst, als ›RassistIn‹ zu gelten? Ist es Ignoranz? Nehme ich das Ganze vielleicht zu ernst?«

Nein, es ist die Angst und Einschüchterung der Mädchen, die nicht ernst genug genommen wird. Die Ausmaße der sexuellen Gewalt an Schulen sind noch lange nicht ausreichend erforscht; und sie wird eher mehr als weniger. Getan wird dagegen so gut wie nichts. An Gesamtschulen sei es am schlimmsten, munkeln Lehrerinnen, wenn sie unter sich sind. »Je freier die Schule, desto gewalttätiger die Jungen.« Was sie nicht sagen, ist, daß auch sie selbst oft die Opfer sind – von Anmache, Angrabsche, Alltagssexismus. Die Täter sind Schüler, aber auch Kollegen.

Überhaupt die Lehrerinnen. Wie überleben sie in einer Institution, in der sie qua Amt Macht haben, Autorität über Jüngere, aber als Frauen doch oft die Verliererinnen sind? Noch setzen sie auf Verständnis, auf Einfühlung – auf typisch weibliche Strategien.

Die Frankfurter Psychologin Karin Flaake hat bei Tiefeninterviews mit Lehrerinnen und Lehrern ein völlig gegensätzliches Berufsverständnis festgestellt: »Lehrer identifizieren sich viel leichter mit der offiziellen Unterdrücker-Rolle. Leistungsbewertung und Strafen fällt ihnen nicht schwer. Lehrerinnen setzen auf Emotionalität, Zuwendung und Versorgung. Sie glauben, sie könnten alle Probleme durch Liebe lösen. Und sie fühlen sich als Versagerinnen, wenn das nicht gelingt.«

Was ihnen fehlt, ist die Wut. Und der Wille zur Macht. Nur sechs von hundert der von ihr befragten Lehrerinnen, so Karin Flaake, hätten jemals daran gedacht, »eine leitende Position an der Schule einzunehmen« – gegenüber einem Viertel der Lehrer. Innere Barrieren, zu denen Diskriminierungen von außen hinzukommen: Schikanen männlicher Konkurrenten, Ärger mit der Schulbehörde, mangelnde Solidarität unter Frauen.

Der Frauenanteil in der Schulhierarchie ist jedenfalls rückläufig. In Nordrhein-Westfalen zum Beispiel leiteten 1968 noch 176 Frauen Gymnasien (30 Prozent); 1986 war ihr Anteil auf 90 (15 Prozent) gesunken. Was natürlich wiederum mit der Abnahme der Mädchenschule zu tun hat: Ihre Zahl fiel im gleichen Zeitraum von 168 auf 21. Allzuoft kam mit der Koedukation auch gleich ein männlicher Rektor. Bewußten Lehrerinnen sind all diese Benachteiligungen von Mädchen und Frauen im Bildungswesen durchaus klar. Längst sind sie aus der Vereinzelung herausgetreten, haben sich zu eigenen Verbänden zusammengeschlossen und veranstalten regelmäßig gutbesuchte Kongresse: »Frauen und Schule« in der Bundesrepublik (seit 1981), EFEU in Österreich (seit 1984). EFEU steht für »Erarbeitung feministischer Erziehungs- und Unterrichtsmodelle«.

Kleine Verbesserungen haben sie bereits erreicht. So gibt es inzwischen – neben einer Unzahl sexistischer Lernmaterialien – auch alternative Lehrbücher und Unterrichtseinheiten mit feministischen Inhalten. Zum Beispiel vom Verlag Die Schulpraxis zu Themen wie »Hexen«, »Gewalt gegen Frauen« oder »Gentechnologie«.

Aber die feministische Revolte im Bildungswesen steht noch aus. Verkommt die Koedukation vollends zur »K.O.edukation«? Ist sie überhaupt noch zu retten? Eines ist sicher: Es muß schnell etwas passieren an den koedukativen Schulen! Und vor allem: Rettet die Mädchenschulen! Wir brauchen sie noch.

Judith Rauch
Januar 1989

Der letzte ›Spiegel‹ vor den DDR-Wahlen listete alle Parteien und Gruppierungen auf, die sich zur Wahl stellten, dazu ihre wesentlichen Forderungen: zur »deutschen Einheit«, zur »Sicherheitspolitik« und zur »Wirtschaftsreform«. Soziale Rechte waren kein Thema. Kein Thema war auch ein Problem, das den ›Spiegel‹ vermutlich in den kommenden Monaten mehr beschäftigen wird, als ihm lieb ist. Die Rede ist von der Abtreibung.

Obwohl es jedem Politik- und Rechtskundigen klar sein muß, was da auf uns zukommt, herrscht Schweigen im einig Vaterland der Männer. Warum sollten sie auch reden. Die Chose müssen schließlich wir Frauen ausbaden. Und den meisten Männern ist es, hüben wie drüben, nicht nur egal, sondern eher recht, wenn die Frauen mal wieder gezeigt kriegen, was Sache ist: Kinder statt Quoten!

Aber die Bombe tickt. Und spätestens jetzt, nach den DDR-Wahlen, wird sie nicht mehr zu überhören sein. Denn schon rüsten die bundesdeutschen Mannschaften zur gesamtdeutschen Entmündigung der Frauen. Was für die Frauen in Frankfurt am Main Gesetz ist, soll es bald auch für die Frauen in Frankfurt an der Oder wieder werden.

Werden die beiden deutschen Männergesellschaften es wirklich schaffen, ein gesamtdeutsches Abtreibungsverbot durchzusetzen? Oder wird dieser historische Augenblick zu einer neuen Chance für uns Frauen? Werden wir es schaffen, eine gesamtdeutsche Abtreibungsfreiheit durchzusetzen (zumindest in den ersten drei Monaten)?

Unsere Sache steht nicht schlecht. Es sieht ganz so aus, als hätten sich die Frauen in der DDR nicht ganz so blenden lassen vom kapitalistischen Glamour. Das Selbstbewußtsein der zu 93% Berufstätigen und ihr Engagement für soziale Gerechtigkeit sind auffallend. Diese Frauen werden nicht alles hinnehmen. Diese Frauen werden kämpfen.

Und vielleicht sind es auch die Frauen in der BRD jetzt endlich leid mit dem § 218. 15 Jahre lang haben sie in der Tat versucht, aus der sogenannten »Indikationsregelung« eine »heimliche Fristenlösung« zu machen, 15 Jahre lang haben sie sich durchgemauschelt. Jetzt aber geht das Hintertürchen allmählich zu. Der § 218 soll wieder rigoros konsequent angewandt werden. Mehr noch: Er soll für alle deutschen Frauen gelten.

Nicht zufällig war der Zwang zum Austragen einer ungewollten Schwangerschaft Anfang der 70er Jahre der Auslöser der neuen Frauenbewegungen in der ganzen westlichen Welt. Fast jede heterosexuelle Frau hat schon einmal abgetrieben oder hat zumindest daran gedacht – unabhängig von ihren allgemeinen ethischen oder religiösen Überzeugungen. In der BRD sind, laut Umfragen, selbst zwei von drei Katholikinnen für die freie Abtreibung. Sie wissen, warum. Nirgendwo wird soviel abgetrieben wie in den katholischen Ländern. Denn aus Rom kommt das Dogma: Verhütung ist Todsünde und Abtreibung ist Mord!

Der § 218 regelt also nicht, *ob* abgetrieben wird, sondern nur *wie* abgetrieben wird: Ob legal und mit medizinischer Hilfe oder illegal und gedemütigt und in Lebensgefahr. Es geht Klerikern und Politikern also nicht wirklich um die Verhinderung von Abtreibungen, sondern es geht um die Schaffung eines Schuldbewußtseins und um die Demütigung und Entmündigung von Frauen. Die Zerstörung der weiblichen Sexualität, die von der Angst vor den Folgen überschattet wird, ist dabei ein willkommener Zusatzeffekt.

Das Recht auf den eigenen Körper und eine selbstbestimmte Lebensplanung sind unabdingbar Teil der Menschenwürde. Das Recht auf Abtreibung ist darum ein elementares Menschenrecht und ganz wie das Recht auf Berufstätigkeit Voraussetzung – nicht Erfüllung, aber Voraussetzung! – für jede Frauenemanzipation. Wir Frauen wissen das. Auch wenn wir im Westen in den letzten zehn, 15 Jahren ein wenig eingeschlafen waren. Der harte Kampf um die Fristenlösung in der ersten Hälfte der 70er hatte uns müde gemacht. Zu groß war der Schock, als am 25. Februar 1975 die so demokratisch erstrittene (und von der damaligen SPD/FDP-Koalition verabschiedete) Fristenregelung vom Bundesverfassungsgericht mit einem Handstreich wieder vom Tisch gewischt wurde.

Der »Schutz des ungeborenen Lebens« habe Vorrang, die Fristenregelung sei darum »verfassungswidrig«, entschieden sechs alte Männer in Karlsruhe. Der Beschluß jedoch fiel nicht einstimmig. Eine Verfassungsrichterin und ein -richter (beide SPD) argumentierten in einem von ihnen veröffentlichten »Minderheitenvotum« genau umgekehrt. Sie gaben der

»Würde des Menschen« und dem »Recht auf freie Entfaltung der Person« den Vorrang und erklärten die Fristenregelung als verfassungskonform.

Aber die Rechten setzten sich durch – nicht zuletzt, weil die Linken schwiegen. Ihnen hatten die Frauen die Fristenregelung 1974 zwar in der Vorwahlzeit abgerungen, aber sie standen in Wahrheit nie dazu. Und die Grünen? Die reden nur, aber handeln nicht, SPD und FDP gaben zehn Jahre nach der sogenannten Reform sogar die Parole aus: »Hände weg vom § 218«.

Hände weg von einem Gesetz, das die Zwangsmutterschaft festschreibt? Hände weg von einem Gesetz, das den Frauen kein Recht gibt, sondern höchstenfalls Gnade gewährt? Hände weg von einem Gesetz, nach dem zum Beispiel eine Ärztin oder Psychologin als Gutachterin für eine andere Frau entscheiden darf, ob sie abtreiben kann oder nicht – aber für sich selbst Dritte um Erlaubnis fragen muß? Der bestehende § 218 öffnete der Willkür Tür und Tor. Es war vorherzusehen, daß die Konservativen die Schlinge zuziehen würden, sobald der Zeitgeist ihnen das erlaubt.

Ich selbst gehörte in all den Jahren immer zu einer Minderheit von Feministinnen, die nie aufgehört haben, den herrschenden § 218 zu bekämpfen. 1986 lancierte ›Emma‹ – wieder in der Vorwahlzeit – eine erneute Kampagne gegen den § 218. Ziel: Die SPD, FDP und Grünen zum Vorgehen gegen das Gesetz zu bewegen. Konkret gibt es dafür rein rechtlich nur einen Weg: den einer Verfassungsklage. Die ›Emma‹-Kampagne »Weg mit dem § 218 – Wir fordern eine Verfassungsklage!« wurde damals von der SPD und den Grünen hart abgewürgt, vornweg die Karriere-Frauen der beiden Parteien (wie die als Feministinnen geltenden Grünen Waltraud Schoppe und Verena Krieger oder die sozialdemokratische Paradefrau Hertha Däubler-Gmelin).

1988 kam dann der Schock von Memmingen. Die öffentliche Hexenjagd auf abtreibende Frauen und Ärzte wurde eröffnet. Heute ist Memmingen überall. Ein Prozeß jagt den anderen in dem bei uns herrschenden Denunzianten-Klima. Auch aufgeschlossene Ärzte haben längst Angst. Und der Abtreibungstourismus blüht wieder. Sehr weit müssen die Frauen nicht fahren: In quasi allen Nachbarländern der BRD ist die Abtreibung in den ersten drei Monaten legal, selbst im katholischen Frankreich.

Aber nicht Memmingen ist der eigentliche Skandal, sondern der § 218, der Prozesse wie Memmingen überhaupt möglich macht. Wenn wir Memmingen nicht wollen, dürfen wir uns nicht länger in der sinnlosen Empörung über solche Prozesse erschöpfen, sondern müssen ihre rechtliche Grundlage angreifen. Im Klartext: Der § 218 muß endlich weg! Erst dann können wir Frauen nicht mehr öffentlich vor den Kadi gezerrt und können hilfreiche Ärzte nicht länger diffamiert und ruiniert werden.

Die Ironie der Geschichte will, daß ausgerechnet das »einig Vaterland« zu einer Chance auch für uns Frauen wird. Jetzt können auch unsere Parteien die Hände nicht mehr weglassen vom § 218. Jetzt müssen sie ran! Sie müssen sich sehr bald vor unser aller Augen entscheiden: Wer ist für ein gesamtdeutsches Abtreibungsverbot – und wer für eine gesamtdeutsche Abtreibungsfreiheit? Werden wir »zusammenwachsen« im Recht oder in der Rechtlosigkeit? Soll für hüben wie drüben der § 218 gelten – oder der § 153?

Der DDR-§ 153 erlaubt die Abtreibung in den ersten drei Monaten. Diese sozialistische Fristenregelung ist ein direktes Resultat der neuen Frauenbewegung in der BRD. Denn die Genossen führten sie auf dem Höhepunkt des westlichen Protestes, im Jahre 1972, ein – wohl fürchtend, daß sonst auch die eigenen Frauen Randale machen könnten. Die Ex-Genossinnen könnten sich revanchieren und uns nun ihrerseits die Fristenlösung bringen.

Der Sozialismus ist gescheitert. Aber nicht am Feminismus (der kam bisher kaum vor). Er ist am Kapitalismus, am Bürokratismus und am Sexismus gescheitert. Wobei Faktor drei nicht zu unterschätzen ist. Denn wie soll das Ideal einer herrschafts- und ausbeutungsfreien Gesellschaft eigentlich Fuß fassen können, solange die Ausbeutung der Frauen im Haus, ihre Benachteiligung im Beruf und ihre Abwesenheit in der Macht eine Selbstverständlichkeit bleiben? Zugrunde gegangen sind diese sozialistischen Einheits-Männer-Gesellschaften also auch an ihrer Halbherzigkeit: Daran, daß sie den Sozialismus für die Hälfte der Menschheit, für die Frauen, in Wahrheit nie gewollt haben!

Dennoch hat es in der DDR vor den Wahlen nur der »Demokratische Aufbruch« gewagt, die Fristenregelung in Frage zu stellen. Auch die Ost-SPD und selbst die Ost-CDU war für den § 153. Doch die Gefahr ist sehr groß, daß die Ost-CDU und die Ost-SPD umschwenken, wenn sie die Stimmen erstmal in der Tasche haben. Darum müssen die Frauen in der DDR *jetzt* Druck auf ihre Parteien machen. Ein offensives Bekenntnis der Ost-Parteien zur Abtreibungsfreiheit ist dringend notwendig! Und ein aktives Einsetzen für die gesamtdeutsche Fristenregelung! Sonst haben wir schon sehr bald den gesamtdeutschen § 218.

In der BRD haben die Rechten schon angefangen. Die wissen immer genau, was sie wollen. So ist es alles andere als ein Zufall, daß die bayerische Landesregierung (CSU) gerade jetzt eine Verfassungsklage gegen den § 218 eingereicht hat. Der ist ihr zwar schon lange nicht scharf genug. Und sie geht jetzt in die Offensive, um schon im Vorfeld der Wiedervereinigung die Fronten zu verschieben und so zumindest den bestehenden § 218 zu halten, ihn zum gesamtdeutschen Recht zu machen.

Die CSU tut also für den § 218 jetzt das, was wir von der SPD und FDP und den Grünen gegen den § 218 schon 1986 gefordert haben: Sie versucht das Gesetz auf dem Wege einer Verfassungsklage (Normenkontrollklage) zu verschärfen. Eine solche Verfassungsklage kann nur entweder von einer einzelnen Frau, die bis in die letzte Instanz verurteilt wurde, eingereicht werden (und darum hüten sich die Gerichte, bis in die letzte Instanz zu verurteilen); von einer Zwei-Drittel-Mehrheit im Bundestag (die es zur Zeit weder für die Verschärfung noch für die Liberalisierung gibt) oder von einer Landesregierung. Die CSU-Landesregierung hat gehandelt. Worauf warten die SPD-regierten Länder?!

Zu handeln gebietet übrigens nicht nur die gesamtdeutsche Stunde, sondern auch die rechtliche Lage. Es ist längst erwiesen, daß der bestehende § 218 das Gebot der Verfassungsrichter von 1975 nicht erfüllt. Er schützt nicht, wie vom Bundesverfassungsgericht gewünscht, »das ungeborene Leben«. Denn es wird mit dem § 218 soviel und sowenig abgetrieben wie ohne. Das zeigen alle Vergleiche mit den Nachbarländern und das beweist auch die Entwicklung in der Bundesrepublik selbst. Eine Verfassungsklage *gegen* den § 218 (und nicht für ihn) wäre darum auch rein formaljuristisch begründet, ja eigentlich sogar zwingend! – Sie würde außerdem den BundesbürgerInnen die zweifelhafte Rechtmäßigkeit des bestehenden Gesetzes klar vor Augen führen und seine dreisten Befürworter in die Defensive drängen.

Die CDU/CSU versucht, ihre Wählerinnen mit der Bäuerinnenfängerei einer Rita Süssmuth als Landesmutter zu beruhigen. Die SPD und FDP und Grünen reden gern von Quoten. Über Abtreibung schweigen sie. Die SPD-Frauen-Prominenz war sich sogar nicht zu blöde, in einem drei Tage vor den DDR-Wahlen in der Presse veröffentlichten »Aufruf« für die »Fraueninteressen auf dem Weg zur deutschen Einheit«, in dem es angeblich um die »jetzt vorzubereitende Gesetzgebung« ging, die §§ 218 und 153 mit keinem Wort zu erwähnen. Ihr Satz »Wir sind solidarisch« bekommt so eine ironische Doppelbedeutung – solidarisch mit wem? Mal wieder mit der Partei?

Worauf warten die SPD-Länder? Zum Beispiel Schleswig-Holstein, dessen Landeschef Engholm sich viel auf seine Frauenfreundlichkeit zugute hält? Oder Nordrhein-Westfalen, dessen Landesvater Rau zwar für seine Frauenfeindlichkeit berüchtigt ist, der jedoch für den 13. Mai auch an die Frauen appelliert? Worauf schließlich wartet das Saarland? Dessen Chef, der zukünftige Kanzlerkandidat Lafontaine, ist jetzt in der Pflicht, 16 Jahre nach dem Votum der SPD für die Fristenregelung wieder Farbe zu bekennen – wenn er 1990 in bundes- oder gar gesamtdeutschen Wahlen gewählt werden will. Das Saarland könnte noch heute eine Verfassungsklage gegen den § 218 einreichen! Und wofür der gesamtdeutsche Kanzlerkandidat Lafontaine eintreten wird, das wollen wir Frauen in West und Ost natürlich auch *vor* der Wahl wissen: Für den § 218 oder für den § 153, Genosse?

Wir Frauen aus den kapitalistischen und (ex)sozialistischen Gesellschaften haben mehr gemein, als uns lieb sein kann. Aber wir haben, aufgrund der unterschiedlichen Bedingungen, auch unterschiedliche Stärken und Schwächen. Die Westlerinnen bringen ein differenziertes Wissen um die Machtstrukturen zwischen den Geschlechtern mit, aber auch ein Stück Resignation. Die Ostlerinnen haben ein solides gesellschaftliches Selbstbewußtsein, aber auch ein Stück Illusionen. Tun wir uns zusammen! Denn gemeinsam sind wir stärker! Gemeinsam könnten wir eine neue deutsche Frauenbewegung werden!

Alice Schwarzer
April 1990

Wie weit geht die Quote?

»Nie«, schrieb bei Aufbruch der Neuen Frauenbewegung einmal ein französischer Intellektueller, »nie werden die Frauen wirklich gleichberechtigt sein können. Schließlich ist es anatomisch unmöglich, zu einer Frau wie zu einem Mann zu sagen: Komm, wir gehn 'ne Runde pissen«.

Die von der SPD beschlossene Frauenquote erschüttert die Männerwelt. Dabei hält sie sich mächtig in Grenzen. Die Quote. Richtig ernst wird's noch lange nicht. Aber ein bißchen ernst genügt ihnen auch schon, den Männern.

Und was hält ›Emma‹ eigentlich von der Quote? Die Frage hören wir in der letzten Zeit fast täglich. Bleibt uns nichts anderes übrig, als darauf zu antworten:

In der Berufswelt sind wir als Feministinnen uneingeschränkt für eine 50/50-Quote. Im öffentlichen Dienst, wo der Staat ja ganz einfach mitbestimmen kann, wie's gehandhabt wird, könnte die Hälfte für Frauen sofort eingeführt werden. Theoretisch. Praktisch würden dann Männer Plätze verlieren. Männer, die noch das Sagen haben. Auch hier geht es also um den Verlust von Privilegien. Dennoch sei die Frage gestattet: Worauf wartet die ÖTV-Vorsitzende Monika Wulf-Matthies eigentlich mit der Forderung: Die Hälfte aller Stellen und Ausbildungsstellen im Öffentlichen Dienst für Frauen!

In der sogenannten »freien Wirtschaft« – also die Wirtschaft, die sich die Freiheit nimmt, zu tun, was sie will – ist es schon komplizierter. Auch hier gilt selbstverständlich die feministische Forderung: Die Hälfte für Frauen! Die aber ist nur durchzusetzen, wenn die Unternehmer mit Subventionen dazu ermutigt oder mit drohenden Strafen dazu genötigt werden, mehr Frauen auszubilden und einzustellen. In vielen Arbeitsbereichen wären Frauen schon jetzt in der Lage, die Hälfte kompetent zu besetzen. In den Domänen, in denen Männer so dominieren, daß es heute noch kaum qualifizierte Frauen gibt, müßte eben ab sofort zumindest die Ausbildung 50/50 und die Besetzung in Stufen quotiert werden. Aber dies muß der »freien Wirtschaft« abgerungen werden. Mit allen Mitteln. Freiwillig gesteht sie uns das nicht zu.

In der Politik allerdings ist es nicht ganz so einfach. Denn in der Politik geht es für uns Feministinnen nicht nur um Quantität (mehr Frauen rein!), sondern auch um Qualität, geht es um Inhalte. ›Emma‹ hat hier zwei Positionen (die sich manchmal sogar widersprechen):

Die eine Position lautet: Da wir für gleiche Rechte für Frauen sind, sind wir auch für gleiche Chancen in der Politik, das heißt, daß so viele Frauen wie Männer in der Politik sind – egal, was sie vertreten.

Die andere Position lautet: Da wir Feministinnen sind, wissen wir, daß Frausein alleine nicht genügt. Wir müssen uns immer auch fragen: Welche Interessen vertritt eine Frau in der Politik? Ist sie überhaupt Feministin oder zumindest frauenfreundlich? Oder ist sie Anti-Feministin, fällt sie vielleicht sogar den Frauen in den Rücken? Wir Feministinnen sind nicht naiv. Wir wissen, daß wir mit der gesellschaftlich richtigen Forderung: Mehr Frauen in die Politik! nicht selten gerade den Frauen in den Sattel verhelfen, die sich bei den Männern beliebt gemacht haben, weil sie sich immer eilfertig von Feministinnen distanziert haben. Oder den Frauen mit dem Frauenbonus, die von Männergnaden auf Posten gehoben werden – und von denen ewige Dankbarkeit erwartet wird. Dankbarkeit für die Männer.

Natürlich verändern Menschen sich. Auch Frauen. Natürlich kann aus einer Antifeministin eine Feministin werden und aus einer Gleichgültigen eine Engagierte. Nur ist es gut, sich keine zu raschen Illusionen zu machen und die Sache nüchtern zu sehen: Frauen in die Politik? Ja! Aber nicht alle Frauen sind deswegen schon Feministinnen. Und mit mancher werden wir uns anlegen müssen – ganz wie mit den Männern.

Auch über die Motive der SPD sollten wir uns keine Illusionen machen. Einige meinen es gut. Die Mehrheit aber schielt mit der Quote auf Wählerinnenstimmen. In der Tat: Die Frauen freuen sich über den Quotenentschluß und kriegen meist vor lauter Freude gar nicht mit, daß die SPD-Frauenquote sich noch in Grenzen hält:

Jedes dritte parteiinterne Amt erhält in der SPD ab sofort eine Genossin. Erst in sechs Jahren (1994) soll auch jedes dritte Mandat (also die Kandidatur bei den Wahlen) weiblich sein. Zu dem Zeitpunkt, 1994, sollen von den parteiinternen Ämtern dann 40 Prozent an die Frauen vergeben werden. Und erst 1998, also kurz vor dem Jahre 2000, sollen die Frauen auch 40 Prozent der Mandate bekommen, also eine erhöhte Chance haben, in die Parlamente gewählt zu werden.

Die Jungs können bis dahin noch viele Runden ohne Frauen pissen. Allerdings: So ganz tümmelig wie bisher wird's auch in Genossen-Pissoirs nicht mehr zugehen. Da sei die Quote vor.

Alice Schwarzer
Oktober 1988

Sie behandeln die Frauen in Bonn wie ihre Frauen zu Hause. Die Männer. Sie kommandieren sie ran und schicken sie weg, ganz wie es beliebt. Und die Frauen? Die benehmen sich auch wie zu Hause. Sie beraten hinter verschlossener Tür, zerdrücken daselbst ein Tränchen und ballen auch mal die Faust. Draußen aber lächeln sie. Sie lächeln, lächeln, lächeln. Und wenn es hoch kommt, deuten sie an, es sei ihnen »schwergefallen«, sie seien »etwas bitter«, ja, »Unmut« komme auf. Und dann lächeln sie wieder.

Die Lieblingskarikatur über die CDU/CSU-Frauen in der Presse war in diesen Wochen der Erniedrigung die Frau mit der Nudelrolle. Durchaus treffend. Scharfschießende Heckenschützen gegen Frauen mit der Nudelrolle – das kann ja nur blutig ausgehen.

Dabei hatten die 19 Christdemokratinnen im Bonner Parlament sich diesmal für ihre Verhältnisse sogar reichlich forsch verhalten. Zum erstenmal hatten sie es gewagt, ihrem allmächtigen Kanzler eine eigene Kandidatin für die Süßmuth-Nachfolge vorzuschlagen. Allerdings: Was für eine ... Übereifrig kompromißbereit präsentierten sie die 61jährige, als »sehr konservativ« bekannte Roswitha Verhülsdonk. Ein blasser, halbherziger Vorschlag, der es dem Kanzler vermutlich nur leichter gemacht hat, nach eigenem Gutdünken zu verfahren.

Dies tat er denn auch, der Kanzler, und das, wie zunehmend gewohnt, à la Sonnenkönig. Nicht genug damit, daß er die Anregung der Frauen völlig ignorierte. Auch nicht genug damit, daß er die dringliche Bitte, diesmal doch eine Frau aus der eigenen Fraktion zu nehmen und nicht schon wieder eine Seiteneinsteigerin, kommentarlos vom Tisch wischte. Er setzte noch einen drauf: Die Wahl der Süssmuth-Nachfolgerin, Prof. Ursula Lehr aus Heidelberg, entnahmen die Christdemokratinnen nicht etwa aus dem Munde ihres Kanzlers, sondern – der Presse.

Klar wird: Hier geht es nicht nur um die uneingeschränkte Machtpolitik der Herren. Hier geht es auch um die ungehemmte Demütigung der Damen. Auf dem sogenannten

»Frauen-Parteitag« der CDU 1985 wurde der Slogan »Partnerschaft 2000« lanciert. Die CDU-Regierung 1988 gibt die Antwort, und die lautet: Verachtung, nichts als Verachtung.

Denn auch das ist im Leben nicht anders als im Parlament: Die eigenen Frauen findet diese Art von Männern allemal nicht der Rede wert. Wenn schon, dann bandeln sie lieber mit einer Neuen an. Und so wenig gegen die Neue als Mensch zu sprechen scheint, so wenig spricht für die Psychologie-Professorin als Politikerin oder gar Ministerin. Sie hat null Erfahrung in der aktiven Politik, und das Leiten eines Ministeriums lernt man wohl auch nicht gerade auf einem Lehrstuhl für Gerontologie (Altersforschung – das Spezialgebiet der neuen Familienministerin).

Außerdem war es gerade das, was die Männermafia der Medien und der Politik Rita Süssmuth zunehmend vorgeworfen hatte (zunehmend mit ihrer zunehmenden Beliebtheit): Sie sei eben doch in erster Linie Wissenschaftlerin und keine Politikerin. Sie mache sich ja ganz gut im Fernsehen, aber in ihrem Ministerium herrsche das nackte »Chaos« (›Spiegel‹).

Apropos ›Spiegel‹: Der hat natürlich mal wieder am niedrigsten gezielt beim Abschießen von Süssmuth. Der spektakuläre Abgang der so populären Ministerin war ihm drei Tage danach im Heft noch nicht einmal mehr eine Extra-Story wert (würde z.B. einem Norbert Blüm so mitgespielt – und ließe der sich so mitspielen – so wäre das selbstverständlich eine eigene Titelgeschichte).

Die Ex-Ministerin aber kam in der ›Spiegel‹-Ausgabe vom 28. November nur noch ganz en passant vor: Ein Abschnitt innerhalb einer längeren Geschichte über Kohl und Konsorten im Wichtelmänner-, pardon, Wichtigmänner-Ressort »Deutschland I«. Süssmuths Kummer über den Abgang, hieß es da, habe sich »in Grenzen gehalten«. Die so knapp Abgehalfterte protestierte in der Ausgabe darauf in einem Leserinnenbrief: »Die Wahrheit ist, daß mir der Schritt nicht leicht gefallen ist und es eine sehr schwierige Entscheidung war. Nur weil es in seine Verurteilungen oder Vorurteile paßt, muß der ›Spiegel‹ keine Falschmeldung in die Welt setzen.«

O je, das hätte sie nicht tun sollen. »Deutschland I« schlug zurück. Unter dem Titel »Verpennte Tage« schrieb der ›Spiegel‹ nun ein paar offene Takte über das angeblich so »ehrenvolle Amt« des Bundestagspräsidenten, das niemand gewollt hatte und Süssmuth sich hatte aufdrängen lassen. Mit einem Haufen von abgeschobenen Nullen habe sie in diesem Amt zu tun, und zu sagen hätte sie auch nichts. Wer einmal da gelandet sei, »verpennt seine Tage«.

Da wurde der längst Abgeschossenen also noch eine Ladung Schrot aus Hamburg hinterhergeschickt.

Sicher, es ist richtig: Rita Süssmuth hat die Machthebel im Ministerium mit der Redeglocke im Parlament vertauscht. Auf ihrem neuen Posten kann sie bestenfalls gute Miene zum üblichen Spiel machen, zu sagen hat sie nichts. Nur läßt sich das für die ins »zweithöchste Amt im Staat« weggelobte Person auch weniger höhnisch und kränkend und analytischer sagen, wie es zum Beispiel die ›Zeit‹ tat. Die dachte anläßlich des Süssmuth-Falls über den »kompensatorischen Charakter der politischen Rhetorik« nach und fragte sich: Kommt »nach den Jahren der modernen Macher also die postmoderne Epoche der Redner? Kluge Reden zum Ausgleich kruder Politik? Sinnstiftung als Politik-Ersatz«.

Und, so fragt sich ›Emma‹ darüber hinaus: Kommen bei dieser Theater-Vorführung vor den Bonner Kulissen vor allem Frauen in die Rolle der Darstellerinnen des Schönen, Guten, Wahren – während Männer das Unschöne, Ungute, Unwahrhaftige hinter den Kulissen schieben?

Der ganze Spektakel erinnert mich fatal an den Abgang einer Ministerin vor zehn Jahren. Auch damals traf es eine der raren weiblichen Persönlichkeiten in Bonn, allerdings eine aus der SPD-Riege: die Entwicklungsministerin Marie Schlei. Nach einer monatelangen beispiellosen Demontage ihrer Person in der Presse (der ›Spiegel‹ allen voran) gegen diese Frau in einem Amt, das bis dahin und seither Männerdomäne war, entnahm die SPD-Ministerin ihre Entlassung durch Kanzler Schmidt morgens der Tagespresse. (Wir sehen, ein Fortschritt – Süssmuth erfuhr es immerhin schon vom Kanzler selbst.) Der »Kriegsschauplatz« (Süssmuth) Bonn ist hart für alle. Vor allem der als »guter Mensch aus Oggersheim« belächelte und so verharmloste Kanzler Kohl scheint längst vergessen zu haben, daß er demokratisch gewählt wurde. Er verfährt eitel rabiat, mit Frauen wie Männern nach Gutdünken. (»Ich bin bekannt für meine überraschenden Personalentscheidungen.«)

Frauen aber sind in Bonn ganz zum Abschuß freigegeben.

Für sie gelten überhaupt keine Spielregeln mehr. Und je mehr sie klein beigeben, um so mehr provozieren sie die Paschas auf der Regierungsbank. Inzwischen werden die CDU/CSU-Frauen von ihrem eigenen Kanzler so verachtet, daß er sich auf den Ministerinnen-Sessel lieber eine Altersforscherin aus Heidelberg holt als eine Abgeordnete aus Bonn (von denen immerhin schon vier Regierungserfahrung haben, zwei als Ministerin, zwei als Staatssekretärin).

Das ist die Lektion, die die Christdemokratinnen, und andere, aus den jüngsten Bonner Ereignissen lernen müßten: Kuschen und Anbiedern bringt nichts! Im Gegenteil. Das steigert nur die Verachtung und den Allmachtswahn der Männer.

Schon Süssmuth war 1985 von draußen in die Regierung geholt worden. Entsprechend unbefangen trat sie damals an, mit großen Worten. Die Taten aber wurden immer kleiner, ja richteten sich zuletzt sogar *gegen* die Frauen (so das von ihr mit vertretene sogenannte »Beratungsgesetz« zum § 218). Lovely Rita hat in ihren drei Jahren Amtszeit in Wahrheit nicht viel für uns Frauen getan. Aber selbst das wenige war den Herren offensichtlich schon zuviel.

Es war ihnen zuviel, daß man ihr das Selbstbewußtsein auch noch ansah! Es war ihnen zuviel, daß sie augenzwinkernd die Quotenregelung der SPD begrüßte! Es war ihnen zuviel, daß sie, die Katholikin, mit einem Kondom überm Kopf gegen Aids warb! Es war ihnen zuviel, daß sie sich für die Bestrafung der Vergewaltigung in der Ehe einsetzte! Es reichte ihnen endgültig, als sie den Hexenprozeß in Memmingen öffentlich, immerhin, »empörend« nannte!

Doch jemand wie Rita Süssmuth ist nicht nur an der unerschütterten Männermafia in Bonn (und Hamburg) gescheitert. Sie ist auch an sich selbst gescheitert. Denn niemand kann es allen recht machen. Niemand kann gleichzeitig eine Anhängerin vom Papst und von Simone de Beauvoir sein (wie sie es angeblich war). Rita Süssmuth, die Neue, hat ganz wie die Alten zuviel taktiert, sich zuviel angebiedert, zuviel aufgegeben. Zuletzt sich selbst.

Als ich 1985 mit der frisch ernannten Ministerin für ›Emma‹ ihr erstes großes Interview machte, antwortete sie auf meine Frage, ob sie zurücktreten würde, wenn sie in Bonn gar zu viele ihrer Hoffnungen aufgeben müßte, noch sehr sicher: »Ja! Ich muß an diesem Amt nicht festhalten. Ich habe eine Alternative, habe eine Professur.«

Und jetzt? Jetzt hält sie fest. Um jeden Preis. Auf die Frage, was ihr größter Mißerfolg als Ministerin gewesen sei, antwortete sie dem WDR nach ihrem »Rücktritt« ganz offen: »Daß ich meine Arbeit nicht weitermachen kann.«

Wer oder was also hat Rita Süssmuth zwingen können, ihr Ministeramt so demütigend und so demütig zugleich aufzugeben? Warum hat sie nicht darum gekämpft?! Und wenn sie verloren hat – warum ist sie dann nicht klar zurückgetreten? Dazugehören, berühmt sein, viel Geld verdienen – das allein kann es doch nicht sein, oder . . .?

Mit einem begründeten, offensiven Rücktritt hätte Rita Süssmuth Geschichte machen können – aufklärende, emanzipierte, demokratische Geschichte. Alle hätten davon profitiert: Sie selbst, weil sie ihre politische Ehre nicht verloren hätte und auch nicht die realistische Möglichkeit, etwas wirklich Sinnvolles zu tun (als Wissenschaftlerin und Autorin – mit *der* Erfahrung). Die vielzitierte Demokratie, weil sie einmal ernst genommen worden wäre. Und wir Frauen, weil damit endlich auch einmal in Bonn gezeigt worden wäre, daß man mit uns nicht alles machen kann!

Rita Süssmuth ist nicht zurückgetreten. Sie spielt das Spiel weiter mit und wird dabei sich selbst und uns alle mehr und mehr belügen müssen. Gleich am ersten Tag in ihrem neuen Amt nahm sie ohnmächtig hin, wie ihre Anregung, auch eine Grüne zur stellvertretenden Bundestagspräsidentin zu machen, von der eigenen Partei abgeschmettert wurde. Rita Süssmuth lächelte dazu.

Die schönen Worte ersetzen in Bonn heute nicht nur die Taten – schlimmer noch: sie verdecken sie.

Ursula Lehr, die Neue, gilt nicht als sehr konservativ, aber sie gilt auch nicht als »so fortschrittlich« wie Süssmuth. Sie wird wohl beim Kanzler weniger häufig »Mißfallen« erregen. Und ihr Spezialfach Gerontologie läßt ja auch keinen Zweifel über die Umorientierung des ehemaligen (Schein-) Frauenministeriums. Denn das ist auch ein Problem, das Alter, aber eben ein anderes.

Eine Niederlage ist der unchristliche Frauenspektakel auch für die Reformerriege in der CDU, die »Viererbande« Geißler, Blüm, Fink und Süssmuth. Süssmuth war 1985 immerhin noch die Wahl des profunde empanzipationskundigen Generalsekretärs gewesen. Lehr guckte sich der frauenignorante Kanzler ganz allein aus.

Werden sie ihre Lektion lernen, die Christdemokratinnen (und die anderen)? Bis jetzt sieht es nicht so aus. Die »kalte Wut«, von der am Anfang die Rede war, scheint schon verraucht. Und das Zittern in der Stimme, das ich bei meinen Telefonaten in den Tagen danach mit ihnen gehört habe, scheint schon wieder beherrscht.

Im Januar feiert die Frauenunion der CDU ihren 40. Geburtstag. Wäre das nicht eine gute Gelegenheit? Aus der Geburtstagstorte könnte statt des Pinupgirls oder Hausmuttchens doch diesmal der Tiger steigen. Denn ohne Kampf geht es nun mal nicht, meine Damen. Das Ganze ist nichts als eine Machtfrage. Die Männer wissen das. Nur – wissen es auch die Frauen?

Innerhalb ihrer Partei sind die Christdemokratinnen (wie alle anderen auch) machtlos. Ihre einzige Chance liegt draußen, bei den Frauen, den Wählerinnen. Mit ihnen und ihren Hoffnungen und Erwartungen müßten sich die Parteifrauen kurzschließen. Mit ihnen müßten sie ein Bündnis eingehen gegen die Herren in Bonn. Denn die nächsten Wahlen kommen bestimmt. Und so ganz ohne Wählerinnen geht auch in Bonn die Chose nicht. Stimmt, dazu müßten sie etwas riskieren, die Frauen in Bonn. Sie müßten aufhören, alles mitzumachen. Sie müßten aufhören, sich alles gefallen zu lassen. Kurzum: Sie müßten aufhören zu lächeln.

Alice Schwarzer
Januar 1989

Nicht mit mir! Der Niedergang der Ehe

Heiraten? Nein danke. Das sagen immer mehr Frauen. Sie leben lieber unverheiratet mit einem Mann (oder einer Frau) zusammen oder wohnen ganz alleine. Da mag die Männerpresse noch so viel von Heiratswut und Babyboom palavern, die Statistik beweist: Die Ehe ist out. Mit gutem Grund. Unverheirateten Frauen geht es einfach besser. Sie sind unabhängiger, beruflich erfolgreicher und haben weniger Hausarbeit am Hals. Ein Bericht von ›Emma‹-Redakteurin Ursula Ott, die weiß, wovon sie spricht: Sie lebt seit vier Jahren in »wilder Ehe«.

Sollte je eine Soziologin eine Trend-Studie über moderne Lebensformen von Frauen heute machen, sie fände in der ›Emma‹-Redaktion alles, was sie sucht. Die Geschiedene, die Alleinerziehende, die Unverheiratet-Zusammenlebende, die Frau mit fester und die mit nicht so fester Freundin. Nur eine fände sie nicht: die ganz normal verheiratete Frau. Keine Angst, unsere Soziologin hätte sich trotzdem den richtigen Fall für ihre Trendstudie ausgesucht – denn die ganz normale Ehe wird immer mehr zur Rarität.

Heute lebt jedes fünfte Paar ohne Trauschein zusammen, jede dritte Ehe wird geschieden, immer weniger Frauen (und damit auch Männer) heiraten, und immer mehr erwachsene Frauen leben alleine. Unter den ›Emma‹-Leserinnen sind es 38 Prozent Alleinlebende, wie gerade unsere Umfrage ergab, in der Gesamtbevölkerung sind es 22,4 Prozent.

Das sind die nüchternen, wenig romantischen Realitäten. Über sie walzt die Traum- und Kitschproduktion der Männerwelt hinweg: Journalisten, Werber und Parteistrategen, sie alle wollen uns einreden, alles sei ganz anders. Sie gaukeln uns eine Welt von gestern vor, wir aber leben heute. Nie sei so viel geheiratet worden wie heutzutage (»Die neuen Ja-Sager«, ›Cosmopolitan‹), nie sei so übermütig geheiratet worden wie heute (»Offen für Experimente«, Zigaretten-Werbung), nie so viele Kinder geboren worden wie heute (»Boom baby boom« im ›Stern‹ oder »Kinder bringen mehr Freude ins Leben« vom Familienministerium).

Können die Herren keine Statistiken mehr lesen? Hat ihnen die Frauenbewegung die Gehirnzellen rausgehauen? Oder verstellen ihnen gar ihre patriarchalischen Träume den Blick auf die emanzipierten Realitäten?

Die Werber, das ist sicher, sind in Wahrheit schlecht beraten, wenn sie so an den Menschen vorbeiwerben. Die Politiker, das ist sicher, wissen in Wahrheit genau, was sie tun, wenn sie den Menschen so die Hucke vollügen. Aber die Journalisten?

Sicher, auch wir ›Emma‹-Redakteurinnen gucken gerne mal hinter die Wohnungstür eines ›Stern‹-Redakteurs, Peter Praschl in dem Fall, und seiner Angetrauten, Ex-Model Heike. Da spielen sie in ihrer geschmackvollen Altbauwohnung auf dem Boden mit Stella (3) und Leo (2), der »auch gern zu Vernissagen mitgeht« (der Arme). Warum nicht. Wir gönnen Kollegen Praschl sein Glück mit Hausfrau (Heike: »Karriere kann ich immer noch machen«) und hoffen, daß es anhält. Was wir *ihr* wünschen, steht noch mal auf einem anderen Blatt ...

Wir freuen uns auch mit den Kolleginnen von ›Cosmopolitan‹ (dem Blatt für die Frau, die sich gerne selbst betrügt), über die »Traumhochzeit mit Kutsche und Zylinder« (da träumen wir doch glatt mit). Und es versteht sich, daß die moderne ›Wiener‹-Hochzeit nicht mit einem ordinären Polterabend, sondern einem »absurden Dada-Happening« eingeleitet wird (wobei das zerschlagene Porzellan vermutlich besonders teuer ist).

Daß die Post-68-Beziehungskisten vom ›Pflasterstrand‹ (»Warum Paare wieder heiraten«) irgendwann in der Hochzeitskutsche landen würden, war uns schon immer klar. Auch die alternativste Jugend wird schließlich mal erwachsen und braucht dann »Hochzeiten als Liebes-Verstärker, als zusätzlichen Kick im ewigen Drama«. Oder will ganz einfach Ruhe im Karton und keine weitere Gefährdung des elterlichen Erbes. Unseren Segen habt ihr, Ex-GenossInnen.

Nur wollen wir uns diesen angeblichen »neuen Trend« nicht als neue Wahrheit einreden lassen. Denn die sieht ganz anders aus.

400000 Eheschließungen habt ihr vom ›Wiener‹ für das Jahr 1988 gezählt, »50000 mehr als noch vor zehn Jahren«. Stimmt. Doch nur scheinbar. Schon mal was von »geburtenstarken Jahrgängen« gehört? Klar, denn ihr gehört wahrscheinlich selber dazu, zu den Jahrgängen 1960 bis 65, die vor dem berühmten Pillenknick. Und genau diese »Geburtenstarken« sind jetzt 25 bis 30 Jahre alt, also im »heiratsfähigen Alter«. Logisch, daß damit die absolute Zahl der Eheschließungen steigt.

Ab 1989 stagniert die Zahl der Eheschließungen allerdings wieder, der Anstieg war geringfügig: 1962 gab es 530000 Eheschließungen, 1985 nur noch 360000, der Anstieg auf knapp 400000 im vorletzten Jahr ist also relativ klein. Doch das ändert nichts daran, daß prozentual weniger Menschen heiraten als je zuvor: Noch im Jahr 1972 waren 63 Prozent der bundesdeutschen Frauen verheiratet, bis heute ist diese Zahl konstant gesunken. Jetziger Stand: 55 Prozent. Der Trend geht also in Wahrheit weg von der Ehe!

Verschwiegen, liebe Kollegen, habt ihr uns auch, daß von euren astronomischen 400000 nur rund Zweidrittel »Erstehen« sind, also die, die angeblich den »neuen Trend« verkörpern. Die restlichen sind x-mal geschiedene Zweit-, Dritt- und Viertehen – deren Zahl hat sich in der Tat in den letzten 30 Jahren verdoppelt. Die Deutschen sind nämlich so scheidungsfreudig wie nie zuvor – und deshalb ist die Zahl der Ehen seit 1972 unaufhaltsam rückläufig. Das heißt: es gehen mehr Ehen kaputt, als neue geschlossen werden. Der Wendepunkt ist kein Zufall: Genau seit 1971 gibt es auch in der Bundesrepublik wieder eine Frauenbewegung!

Kein Wunder, daß ihr euch schwer ins Zeug legt, Kollegen, um den »Ehe-Boom« glaubhaft zu machen. Zum Beispiel ihr vom ›Wiener‹: »Der Heiratsboom unter den Intellektuellen ist die verzweifelte Suche nach Halt für die Verwirrten und Geschlagenen des Systems.« – Also, mal ehrlich, die hat's doch schon immer gegeben, die Opfer des Systems, und auch deswegen wurde schon immer geheiratet.

Ihr seid mit eurer Ehe-Propaganda längst out. Denn heutzutage glauben nur noch 29 Prozent aller Frauen (aber 42 Prozent aller Männer!), daß »die Ehe der Grundstein für das Lebensglück« ist. Der »Trend zur Ehe« ist also eine schlichte Lüge. Sieht frau sich die Statistiken und Realitäten genau an, dann sind es andere sechs Trends, die wirklich stimmen:

Trend 1: Immer mehr Frauen (und Männer) leben allein.

Jeder dritte Haushalt – in München, Frankfurt und Hamburg schon jeder zweite – wird von nur einer Person bewohnt. Besonders Frauen schätzen das Alleinwohnen: Doppelt so viele Frauen wie Männer wohnen in einem »Single-Haushalt«.

(Wo kriechen eigentlich die männlichen statistischen Pendants unter? In der WG? Bei Muttern?) Immer mehr Frauen können es sich leisten, die Miete alleine zu bestreiten.

Immer mehr Frauen, die berufstätig sind, haben es satt, in der gemeinsamen Wohnung neben dem Job eine »zweite Schicht« zu schieben und den Dreck des anderen mit wegzuputzen. Denn auch im Jahr 1990 »beteiligt« sich nur jeder fünfte Mann an »ihrer« Hausarbeit (wobei sich für die Dreckarbeiten wie Putzen und Waschen auch davon noch die meisten zu fein sind).

Die Frauen wählen das Alleinleben oft als »Übergangslösung«, weil sie sich, so die Soziologin Sigrid Metz-Göckel, »ausruhen« wollen von der anstrengenden Beziehung zu einem männlichen Partner.

Auch immer mehr Männer können/müssen darum alleine wohnen. Allerdings sind diese Männer selten so strahlende, erfolgreiche, attraktive Singles, wie sie es uns weismachen wollen. Die Küche bleibt kalt. Ihre Socken stinken. Und niemand fragt nach ihren Karriereproblemen.

Es ist noch nicht alles verloren, liebe Kollegen. Doch solange ihr euch nicht ändert, geben sich immer mehr von uns mit einem Kater statt Mann zufrieden. Da geht nämlich der »wahre Trend« hin, so hat der Verhaltensforscher Irenäus Eibl-Eibesfeld herausgefunden. Und wer liegt voll im Trend? Die ›Emma‹-Leserinnen! Laut unserer jüngsten Umfrage hat jede fünfte eine Katze. »Mit Katze leben Frauen glücklicher als mit einem Mann«, bestätigt Psychologe Reinhold Bergler von der Universität Bonn hochwissenschaftlich: Katzen »gewähren große Freiräume«.

Trend 2: Immer mehr Frauen und Männer leben ohne Trauschein zusammen.

Rund drei Millionen BundesbürgerInnen leben heute in »nichtehelichen Lebensgemeinschaften«. Seit 1972 hat sich diese Zahl versechsfacht. Das heißt: Jedes fünfte Paar pfeift heute auf den Trauschein! Diese Paare sind meist jung, beide berufstätig, verfügen über ein höheres Bildungsniveau und leben überwiegend in Großstädten.

Nehmen wir zum Beispiel junge Frauen zwischen 18 und 25 Jahren: Noch im Jahr 1972 waren 44,5 Prozent, also fast die Hälfte von ihnen, verheiratet, nur verschwindende 0,9 Prozent lebten ohne Trauschein mit einem Mann zusammen. Seither haben sich diese Zahlen einander immer weiter angenähert, und im Jahr 1988 gibt es in dieser Altersstufe nur noch doppelt so viele verheiratete Frauen (16,6 Prozent) wie Frauen in »wilder Ehe« (8,9 Prozent).

Daß vor allem junge Frauen sich vorstellen können, ein Leben lang ohne Trauschein zu leben (während Männer darin eher ein Vorstadium der Ehe sehen), bestätigt eine Untersuchung des hoch beunruhigten CDU-Familienministeriums. Die Jungs vom Familienministerium sind übrigens genausogut im Manipulieren wie ihr, teure Kollegen (oder habt ihr vielleicht einfach da abgeschrieben?). Paare »mit fester Heiratsabsicht« (33 Prozent) und Paare mit »unklarer Heiratsabsicht« (38 Prozent) werden in der Studie einfach zusammengefaßt zu »vorehelichen Lebensgemeinschaften« und somit zu einer »neuen Form des Verlöbnisses«. »Diese Aussage ist schlicht falsch«, wettert die Soziologin Herrad Schenk – denn ob diese Paare irgendwann doch noch heiraten oder sich trennen, steht in den Sternen.

Die Manipulation hat Methode: Frau blättere sich nur die Regierungsbroschüre ›Gemeinsam leben ohne Trauschein‹ durch: anstatt brauchbare Tips fürs Zusammenleben zu geben (also für mögliche rechtliche Absicherungen außerhalb der Ehe), schildert die Broschüre in den düstersten Tönen die Risiken derselben. Fazit auf Seite 13: »In den meisten Fällen ist es besser, verheiratet zu sein.«

Dabei gehört es inzwischen durchaus zum guten Ton, unverheiratet zusammenzuleben. Auch die »anderen Leute« haben sich an die einstmals »wilden Ehen« gewöhnt, sogar die meisten Vermieter. Das Allensbacher Demoskopie-Institut hat herausgefunden, daß jedeR zweite BundesbürgerIn es »gut findet«, wenn Paare ohne Trauschein zusammenleben. Auch die meisten Versicherungen anerkennen inzwischen die Ehe ohne Trauschein – ohne Aufpreis kann der/die andere bei vielen Rechtsschutz-, Haftpflicht- und ähnlichen Versicherungen mit eingetragen werden.

Selbst SPD und Grüne haben kapiert, woher der Zeitgeist wirklich weht. Die SPD hat aus einem großen Hearing im August 1988 einen Antrag zu einem Gesetzentwurf entwickelt, der in diesem Herbst die Parteigremien passieren soll. Einzelheiten werden noch nicht verraten, das Arbeitspapier stimmt hoffnungsfroh: »Der Staat hat seinen Bürgerinnen und Bürgern nicht vorzuschreiben, welche Lebensform sie für sich und ihre Kinder wählen.« Eheähnliche Beziehungen sollen rechtlich abgesichert werden. Allerdings, so schränkt die SPD ein: »Eine Gleichstellung von Ehe und eheähnlicher Gemeinschaft ist nicht vorgesehen.«

Genau diese Gleichstellung aber ist das Ziel der Grünen: »Jede Lebensform von Menschen ist schutzwürdig«, steht im Entwurf zu einem Antidiskriminierungsgesetz. Auch homosexuelle Lebensgemeinschaften sollen, so steht es da ausdrücklich, die gleichen Rechte haben.

Nur der Gesetzgeber denkt gar nicht daran, seine Meinung zu ändern. »Wer die Vorteile der Ehe will, der möge heiraten«, ließ FDP-Justizminister Engelhard anläßlich des SPD-Vorstoßes wissen. Der Staat denkt bisher nur dann an die unverheirateten Gefährten, wenn's ums Zahlen geht. Frau wird zwar zur Kasse gebeten, wenn der Lebensgefährte arbeitslos wird (und umgekehrt). Doch wenn er stirbt, bekommt sie keinen Pfennig (es sei denn, er hat ein Testament gemacht). Und wenn er sie verläßt, hat sie keinerlei Ansprüche – selbst wenn sie, zum Beispiel wegen der Erziehung eines gemeinsamen Kindes, ihren Job unterbrochen und für beide den Haushalt geführt hat.

Noch nicht einmal Anspruch auf eine gemeinsame Sozialwohnung haben unverheiratete Paare. Angesichts der Wohnungsnot besonders absurd: Selbst wenn Mann und Frau Anspruch auf jeweils eine 45-Quadratmeter-Sozialwohnung haben, dürfen sie nicht ihre »Ansprüche« zu einer gemeinsamen 54-Quadratmeter-Wohnung zusammenlegen.

Da halten es die Medien schon für einen »Sieg für die Wilde Ehe«, wenn der Bundesgerichtshof urteilt: Mahnschreiben dürfen künftig auch dem Gefährten in der nichtehelichen Lebensgemeinschaft ausgehändigt werden – wie schön!

Trend 3: Immer mehr Ehen werden geschieden.

Jede dritte Ehe wird geschieden, in zwei von drei Fällen auf Antrag der Frauen (in der DDR sind es sogar drei von vier Fälle). Und das, obwohl die meisten Frauen nach der Scheidung finanziell erheblich schlechter dastehen. Entgegen dem in der Männerpresse beliebten Vorurteil, Frauen würden sich seit der Eherechtsreform 1977 regelrecht »sanieren« durch die Scheidung von wohlhabenden Männern (das kolportiert besonders gerne der ›Spiegel‹), erhalten in Wirklichkeit nur sieben Prozent aller geschiedenen Frauen soviel Unterhaltsgeld, daß sie wirklich davon leben können.

Dennoch: Geschiedene Frauen, so hat eine amerikanisch-britische Studie unlängst festgestellt, blühen regelrecht auf: Während bei Männern meist ein »Leistungsabfall« nach der Scheidung zu beobachten sei, stürzten sich Frauen auf ihren Beruf. Bei geschiedenen Männern setzt laut Studie ein »Spiralflug nach unten« ein – klar, jetzt hält ihnen keine Frau mehr den Rücken frei. Kein Wunder, daß die meisten Männer nach der Scheidung wieder heiraten wollen. Ganz im Gegensatz zu den Frauen.

Die Psychologin Eva Dane hat in ihrem Buch »Hingabe oder Aufgabe« herausgefunden, daß die »traditionelle Ehe« eher scheitert als eine »partnerschaftliche« Ehe oder Lebensgemeinschaft. Diese sogenannten »traditionellen Ehefrauen« sind doppelt betrogen: Sie haben ihren Beruf aufgegeben im Vertrauen auf die Ehe – wenn die scheitert, stehen sie ohne alles da.

Trend 4: Immer mehr Kinder wachsen mit nur einem Elternteil auf.

1,6 Millionen Mütter ziehen ihr Kind alleine auf, aber nur 301000 Väter tun dasselbe. Die »Familie« 1990 ist immer seltener die »Vatermutterkind«-Familie, wie sie der Familienpaß der Bundesbahn suggeriert.

Und dann gibt es da noch die Frauen, die mit einem anderen Mann als dem Erzeuger der Kinder zusammenwohnen – für sie haben SoziologInnen den Begriff »Stieffamilie« erfunden. Jede fünfte Familie ist heute eine solche »Stieffamilie« – in den 50er Jahren war es nur jede 20.

Die Kinder, die heute auf die Welt kommen, werden sich oft an verschiedene »Eltern« gewöhnen müssen, nur jedes zweite wird ausschließlich in der Familie aufwachsen, in die es hineingeboren wird, so schätzt die Deutsche Arbeitsgemeinschaft für Jugend- und Eheberatung. Und das ist übrigens nicht neu: In vorigen Jahrhunderten kamen durch Krankheit und Kriege viele Mütter und Väter früh ums Leben, noch 1875 wurde in Berlin jede dritte Ehe innerhalb der ersten zehn Jahre durch den Tod eines Gatten beendet. Ganz wie heute mußten sich die Kinder damals an eine »Diskontinuität der Mitgliedschaften« gewöhnen (so das lebensferne SoziologInnen-Deutsch).

Trend 5: Immer weniger Frauen sind bereit, für ein Kind ihren Beruf aufzugeben.

Und das trotz aller Schwierigkeiten, einen Krippenplatz für das Kind zu bekommen. Trotz der immer noch fehlenden Bereitschaft der Väter, ihren Part an der Kinderbetreuung zu übernehmen. Trotz der goldigen Babys, die einem von jeder Werbewand und in jedem zweiten Videoclip entgegenquäken! Und trotz des süßen ›Stern‹-Covers »Boom baby boom«.

Frauen planen heutzutage ihr Leben eigenständig und werden nicht mehr so oft ungewollt schwanger. Hinzu kommt das gestiegene Selbstbewußtsein: Keine Frau rechtfertigt sich heute mehr, wenn sie berufstätig ist. Noch vor 20 Jahren hieß es: »Die muß arbeiten« (denn, so wollte man damit sagen, ihr Mann bringt nicht genug Geld mit nach Hause). Heute *wollen* Frauen arbeiten. Knapp die Hälfte aller BRD-Frauen im erwerbsfähigen Alter geht einer Beschäftigung außer Haus nach – und das trotz Arbeitslosigkeit. Und in der (bisherigen) DDR sind sogar 91 Prozent berufstätig.

Denn Frauen sind heute so gut ausgebildet wie nie zuvor – Mitte der 70er Jahre, auf dem Höhepunkt der neuen Frauenbewegung, gab es sogar mehr Abiturientinnen als Abiturienten. Laut einer neuen Studie des Deutschen Jugendinstituts »Jugend und Arbeit« planen Mädchen heute fast ausnahmslos eine lebenslange Berufstätigkeit, die sie allenfalls für eine »Kinderphase« unterbrechen wollen. Die Studie zeigt: Gerade Mütter, die selbst nicht erwerbstätig sind, ermuntern ihre Töchter zu einer guten Berufsausbildung.

Womit weitere Attacken auf Ehe und Familie schon vorprogrammiert sind. Denn auf Paare mit zwei »Arbeitsbiographien« ist unser Arbeitsmarkt nicht eingestellt, so das Münchener Soziologen-Ehepaar Beck-Gernsheim. Der Arbeitsmarkt fordert den »vollmobilen Einzelnen« (und die Ehefrau, die diesem Einzelnen hinterherzieht). Was passiert, wenn die jungen Frauen, die auf jeden Fall ihren Beruf ausüben wollen, wenn diese »vollmobilen« Frauen dauerhafte Bindungen eingehen und womöglich noch Kinder haben wollen? Dann gelingt ihnen entweder ein Dauerkunststück, ein »Drahtseildoppelakt«, so Beck-Gernsheim. Oder sie scheitern und denken, sie haben versagt. Dabei hat in Wirklichkeit ein altes Familienmodell versagt, das für gleichberechtigte Paare nicht mehr taugt.

Trend 6: Frauen überlegen sich heute lange, ob sie ein Kind wollen – und entscheiden sich immer öfter dagegen.

Denn »Boom baby boom« ist nicht mehr als der fromme Wunschtraum von ›Stern‹-Reportern und CDU-FamilienministerInnen: Seit 1970 ist die Bundesrepublik das Land mit der niedrigsten Geburtenrate der Welt, und die Tendenz zeigt – trotz einiger Schwankungen – weiterhin deutlich nach unten. Im letzten Jahr wurden 677000 Kinder geboren, fast exakt gleich viele wie im Vorjahr. Die durchschnittliche Kinderzahl pro »Familie« (wie auch immer die zusammengesetzt ist) liegt heute bei 1,3.

SoziologInnen reden heute vom »aufgeschobenen Kinderwunsch«: Frauen sagen nicht von vornherein: »Ich will kein Kind«, sondern schieben – weil sie ihr Leben anders planen und dies dank besserer Empfängnisverhütung auch können – die Entscheidung hinaus. Weil sie sich nicht mehr so früh auf eine Beziehung festlegen. Weil sie erst eine qualifizierte Ausbildung machen wollen. Weil sie hoffen, irgendwann doch noch den Menschen zu finden, der mehr macht als am Wochenende mit Sohnemann in den Zoo zu gehen. Weil sie hoffen, daß es doch irgendwann möglich sein wird, Beruf und Kind »zu vereinbaren«, daß mehr Krippenplätze geschaffen werden, daß auch Väter Babyurlaub nehmen, daß sie nicht so allein gelassen werden ... Sie warten und warten – und irgendwann entscheiden sie sich endgültig dagegen, eine Doppeltbelastete zu werden.

Oder sie bekommen »im letzten Moment« doch noch ein Kind. Noch nie hat es so viele sogenannte »Spätgebärende« gegeben wie heute: Jedes zwölfte Kind, das heute auf die Welt kommt, hat eine Mutter, die älter ist als 34 Jahre. Medizinisch ist das »Risiko« längst zur Routine geworden. Aber in den darauffolgenden 20 Jahren sind gerade auch diese Mütter zu oft auf sich allein gestellt.

Es sind vor allem Frauen, die diese »neuen Lebensformen« wollen und auch durchsetzen. Logisch, denn so wie es war, hatten wir das Nachsehen. Der »Wandlungsdruck« auf Ehe und Familie geht von den Frauen aus, so bestätigen die Soziologinnen Sibylle Meyer und Eva Schulze. Und: Wir Frauen sind es, die unterm Strich von den »neuen Lebensformen« profitieren. Die Forscherinnen haben herausgefunden:

Fazit 1: Frauen in »Ehen ohne Trauschein« sind unabhängiger als Ehefrauen. Sie verfügen meist über ein eigenes Bankkonto, ein eigenes Zimmer in der Wohnung, bezahlen ihre Anschaffungen selbst, beteiligen sich gleichberechtigt an Miete und Lebensunterhalt. Sie bestimmen mit bei der Wohnungssuche und sagen bei der Urlaubsplanung, wohin die Reise geht.

Fazit 2: Frauen in »Ehen ohne Trauschein« machen weniger Hausarbeit als Ehefrauen. Zwar beteiligen sich auch hier die Männer nicht gleichberechtigt am Haushalt, aber den Putzlappen aus der Hand legen die meisten Männer erst bei der Heirat oder spätestens beim ersten Kind (Metz-Göckel und Müller in ihrer Studie ›Der Mann‹: »Väter kochen nicht, waschen nicht, sie wischen nicht«). Warum nur muß die Ehefrau mehr schuften als die Unverheiratete? Unter anderem, weil »die Leute« das von einer Ehefrau so erwarten, sagen Sibylle Meyer und Eva Schulze.

Fazit 3: Die »neuen Väter« finden sich besonders häufig bei unverheirateten Paaren. Beachtlich, wenn frau bedenkt, daß Väter in diesen Beziehungen meist kein Sorgerecht haben. Sie haben also weniger Rechte, aber übernehmen mehr Pflichten.

Fazit 4: Unverheiratete Frauen lassen sich weniger gefallen. Es wird bei den sogenannten »freien Paaren« mehr diskutiert, mehr ausgehandelt. Das Thema »Gleichberechtigung« ist ständig auf dem Tisch.

Fazit 5: Unverheiratete Frauen haben einen »größeren Verhandlungsspielraum« als Ehefrauen. Zu deutsch: Weil sie unabhängiger sind und weniger zu verlieren haben, können sie viel eher drohen: »Wenn du nicht früher nach Hause kommst, wenn du nicht öfter spülst, wenn du dich nicht mehr um die Kinder kümmerst . . ., dann verlasse ich dich.« Das wirkt offenbar, denn die Forscherinnen haben festgestellt: »Die Gleichberechtigung ist in nicht-institutionalisierten Partnerschaften besser zu realisieren als in der Ehe.«

Fazit 6: Alleinlebende Frauen sind beruflich erfolgreicher als Frauen in Paarbeziehungen. Sie verdienen mehr Geld und sind öfter in höheren Positionen anzutreffen. Bei Männern ist das Alleinleben eher ein Hemmschuh für die Karriere (wie viele

Politiker heiraten noch kurz vor ihrer Kürung zum Spitzenkandidaten). Bei Frauen ist es karrierefördernd. Nach neueren Untersuchungen sind Singles außerdem keineswegs besonders einsam und depressiv, sondern überdurchschnittlich kontaktfreudig.

Fazit 7: Alleinerziehende Frauen sind unabhängiger als Mütter, die mit einem Mann zusammenleben. Immer öfter entscheiden sich Mütter bewußt für das Leben allein mit Kind (und tun dies nicht mangels Vater). Denn sie müssen ihren Zeitplan »nur« auf das Kind abstimmen, und nicht auch noch auf einen Mann. Allerdings haben die meisten Alleinerziehenden erheblich weniger Geld als Frauen in »richtigen« Familien: Das Geld für Kita, Babysitter etc. verschlingt einen großen Teil des Einkommens. Trotzdem will nur knapp jede dritte Alleinerziehende (wieder) heiraten, für über die Hälfte von ihnen kommt »eine Ehe nicht in Frage«.

Da fragt frau sich: Warum nur erzählt ihr Kollegen von der Männerpresse penetrant die Rühr-Story von Hochzeitskutsche und großen blauen Kinderaugen? Warum redet ihr uns ein, der Trend gehe zur Ehe? Weil ihr nicht richtig Statistiken lesen könnt? Wohl kaum. Weil ihr die Wahrheit verschleiern wollt? Schon eher. Denn wo es uns besser geht in den »freien Beziehungen«, da müßt ihr auf ein paar liebgewonnene Privilegien verzichten, müßt euch stellen. Bei der »Partnerschaft« zwischen Frau und Mann ist es schließlich nicht viel anders als bei der gerne beschworenen »Sozialpartnerschaft«, die in Wahrheit keine Partnerschaft ist: Es geht drum, Besitz und Macht neu zu verteilen – und je eigenständiger frau ist, um so mehr muß mann ein wirklicher Partner sein.

Drum wollt ihr uns, die wir anders als eure Mutter leben, vorgaukeln, wir seien Ausnahmen. Dabei sind wir ganz viele. Die Statistik spricht für uns: Wir sind mega-in!

Ursula Ott
September 1990

Dünne machen!

Männer streben nach Profil, Frauen nach Linie. Männer machen Karrieren, Frauen Diäten. Wir Frauen sollen uns dünne machen. In jeder Beziehung.

Es schien so glatt zu funktionieren. Dem Gebot der Schlankheit beugten sich in den letzten zwei Jahrzehnten zunehmend mehr Frauen. Sie schaffen es oder schaffen es nicht, es beschäftigt sie auf jeden Fall. Manchmal rund um die Uhr. Sie haben Komplexe, lassen sich den Appetit verderben, zählen Kalorien, haben zu tun. Hausfrauen, Studentinnen, Sekretärinnen, Karrierefrauen – keine scheint gefeit. Während Männer nach Profil streben, streben Frauen nach Linie. Während Männer Raum einnehmen, machen Frauen sich dünne. Wie günstig.

Seit neuestem aber ist Sand im Getriebe. Das Gift des Diätwahns scheint in Überdosis verabreicht worden zu sein. Die bisher diskret hungernden (und heimlich fressenden) Frauen flippen aus. Zunehmend. Ärzte schlagen Alarm. Eine neue Frauenkrankheit breitet sich aus: die Bulimie, profaner auch Freß- und Kotzsucht genannt. An ihr leiden Frauen, die zwischen Hungerkuren und Freßtouren schwanken, in diesen Phasen ungeheure Mengen verschlingen und durch künstliches Erbrechen und Abführmittel gleich wieder ausscheiden. Allein in der Bundesrepublik schätzen Ärzte die Zahl der freßsüchtigen Frauen auf mindestens 300000–400000. Für sie ist die alltägliche Diät zur unentrinnbaren Sucht geworden, Sucht, die ihr Denken und Fühlen beherrscht und ihr Leben bestimmt.

Frauen treiben den Diätwahn auf die Spitze, werden krank und verrückt, funktionieren nicht mehr. Die Zahl der Frauen, für die das Essen so zur Sucht geworden ist (oft in Kombination mit Medikamenten, den Abführmitteln) wie für andere der Alkohol, steigt. Sie steigt so beunruhigend, daß selbst die, die es bisher am tollsten getrieben haben, die Bremse ziehen. Zumindest leicht. So heben ›Brigitte‹ und ›Bild‹ plötzlich warnend den Finger: Die Frauen sollten es nicht gar zu toll treiben mit der Diät, »lieber mollig und glücklich, als schlank und unglücklich« (und veröffentlichen gleich ein paar Seiten weiter die allerneueste Blitz-Diät).

Täglich bis zu 1500 Briefe erhält nach eigenen Angaben die Frauenzeitschrift ›Brigitte‹ zur Diät. 1500 Briefe. Man stelle sich vor, Frauen schrieben täglich 1500 Briefe, um gegen den Abbau der § 218-Reform zu protestieren. Zum Beispiel. Oder, um mehr Rechte für Frauen zu fordern. Oder, um gegen den Rüstungswahnsinn zu protestieren ...

Doch man muß diese Zahlen nicht kennen, man muß sich nur im eigenen Leben umschauen, um zu begreifen, in welchem Maße die Idee »Ich bin zu dick« Frauen okkupiert. Egal, wie alt sie sind. Egal, wie bewußt sie sind. Egal auch, wie schlank oder dick sie wirklich sind. Die Zauberformel »Diät« scheint Erlösung von allem Leiden zu versprechen. So kommt es, daß die »Traumfigur« inzwischen in den Träumen vieler Frauen noch vor dem »Traumprinzen« und der »Traumrobe« rangiert (dafür sprechen auch die Schlagzeilen der auflagenstarken Frauenzeitschriften, deren Verkaufsargument Nummer eins die jeweils neueste Diät ist).

Besonders beunruhigend dabei ist, daß der alltägliche Diätwahn so selbstverständlich geworden ist, daß wir ihn noch nicht einmal mehr als solchen wahrnehmen. Da lacht kaum eine schallend über die zwei Messerspitzen Petersilie, die wir, um die Völlerei auf die Spitze zu treiben, zum Abendessen laut ›Brigitte‹ noch über das geraspelte Radieschen streuen dürfen. Da schüttelt kaum eine den Kopf über die neue Mode, die, diesmal, »breite Gürtel« um die Hüften vorschlägt, und dazu Mannequins defilieren läßt, deren Hüftumfang in Zentimetern das mißt, was bei einem einigermaßen gesunden Körper eigentlich Taillenumfang sein müßte. Da ist Protest auch kaum hörbar, wenn einem die liebste Freundin, der eh schon die Knochen vorstehen, sagt: Ach, ich muß unbedingt abnehmen, ich bin nämlich schon wieder dicker geworden.

Die Perversion ist eine doppelte: Man muß schon in einer Überflußgesellschaft leben, um Essen so zum Spielball der Ideologien machen zu können. Und man muß schon im Patriarchat leben, um als Frau in einer Überflußgesellschaft so zu hungern.

Etwa Mitte der 70er Jahre haben wir Feministinnen begonnen, laut über die Ursachen und Folgen des Schlankheitsdiktats nachzudenken. Wir haben schon einiges dazu gesagt, aber noch längst nicht alles. Es scheint so zu sein, daß ausgerechnet in den Zeiten, in denen wir Frauen es geschafft haben, äußere Fesseln zu lockern oder gar zu sprengen, sich neue, innere

Fesseln um uns gelegt haben. Und, daß eine der schlimmsten inneren Fesseln eben dieser Schlankheitswahn ist, der sehr viel mehr Folgen hat, als wir zu ahnen wagen.

Es beginnt mit einem tief gestörten Verhältnis zum Essen. Millionen Frauen essen entweder nicht. Oder sie essen zu wenig. Oder sie essen, haben dabei ein schlechtes Gewissen. Oder aber, neuere Entwicklung, sie schlingen das Essen hinunter. Aus Hunger. Hunger nach dem Leben. Und sie kotzen es wieder aus. Weil das Leben zum Kotzen ist. – Einer der elementarsten sinnlichen Genüsse, Essen, ist all diesen Frauen nicht mehr möglich.

Das Hungern und das Schwanken zwischen Hungern und Fressen schwächt den Körper, ja macht ihn regelrecht kaputt. Hinzu kommen die zerstörerischen Auswirkungen der Appetithemmer und Abführmittel. Die heute modische »Idealfigur« entspricht, rein medizinisch gesehen, einer Unterernährung, doch längst ist sich die seriöse Medizin darüber einig, daß ein paar Kilo mehr gesünder sind, als ein paar Kilo zu wenig. Denn dem unterernährten Körper fehlen Abwehrkräfte und Kräfte. Man stelle sich nur eines dieser schlanken Wesen in der körperlichen Auseinandersetzung mit einem ordentlich ernährten Mann vor – hoffnungslos.

Hinzu kommt die seelische Zerrissenheit, der permanente Doublebind. Denn die »Idealfigur« ist für keine jemals erreichbar (ich jedenfalls habe noch nie eine Zufriedene getroffen). Auch die Schlankste fühlt sich noch »zu dick« – und ist das in Relation zu den Kleiderständern der Modeseiten ja auch tatsächlich. Und noch bei der Dürrsten stimmt etwas nicht mit den Pfunden: da ist der Hintern zu dick für Jeans, der Busen zu groß, die Waden sind zu stramm ... Und wenn frau endlich so rank ist wie Jane Fonda oder Lady Di, wispert es in ihr: Jetzt bist du vielleicht schön schlank, aber begehrt bist du nicht, denn eigentlich, eigentlich mögen die Männer etwas ganz anderes ...

So kann der eigene Körper zum narzistisch-autistischen Gegenstand allen Sehnens und Handelns, kann er zur Ersatzwelt werden. Vor allem natürlich für die Frauen, die sonst schon nicht viel Platz in der Welt haben (aber auch Frauen mit Engagement und Beruf räumen der Beschäftigung mit der Linie oft einen Platz ein, der für einen Mann undenkbar wäre). Alle Sehnsüchte, alle Revolten, alle Kämpfe gelten dem eigenen Körper, er soll nach fremden, feindlichen Gesetzen funktionieren. Nicht die Lebensumstände und die Welt sollen sich ändern – der Körper soll es. Und wenn er erst anders, wenn er erst perfekt wäre, dann würden auch das Leben und die Welt wunderbar.

Einst fragte die Königin: »Spieglein, Spieglein an der Wand, wer ist die Schönste im ganzen Land ...« Heute fragen die Frauen: »... wer ist die Schlankste im ganzen Land?« Die Schlankheitskarriere scheint die begehrteste zu sein, der Wettbewerb um die Pfunde der weitverbreiteste Konkurrenzkampf unter Frauen. Du bist viel schlanker als ich – Ich habe jetzt endlich abgenommen – Kompliment, du bist ja wunderbar schlank geworden. Während Männer Karriere machen, machen Frauen Diäten.

»Ich wußte nicht, daß ich so stark sein kann«, titelte ›Brigitte‹ in ihrem Septemberheft '84 den »Brigitte-Diät-Club«. Der stolze Spruch kam aus dem Mund von Petra Hunger, 21, aus Goslar. Petra hatte zwischen Januar und April '84 genau 24 Kilo abgenommen. Und darauf ist Petra stolz. Verständlicherweise. Denn ansonsten gibt es zur Zeit wenig, worauf sie stolz sein könnte. Wie einigen wenigen Nebensätzen in ›Brigitte‹ zu entnehmen war, hatte Petra mit 17 geheiratet und dann prompt angefangen, »mehr und öfter zu essen«. Als sie ihre Lehre beendet hatte, keine Stelle fand und zu Hause blieb, aß sie noch mehr. Jetzt sitzt sie noch immer berufslos in ihren vier Wänden, aber sie hat etwas zu tun: sie kämpft um die Linie. Und sie hat sich bewiesen, daß sie Energie und Selbstdisziplin hat, daß sie »stark« ist. – Jubelt ›Brigitte‹: »Petra hat wieder Konfektionsgröße 38«. Wie schön.

An ›Brigittes‹ Petra wird karikierend eines klar: der Ablenkungs- und Ersatzcharakter der Welt der Diäten. Ablenkung vom Hausfrauenleben, bei dem eine lebendige junge Frau ja aus der Haut fahren (aus dem Leim gehen) muß, Ersatz für die fehlende Welt. Da wird die Kalorientabelle zum Gradmesser für Tüchtigkeit, die erreichte »Traumfigur« zum Ziel aller Träume. Zentrum weiblicher Existenz ist hier nicht das Selbstexistieren, sondern das Anderengefallen. Und der Horizont weiblichen Strebens ist nicht vom Universum begrenzt, sondern – von der eigenen Haut.

Es wird kein Zufall sein, daß ausgerechnet mit erstarkender Emanzipation die Frauen immer dünner werden sollen. Daran haben auch Aerobic und Bodybuilding wenig geändert. Im Gegenteil: diese Moden haben einerseits das Streben von

Frauen nach mehr Bewegung und Stärke aufgenommen, es aber andererseits im Handumdrehen wieder pervertiert: schlank sein und dekorativ, das bleibt das Gesetz.

Ja warum machen die dämlichen Frauen denn all das mit, wird da so manch eine/r fragen. Ja, warum. Weil Ideologien zäher sein können als Realitäten. Weil frau ökonomisch schon unabhängig sein kann, aber seelisch noch gefangen – das sind langwierige Prozesse. Und, weil die Frauen selbst, als Schwächere, die nach dem Gesetz des Starken streben, Trägerinnen und Mitverbreiterinnen dieser Ideologien sind. Doch: bestimmt werden Ideologien von den Herrschern. Und sie sind es auch, die letztendlich davon profitieren. Auch vom Schlankheitswahn. Diese Männergesellschaft will, daß wir Frauen uns dünne machen. In jeder Beziehung.

Daß wir selbst dabei mitmachen, gestehen wir uns nicht gerne ein. Verständlich. Wir suchen Ausflüchte. Wir sagen nicht gern: Wir wollen schlank sein. Wir sagen lieber: Es ist gut für die Gesundheit – Ich fühle mich ganz einfach besser so – Ich mache Heilfasten – und was der hübschen Bemäntelungen mehr sind. Manchmal ist ja vielleicht sogar etwas dran. Aber: wir sollten mißtrauisch sein mit uns selbst in diesem Punkte. So manche einleuchtende Erklärung fürs Diäten ist nicht mehr als eine geschickte Rationalisierung, die vor anderen und vor uns selbst verbergen soll, daß wir uns ganz profan dem Schlankheitsdiktat beugen. Egal, wie alt wir sind (ein 40jähriger Körper hat natürlich andere Formen als ein 20jähriger); egal, welche Form unser Körper individuell eigentlich hat (eher stämmig oder eher hager, eher barock oder eher schmal); egal, wie wir uns wohlfühlen (können) – wir beugen uns der Einheitsform, hungern nach der »Idealfigur«. Nur: Wessen Ideal ist das eigentlich?

Unsere Körper, Terrain männlicher Normen, männlicher Gewalt, männlicher Besitznahme, sind seit Jahrtausenden enteignet, kolonialisiert vom Patriarchat. Nicht zufällig lautete eine der ersten Forderungen der neuen Frauenbewegung: Mein Bauch gehört mir! Wenn wir Freiheit wollen, müssen wir zu allererst einmal uns selbst, unsere eigenen Körper befreien. Und unsere Seelen entgiften. Auch vom Gift des Diätwahns.

Das wird ein langer Weg sein. Und die ersten Schritte werden sein, das Selbstzerstörerische am Diätwahn zu erkennen. Dann, der Vielfalt wieder Raum zu geben, in uns hineinhorchen, versuchen rauszufinden, welche Körperformen uns ganz persönlich entsprechen. Und dann? Ja, dann wird vielleicht ein Teil der Phantasie und Energie, die wir heute in dieses kleinliche und wahrhaft unwürdige Kalorienzählen investieren, wieder frei sein. Frei zum Leben. Frei zum Kämpfen um etwas, das sich lohnt.

Alice Schwarzer
(›Emma‹-Sonderband ›Durch dick und dünn‹, 1985)

Sucht hat viel mit Sehnsucht zu tun. Und mit Abhängigkeit. Abhängigkeit von der Ersatz-Befriedigung. Es grassieren die klassischen Frauen-Süchte wie Essen und Hungern oder Pillenschlucken. Es steigen, auch unter den Frauen, die klassischen Männer-Süchte wie Trinken. Ab wann sind wir süchtig? Und was können wir dagegen tun? Darüber schreibt Michaela Huber, Diplom-Psychologin, langjährige Mitarbeiterin von ›Psychologie heute‹ und seit einigen Jahren freie Autorin.

Bin ich etwa süchtig? Bin ich selbst schon abhängig von dem Zeug?

Es gibt wohl nur wenige Frauen, die sich diese Frage nicht schon gestellt und mehr oder weniger zweifelnd mit Ja, Vielleicht oder Nein beantwortet haben. Unter der Hand scheint uns fast alles zum Suchtmittel werden zu können: Das tägliche Quantum Bier oder Wein; die Zigarette; die Pille zum Beruhigen, gegen Angst oder zum Einschlafen; Nahrungsmittel; Fernsehen; Fitneß-Übungen; ja sogar die Liebe. Von den illegalen Drogen (Opiate, Designer-Drugs) ganz zu schweigen.

Wo Statistiken geführt werden, etwa in Suchtberatungsstellen, zeigt sich ein stetiges Anwachsen des Frauenanteils unter den Abhängigen. Was ist los mit uns? Sind wir Frauen das süchtige Geschlecht? Ist die Abhängigkeit von Suchtmitteln gar die Kehrseite der Emanzipation? Sind wir Frauen heute so sehr verunsichert, daß wir eine innere Leere mit einem Suchtmittel zuschütten müssen?

Das alles sind Fragen, zu denen es seltsamerweise kaum gesicherte Antworten gibt. Die offiziellen Statistiken jedenfalls enttäuschen. Nur eines läßt sich aus ihnen klar ablesen: Der Konsum und Mißbrauch von Genuß- und Suchtmitteln gleicht sich bei den beiden Geschlechtern immer mehr an. Von Frauen als *dem* süchtigen Geschlecht zu sprechen, wäre übereilt. Eher scheint es einen geschlechtsspezifischen Gebrauch von Suchtmitteln zu geben:

Die Zahl der Alkoholikerinnen in der Bundesrepublik wird heute auf 1,8 Millionen geschätzt, ein Drittel davon sind Frauen. Die Steigerungsrate liegt allerdings bei Frauen deutlich höher. Und rund 40 Prozent aller von illegalen Drogen Abhängigen sind weiblichen Geschlechts; die Gesamtzahl wird auf 60000 bis 80000 geschätzt. Typisch weibliche Süchte aber sind nach wie vor: das Essen und die Pillen. Die Zahl der Frauen mit massiven Eßstörungen (Eß-, Mager-, Eß-Brech-Sucht) geht längst in die Millionen. Die Schätzungen der Medikamentenabhängigen liegen zwischen 500000 und 800000, mindestens zwei Drittel davon sind Frauen!

Auch die Zahl der Raucherinnen steigt, wenn auch unter den rund sechs Millionen Rauchern bisher »nur« ein Drittel Frauen sind. Konsequenzen der von vielen als vergleichsweise harmlos betrachteten Qualm-Sucht: Lungenkrebs und Herzinfarkt, bislang typische Männer-Krankheiten, nehmen bei Frauen dramatisch zu (besonders dann, wenn sie auch noch die »Pille« nehmen).

Die Tendenz also ist eindeutig: Immer mehr Frauen werden süchtig, werden abhängig. Was aber heißt das, »abhängig werden«? Die Übergänge vom gelegentlichen Naschen zur Eßsucht, vom abendlichen »Bierchen« zur Alkoholabhängigkeit, von der »Verdauungszigarette« zum gesundheitsgefährdenden Rauchen sind fließend. So klammern sich viele, die gerne Alkohol trinken, an den »0,8 Promille-Mythos«: Das Quantum, das die Polizei erlaubt, entspricht etwa zwei Glas Wein; das dürfe frau wie man pro Abend trinken, ohne deswegen schon abhängig zu sein oder die eigene Leber zu überfordern. Falsch! Genauso falsch ist der »Dosissteigerungs-Mythos«: Süchtig sei nur, wer immer mehr desselben Suchtmittels brauche. PharmakologInnen wissen längst, wie Sucht entsteht. Nur die Süchtigen selbst wissen es nicht. Ein Beispiel dafür:

Die 36jährige Margret S. läßt sich, als ihre Mutter im Sterben liegt, vom Arzt ein Beruhigungsmittel (Tranquilizer) verschreiben. Weil sie verantwortlich mit sich und dem Medikament umgehen will, nimmt sie nur eine niedrige Dosis ein: zwei Tabletten pro Tag. Die gewünschte Wirkung tritt ein: Sie übersteht die nächsten Wochen, ohne zusammenzubrechen; Ängste und Schlafstörungen nehmen ab, sie wird ruhiger. Als die Packung verbraucht ist, fühlt sie sich noch nicht stark genug, ganz ohne das Medikament auszukommen, also holt sie sich noch einmal ein Rezept. Sie reduziert die Dosis auf eine Tablette pro Tag, weil sie merkt, daß ihr die Pille »guttut«, denn ohne sie kehren ihre Ängste, die Kopfschmerzen und Schlafstörungen massiv wieder. Auf dem Beipackzettel hat sie gelesen, das Mittel sei »über längere Zeit nicht ohne Befragen des Arztes einzunehmen«.

Beim nächsten Termin bespricht sie das mit ihrem Hausarzt; er verschreibt ihr ein ähnlich wirkendes Medikament einer anderen Firma. Auch davon nimmt sie jeweils nur eine Tablette vor dem Schlafengehen. Auf den Gedanken, sie könnte von dem Medikament abhängig sein oder werden, kommt sie gar nicht. Im Gegenteil, sie fühlt sich als kritische Verbraucherin, die verantwortungsbewußt handelt.

Christa Merfert-Diete von der Deutschen Hauptstelle gegen die Suchtgefahren kennt viele solcher Frauen. Sie schildert einen Extremfall: »Neulich hat eine Frau hier angerufen, die sämtliche Tranquilizer-Präparate, die in Deutschland im Handel sind – also 20 oder 21 – innerhalb von 20 Jahren durch hatte. Danach entschloß sie sich, die Medikamente ganz abzusetzen, und stellte mit Entsetzen ganz verheerende körperliche Reaktionen bei sich fest: Sie konnte ein halbes Jahr, nachdem sie das letzte eingenommene Medikament abgesetzt hatte, kaum noch fünf Minuten stehen.«

Grund: Nach einer solch langen Einnahmedauer wirkt sich der Medikamentenentzug auf den motorischen Apparat aus: die Feinmotorik ist dahin, jede Bewegung schmerzt, Dinge fallen einfach aus der Hand . . . Der Präparate-Wechsel verhindert also nicht die grundsätzliche Abhängigkeit, und selbst bei niedriger Dosierung entsteht eine körperliche Abhängigkeit (von dem psychischen Zwang, etwas einnehmen zu »müssen«, um sich wohlzufühlen, ganz zu schweigen).

Viele Frauen wissen einfach nicht, daß sie sich auf diese Weise ihr körpereigenes Streßabwehr-System kaputtmachen. Denn der Suchtstoff (im Prinzip ein Nervengift, in diesem Fall das in Tranquilizern enthaltene Benzodiazepin) verdrängt an den Übertragungsstellen der Nervenzellen das Endorphin, das so etwas wie ein körpereigenes »Opiat« darstellt.

Wer hingegen dafür sorgt, daß die eigenen Endorphine immer in genügender Menge freigesetzt werden (etwa durch Sport oder angenehmen Sex), wird mit Streß besser fertig, ist weniger schmerzempfindlich und fühlt sich insgesamt ausgeglichener. Ein von außen zugeführter Suchtstoff hingegen zerstört das System auf Dauer vollständig, auch bei niedriger Dosierung.

Benzodiazepine zum Beispiel haben in ihrer Wirkung eine »Halbwertzeit« von zirka 36 Stunden. Wer innerhalb von 24

Stunden auch nur eine Tablette einnimmt, erhält damit einen Kumulationseffekt: immer mehr Synapsen (Übertragungsstellen zwischen Nervenzellen), die vorher von körpereigenen Endorphinen gefüllt waren, werden mit dem Suchtstoff besetzt. Je länger – und natürlich: je intensiver – die Einnahme, desto stärker die körperlichen Entzugserscheinungen bei Absetzen des Suchtstoffes. Denn das Nervensystem ist dann absolut »nackt« und schutzlos und reagiert wie bei einer totalen, »natürlichen« Erschöpfung auf stärksten Dauerstreß. Folge: Zittern, Kopf- und Gliederschmerzen, Herzrasen, eventuell sogar ein Kreislaufkollaps. Es dauert dann eine ganze Weile, bis die körpereigenen Endorphine wieder ihren Platz und ihre Funktion eingenommen haben.

Soweit also zum Irrglauben vieler Frauen, eine Niedrigdosierung oder ein Wechsel von Medikamenten mit Suchtpotential könne nicht abhängig machen. Das gleiche gilt übrigens für die regelmäßigen »zwei Glas am Abend«. Sucht ist also keine Frage der Dosierung, sondern hängt davon ab, wie sehr der Körper sich daran gewöhnt hat, sich das entsprechende Mittel zuzuführen, und: wie sehr die Psyche darauf angewiesen ist.

Wer jeden Abend ein gewisses Quantum Alkohol oder Süßes oder Schlafmittel »braucht«, um überhaupt einschlafen zu können, *ist* abhängig!

Wer sich selbst ernsthaft auf mögliche Abhängigkeit hin testen will, sollte einmal versuchen, sechs Wochen (das gilt unter Experten als »Schallgrenze«) ohne das Mittel auszukommen. Aber wirklich sechs Wochen und nicht nur eine, wie es viele Frauen tun, um sich und anderen zu beweisen: »Ich kann auch ohne«. Die meisten, die sich an einen regelmäßigen Suchtmittelkonsum gewöhnt haben, werden feststellen, wie verdammt schwer es ist, die sechs Wochen ohne »Jieper«, ohne Nervosität, Zittern und Schlafstörungen zu überstehen.

Offenbar trauen wir unserem Körper und unserer Seele nicht zu, ohne (potentielle) Suchtmittel klarzukommen. Bei Kopfschmerzen fragen wir uns nicht: Was ist los? Wir betrachten den Schmerz nicht als Überlastungssignal und reagieren entsprechend, sondern greifen zur Tablette (mit der oft fatalen Folge, daß bei Dauergebrauch das Mittel genau das auslöst, wogegen es genommen wurde – was meist nicht zum Absetzen, sondern zu einer Dosissteigerung führt!).

Endlich verfügen Frauen über mehr Geld, als sie zum Überleben für sich und ihre Familie brauchen – damit aber auch über die acht Mark täglich für zwei Packungen Zigaretten oder die abendliche Flasche Wein. Warum sollten auch nur Männer in der Öffentlichkeit rauchen und saufen dürfen? Eine Frau, die in der einen Hand ein Glas Sekt, in der anderen eine Zigarette hält, wird längst nicht mehr scheel angesehen (wie noch im Dritten Reich: »Die deutsche Frau raucht nicht«).

Frauen können heute ihre ablehnende Haltung gegenüber der traditionellen Frauenrolle in vielen Formen ausleben. Entsprechend hat sich auch ihr Suchtmittelgebrauch verändert. Natürlich gibt es auch sie: die Totalaussteigerinnen, die Fixerinnen, die – so radikal wie sonst nur die Magersüchtige – die ihnen aufgenötigte weibliche Rolle am radikalsten ablehnen (indem sie ihren Körper am härtesten »entweiblichen«). Doch die illegalen Drogen scheinen auch für Frauen ihre Protestfunktion verloren zu haben. Nicht mehr aussteigen, aufputschen ist angesagt. Und wer immer noch zum Heroin greift, benutzt meist zusätzliche Mittel: Koks, Alkohol, Tabletten, chemische Drogen. Diese polytoxikomanen (mehrfachabhängigen) Frauen befinden sich heute – ohne jede »emanzipatorische« Gloriole – gesellschaftlich ganz unten. Unterboten werden sie nur noch von den – meist männlichen – jugendlichen Schnüfflern (circa 30000 an der Zahl), die sich ihr Nervensystem mit Pattex verätzen und meist in der Psychiatrie enden. Frauen wenden sich eher vermehrt »männlichen« Suchtmitteln, wie dem Alkohol oder der Zigarette, zu. Nach wie vor spielt dabei die spezifische Lebenssituation einer Frau eine wichtige Rolle bei der Wahl des Suchtmittels.

Nach einer Untersuchung der »Bundeszentrale für gesundheitliche Aufklärung« verfallen Hausfrauen mit Kindern im Alter von fünf bis neun Jahren vorwiegend dem Essen und den Medikamenten. Bei berufstätigen Frauen mit Kindern stehen Rauchen und Alkohol an erster Stelle.

Bei den süchtigen Hausfrauen mag die Tatsache eine Rolle spielen, daß sie meist kaum über eigenes Geld außer dem Haushaltsgeld verfügen. Da sind Medikamente (über das kassenärztliche Rezept zu haben) äußerst billige Drogen. Daß sie Drogen sind, kann zudem vertuscht werden, indem eine Frau sich einredet, sie tue damit etwas für ihre Gesundheit (und den anderen vorwurfsvoll demonstriert, wie krank sie ist). Ähnliche Rationalisierungsmöglichkeiten bietet die Eßsucht: Eine eßsüchtige Hausfrau kann sich durch ihr »gutes« Backen und Kochen und die schön arrangierten Mahlzeiten vormachen, nicht nur sich selbst, sondern auch ihrer Familie Freude zu bereiten (»Liebe geht durch den Magen«) – und ihre Sucht auf diese Weise lange kaschieren. Selbst wenn sie ihren Mann und ihre Kinder »mästet« und gleichzeitig selbst immer dicker wird, sieht das von außen immer noch akzeptabel aus: Sie ist ja eine *sooo* gute Köchin . . .

Ganz anders die Situation der berufstätigen Frauen: Sie müssen im Leben »draußen« nicht nur ständig ihre Tüchtigkeit, sondern meist auch ihre weibliche Attraktivität unter Beweis stellen. Und sie haben durch ihr eigenes Einkommen auch die finanziellen Möglichkeiten dazu: Schlankheits-Kuren, Appetitzügler, harntreibende und Abführmittel, das alles kostet Geld. Von Zigaretten ganz zu schweigen. Auch sie werden als eine Art »Schlankheitsmittel« eingesetzt; mit der Zigarette statt dem Kuchen ist die Figur eher zu halten.

So läßt sich auch der auf den ersten Blick erstaunliche Befund erklären, daß Männer ab 35 häufig mit dem Rauchen aufhören, Frauen aber nicht. Frauen haben nämlich gerade in dieser Altersgruppe Angst, durch den Entzug des blauen Dunstes dick zu werden – und die Kilos fürchten sie noch mehr als das Raucherbein.

Die Zigarette erfüllt aber noch zwei weitere Funktionen: Sie verschafft im streßreichen Berufsalltag eine schnelle Befriedigung – und eine Pause. »Mal eben schnell eine rauchen«, möglichst mit KollegInnen. Das bietet die Möglichkeit, sich aus einer unangenehmen Tätigkeit herauszuziehen, und sei es nur für fünf Minuten. Angenehmer Nebeneffekt: Falls eine Frau nervös ist, kann sie sich immer an der Zigarette festhalten. Das »Komm, wir rauchen noch eine« stellt Kontakt zu anderen her. Und mit dem Ausdrücken der »Fluppe« ist auch die Situation auf sozial akzeptable Weise zu beenden.

Der Alkohol hat bei berufstätigen Frauen mehrere recht verschiedene Funktionen. Als Feierabendsignal: »Bis fünf halten wir noch durch, dann geb' ich einen aus.« Hier hat er deutlich auch die Funktion einer Selbst- und Fremdbelohnung. Als Kontaktmittel im Umgang zwischen den Geschlechtern: Klassischer Fall: der Vertreter oder der Chef, der eine Flasche Wein mitbringt und anstoßen will – und dabei gleichzeitig unauffällig eine erotische Absicht kundtut. Männer testen oft mit Hilfe des Alkohols, wie weit sie bei einer Frau gehen können – und hoffen, der Alkohol lockere die Hemmungen.

Der enorm gestiegene Sektverbrauch und die dazugehörige Werbung verweisen darauf, daß offenbar viele – Männer wie Frauen – auf die »erotisch prickelnde« Atmosphäre hoffen, die sich durch den Schaumwein einstellen möge.

Alkohol hat allerdings nicht nur eine anregende Funktion. Viele berufstätige Frauen trinken zum Abendessen oder nach der Arbeit ein Glas zur Entspannung. »Alkohol ist der ideale Umschalter«, erklärt Christa Merfert-Diete dazu. »Suchtmittel haben ja generell die Funktion eines Regulativs, eines Umschalters für körperlich gefühlte Gemütszustände. Vom Speed zur Beruhigung oder umgekehrt.« Berufstätige Frauen, die sich den ganzen Tag »pushen«, brauchen den abendlichen Alkohol oft, um »ein paar Gänge runterzuschalten«. Sie reagieren damit wohl ähnlich wie Männer in besonderen Streßsituationen.

So hat kürzlich der ehemalige hessische Umweltminister Joschka Fischer in bewundernswerter Offenheit bekannt, während seiner Zeit als »Turnschuh-Minister« jeden Abend zur Whiskyflasche gegriffen zu haben, »sonst hätte ich den Druck gar nicht ausgehalten«. Was sollen da erst die Frauen sagen, die am Arbeitsplatz durchweg stärker zu kämpfen haben als Männer *und* dann oft noch eine »zweite Schicht« zur täglichen Haus- und Familienarbeit einlegen müssen?! (Nach wie vor »helfen« nicht einmal zehn Prozent aller bundesdeutschen Männer bei der Hausarbeit.)

Am späteren Abend dann muß der Alkohol oft eher anregen oder betäuben, dann nämlich, wenn die Frau glaubt, sich bemühen zu müssen, die »heiße Geliebte« für ihren Mann zu spielen . . .

Die klassische Frauendroge aber bleiben die Medikamente, auch für berufstätige Frauen. Christa Merfert-Diete erzählt: »Neulich war ich beim Rundfunk. Im Vorgespräch sagte ich zu einem Redakteur: Ich brauche doch nur zu sagen: ›Ich habe *solche* Kopfschmerzen‹ - und noch bevor ich fortfahren konnte, kam aus dem Nebenzimmer eine Frau herausgeschossen: ›Was ist los? Wer hat hier Kopfschmerzen und braucht was?‹ Sie hatte ›natürlich‹ ein Schmerzmittel in der Handtasche, wie wohl die meisten Frauen.«

Die Frau als »Hausärztin«? Die Verteilung von Medikamenten als rudimentäres Überbleibsel der Tradition weiblicher Heilkunde? Nur, daß die Frauen heute von den Ärzten abhängig werden – und von Mother's little Helper.

Von den Müttern lernen die Töchter, ihre »weiblichen Schwächen« mit den zweifelhaften Segnungen der Pharmaindustrie zu bekämpfen. Die Verschreibungspraxis der Ärzte unterstützt sie dabei nach Kräften: Jungen bekommen sehr früh und nur für wenige Jahre Medikamente verschrieben, etwa gegen »Hyperaktivität«. Mädchen dagegen beginnen ihren Medikamentenkonsum zwar später, dafür bleiben sie aber auch dabei.

Mit dem Eintritt in die Pubertät bringen die Mütter ihre Töchter zum Arzt, damit dieser etwas gegen deren »Menstruationsbeschwerden« verschreibe. Und das sind häufig nicht nur krampflösende, sondern auch Beruhigungspillen. Später »verschreiben« sich viele, die sich partout auf Größe 38 trimmen wollen, Abführmittel oder Appetitzügler. Und um den – von außen kräftig geschürten – nagenden Selbstzweifeln zu entkommen, das Gefühl innerer Leere zu beseitigen (das berühmte »Loch«, von dem viele, nicht nur süchtige, Frauen berichten), nehmen Frauen alles Mögliche, Hauptsache, »ein angenehmes Gefühl«. Noch eine Tafel Schokolade, noch ein Glas Bier, noch eine Tablette ... Sie tun es oft mit schlechtem Gewissen, und sie tun es heimlich.

Während Männer ihre Hauptdroge, den Alkohol, dazu benutzen, Kontakt zueinander aufzunehmen, werden Frauen durch ihre Suchtmittel verstärkt in die Isolation getrieben. Selbst der besten Freundin gegenüber versucht eine Frau zu vertuschen, was und wieviel sie schluckt. Und selbst bei einer gemeinsamen Kuchenschlacht wird garantiert weit mehr über Diät geredet als über die Lust am Essen!

Christa Merfert-Diete, die sich beruflich viel mit dem Thema auseinandergesetzt hat, bringt heute den Mut auf, auch öffentlich mit gutem Beispiel voranzugehen. Sie sagt: »Mein Mittel, mich zu regulieren, ist essen. Und ich esse immer ein bißchen mehr, als mein Körper verarbeiten kann. Das ist mit dem Wunsch verbunden, daraus Kraft zu holen, zu tanken, zu speichern. Obwohl ich selber mitkriege, daß sich das belastend auf meinen Körper auswirkt, etwa wenn ich Mühe habe, die zwei Treppen bis zu meinem Büro hochzulaufen. Aber wenn ich mich schlapp fühle, denke ich automatisch: ›Och, jetzt was essen.‹ Und wenn ich dann in einem Vortrag öffentlich hinzufüge: ›Ich habe Kleidergröße 46‹, dann bleibt vielen Frauen im Publikum vor Schreck der Mund offen stehen. Sie haben das Gefühl: ›Auweia, das darf man doch nur hinter vorgehaltener

Hand sagen.‹ Ich weise sie dann darauf hin, daß das oft bei Alkoholikerinnen das gleiche ist: die anderen haben schon längst gemerkt, daß sie mehr trinkt, als es gut ist, nur sie selbst glaubt noch, dies sei ihr persönliches Geheimnis.«

Aber was ist ein »guter« Umgang mit potentiellen »Suchtmitteln«?

Es gilt heute längst als normal, wenn eine Frau drei Flaschen Bier oder zwei Viertel Wein am Abend trinkt. Auch in der Frauenszene wird tüchtig gebechert. Dabei heißt Emanzipation auf gut deutsch: Befreiung aus Abhängigkeit.

Die Suchtexpertin Merfert-Diete zum heutigen »Frauensyndrom Sucht«: »Im letzten Jahrhundert wurde die Über- oder Unterforderung von Frauen als ›Hysterie‹ diagnostiziert. Die Privilegierte, die gezwungen war, ausschließlich die Rolle der repräsentierenden Gattin zu spielen, bekam genauso ihre Migräne- und hysterischen Anfälle wie die Benachteiligte, die mit sechs oder acht Kindern in einem Raum lebte und als Arbeiterin auch noch berufstätig war. In diesem Jahrhundert nun hat die ›Depression‹ die Rolle der Hysterie übernommen. Und neuerdings gibt es das der Depression verwandte Syndrom ›Sucht‹.« Ein ganz modernes Beispiel dafür sind die Eßstörungen: Mit Geben und Nehmen, Unter- und Überforderung stimmt etwas nicht. Mit Hilfe des zuviel oder zuwenig Essens gelingt es dann für Momente, ein Gefühl des Wohlbefindens, ja der »Ganzheit« herzustellen. Solange eine Frau keine anderen Möglichkeiten zur Verfügung hat, sich selbst etwas Gutes zu tun – oder dafür zu sorgen, daß *andere* ihr Gutes tun! – solange sie nicht weiß, mit welchen »Schwächen« sie leben und was sie wie ändern will, solange wird sie in Gefahr sein, immer wieder auf das Suchtmittel zurückzugreifen, weiß Christa Merfert-Diete. »Viele Frauen beziehen ihre Identität aus dem Leid; sie haben Angst, sich von ihrem Suchtmittel loszusagen, weil sie nicht wissen, was an diese Stelle treten soll.«

Die DHS-Mitarbeiterin und Mitherausgeberin des Buches ›Frauen und Sucht‹ erhält häufig Anrufe von Frauen, denen ihr Suchtmittel-Konsum zwar unheimlich ist, viel unheimlicher jedoch ist ihnen, was auf sie zukommt, wenn sie damit aufhören. Was sagt sie solchen Frauen? »Ich sage zum Beispiel: ›Im Moment fallen Sie gerade in einen tiefen Brunnen, und Sie wissen genau, wenn Sie unten ankommen, werden Sie ertrinken. Das macht Ihnen Angst. Wenn Sie mit dem Suchtmittel aufhören, dann haben Sie zwar auch Angst, aber es besteht die Möglichkeit, daß das kein Fall in die Tiefe wird, sondern ein Gang durch einen Tunnel, an dem das Licht hinten immer größer wird.«

Anders als alkoholabhängige Männer (deren Frauen sie zu 90 Prozent beim Entzug unterstützen) werden Frauen bei ihrem schweren Kampf gegen die Sucht häufig allein gelassen. Nur zehn von hundert Männern sind bereit, ihren alkoholabhängigen Frauen zu helfen. Im Gegenteil, Frauen müssen sich oft auch noch dafür als »Schlampe« beschimpfen und verprügeln lassen. Häufig sind die süchtigen Frauen dann bereits so demoralisiert, daß sie sich für alles selbst die Schuld geben.

Was können Frauen tun, die den Verdacht haben, sie könnten abhängig sein? Sie können den »Sechs-Wochen-Test« machen. Christa Merfert-Diete hat noch einen Rat: »Sie können sich und ihre Verhaltensgewohnheiten mal eine Woche genau beobachten, vielleicht auch protokollieren. Zum Beispiel: Bei welchen Gelegenheiten trinke ich Alkohol (nehme mein Medikament, esse Süßes etc.) und wie fühle ich mich dabei? Auch ist es wichtig, mit anderen darüber zu sprechen, zu fragen: Wie hältst du es damit?«

Wer Probleme hat, im eigenen Bekanntenkreis jemanden zu finden, mit der sie offen über ihre mögliche Abhängigkeit reden kann, kann verschiedene Institutionen aufsuchen. In vielen Städten gibt es Frauen-Selbsthilfegruppen (zum Beispiel bei Eßstörungen), in denen Frauen sich gegenseitig oder unter Anleitung dabei helfen, über die der Störung zugrundeliegenden Probleme zu sprechen, um von der Abhängigkeit loszukommen. Außerdem kann sich jede Frau an die traditionellen Suchtberatungsstellen oder Psychosozialen Beratungsstellen wenden (Adressen im Telefonbuch, über das Gesundheitsamt oder – wenn alles nichts hilft – über die Telefonseelsorge).

Falls eine Frau sich für eine Psychotherapie entscheidet, ist allerdings Vorsicht geboten: Sie sollte auf jeden Fall darauf achten, daß die Therapie zwar an ihrem individuellen Schicksal ansetzt, sie aber weder allein dafür verantwortlich macht, noch versucht, sie um den Preis der »Heilung« anzupassen an diese Männergesellschaft und ihre Spielregeln. Denn für die Sucht gibt es Gründe. Und auch die müssen geändert werden!

Michaela Huber
Oktober 1989

In Deutschland leben heißt, in einem Land leben, in dem deutsche Nicht-Juden deutsche Juden noch vor wenigen Jahrzehnten erniedrigten, verfolgten, ermordeten. Was bedeutet das für die heute Lebenden? Eine deutsche Jüdin und eine deutsche Nicht-Jüdin antworten – beide ›Emma‹-Autorinnen der ersten Stunde. (Die Texte sind ein kleiner Auszug aus der dreiteiligen ›Emma‹-Serie ›Jüdinnen‹ von September bis Oktober 1989.)

Traum: Zu Hause, in der Magdalenenstraße. Der große Hintergarten. Sehr warmer Tag. Aber die Bäume sind alle kahl: Der Birnbaum und seitlich zum Birnbaum in gerader Linie eine lange Reihe anderer sich gleichender Bäume.

Die haben früher hier nicht gestanden, denke ich. Aber ich sage nichts. Meine Schwester und ich harken das Laub zusammen. Wir versuchen, ein wenig Ordnung in unseren verwilderten Garten zu bringen, ohne diese Wildnis zu zerstören. Nur ein wenig Luft und Übersicht. Wir harken sehr viel Laub und auch schwarze Erde zusammen. So viel, daß sie sich zwischen den in Reih und Glied stehenden Bäumen bis zu deren kahlen Kronen türmt.

Ich sage zu meiner Schwester: Ich werde das Laub unter der Wiese vergraben. Dort wird es Humus. Das Wetter ist viel zu warm. Die kahlen Bäume werden sonst unter dem Laub und der hochgetürmten Erde verfaulen. Sie würden ganz bleich werden.

Mir wird jetzt bewußt, wie warm und schwül es ist. Die Luft ist schwer. Ich beginne zu graben. Sehr glatte Spatenstiche. Eine große Grube entsteht. Jetzt gibt die Erde unter mir etwas nach. Ich stoße mit dem Spaten wie durch eine Decke. Die Erde bröckelt in die Tiefe. Ich sehe in eine Höhle, wie in eine Tiefgarage. Betonwände. Graues Licht.

Ich sage zu meiner Schwester: Darin ist ganz viel Platz für das schöne Laub, und wir werden so diese große Leere ausfüllen können bis zum Erdboden hinauf. Dann sage ich: Vielleicht sollte ich erst einmal hinabsteigen. Womöglich finden wir dort gestohlenes Gut versteckt, was Frau F. von Juden geraubt hat.

Frau F. hat vor uns hier gewohnt. Sie hat unsere Eltern bei der Gestapo wegen Rassenschande angezeigt. Das stimmt, denke ich im Traum. Das hat sie getan. Womöglich hat sie noch mehr getan. Dann fällt mir ein, daß da unten auch Tote sein könnten. Leichen. Ich verteile alles Laub und die Erde über den breiten Gartenweg und die Wiese. Das Loch lasse ich offen.

Ich bin 1948 geboren. Drei Jahre nach der Befreiung. Meine Familie ist mütterlicherseits jüdisch, väterlicherseits nichtjüdisch. Beide Familien sind seit mehreren Generationen gebürtig aus Hamburg. Und weder von der einen noch von der anderen Seite bin ich religiös erzogen worden.

Jüdisch sein war für mich als Kind eine Sache von: drinnen oder draußen. Drinnen war man jüdisch. Draußen, unter »den anderen«, nicht. Schon auf der Terrasse oder im Garten sprachen die Erwachsenen, wenn sie darüber sprachen, mit gedämpfter Stimme. Die Freundinnen meiner Großmutter kamen einmal im Monat. Während sie Kuchen aßen und Kaffee tranken, fielen Namen wie Theresienstadt, Dachau, Bergen-Belsen, Auschwitz. Immer begann eine der Frauen zu weinen. Oder eine sprang auf und rannte aus dem Zimmer.

Als ich zur Schule kam, benutzte ich einmal meinem Klassenlehrer gegenüber ein jiddisches Wort. Er verstand mich nicht. Ich erzählte es zu Hause. Die Familie war begeistert. Die Kränzchenfreundinnen meiner Großmutter waren begeistert. Aber das Wort sollte ich nicht wieder benutzen; nicht gegenüber »den anderen«.

Als wir uns im Geschichtsunterricht dem Ende der Weimarer Republik näherten, lag ich bereits auf dem Sprung. Würde meine Geschichtslehrerin die Nazi-Zeit zu übergehen versuchen und gleich von Adenauer reden? Sie tat mir den Gefallen.

Ich beschwerte mich erregt bei der Schuldirektion. Die Diskussion in meiner Klasse erlebte ich wie den Versuch einer Rache. Meine Mitschülerinnen waren für mich plötzlich »die Kinder der Nazis«. Meine Lehrerin hatte ich zwar mit wenigen Argumenten außer Gefecht setzen können (sie war das personifizierte schlechte Gewissen), aber meine Klassenkameradinnen antworteten mir in aller Gelassenheit: »Warum regst du dich auf? Du bist doch erst danach geboren. Dir ist doch gar nichts passiert?«

Das Schuldgefühl der Opfer, den Tötungsapparat der Nazi-

Zeit überlebt zu haben, in dem sechs Millionen andere Juden ermordet wurden, setzte sich fort: Ich litt darunter, nicht gelitten zu haben. Das Argument meiner Mitschülerinnen hatte mich fürs erste erschlagen. Die Auseinandersetzung mit ihnen war kurz und schmerzlich. Kurz, weil sie kaum wirklich etwas wußten, und schmerzlich, weil sie es nicht nötig hatten, etwas zu wissen.

»Du kannst sie nicht ändern«, tröstete mich meine Großmutter. Ich machte mir zu eigen, was meine Familie längst praktizierte: Schweigen, aber stolz darauf sein. Wehe, du sagst etwas! Und: Wehe, du sagst nichts!

Freundinnen erfuhren nichts mehr von mir, aber ich versuchte hintenherum herauszufinden, ob ihr Vater, ihre Mutter Nazis gewesen waren. Untrüglich war das eigene Gefühl und waren gewisse Indizien, die in meiner Familie als »furchtbar deutsch« verpönt sind: Blockflöte, Volkslieder, Zöpfe, kleiner Haarknoten, Dirndl, Ledermäntel, glatte Schaftstiefel, Pfadfinderuniform.

Heute frage ich Freundinnen, die gute Freundinnen zu werden scheinen. Ich frage sie, nachdem ich einiges von mir erzählt habe, was ihre Eltern zwischen 1933 und 1945 gemacht haben. Ich muß es wissen, sonst habe ich keine Ruhe und kein Vertrauen. Fast immer bekomme ich zunächst zur Antwort: »Mein Vater war in Kriegsgefangenschaft«. Die Antwort ist absurd, denn das war nach 1945. Ich vermute, sie kommt wegen des Wortes »Gefangenschaft«. Aus dem Täter-Vater wird ein Opfer-Vater.

Bei mir löst die Antwort hilflosen Zorn aus. Ich habe das Gefühl, ich muß erst noch beweisen, daß es die Nazi-Zeit überhaupt gegeben hat. Wenn ich heute im Hamburger Telefonbuch unter dem Buchstaben F nachlese, sehe ich die Namen der Kinder jener Frau, die meine Eltern bei der Gestapo angezeigt hat.

Ich habe oft darüber gewütet und tue es noch heute, daß die heute erwachsenen Kinder und Enkel der Täter-Generation sich der Vergangenheit ihrer Familie einfach entziehen zu können glauben. Sie wissen von Gaskammern und von sechs Millionen ermordeter Juden, und das ist ihnen an Schrecklichkeiten gerade genug. Mehr wollen sie gar nicht wissen. »Man kann doch nicht immer wieder die Topographie des Terrors ..., da schalten die Leute doch ab«, wird mir gesagt. Das verstehe ich nicht. Warum? »Weil alles so anonymisiert ist.« Nicht »es« ist anonymisiert. Sie anonymisieren. *Ich* habe noch nie von einer »Topographie des Terrors« gesprochen. Ich kann das nicht.

Wenn ich allein auf die Sprache achte, kann ich an einem Tag viel zusammentragen, aber ich kann das nicht jeden Tag aushalten. Mit Antisemitismus zu rechnen, sofort aufzuhorchen, aber womöglich nichts zu sagen, ist für mich normal. Sogar in der Frauenbewegung. Das war für mich als Feministin am schwersten zu begreifen, aber ich habe es hingenommen. Zunächst.

In Hamburg bin ich bei einer Politikerin zu Hause eingeladen. Sie wohnt in einer Villa, die sich vor 1933 eine jüdische Familie gebaut hatte. Sie ist eine Frau mit guten Ansichten, und ich mag sie. Es ist ihr Geburtstag, und sie führt ihre Gäste durch dieses prächtige Haus, zeigt ihnen den Reichtum der jüdischen Familie und das Versteck, in dem der ehemalige Besitzer von der Gestapo gefunden worden war. Alle staunen über dieses winzige Loch im Schrankzimmer.

Als Kind und bis noch vor wenigen Jahren bedeutete jüdisch sein für mich etwas, was außerhalb der Familie niemand wissen sollte. Etwas, was die Familie ganz fest miteinander verbindet. Nach Hause zu spät zu kommen, war nicht das Übertreten eines elterlichen Gebotes. Ich wußte, sie sind wegen einer Viertelstunde in Panik. Sie denken, ich bin tot. Ich bin froh darüber, in diese Familie hineingeboren und nicht die Tochter deutschnationaler Eltern zu sein. Es ist nicht mein Verdienst. Aber es ist der eine Teil meiner Identität, die Geschichte meiner Familie. Den anderen Teil lehrt mich meine nichtjüdische Umwelt: Ich sei überempfindlich. Ich könne die Vergangenheit nicht ruhen lassen und nicht verzeihen. Ich erregte mich überhaupt zu sehr, würde andere dauernd unterbrechen, womöglich nur, um eine Pointe zu landen. Immer müsse ich irgendwelche Geschichten erzählen, ereiferte mich zuviel, zuviel, zuviel.

Der Alsterpavillon in Hamburg war in den sogenannten »Goldenen Zwanzigern« das Zentrum von Jazz-Freunden und wurde das »Judenaquarium« genannt. Zur selben Zeit nannte man eine bestimmte Straßenbahn, die in Richtung Rotherbaum und Grindel fuhr, den »Jerusalemexpreß«. Diese Spottnamen erschrecken mich nicht. Sie sind für mich ein Beweis dafür, wie ausgeprägt jüdisches Leben in Hamburg einmal gewesen sein muß. Ich trauere darum, das nicht miterlebt zu haben, und ich zürne, daß man mir meine jüdische Umwelt zerstört und vernichtet hat.

Ich bin hier geboren. Genauso wie meine Großmütter, Urgroßmütter und Ururgroßmütter mütterlicher- und väterlicherseits. Die deutsche Sprache ist meine Sprache. Doch daß ich jüdisch bin, das vor allem bindet mich an dieses Land.

»Wie hältst du es hier überhaupt aus mit dem neuen Antisemitismus und so?« werde ich manchmal von wohlmeinenden Nicht-Juden gefragt. Ich frage dann zurück: »Und wie haltet ihr es aus?«

Viola Roggenkamp

Wir

Habe ich, Alice Schwarzer, geboren 1942 als Kind einer nichtjüdischen Familie, Angst vor dem Antisemitismus? Nein. Ich bin empört darüber. Ist meine Kollegin und Freundin Viola Roggenkamp, geboren 1948 als Tochter einer jüdischen Mutter empört über den Antisemitismus? Nein. Sie hat Angst davor. Ist das ein Unterschied? Ja, ein gewaltiger.

Auschwitz lebt. In uns beiden. In den überlebenden Opfern und Tätern. Und in deren Kindern und Kindeskindern. Das Verhältnis zwischen Juden und nichtjüdischen Deutschen ist darum nicht »normalisierbar«. Denn die Vergangenheit ist keine. Sie ist Gegenwart.

Nur eine Minderheit der nichtjüdischen Deutschen ist heute, 50 Jahre nach der »Kristallnacht« und 43 Jahre nach Auschwitz, wirklich frei vom Antisemitismus (und seinem Pendant: dem Prosemitismus). Und nur eine Minderheit dieser Minderheit distanziert sich offensiv davon. Antisemitismus scheint kein dringliches Thema.

Bestenfalls ist die Absage an den Antisemitismus für Nichtjuden eine Frage von Einsicht und Anstand. Für Juden aber ist sie eine Frage von Leben und Tod. Und genau das unterscheidet uns: uns deutsche Nichtjuden und uns deutsche Juden.

Reden wir nicht von dem in weiten Teilen der Welt heute wieder aggressiv aufflammenden Antisemitismus, der Juden verschiedenster Nationen und Kulturen wieder und immer noch vertreibt: Nach Israel oder sogar, makabererweise, in die Bundesrepublik. Reden wir von uns und den Jüdinnen und Juden, die mit uns leben.

1988 sind sie keine halbe Million mehr, so wie noch 1938, es sind 50000 bis 60000 – darunter nur knappe 10000 deutscher Herkunft (also nicht mehr als zwei Prozent der früheren Anzahl). Und wer sind sie? Es sind die Überlebenden aus den Konzentrationslagern, die Zurückgekehrten aus dem Exil, deren Kinder und Kindeskinder.

Die, die dem Inferno entkommen sind, sind heute etwa 60 Jahre und älter. Eine polnische Untersuchung zeigt, daß von 100 Ex-KZ-Häftlingen 97 an mindestens zwei schweren chronischen körperlichen Krankheiten leiden und invalid sind. Sie haben überlebt. Aber sie haben das Ghetto des Nichtvergessenkönnens nie verlassen. Für die meisten unter ihnen ist seit über 40 Jahren der Tag unwirklicher Traum und die Nacht Realität. Nacht für Nacht kehren sie ins Lager zurück. In Todesschrecken wachen sie auf an der Tür zur Gaskammer – und liegen wach, aus Angst, wieder einzuschlafen.

Nur ganz wenige dieser Überlebenden sind nach Deutschland zurückgekommen. Viele gingen nach Israel oder blieben im Exil. Diese Wenigen leben heute in jüdischen Altersheimen in Frankfurt oder Düsseldorf, zum Beispiel, oder in der Wohnung nebenan.

Die Mehrheit der Jüdinnen und Juden in der Bundesrepublik sind heute Angehörige der sogenannten »zweiten Generation«. Das heißt der Generation, die in den Jahren nach der Ermordung der sechs Millionen Juden von den Überlebenden geboren wurden.

Sie haben Mütter, denen über Jahre jegliche Menschlichkeit abgesprochen wurde, die seelisch und körperlich zerstört sind. Sie haben Mütter, die ihre ganze Kraft aufbringen mußten, um überhaupt den Mut zum Weiterleben zu finden. Sie haben Mütter und Väter, die ihre ganze Hoffnung auf das Leben ihrer Kinder setzten. Mütter und Väter, die schweigen. – Wie auch hätten sie das Unsagbare sagen sollen?

Wir wissen heute, was wir uns auch ohne die Untersuchungen der Psychologen und Mediziner hätten denken können: Diese Kinder der Überlebenden sind selbst zutiefst geprägt vom Trauma ihrer Eltern. Da reden wir in diesen psychologiebewußten Zeiten permanent darüber, wie wir von Mutter oder Vater geprägt sind – nur in bezug auf die Kinder der Juden stellt sich niemand die Frage nach der seelischen Hypothek . . .

Auschwitz lebt. Nicht nur in den Seelen und Körpern der Überlebenden. Auch im Bewußtsein ihrer Kinder und Kindeskinder, geboren auf verbrannter Erde. Die seelische Zerstörung durch die Faschisten setzt sich in den Kindern der Opfer fort.

Der Krakauer Psychiater Zdzislaw Ryn berichtet von Untersuchungen, die beweisen, daß Kinder ehemaliger KZ-Häftlinge besonders häufig an schweren Persönlichkeitsstörungen und starken Selbstzweifeln leiden, daß sie häufig sozial und beruflich unintegrierbar sind und zu Selbstmord neigen. Allerjüngste polnische Untersuchungen (nicht deutsche!) brachten selbst für Experten eine Überraschung: Die Töchter der Überlebenden sind signifikant häufiger steril – körperliche Ursachen dafür konnten bisher nicht gefunden werden.

Auch ohne Worte teilte sich die Verzweiflung jüdischer Mütter und Väter mit, nur mühsam übertüncht von der Sehnsucht, endlich zu leben. Dieses Schweigen, drinnen wie draußen – ab und zu unterbrochen vom subtilen oder, neuerdings wieder, kruden Antisemitismus – das ist vielleicht das Schlimmste. Wir alle haben zu lange geschwiegen.

Die »Herrenrasse« hat ganze Arbeit geleistet. Die wenigen, die überlebten, hatten Glück. Die meisten ihrer Folterer und Mörder auch. Sie machten sich an den Wiederaufbau. Und die mit »der Gnade der späten Geburt«? Haben sie mit all dem nichts mehr zu tun?

Ich persönlich habe das Glück (nicht das Verdienst), aus einer antifaschistischen Familie zu kommen. Sehr selbstverständlich wurde von Anfang an über alles geredet: über die Verblendung und die Verbrechen der Nazis, über die Verfolgung von Juden und Andersdenkenden.

Ich komme nicht aus einer Familie, die politisch organisierten Widerstand geleistet hat. Eher war es private Renitenz. Aber ich erinnere mich gut, daß ich schon als Kind stolz darauf war, daß meine 1,50 Meter kleine Großmutter vorbeiging an den Schildern »Kauf nicht bei Juden«, rein in ihre Stammläden, jetzt extra!, und sich dafür von den Nazis ohrfeigen ließ; daß sie, die später nur ungern vor neun Uhr aufstand, jahrelang jeden Morgen um sechs den einige Straßen weiter vorbeiziehenden Zwangsarbeitern Brötchen zuwarf;

daß sie nicht einmal in ihrem Leben »Heil Hitler« gesagt hatte (und statt dessen bei jeder Begrüßung »Hustenanfälle« bekam).

Meine Familie hörte jahrelang den verbotenen englischen »Feindsender« und fieberte dem Tag der »Befreiung« entgegen. Ich wurde als Kind gründlich aufgeklärt über das, was in den KZs geschehen war – aber auch bei uns zu Hause fragte sich niemand: Wo sind sie denn heute, die Juden? Dennoch: die »bleierne Zeit« war der Auslöser der Politisierung meiner Generation, die Zelle unserer ersten Empörung: Das also konnte passieren, wenn Menschen sich über Menschen erheben – und auch noch die Macht auf ihrer Seite haben.

Die »Judenfrage« war mir früher bewußt als die »Frauenfrage«. Mit zunehmender Politisierung begriff ich die internationalen Dimensionen des Faschismus, der, leider, kein deutsches Patent ist. Mit zunehmendem Feminismus erkannte ich die Parallelen zwischen Antisemitismus und Sexismus. Nicht zuletzt deshalb, weil ich zu der Zeit in Frankreich lebte, wo Jüdinnen in der Neuen Frauenbewegung von Anfang an eine wichtige Rolle spielten und auch selbst auf diese ihre doppelte Betroffenheit hinwiesen.

Erst der Sexismus macht die Frau zur Frau. Und erst der Antisemitismus macht den Juden zum Juden (»Jude ist, wen Hitler dazu erklärt hat«). Ohne den Sexismus würde es für ein Leben keine entscheidende Rolle spielen, ob ein Mensch weiblich ist oder männlich. Und ohne den Antisemitismus wären Juden ganz einfach die Nachbarn von nebenan ... Nur gläubige Juden würden sich noch leicht unterscheiden – ohne aber deswegen der »Andere«, der »Fremde«, der »Mindere«, kurzum: der Jude zu sein.

In der zweiten Hälfte des 19. Jahrhunderts und im beginnenden 20. Jahrhundert glaubten sie sich schon so weit, die »emanzipierten« Juden. Sie zogen raus aus den Ghettos und kämpften im Ersten Weltkrieg Seite an Seite mit den »Goij« für das gemeinsame Vaterland. Sie verstanden sich nicht länger als Juden, sie waren Deutsche.

Der Antisemitismus der Mehrheit holte diese zu früh emanzipierte Minderheit grausam wieder ein. Nach Shoah ist Jüdischsein nun auf Generationen wieder »Schicksal«. Und es sind nicht nur die Verfolgungen der Vergangenheit, es ist auch die antisemitische Gegenwart. Bleiern liegt sie auf dem Leben von Kindern und Kindeskindern.

Lange hat es gedauert, sehr lange, bis die zweite Generation begann zu reden. In einem Land, in dem schon das Wort »Jude« tabu ist (und wo selbst Juden, die in ihrem Leben Israel noch nicht gesehen haben, »Israelis« genannt werden), ist es auch heute nicht leicht zu sagen: Ich bin Jude. Ich bin Jüdin.

Wie beschämend für uns, für die Kinder der Täter, daß sie es sind, die Kinder der Opfer, die anfangen zu reden.

»Das Schweigen über Krieg und Konzentrationslager, gerade das Schweigen auf deutscher Seite, war kein leeres Schweigen«, tröstete der Pole Zdzislaw Ryn, selbst Kind Überlebender, jüngst seine deutschen ZuhörerInnen auf einer Hamburger Veranstaltung. »Es war eine Phase des Heranreifens zum Sprechen, zur Suche nach Wahrheit und zum Aussprechen dieser Wahrheit – wie das Schweigen in der Psychotherapie, das notwendig und folgenschwanger ist.«

Bleibt nur die Hoffnung, daß er recht hat.

Alice Schwarzer

Art. 3, Abs. 2 GG:
»Männer und Frauen sind gleichberechtigt.«

»Männer und Frauen sind gleichberechtigt« – heißt es in unserer Verfassung. Daß dieser schlichte Satz überhaupt im Grundgesetz der BRD steht, ist keineswegs selbstverständlich. Beinahe wäre es sogar schiefgegangen ... Wenn nicht die Sozialdemokratin Elisabeth Selbert und ungezählte ungenannte Frauen, die hinter ihr standen, vor 40 Jahren 61 Männer in die Knie gezwungen hätten: die sogenannten »Väter des Grundgesetzes«, die im Winter 48/49 fest entschlossen waren, aus dem neugeborenen, demokratischen Staat »Bundesrepublik« ein Kind ohne Mütter zu machen.

Auf dem ersten Bild sind nur Männer zu sehen, viele Männer. Sie tragen dunkle Anzüge und dezente Krawatten und stehen, wie in einem Klassenzimmer zur Begrüßung des Lehrers, hintereinander aufgereiht an Dreiertischen. Einer gleicht dem anderen, und nur ein paar fallen auf in der grauen Menge. Zum Beispiel die zwei, die sitzen geblieben sind, wohl aus Protest: die Kommunisten Max Reimann und Heinz Renner. Und vorne in der ersten Reihe, groß und gewichtig, der Sozialdemokrat Carlo Schmid, der mit seinem Nebenmann tuschelt. Und zwei Plätze weiter, weißhaarig, zart und ein wenig melancholisch, Theodor Heuss (FDP). Unter dem Foto die Zeile: »Der Parlamentarische Rat bei der Schlußlesung des Grundgesetzes am 7./8. 5. 1949.«

Die 61 Männer auf dem Bild sind die »Väter« unserer Verfassung. Aber: Wo sind die »Mütter«?

»Wir haben ein Männerregime hinter uns und eines vor uns«, schrieb die weitsichtige Trude Bosse, Herausgeberin der Frauenzeitschrift ›Silberstreifen‹, im kalten Hungerwinter 1947. Recht hatte sie, und doch: Es saßen auch Frauen in der verfassunggebenden Versammlung, die knapp vier Jahre nach der Kapitulation in der Pädagogischen Hochschule zu Bonn tagte, in der »Päda« am Rhein, die ein paar Monate später das »Bundeshaus« wurde.

Erst das zweite Bild, das für sie allein reserviert ist, macht die sichtbar, die sonst in der Männermasse untergehen – die vier gestandenen »Mütter des Grundgesetzes«: Keine von ihnen wurde nach 1900 geboren, alle haben sie noch die erste Frauenbewegung erlebt und den Kampf ums Frauenstimmrecht, und nur eine von den vieren hat geheiratet.

Allerdings nahm die sich einen »Softi« zum Mann, einen, der sie, als sie schon zwei Kinder hatte, bestärkte, das Abitur zu machen. Das war 1926, und sie war schon 30. Sie war eine der ersten Frauen, die zum Jurastudium zugelassen wurden, und ihr Mann, ein Buchdrucker, zahlte für sie die teuren Studiengebühren. Sie war 34, als sie über die »Zerrüttung als Ehescheidungsgrund« promovierte – 47 Jahre bevor die sozialliberale Koalition das »Schuldprinzip« abschaffte.

Die Frau ist Sozialdemokratin, sie heißt Elisabeth Selbert und steht ganz rechts im Bild. Ihr haben wir den schlichten Satz »Männer und Frauen sind gleichberechtigt« (Artikel 3, Absatz 2, Grundgesetz) in unserer Verfassung zu verdanken. Ihr und dem Druck tausender ungenannter Frauen, die im Winter 1948/49 zum erstenmal in der Nachkriegsgeschichte deutsche Politiker in die Knie zwangen und die Männer im Parlamentarischen Rat mit dem ersten Frühlingswehen einer neuen Frauenbewegung erschreckten.

Gleich neben Selbert (als zweite von rechts) ihre Genossin Friederike Nadig, eine Verkäuferin, die sich zur Wohlfahrtspflegerin, dann zur Vorsitzenden der ostwestfälischen Arbeiterwohlfahrt und schließlich zur Bundestagsabgeordneten hochgearbeitet hat. Doch: Dem Gleichberechtigungsgrundsatz stand sie eher skeptisch gegenüber.

Helene Weber (CDU), die energisch aussehende Dame mit »Dutt« (die einzige, die sitzt in der Vierergruppe auf dem Bild), fand zwar, daß Frauen für die gleiche Arbeit den gleichen Lohn wie Männer bekommen müssen. Von Gleichberechtigung jedoch hielt die Vertraute Adenauers und Vorsitzende der CDU-Frauenvereinigung nicht viel. Dennoch nahm sie für sich selbst ihr ganzes Leben lang gleiches Recht in Anspruch: als eine der ersten Studentinnen im Kaiserreich und als der erste weibliche Ministerialrat Preußens.

Wenn sie auch immer wieder betonte: »Ich trete dafür ein, daß die Frau für das Familienleben frei ist«, hat Weber selbst nie eine Familie gegründet und statt dessen lieber in der Männerpolitik mitgemischt. Von ihr stammt der berühmte Ausspruch: »Der reine Männerstaat ist das Verderben der Völker.«

CDU/CSU und SPD entsandten 1948 jeweils 27 VertreterInnen in den Parlamentarischen Rat: 26 Männer und eine Frau die Christen, 25 Männer und zwei Frauen die Sozialisten. Die FDP schickte fünf Männer nach Bonn, die Deutsche Partei und die Kommunisten jeweils zwei. Nur das katholische Zentrum machte bereits 1948 mit der 50-Prozent-Quote Ernst: Von zwei Zentrums-Abgeordneten im Parlamentarischen Rat war einer eine Frau. Und was für eine!

Sie steht ganz links und ist die größte von allen. Es ist die ehemalige Fürsorgerin Helene Wessel, die erste Parteivorsitzende in der deutschen Geschichte, Außenpolitikexpertin und hochbegabte Rednerin. Als überzeugte Katholikin war sie erbitterte Gegnerin des Katholiken Adenauers und stritt in den 50er Jahren gegen die Wiederbewaffnung, gegen den »Kalten Krieg« und für eine entspannte Ostpolitik.

Der Parlamentsstenograph Vinzens Koppert beschreibt Wessel so: »Sie kleidet sich etwas männlich, trägt einen Schleifenbinder und ist überhaupt etwas stark. Es ist ein Glück für uns Männer, daß sie nicht verheiratet ist.« Und der Publizist Walter Henkels: »Es war jener Suffragettentyp, den man aus der Zeit des Kampfes für das Frauenstimmrecht kennt.«

Helene Wessel war so emanzipiert, daß sie gar nicht auf die Idee kam, andere Frauen könnten es nicht sein. Aus der Diskussion um die Gleichberechtigung jedenfalls hielt sie sich völlig heraus. Leider. Diesen Kampf überließ sie genau wie Nadig und Weber Elisabeth Selbert allein.

Wir können froh sein, daß die vier »Mütter des Grundgesetzes« überhaupt an der Ausarbeitung der Verfassung beteiligt wurden. Zwar waren Frauen nach 1945 in der Mehrheit (auf 100 Wähler kamen 1949 170 Wählerinnen); zwar organisierten sie draußen im zerbombten Land das Überleben; zwar arbeiteten sie als Schweißerinnen auf Hamburger Werften und als Maurerinnen auf dem Bau; zwar beschickten sie Hochöfen bei Krupp und Hösch; zwar fuhren sie Lastkraftwagen und Straßenbahnen und konstruierten Akkumulatoren; zwar waren sie gleich nach dem Krieg auch für die schwerste Männerarbeit stark genug – aber die Männerarbeit »hohe Politik« machten die Herren nach wie vor allein.

Es waren ausschließlich Männer, die am 1. Juli 1948 nach Frankfurt ins Hauptquartier der Amerikaner beordert wurden. Dort beauftragten die drei Militärgouverneure Clay

(USA), Robertson (Großbritannien) und Koenig (Frankreich) die neun Ministerpräsidenten und zwei Regierenden Bürgermeister, am 1. September 1948 eine verfassunggebende Versammlung einzuberufen: Aus den drei Westzonen des nach zwölf Jahren untergegangenen »1000jährigen Reiches« sollte ein demokratischer Staat werden, unter Ausschluß der sowjetischen Zone und unter Einfluß der Westmächte.

Es waren ausschließlich Männer, die im August 1948 auf der »Herreninsel« im Chiemsee – ihre Sekretärinnen waren auf der »Fraueninsel« untergebracht – einen ersten Verfassungsentwurf ausarbeiteten und einen Gleichheitsartikel, in dem das Wort »Frau« nicht vorkam.

In der Weimarer Verfassung, an der sich der »Herrenkonvent« auf der Herreninsel orientierte, hatte es noch geheißen: »Männer und Frauen haben grundsätzlich die gleichen staatsbürgerlichen Rechte und Pflichten.« Auch wenn das nur bedeutete, daß Frauen wählen und gewählt werden durften und das Wort »grundsätzlich« Ausnahmen von dieser Regel erlaubte, war das mehr, als in dem Verfassungsentwurf stand, der am 1. September 1948 dem Parlamentarischen Rat vorgelegt wurde.

Die »Gleichheit« der Herren vom Chiemsee las sich so: »(1) Vor dem Gesetz sind alle gleich. (2) Der Grundsatz der Gleichheit bindet auch den Gesetzgeber. (3) Jeder hat den Anspruch auf gleiche wirtschaftliche und kulturelle Entwicklung.«

Aber im Parlamentarischen Rat sitzen Frauen und ein paar fortschrittliche Männer, solche wie der SPD-Abgeordnete Bergsträsser oder die beiden Kommunisten Reimann und Renner, die sich immer wieder für die Frauenrechte engagieren. Und so hat sich der Gleichheitsartikel zwei Monate später schon erheblich verändert. Im November 1948 lautet der Absatz 2: »Männer und Frauen haben die gleichen staatsbürgerlichen Rechte und Pflichten.«

Doch Elisabeth Selbert will mehr. Sie formuliert den zweiten Absatz um in »Männer und Frauen sind gleichberechtigt«, überzeugt nach hartnäckigen Redegefechten auch ihre Fraktion, und am 30. November 1948 bringt Frieda Nadig den Änderungsantrag Selberts in den Grundsatzausschuß ein. Er wird mit großer Mehrheit abgelehnt. Am 1. Dezember 1948 versucht es die SPD ein zweites Mal. Erneut ohne Erfolg.

Der Selbertsche Satz sehe zwar »ziemlich harmlos« aus, aber er »hätte (...) unabsehbare sozialpolitische Folgen«, rechtfertigt ein paar Tage später Albert Finck von der CDU die negative Entscheidung seiner Fraktion: »Fast alle Bestimmungen über Ehe- und Familienrecht würden dadurch über den Haufen geworfen und außer Kraft gesetzt.« Und genau das hat Selbert vor.

In einer Verfassung schreibt ein Staat seine guten Absichten auf, seine Ansprüche, seine hehren Ziele. Die Verfassung ist die Theorie, und erst die ausführenden Gesetze machen deren praktische Umsetzung möglich. Und: Sie dürfen der Verfassung nicht widersprechen. Tun sie es doch, können die Bürgerinnen und Bürger hier in der Bundesrepublik vor dem Bundesverfassungsgericht klagen. Und Elisabeth Selberts Gleichberechtigungsgrundsatz – das war Fincks Sorge – hätte die meisten ehe- und familienrechtlichen Bestimmungen des frauenfeindlichen Bürgerlichen Gesetzbuchs (BGB) zu verfassungswidrigen Klagegründen gemacht.

Das Ehe- und Familienrecht, das 1948 angewendet wurde, stammte aus dem Jahr 1896. Schon damals hatte die erste Frauenbewegung gegen seine Verabschiedung durch den Reichstag gekämpft, und schon damals scherten sich Politiker aller Richtungen nicht um den Frauenprotest. Genauso wenig wie 1919 die frischgebackenen Demokraten der Weimarer Republik. Sie beschränkten die »Rechte« der Frau via Verfassung auf den rein staatsbürgerlichen Bereich und ließen das Bürgerliche Gesetzbuch so, wie es war. Beinah wäre auch 1949 alles beim alten geblieben, wäre Elisabeth Selbert nicht dafür eingetreten, die Gleichheit der Frau mit Hilfe eines »harmlosen Satzes« auf alle Rechtsgebiete auszudehnen.

Hätte sie sich einschüchtern lassen – wer weiß – vielleicht würde dann heute noch gelten: »Dem Manne steht die Entscheidung in allen das gemeinschaftliche Leben betreffenden Entscheidungen zu.« Oder: »Die Frau erhält den Familiennamen des Mannes.« Oder: »Zu Arbeiten im Hauswesen und im Geschäft des Mannes ist die Frau verpflichtet.« Oder: »Hat sich die Frau einem Dritten gegenüber zu einer von ihr in Person zu bewirkenden Leistung verpflichtet« – zum Beispiel einen Arbeits- oder Kaufvertrag unterschrieben – »so kann der Mann das Rechtsverhältnis (...) kündigen.«

Welcher Mann trennt sich schon freiwillig von solchen Pfründen? Auch einigen Sozialdemokraten fiel es schwer.

Dem feinsinnigen, kultivierten Carlo Schmid zum Beispiel, seines Zeichens Völkerrechtler und Justizminister in Württemberg. »Es ist klar«, betonte er am 1. Dezember 1948 im Hauptausschuß des Parlamentarischen Rats, »daß die Bestimmungen des Bürgerlichen Gesetzbuchs, zum Beispiel die Bestimmungen, die die Frau in ihren Rechtshandlungen an gewisse Genehmigungen binden, nicht getroffen worden sind, um die Frau zu benachteiligen. Diese Bestimmungen sind getroffen worden, um die Frau zu schützen (...) und stellen eine Begünstigung dar, so wie es eine Begünstigung des Minderjährigen ist, daß das Gesetz verbietet, ihn an einer rechtsgeschäftlichen Willenserklärung festzuhalten, solange der Vater oder Vormund nicht zugestimmt hat.«

»In meinen kühnsten Träumen habe ich nicht erwartet, daß der Antrag (...) abgelehnt werden würde«, sagt Elisabeth Selbert am 3. Dezember 1948 vor dem Hauptausschuß, in dem sie nun selbst ihren Gleichberechtigungsgrundsatz begründet. »Die Frau, die während der Kriegsjahre auf den Trümmern gestanden und den Mann an der Arbeitsstelle ersetzt hat, hat heute einen moralischen Anspruch darauf, so wie der Mann bewertet zu werden.«

Und dann droht die mutige Juristin aus Kassel: »Sollte der Artikel in dieser Fassung heute wieder abgelehnt werden, so darf ich Ihnen sagen, daß in der gesamten Öffentlichkeit die maßgeblichen Frauen wahrscheinlich dazu Stellung nehmen werden, und zwar derart, daß unter Umständen die Annahme der Verfassung gefährdet ist.«

Doch das schreckt die Christ- und Freidemokraten nicht. Sie haben die Mehrheit im Ausschuß und stimmen wieder mit »Nein«. Aber schon bald werden sie das zutiefst bereuen. Mit dem, was nun folgt, hat keiner von ihnen gerechnet – auch in seinen »kühnsten Träumen« nicht.

Die selbständigen und selbstbewußten Frauen draußen im Land lassen sich nicht wieder in die Rechtlosigkeit abdrängen und zu bloßen Besitztümern von Männern degradieren. Von Männern, die ihnen Faschismus und Krieg eingebrockt haben und erst nach und nach krank und gebrochen aus der Gefangenschaft zurückkehren: 1946 kommen auf 1000 Männer 1263 Frauen; 3,6 Millionen deutsche Soldaten sind gefallen oder werden vermißt; im Mai 1945 sind 11,6 Millionen Männer in Gefangenschaft, und ein Jahr später sind es immer noch zwei Millionen.

Frauen, die die erste Frauenbewegung bewußt miterlebt hatten, knüpften an sie an, gründeten nach der Kapitulation überall im Land Frauenringe und Frauenausschüsse, und manch eine träumte sogar vom »Matriarchat«. Die Studienrätin Dorothea Klaje zum Beispiel wollte die Väter ganz abschaffen und die »Mutterfamilie« im Grundgesetz verankern. Ihre in der Öffentlichkeit hitzig diskutierte »völlige Reformierung unserer Gesellschaftsordnung« hatte sie als Eingabe beim Parlamentarischen Rat eingereicht.

Wäre es nach Dorothea Klaje gegangen, wäre der Herr im Haus durch eine Dame ersetzt worden. Und wirklich: Es zogen in den letzten Kriegsjahren und gleich nach Kriegsende viele Frauen zu ihren Freundinnen. Auch die Oberlehrerin Klaje weiß davon zu berichten: »Die mir bekannten alleinstehenden Frauen der höheren Berufe, Studienrätinnen, Ärztinnen, Musiklehrerinnen, Malerinnen, leben mit einer Freundin zusammen (...) Daß dieses Zusammenleben meistens nur durch den Tod getrennt wird, spricht für seinen inneren Gehalt.«

Die jüngeren Frauen, die in der Weimarer Republik und im Dritten Reich aufgewachsen waren, hatten ebenfalls die Nase voll von der Ehe. Warum sollten sie verheiratet sein? Sie brauchten keinen Mann als »Familienernährer«, sie ernährten sich und ihre Kinder selbst und ließen sich in großer Zahl scheiden. »Pausenlos klappert die Scheidungsmühle der Landgerichte«, meldete ›Constanze‹ 1948 in Heft 21: »Fast ins Uferlose ist die Flut der Ehescheidungsklagen angeschwollen. Mit 40–50 Scheidungen je Tag hält Berlin den Rekord der Scheidungsfreudigkeit in Deutschland. Aber Hamburg und Hannover liegen dicht auf.«

Kein Wunder, daß es Elisabeth Selbert leichtfällt, ihre Drohung wahr zu machen. Sie erinnert sich später: »Wie ein Wanderprediger bin ich von Versammlung zu Versammlung gefahren.« Und die Frauen stehen hinter ihr wie eine Frau – über alle Partei- und Konfessionsgrenzen hinweg: die Arbeitsgemeinschaft der Frauenringe, der süddeutsche Frauenarbeitskreis, Frauenausschüsse, Gewerkschafterinnen, Gemeinderätinnen und vor allen Dingen sämtliche weiblichen Landtagsabgeordneten (mit Ausnahme der bayerischen).

Sogar die Männerpresse eilt der Sozialdemokratin zu Hilfe. Die ›Neue Zeitung‹ ereifert sich am 8. Dezember 1948 über die »für den großen Teil der weiblichen Bevölkerung unverständliche Situation«. Und die ›Rheinische Zeitung‹ empfiehlt am 15. Dezember ihren Leserinnen, sich »denjenigen Vertreterinnen ihres Geschlechts anzuschließen, die in vorderster Reihe um die politische und rechtliche Gleichstellung gegenüber dem Manne kämpfen«. Die ›Hannoversche Presse‹ schreibt am 18. Dezember: Die Umgestaltung des Bürgerlichen Gesetzbuchs sei »eine Aufgabe, die die Frauen fordern müssen.« Und die ›Hessischen Nachrichten‹ verkünden am 24. Januar 1949: »Den Frauen (. . .) ist es ernst.«

Elisabeth Selberts Rückkehr von ihrer Reise ist ein Triumph. »Waschkörbeweise« hat sie Eingaben, Solidaritätsadressen und Protestschreiben in ihrem Gepäck. Folge: Die Sitzung des Hauptausschusses am 18. Januar 1949, als die Gleichberechtigung zum vierten Mal auf der Tagesordnung steht, bringt die große Wende. Laut Protokoll meldete sich ein »Dr. Strauß« von der CDU (nicht der von der CSU) als erster zu Wort. Er druckst herum, spricht von einem »erfreulich lebhaften Widerhall in der Öffentlichkeit«, schaut ein wenig ängstlich zur Zuschauertribüne hinüber, auf der an diesem Tag auch seine Ehefrau sitzt und ihren kritischen Blick auf ihn richtet, und beteuert: »Ich glaube, daß ich für die überwiegende Anzahl aller deutschen Ehemänner spreche, wenn ich sage, daß der Grundsatz der Gleichberechtigung von Mann und Frau uns zum mindesten seit 1918 bereits so in Fleisch und Blut übergegangen ist, daß uns die Debatte etwas überrascht hat.«

Jetzt tritt Helene Weber ans Rednerpult. Auch sie wirkt heute nicht so resolut wie sonst. In vorsichtig gesetzten Worten verkündet sie einen aufsehenerregenden Meinungsumschwung der CDU-Fraktion: »In der Öffentlichkeit ist ein großer Sturm aus den veschiedensten Gruppen entstanden. Es ist so viel Sturm entstanden, daß wir gedacht haben – es liegt uns ja gar nichts an einer bestimmten Formulierung –: wenn diese Formulierung unklar und unzureichend erscheint, dann wählen wir eine andere Formulierung.«

Der hochgeachtete, liberale, spätere Bundespräsident Theodor Heuss (FDP), der mit der Feministin Elly Knapp verheiratet ist, gibt sich weniger bescheiden. Er ist, so schmal und zart er auch wirkt, ganz Mann, nennt den Sturm ein »Stürmlein oder Geräusch oder Aufgerege« und sagt: »Ich möchte nicht draußen unwidersprochen den Eindruck entstehen lassen, daß jetzt dieses Quasi-Stürmlein uns irgendwie beeindruckt und uns zu einer Sinneswandlung veranlaßt hat. Denn unser Sinn war von Anfang an so, wie sich die aufgeregten Leute draußen das gewünscht haben.« Daß die FDP gemeinsam mit der CDU den Selbert-Antrag insgesamt dreimal niedergestimmt hat, verschweigt Heuss tunlichst.

In dieser Sitzung des Hauptausschusses wird der Satz »Männer und Frauen sind gleichberechtigt« angenommen, und zwar einstimmig! Er ist die »einzige Aussage des Grundgesetzes«, so die Historikerin Antje Späth, »die nur durch einen öffentlichen Druck von ›unten‹ getroffen worden ist.« »So gesehen ist der Gleichberechtigungsgrundsatz durch Frauenbewegungen erkämpftes Recht«, schreibt die Juristin Vera Slupik in ihrer Dissertation ›Die Entscheidung des Grundgesetzes für Parität im Geschlechterverhältnis‹, für die ihr die hessische Landesregierung den Selbert-Preis verlieh. Und was meint die, die diesem Preis den Namen gab, dazu? Sie sagte noch 30 Jahre nach ihrem Triumph schlicht: »Es war die Sternstunde meines Lebens.«

Da es viel Zeit kosten würde, sämtliche Gesetze, Erlasse, Verordnungen und Verträge auf den Gleichheitsgrundsatz hin abzuklopfen, nahm der Parlamentarische Rat eine Übergangsregelung als Artikel 117 in die Verfassung auf: »Das dem Art. 3, Abs. 2 entgegenstehende Recht bleibt bis zu seiner Anpassung an diese Bestimmung des Grundgesetzes in Kraft, jedoch nicht länger als bis zum 31. März 1953.« »An diesem Tage«, jubilierte die damalige SPD-Frauensekretärin Herta Gotthelf, »wurde die Bundesrepublik Deutschland der einzige Staat der Welt, in dem alle Gesetze, die der Frau mindere Rechte als dem Mann einräumen, gegen die Verfassung verstoßen.«

Aber der 31. März 1953, dieser »historische Tag für Frauen« (Gotthelf), wurde eine herbe Enttäuschung. Die Zeiten hatten sich geändert. Das kurze »Nachkriegsmatriarchat« war endgültig vorbei. Die Männer hatten die Frauen von den Arbeitsplätzen verdrängt und wieder in die Küche abgeschoben. Die »Hausfrauen-Ehe« war rehabilitiert, und die alten Kräfte hatten es sich auf den neuen Posten gemütlich gemacht. »Restauration« hieß das Stichwort.

Doch die sogenannten »Fortschrittlichen« verhielten sich auch nicht anders. Die Gewerkschaften zum Beispiel hatten noch im Oktober 1949 erklärt, daß sie es »als eine ihrer vornehmsten Aufgaben betrachten, für die Verwirklichung« der

Gleichberechtigung »auf sozialem und wirtschaftlichem Gebiet zu sorgen«, also auch für die Lohngleichheit. Aber Anfang der 50er Jahre schlossen sie noch immer Tarifverträge ab, in denen sich Sätze wie diese fanden: »Weibliche Arbeitskräfte erhalten für die Spulenindustrie 75%, für die übrige (...) holzverarbeitende Industrie 80% der betr. Männerlöhne.«

Wen wundert es da, daß die christlich-liberale Regierung in Bonn unter Konrad Adenauer die vom Parlamentarischen Rat im Artikel 117 gesetzte Frist – verfassungswidrig – verstreichen ließ. Ja, Adenauer versuchte sogar, die SPD-Fraktion im Bundestag zu einer Verfassungsänderung zu überreden. Zum Glück vergeblich.

»Wir hatten seit der Zeit einen permanenten Verfassungsbruch in unserer Gesetzgebung«, beklagte Elisabeth Selbert, und das Bundesverfassungsgericht urteilte ebenso. Es befand am 18. Dezember 1953: »Art. 3, Abs. 2 GG ist eine echte Rechtsnorm.« Das heißt: Der Gleichberechtigungsgrundsatz ist geltendes Recht.

Trotzdem: Erst dreieinhalb Jahre später, am 3. Mai 1957, verabschiedete der Bundestag das im Artikel 117 geforderte Anpassungsgesetz. Es hieß »Gleichberechtigungsgesetz«, obwohl es alles andere war. So billigte es dem Vater immer noch das letzte Wort bei der Kindererziehung zu und legte außerdem fest: »Die Frau führt den Haushalt (...) Sie ist berechtigt, erwerbstätig zu sein, soweit dies mit ihren Pflichten in Ehe und Familie vereinbar ist.« Dieser Paragraph des Bürgerlichen Gesetzbuchs blieb bis 1977 in Kraft.

Ein echtes »Gleichberechtigungsgesetz«, das sich nicht nur auf das Ehe- und Familienrecht beschränkt, sondern – wie es der Absatz 2 des Artikels 3 erfordert – auf alle Bereiche des gesellschaftlichen, wirtschaftlichen und politischen Lebens bezieht, steht immer noch aus. Feministinnen und frauenbewußte Politikerinnen streiten seit den 70er Jahren dafür und nennen es »Antidiskriminierungsgesetz«.

In diesen Tagen wird der Gleichheitsartikel 40 Jahre alt. Am 23. Mai 1949 wurde er gemeinsam mit den anderen 145 Artikeln unserer Verfassung feierlich verkündet; am 24. Mai trat er in Kraft. In diesen 40 Jahren ist viel geschehen, viel und doch viel zuwenig. Aber alles, was sich zugunsten von Frauen bewegt hat, haben sie selbst bewegt. Und ihren Kampf hat das »verfassungsrechtliche Eingangstor« (Vera Slupik) erheblich erleichtert, das Elisabeth Selbert aufgeschlossen hat. Jene streitbare Rechtsanwältin, die sich nie als »Frauenrechtlerin« begriff, aber sich noch im hohen Alter von 80 Jahren freute: »Der Gleichberechtigungsgrundsatz ist nie wieder aus dem Grundgesetz rauszukriegen. Nie wieder!«

Cornelia Filter
Mai 1989

SEXUALITÄT/PORNOGRAPHIE

Sex – Frauen obenauf?

Was ist am »kleinen Unterschied« noch immer so aufregend? Wie steht es heute wirklich mit der Pille und den Nebenfolgen? Warum wird den deutschen Frauen die Abtreibungspille verwehrt, die im Ausland längst legal ist? Und wie wirkt sich Aids im Sex zwischen Frauen und Männern aus? Vor allem aber: Sind Frauen in der Sexualität heute wirklich obenauf? Oder sind sie (schon wieder) ganz unten?

»Es kann und darf nicht um neue Normen gehen. Nicht alle Frauen sollen bisexuell oder lesbisch werden. Aber alle Frauen sollen die Möglichkeit haben, bisher Selbstverständliches infrage zu stellen. Und – und das scheint mir das wesentlichste – Frauen dürfen nicht eingeschüchtert bleiben vom Terror der angeblichen Norm. Frauen müssen endlich von ihren Ängsten, Abhängigkeiten, Widersprüchen und Hoffnungen reden können.« – Alice Schwarzer 1975 im ›Kleinen Unterschied‹.

»Jeder Teil des Körpers ist jeder und vielleicht bei jeder Frau ein anderer oder auch der, wo sich nach Schwarzerscher Vorschrift nichts abspielen darf, aber unglaublich viel geschehen kann, vorausgesetzt, der Kopf ist frei. Wenn er aber voll ist von ideologischem Schrott, passiert gar nichts, egal ob mit oder ohne Penetration.« – Ariane Barth 1988 im ›Spiegel‹.

»Wir haben dieses Knäuel von Gewalt, Sexismus und Gesetz, von Phantasie, Sexualität und Erotik, von Kunst und Politik nicht lösen können.« – Bundestagsabgeordnete Regula Bott 1988 auf dem Porno-Hearing der Grünen.

Die härteste aller Erfahrungen ist vielleicht die, daß die fortschreitende Zeit nicht identisch ist mit dem Fortschritt. Ärger noch: Es geht in der Geschichte so manches Mal rückwärts statt vorwärts. Und was das kollektive Gedächtnis angeht – darauf ist schon gar kein Verlaß. All das bringt in Gefahr, nostalgisch zu werden. Oder penetrant.

Mitte der 70er zum Beispiel. Da war es doch ganz schlicht eine Selbstverständlichkeit, daß die Frauen den Ton angaben, die graderaus sagten: Einfach rein/raus reicht nicht mehr! Frauen standen nicht länger zur Verfügung; sie begannen, sich

Fragen zu stellen: Was will *ich* eigentlich? Worauf habe *ich* Lust? Habe ich überhaupt Lust? (Und wenn nicht, warum nicht?)

Lange her. Heute scheinen (wieder) die Frauen den Ton anzugeben, für die Sexualität gleich Heterosexualität ist, Heterosexualität gleich Koitus und Mann gleich Pornograph. Eine, die anders denkt und lebt, ist schlicht eine »frustrierte Männerhasserin« – was im Patriarchat nicht als nüchterne Realitätsbeschreibung gilt, sondern als Verstoß gegen das 1. Gebot, das da lautet: Du sollst ihn lieben (und das unter allen Umständen und um jeden Preis).

Schier zum Resignieren wär's, ginge es nicht um etwas so Elementares und Zentrales wie Sexualität. Denn Sexualität ist ja soviel mehr als nur augenzwinkerndes Spielchen, lässige Turnübung oder cooles Ritual. Sexualität kann eine ganz zentrale Quelle für Vitalität, Sinnlichkeit und Lebenslust sein. Darum hat die Tatsache, daß uns Frauen über Jahrhunderte und Jahrtausende eine eigene Sexualität verboten, geraubt und zerstört wurde, vermutlich noch viel weitgehende Folgen für die Verfassung der weiblichen Persönlichkeitsstruktur, als wir es heute auch nur ahnen ...

Mitte der 70er Jahre herrschte bei den Frauen Aufbruchsstimmung in Sachen Sex. Die »Sexwelle« der späten 60er hatte sie gestreift, ein paar neue Freiheiten, aber noch mehr neue Pflichten gebracht. Die Frauenbewegung nannte die Verhältnisse beim Namen. Da konnte die Männerpresse noch so hetzen, es half alles nichts: Eine Mehrheit von Frauen und Mädchen erkannte sich wieder in den exemplarischen Protokollen vom ›Kleinen Unterschied‹. Das Buch löste eine wahre Kettenreaktion von Aha-Effekten aus. Frauen begannen zu sagen, was sie bis dahin noch nicht einmal zu denken gewagt hatten. Es wurde öffentlich, daß die herrschende Sexualität selten dem Erzeugen von Lust dient und oft dem Erhalt von Macht (»Höchste Zeit, daß ich meine Frau mal wieder bumse – damit sie weiß, wer der Herr im Haus ist.« Ein Zitat aus dem Film »Der Kumpel läßt das Jucken nicht«). Und es wurde klar, daß wir alle – Frauen wie Männer – verdammt viel tun müssen, um das zarte Pflänzchen Eros freizulegen unter dem ganzen Müll.

Die Konsequenzen, die einzelne Frauen aus dem ›Kleinen Unterschied‹ (und all den anderen Büchern und Gesprächen) zogen, waren (und sind) vielfältig. Manche trennten sich von ihren Männern. Manche fingen erst jetzt an, für wirkliche Beziehungen zu ihnen zu kämpfen, auch im Bett. Manche begannen Liebesbeziehungen zu Frauen – oder sie standen endlich auch zu diesen Beziehungen, die sie schon immer hatten. Aber es gab auch die heterosexuellen Paare, die die feministischen Anregungen gemeinsam ernst nahmen und – davon profitierten, auch erotisch. Ja, es gab sogar die (wenigen) Männer, die den erotischen Aufbruch der Frauen begrüßten (meist, weil ihr eigener Leidensdruck unter dem Macker-Sex schon immer groß gewesen war).

Veränderung war angesagt. Denn Sexualität ist ja nichts Angeborenes, ist nicht Natur, sondern Kultur. Das heißt: sie ist veränderbar. Heute ist Sexualität noch immer für Frauen eher Fessel als Entfesselung. Wie eine wirklich befreite Sexualität (in einem wirklich freien Leben) sein muß, darüber sind Spekulationen müßig. Ein wenig ahnen es die, die sich bereits ein Stück erotischer Freiheit erkämpft haben.

Zu dieser erotischen Freiheit gehört das Wissen um den Körper und die Emotionen. Das orgastische Zentrum des weiblichen Körpers – also das Pendant zum männlichen Penis – ist die Klitoris. Ein Orgasmus aber ist mehr als das Resultat körperlicher Abläufe, er ist auch und vielleicht vor allem das Ergebnis seelischer Erregung. Das heißt: Was erotisch Spaß macht, das muß letztendlich jede (und jeder) für sich entscheiden, darüber kann und darf es keine Rezepte geben – und schon gar keine Dogmen.

Und genau darum haben wir Feministinnen das erschlagendste der sexuellen Dogmen angegriffen: das Dogma vom Koitus, von der Penetration. Wir waren nie und sind nicht der Auffassung, daß Penetration (mit Penis, manuell oder wie auch immer) keinen Spaß machen darf. Wir haben lediglich darauf aufmerksam gemacht, daß dies nicht der *einzige* Spaß und, rein körperlich, für Frauen sicherlich auch nicht immer der Hauptspaß ist!

Warum der Koitus in der Männergesellschaft trotzdem so mystifiziert wurde, liegt auf der Hand: Er ist das Privileg von Männern. Er ist in unserer Kultur darum auch zum männlichen Akt per se stilisiert worden und er liefert Frauen, ganz nebenbei, permanent der Ungewißheit einer ungewollten Schwangerschaft aus (oder zwingt sie zur Verhütung). Dabei ist er nur für eines unentbehrlich: für die Zeugung eines Kindes. Für die Zeugung von Lust ist er oft eher hinderlich. Zumindest für Frauen.

Wie es bei den Männern ist? An ihnen, das zu begreifen und zu sagen. Offensichtlich ist, daß in unserer männerdominierten Kultur Sexualität und Gewalt auf eine ungute, fast unlösbare Art und Weise miteinander verquickt wurden. Diese Tendenz wird von der Pornographie erneut verstärkt. Darum kann man zunehmend weniger von Sexualität reden, ohne die immer prägender werdenden Auswirkungen der Pornographie mitzubedenken.

Pornographie brutalisiert Sexualität und – macht sie arm. Turnübungen oder Rituale sind nun mal ohne Phantasie und Emotionen schlicht langweilig bis lächerlich. Das macht ja auch Autoren wie de Sade oder Bataille so rasch so fad: mal von vorn, mal von hinten, mal mit Kruzifix, mal im Würgegriff – die rein technisch möglichen Varianten sind beschränkt.

Auch die Möglichkeiten der Tabubrüche sind, dank der Emanzipation vom Christentum und von der bürgerlichen Moral, weniger geworden. Und noch nicht einmal Aids, die »neue Sexgeißel« hält, was sich der ›Spiegel‹ schaudernd von ihr versprach: Sie verschont die Heterosexualität und die weibliche Homosexualität fast ganz und bestraft vor allem die Fixer.

Eine Lektion allerdings, eine ganz besonders bittere, lernten wir Frauen hinzu in diesen letzten zehn Jahren: Nämlich die, daß es nicht nur den Macker draußen zu bekämpfen gilt, sondern auch das Weibchen drinnen. Manche Frauen taten das nicht, sei es aus Angst, sei es aus Opportunismus. Sie stellten sich nicht den eigenen Widersprüchen, sondern kultivierten sie.

So formierte sich in dieser zweiten Phase des Geschlechterkampfes ein neues, ein besonders scharfes Bataillon: die Truppe der Weibchen. Die, die mit den Wir-lieben-Männer- und Wir-finden-Porno-geil-Gebetsmühlen in der Hand in der vordersten Linie die Kamikaze-Jobs für die Jungs erledigen (welche es ihnen auf Dauer ohne Zweifel nicht danken werden). Diese Weibchen müssen, dies nur zur Klärung, übrigens nicht unbedingt heterosexuell leben. Unter den intellektuell oder erotisch männlich identifizierten Lesbierinnen finden wir einige ihrer bedingungslosesten Parteigängerinnen.

Die Stunde der Weibchen schlug (wieder) mit der PorNO-Kampagne. Und nicht zufällig stieß den Stephans und Barths dabei der ›Kleine Unterschied‹ wieder hoch. Denn in der Tat ist das dieselbe Sache: Der Kampf gegen männliche Übermacht und weibliche Degradierung, auch und gerade in der Sexualität. So ist es denn nicht weiter verwunderlich, daß eine ›Spiegel‹-Redakteurin 13 Jahre nach Veröffentlichung vom ›Kleinen Unterschied‹ gegen das Buch so schäumt, als sei es gerade erst erschienen; und sich dabei im Ton vergreift, wie es anno '75 nur Männer taten.

Und sie schüren auf Weibchenart ein Mißverständnis, das es zu klären gilt. Die PorNO-Kampagne leugnet nicht die eigenen Widersprüche von Frauen: diese (un)heimlichen Sehnsüchte und Begierden, die zwangsläufig all das spiegeln, was in uns hineingegeben wird. Im Gegenteil. Hingabe, Auslieferung, Unterwerfung – das sind weiterhin zentrale Motive der Erotik der meisten Frauen. Denn zu lange waren das für sie die einzigen erlaubten Formen von Lust. Darüber gibt es kein Rechten, und schon gar kein Richten!

Nur: Ob es immer so bleiben soll – diese Frage muß erlaubt sein. Qui en profite? Wem nutzt es eigentlich, wenn es so bleibt? Und wer sagt, daß wir ausgerechnet bei der Liebe den Verstand verlieren müssen?!

Im Herbst 1988 konnte es sich eine grüne Bundestagsabgeordnete auf dem Porno-Hearing erlauben, allen Ernstes öffentlich zu beklagen, sie habe »dieses Knäuel von Gewalt und Sexismus, Phantasie und Sexualität, Kunst und Politik nicht lösen können«.

Konsequentes Ergebnis dieses ungelösten grünen Hearings: »Wir wollen eine ›alternative Pornographie‹!« (Frau bleibt gespannt, wann diese Bonner Spitzen-Grünen die »alternative Bombe« fordern.)

18 Jahre nach Erscheinen von Kate Milletts ›Sexus und Herrschaft‹ (zum Beispiel) kann eine alternative Politikerin – die immerhin den ganzen Tag dafür bezahlt wird, Politik zu verstehen und zu machen – es sich erlauben, so zu tun, als wäre nie etwas geschehen. Als hätten Feministinnen in den letzten 20 Jahren nichts gedacht, nichts getan, nichts geschrieben. Als sei die neue Frauenbewegung nicht die bedeutendste soziale Bewegung nach '68. Und als sei gerade die Analyse und Auseinandersetzung mit der herrschenden Sexualpolitik – von Abtreibung über Inzest und Vergewaltigung bis hin zu den Sexualpraktiken – nicht der wichtigste historische Beitrag dieser Bewegung!

Stimmt übrigens, das Knäuel von Sexismus, Sexualität und Gewalt ist nicht lösbar. Das hätten wir den Grünen schon im vorhinein sagen können. Eben das macht ja die Brisanz der Pornographie aus! Pornographie beginnt nicht im Pornoladen, sondern am Kiosk, im Museum, in der Glotze, im eigenen Bett. Die erotischen Phantasien und Sehnsüchte eines jeden – und einer jeden! – sind heute davon angefaßt. Je jünger, je stärker. Es gibt darum nicht hier die gute Erotik und da die böse Pornographie. Genau das ist unser Problem!

Und darum können Frauen sich vor Pornographie selbstverständlich *nicht* wirklich per Gesetz schützen. Sie müßten dazu den pornographischen Blick des anderen genauso verbieten wollen wie die eigenen, manchmal pornographisierten Gelüste.

Uns Frauen bleibt – wollen wir weder mit unserer Lust wieder auf der Strecke bleiben, noch vom Hammer der Sexualgewalt erschlagen werden – nur ein Weg: Wir müssen ehrlich mit uns selbst sein, und wir dürfen die Augen nicht verschließen vor dem, was um uns herum geschieht. Das *kann* heißen, daß wir unsere eigenen Bedürfnisse (die ja keineswegs immer den hehren feministischen Ansprüchen entsprechen!) leben – so weit ausleben, wie sie anderen oder uns selbst nicht zu sehr schaden. Das *muß* heißen, daß wir uns gegen die steigende Pornographisierung der Sexualität zur Wehr setzen. Und das *kann* heißen, daß wir vor ihren übelsten Auswüchsen (der Propagierung von Gewaltpornos) rechtlichen Schutz fordern.

Wo Macht und Abhängigkeit herrschen, kann sich auf Dauer keine Erotik entfalten. Pornographie aber propagiert sexualisierte Macht und Ohnmacht. Und sie tut das zunehmend. Denn Pornographie artikuliert sich immer mehr in Bildern. Und die Macht der Bilder in unserer Kultur steigt. Bilder sind allgegenwärtig. Sie sind um uns und in uns.

Soll die Erotik wieder an die Leine gelegt, soll sie Regeln und Ritualen unterworfen werden? Soll sie verstärkt befrachtet werden mit den Dominanzgelüsten von Männern (oder, perverser Höhepunkt männlicher Macht, den Domina-Inszenierungen auf ihren Befehl)? Das wäre schade um die mögliche Lust, zu schade.

Alice Schwarzer
März 1989

Die potente Frau

Der Mediziner De Graaf wußte es schon im 17. Jahrhundert. Im 20. Jahrhundert brachten feministische Wissenschaftlerinnen es erneut ins Bewußtsein: Die weiblichen und die männlichen Sexualorgane haben nicht nur eine identische Entstehungsgeschichte, sie sind sich auch ausgewachsen verdächtig ähnlich. Die Klitoris, das weibliche Sexualorgan, hat, ganz wie der Penis, eine Erektion.

Können Frauen sogar eine Ejakulation haben? Das fragt sich die Ärztin und Sexualwissenschaftlerin Sabine zur Nieden, die hier die Geschichte der Klitoris erzählt. Mit ihr erzählt sie die Geschichte der weiblichen Potenz, ihrer Verstümmelung und ihrer Wiederentdeckung.

Vor einiger Zeit erzählte mir eine Freundin etwas verschämt, daß sie beim Orgasmus einen lustvollen Flüssigkeitserguß hätte, der ganz anders sei als das Feuchtwerden der Vagina bei der Erregung. Manchmal sei es richtig viel, so daß sie am Morgen die Bettwäsche wechseln müsse. Zuerst hätte sie geglaubt, es sei Urin – aber diese Flüssigkeit sei ganz anders: »Eher wie Parfum, das verfliegt.«

Ich suchte in meinen sexualmedizinischen und gynäkologischen Büchern und fand nichts, was diese Beobachtung erklären könnte. Monate später las ich in einer Fachzeitschrift eine kurze Notiz von amerikanischen Sexualmedizinern, die über die »weibliche Ejakulation« forschten.

Ejakulation heißt Samenerguß. Samen konnte es nicht sein, denn der wird in den männlichen Hoden produziert, und die haben Frauen nicht. Allerdings: die Samenfäden selbst machen nur ein Prozent des männlichen Samenergusses aus. Der größte Teil der Flüssigkeit, die beim männlichen Orgasmus ausgestoßen wird, wird von den Samenblasen und der Prostata, der Vorsteherdrüse, produziert. Gibt es also eine weibliche Prostata?

Trotz Medizinstudium und Anatomiekurs hatte ich nie etwas von einer weiblichen Prostata gehört oder gelesen. Je mehr ich aber nachforschte, desto klarer wurde mir, wie reduziert und einseitig die medizinische Darstellung und das heutige Wissen über die weiblichen Sexualorgane sind. Die Strukturen der Klitoris sind viel ausgedehnter, als die meisten ahnen.

Doch gerade in der Beschreibung der Sexualität gibt es in der Medizin einen geschlechtsspezifischen Sprachgebrauch, der Begriffe wie »Potenz«, »Erektion« und »Ejakulation« allein dem Manne vorbehält; »Frigidität« und »Orgasmusstörungen« dafür den Frauen. Hinzu kommt, daß die männerbeherrschte Wissenschaft allgemein dazu tendiert, das Weibliche als das verkümmerte, unvollständig Männliche zu definieren.

Dieser Blick, getrübt von der männlichen Sicht, hat uns Frauen unsere Potenz geraubt und uns glauben gemacht, wir seien sexuell weniger reaktionsfähig als die Männer. Er hat uns den Freudschen Penisneid und nicht endenwollende, fruchtlose Diskussionen über den »vaginalen Orgasmus« beschert. Wir mußten kämpfen, um wenigstens die Spitze der Klitoris als unser eigentliches, empfindsames Organ zu rehabilitieren. Was wir erreichten, war das reduzierte Wissen um ein winziges, erogenes Knöpfchen.

Um verständlich zu machen, wie ähnlich die Sexualorgane von Frauen und Männern sind, und wie ausgedehnt (und durchaus dem Penis vergleichbar) die körperlichen Strukturen der Klitoris sind, muß ich zuerst einmal die Entwicklungsgeschichte der Sexualorgane darstellen:

Nach der von Ovid überlieferten Sage verliebte sich Hermaphroditos, der Sohn von Hermes und Aphrodite, unsterblich in die Quellnymphe Salmakis. Diese lockte ihn ins Wasser. Um nie wieder von ihm getrennt zu werden, bat sie die Götter um Vereinigung mit ihm zu einem doppelgeschlechtlichen Wesen.

Dieser Mythos erscheint näher an der Realität der Geschlechterentwicklung als die uns bisher überlieferte Vorstellung. Gerade in der Sexualität schien bis vor einigen Jahren das Gegensatzpaar männlich/weiblich biologisch unanzweifelbar festgelegt. Von der Öffentlichkeit wenig beachtet haben sich in der Embryologie jedoch neue Erkenntnisse durchgesetzt.

Es war kein Zufall, daß die Sexualität von Frauen Anfang der 70er Jahre zum Thema wurde. Feministinnen brachen das Schweigen, und Millionen Frauen folgten ihnen. Sie begannen, über ihre Ängste und Frustrationen zu sprechen, über ihre Hoffnungen und Begierden. Und es war auch kein Zufall, daß in dieser Zeit das Buch von Mary Jane Sherfey erschien:

›Die Potenz der Frau‹. Die amerikanische Ärztin und Psychoanalytikerin räumt darin mit der körperlichen Unterlegenheit der Frauen im sexuellen Bereich auf. Sie faßt die heutigen Erkenntnisse der Medizin, Sexualwissenschaft und Embryologie zusammen und beweist, daß der sogenannte »sexuelle Apparat« (also die Genitalien und alles, was dazu gehört) und die Abläufe sexueller Erregung und orgiastischer Entladung bei Männern und Frauen keineswegs unterschiedlich, sondern sehr, sehr ähnlich sind.

Feministinnen in der ganzen Welt griffen ihre Arbeit auf. Alice Schwarzer zitiert Sherfey breit in ›Der kleine Unterschied und seine großen Folgen‹, kritisiert allerdings ihre Behauptung, Frauen seien von Natur aus Männern sexuell nicht nur gleich, sondern sogar überlegen: sie hätten, im Gegensatz zum Mann, eine unerschöpfliche orgiastische Potenz (dieses, so Schwarzer, sei weniger ein natürliches, sondern eher ein kulturelles Phänomen).

Eines stimmt in der Tat: Rein entwicklungsgeschichtlich wurde nicht Eva aus Adams Rippe gemacht, sondern Adam aus Evas Rippe. Denn am Anfang war die Frau.

Die inneren und äußeren Geschlechtsorgane bei Mann und Frau entwickeln sich aus einer primär weiblichen, bipotenten Anlage. Jeder Mensch trägt potentiell die Möglichkeit in sich, beide Geschlechter zu entwickeln, differenziert aber nur eines aus. Besonders erstaunt waren die Forscher, als sie experimentell feststellten, daß sich der Embryo – gleich welcher genetischer Information – ohne jeglichen Hormoneinfluß immer weiblich entwickelt. Die äußeren Geschlechtsorgane bei Mann und Frau entwickeln sich aus ein und derselben, primär weiblichen Grundform. Unter dem Einfluß von männlichen Hormonen machen die Geschlechtsorgane eine Umwandlung von der weiblichen in die männliche Anatomie durch.

Die sexuelle Reaktion – die vermehrte Durchblutung bei Erregung, die Muskelkontraktionen beim Orgasmus – ist bei Frauen und Männern in den sich entsprechenden Organteilen sehr ähnlich. Die Unterschiede in der erotischen Ansprechbarkeit und Reaktion, die Frauen und Männern heute zugeschrieben werden, haben nicht etwa körperliche Gründe, sondern rein seelische und soziale.

Die meisten Frauen wissen sehr wenig über die Anatomie ihrer Sexualorgane. Schon von Kind auf werden wir dazu erzogen, uns in diesem Bereich nicht anzufassen, anzuschauen und schon gar nicht darüber zu sprechen. Unsere Sprache ist arm und unbeholfen, wenn es darum geht, zärtliche und schöne Worte für unsere Sexualorgane zu finden. Die meisten Worte sind von frauenfeindlichem und pornographischem Mißbrauch zerstört oder wissenschaftlich kalt und unerotisch.

Erst die neuen Feministinnen machten es möglich, auch über die Lust von Frauen zu reden. Ich selbst verwende in diesem Artikel die Worte Kitzler und Klitoris; statt Schamlippen (was ja impliziert, daß wir uns schämen müssen) den feministischen Begriff Venuslippen. Außerdem benutze ich den Begriff Vagina, obwohl er auch nichts anderes bedeutet als »Scheide«. Doch der lateinische Ausdruck erinnert zumindest nicht so penetrant an die männliche Sexualphantasie, die den weiblichen Sex auf das passive Aufnehmen reduziert und zudem noch, wenig ritterlich, aus der mittelalterlichen Aufrüstung entliehen zu sein scheint: der Penis, der wie ein Schwert in die »Scheide« der Frau eindringt ...

Im Fremdwörterlexikon finden wir unter Klitoris: »Aufrichtbarer, dem Penis entsprechender Teil der weiblichen Geschlechtsorgane am oberen Zusammenstoß der kleinen Schamlippen.« Sprachlich verborgen bleiben die ausgeprägteren, nicht unmittelbar sichtbaren Teile, die zur Klitoris gehören. Als »Klitoris« nur ihre äußerste Spitze zu bezeichnen, ist, wie wenn man beim Mann nur die Eichel als Penis bezeichnen würde.

Die gesamte Klitoris besteht aus der außen sichtbaren Glans (der Spitze), die wie eine kleine Perle unter der Vorhaut verborgen liegt, dem Klitoris-Schaft und den Schenkeln der Klitoris: zwei Schwellkörpern, die sich, von einer Bindegewebsmembran umschlossen, zum Rand des Sitz- und Schambeins ziehen. Da sie von zwei Muskeln bedeckt sind, sind die Schenkel äußerlich nicht sichtbar und fühlbar.

Die medizinischen Lehrbücher bezeichnen die Klitoris mit Schaft und Schenkeln unmißverständlich als das entsprechende, homologe Organ zum Penis. Demnach kennen nur wenige Frauen das Ausmaß ihres eigenen Sexualorgans! Und schauen wir uns die embryonale Entwicklung präziser an, wird klar, daß das Homolog zum männlichen Penis noch weitaus mehr Organstrukturen umfaßt.

Parallel zum männlichen Sexualorgan haben Frauen zusätzlich zur Klitoris noch die kleinen Venuslippen, den Scheidenvorhof, die beiden Schwellkörper (die den Eingang der Vagina umgeben), den unteren Anteil der Vagina und die weibliche Harnröhre mit den sie umgebenden Schwellkörpern: Rein entwicklungsgeschichtlich ist der Vaginaleingang mit seinen empfindsamen und aktiven Strukturen ein Teil der Klitoris.

Masters und Johnson, ein amerikanisches Forscherpaar (inzwischen verehelichte Masters und Masters), waren die ersten, die 1954 eine wirklich fundierte Forschung über die sexuelle Reaktion von Mann und Frau begannen. Sie untersuchten und beobachteten im Labor Hunderte von Frauen und Männern. Sie zeichneten deren Reaktionen bei der Selbstbefriedigung, beim Sex miteinander, bei der Erregung und beim Orgasmus auf. Sie waren die allerersten, die mit einer eigens dafür konstruierten Kamera das Innere der Vagina bei der Erregung filmten. Und sie räumten mit dem Vorurteil auf, daß Frauen ein geringeres sexuelles Empfinden haben.

Ganz im Gegenteil: Masters und Johnson stellten fest, daß manche Frauen weitaus mehr Orgasmen als Männer haben können. Die Sexualforscher widersprachen der psychoanalytischen Theorie vom »vaginalen Orgasmus« und bestätigten, was Frauen längst wußten: daß nicht die Tiefe der Vagina, sondern die Klitoris und ihre Umgebung für die erotische Empfindsamkeit und die Auslösung des Orgasmus am wichtigsten ist. Gleichzeitig aber stellte das forschende Paar eine erstaunliche Ähnlichkeit der sexuellen Reizreaktionen bei Mann und Frau fest.

Die wichtigste Voraussetzung für die sexuelle Erregung ist, daß man/frau jemanden körperlich und seelisch anziehend findet. Je stärker die emotionale Tiefe, desto intensiver ist die sexuelle Reaktion, in die der ganze Körper miteinbezogen ist. Jede Stelle des Körpers kann so zu einer erogenen Zone werden. Es gibt Frauen und Männer, die allein über die Phantasie, die Stimulation des Ohrläppchens, der Brustwarzen oder irgendeines erotisch besetzten Körperteils zum Orgasmus kommen können.

Bei der sexuellen Erregung wächst überall die Muskelspannung und Durchblutung an. Der Herzschlag, die Atmung, der Blutdruck erhöhen sich. Die Brustwarzen werden stärker durchblutet, stellen sich auf, die Brust nimmt an Größe zu. Es kommt, besonders in den Sexualorganen, zu einem explosionsartigen Blutandrang.

Beim Mann führt das zur Erektion des Penis, bei der Frau füllen sich die Klitoris und ihre Schwellkörper. Auch die Blutgefäßnetze, die die Vagina umspinnen, füllen sich auf, die Farbe der Wände wird dunkler. Durch die pralle Blutfüllung treten an den Wänden der Vagina winzige Flüssigkeitströpfchen aus, die bei zunehmender Erregung zu einem Flüssigkeitsfilm zusammenfließen und als erstes, deutliches Zeichen der Erregung das Feuchtwerden der kleinen Venuslippen und des Eingangs zur Vagina bewirken. Auch die großen und kleinen Venuslippen füllen sich mit Blut und nehmen bis zum Zwei- bis Dreifachen an Größe und Dicke zu. Auch die Spitze des Kitzlers vergrößert sich, wird aber bei zunehmender Erregung von den Schenkeln unter die Vorhaut zurückgezogen. Durch die Blutfülle der Schwellkörper verengt sich das untere Drittel der Vagina zur sogenannten orgiastischen Manschette. Die oberen zwei Drittel erweitern sich, da sich die Gebärmutter, deren Venengeflecht sich auch mit Blut füllt, aufstellt und so das hintere und vordere Vaginalgewölbe entfaltet.

Wird jetzt der Körper der Klitoris oder das umgebende Gewebe, der Eingang zur Vagina oder die kleinen Venuslippen weiter stimuliert, wächst die Muskelspannung immer stärker an, bis zum Höhepunkt. Danach kommt es zu einem explosionsartigen, rhythmischen, kräftigen Zusammenziehen der Muskeln, die vom Scham- und Steißbein und um den Eingang der Vagina über die Schwellkörper ziehen. Die Kontraktion dieser Muskeln führt zum rhythmischen, lustvollen Zusammenziehen der orgiastischen Manschette, der Harnröhre und des Darmausgangs.

Bei manchen Menschen kommt es bei der sexuellen Erregung zu Anspannungen der Muskeln des ganzen Körpers, besonders der Hand- und Fußmuskeln, einige verlieren sogar für einen kleinen Moment das Bewußtsein.

Das orgiastische Zusammenziehen der Muskeln über den Schwellkörpern stoppt eine weitere Blutzufuhr. Das Gewebe schwillt ab, die Gefäßgeflechte entleeren sich. Nach einigen Sekunden werden die orgiastischen Kontraktionen schwächer, die Spannung läßt nach, und der Körper entspannt sich. Beim Mann sind die orgiastischen Kontraktionen in der Regel mit der Ausstoßung der Samenflüssigkeit aus der Harnröhre verbunden. Geht die körperliche sexuelle Ähnlichkeit von Frau und Mann so weit, daß Frauen auch so einen Erguß, ohne Samen, haben? Vielleicht. Anzeichen dafür gibt es. Eine steigende Anzahl von Frauen berichtet, sie habe auf der Höhe der Lust einen zusätzlichen Flüssigkeitserguß, der aus der Harnröhre (die sich im Eingang der Vagina verbirgt) ausgestoßen wird. Es handelt sich dabei anscheinend oft um größere Mengen, die feuchte Flecken in der Bettwäsche hinterlassen. Manche Frauen schämen sich, darüber zu sprechen, weil sie denken, es sei Urin. Die meisten aber, die sich daraufhin genauer beobachtet haben, sagen, daß diese Flüssigkeit ganz anders als Urin sei.

Die großen sexualmedizinischen Untersuchungen verweisen heute eine weibliche Ejakulation in das Reich der Mythen. Der Streit um die weibliche Ejakulation ist allerdings schon Jahrhunderte alt. In den frühen historischen Quellen werden die Begriffe »männlicher« und »weiblicher Samen«, teilweise auch in Unkenntnis des tatsächlichen Befruchtungsvorgangs, noch gleichgesetzt mit der Ausstoßung von Flüssigkeiten bei Männern und Frauen während des Sex. Im Laufe der Zeit, als man die Funktion des männlichen Samens verstand, wurde der Begriff »Ejakulation« zunehmend dem männlichen Geschlecht vorbehalten. Bis schließlich das Wissen um einen vergleichbaren weiblichen Vorgang völlig verlorenging, weil es schließlich noch nicht einmal ein Wort dafür gab. Was nicht benannt wird, existiert nicht.

Das war nicht immer so. Bereits im Talmud und in der altindischen Liebeslehre wird die weibliche Ejakulation erwähnt. Der altgriechische Arzt Hippokrates glaubte, wie auch sein Kollege Galen, daß die Befruchtung über die Vermischung von männlichem und weiblichem Samen zustande käme. Der griechische Philosoph und Naturforscher (und Frauenfeind!) Aristoteles sprach wiederum der Frau jeglichen Nachkommen schaffenden Samen ab. Die Frau war seiner Meinung nach nur das Gefäß, die Hülle.

Diese Kontroverse über die befruchtende Funktion der weiblichen Sexualflüssigkeiten zog sich bis ins 18. Jahrhundert. Im 17. Jahrhundert entdeckte der holländische Naturforscher Leeuwenoeck unter dem Mikroskop die männlichen Samenfäden. Ungefähr zur selben Zeit beschrieb De Graaf zum ersten Mal die weiblichen Eier in den Eierstöcken.

Eine groteske Theorie jagte in den folgenden zwei Jahrhunderten die nächste. Die Entdeckung der sogenannten »Samentierchen« wertete den männlichen Samen erneut auf. Man sah darin teilweise den vom Manne allein produzierten, bereits fertigen, kleinen Menschen, bereit, sich auf den mühevollen Marsch in die passiv nährende Gebärmutter zu machen.

Erst im 19. Jahrhundert beobachtete man unter dem Mikroskop erstmals den Befruchtungsvorgang. Damit war eigentlich die Gleichwertigkeit des mütterlichen und väterlichen Anteils rein wissenschaftlich geklärt. Doch irgendwo auf diesem verschlungenen Weg ging im Patriarchat das Wissen um die der männlichen Ejakulation vergleichbare weibliche Flüssigkeit verloren. Über Jahrhunderte also hatte man beiden Geschlechtern die Fähigkeit zur Ejakulation zugesprochen. Erst im »aufgeklärten« 20. Jahrhundert wird der Begriff rein männlich. Die semantische Geschichte des Wortes Samen zeigt, wie stark Sprache und Kultur die Wahrnehmung beeinflussen: Was uns bleibt, ist der rein männliche Begriff Samen für die männlichen Geschlechtszellen, der noch an die aristotelische Behauptung von der männlichen Omnipotenz anzuknüpfen scheint. Der »Same« einer Pflanze enthält nämlich alle Anlagen für die wachsende Pflanze. Er wird in die (Mutter)Erde gesät, die nur noch passiv die Nährstoffe liefert . . .

Mit der Entdeckung der Samenfäden allerdings ging das Wissen über die weibliche Ejakulation noch nicht ganz verloren. De Graaf schrieb und zeichnete als erster eine präzise Beschreibung der weiblichen Anatomie. In dem 1672 (!) erschienenen Buch mit sehr schönen Stichen, die die weibliche Anatomie vollständiger darstellen als viele moderne Bücher, beschreibt und zeichnet er die weibliche Prostata und erwähnt einen lustvollen Flüssigkeitserguß. Und bis zum Anfang unseres Jahrhunderts, ob in der viktorianischen Pornographie, bei de Sade oder in den alten sexualmedizinischen Abhandlungen, wird der weibliche Erguß fast immer erwähnt. Erst die modernen Sexualwissenschaftler bestreiten seine Existenz. Masters und Johnson betonen sogar, daß sich die sexuelle Reaktion bei Männern und Frauen zwar in fast jedem Detail ähneln, die Ejakulation jedoch sei eine Ausnahme, sie sei ein einzigartiges Phänomen des männlichen Orgasmus.

Zu Unrecht wird übrigens fast überall, auch in der Fachliteratur, die männliche Ejakulation unhinterfragt mit dem Orgasmus gleichgesetzt. Durch das undifferenzierte Gleichsetzen von Abspritzen mit Orgasmus wird vertuscht, wie häufig auch bei Männern Frigidität vorkommt.

Es ist kein Zufall, denke ich, daß die Beschreibung einer weiblichen Ejakulation zum ersten Mal wieder in der Frauenselbsthilfe in Los Angeles beschrieben wurde. Diese Frauen berichteten darüber zwei Sexualmedizinern. Nach einer Fernsehsendung zu dem Thema weibliche Ejakulation schickten über 5000 Frauen Schilderungen entsprechender Erlebnisse. Von einer Frau wurde die ausgestoßene Flüssigkeit im Labor untersucht. Es wurde eine hohe Konzentration an saurer Prostataphosphatase gefunden: ein Stoff, den man hauptsächlich vom männlichen Prostatasekret kennt.

Der größte Teil der heutigen Lehrbücher erwähnt auch die weibliche Prostata nicht. Aber auch hierüber existiert ein historisches Wissen. Schon De Graaf beschrieb sie, und auch der bekannte Pathologe Virchow nennt die Drüsen um die weibliche Harnröhre Prostata. Beim menschlichen Embryo ist die Prostata bei beiden Geschlechtern fast identisch aufgebaut. Erst in der Pubertät bekommt die männliche Prostata ihr typisches Aussehen. Ungeheuer viele Untersuchungen über die männliche Prostata liegen vor, die weibliche findet höchstens als sogenannte »Skenesche Drüsen« Erwähnung, die keine Funktion haben sollen (außer der, sich gelegentlich zu entzünden).

Einige wenige Untersuchungen zeigen, daß diese Skeneschen Drüsen oft viel ausgedehnter sind, als bisher vermutet wurde. Allerdings scheint das sehr unterschiedlich zu sein. Bei einigen Frauen sind sie ganz gering, bei anderen sehr stark ausgeprägt. Dies könnte eine Erklärung dafür sein, warum nur ein kleiner Prozentsatz von Frauen die eigene Ejakulation kennt.

Die amerikanischen Forscher zogen aus ihren Untersuchungen allerdings Schlüsse, mit denen die Frauen des Frauengesundheitszentrums wohl kaum sehr glücklich waren. Sie veröffentlichten ein Buch: ›Der G-Punkt‹, und seither geistert erneut die Diskussion um den sogenannten »vaginalen Orgasmus« durch die Medien. Wichtig, so meinten sie, sei es, das kleine Auslöseknöpfchen in der Vagina zu entdecken: den sogenannten »G-Point«. Dieses Knöpfchen soll sowohl den »vaginalen Orgasmus« wie auch die weibliche Ejakulation auslösen.

Allerdings: Was da so marktschreierisch als Schaltknöpfchen für den vaginalen Orgasmus durch die Medien getragen wurde, ist nichts anderes als der Schwellkörper, der zusammen mit der weiblichen Prostata die Harnröhre umgibt. Also ein tiefer liegender Teil des klitorialen Systems.

In der Tat existiert ein sexuell sehr empfindsamer Bereich im vorderen Anteil der Vagina. Wenn frau mit dem Finger in die Vagina eindringt und in Richtung Bauch drückt, ist dieser sensible Bereich leicht zu entdecken. Im ersten Moment irritiert vielleicht das Gefühl, daß die Blase mit gereizt wird, viele Frauen empfinden jedoch eine weitere Stimulation als sehr lustvoll.

Es ist durchaus kein Widerspruch, wenn manche Frauen eine direkte Liebkosung des Klitoriskörpers bevorzugen, andere am Vaginaleingang und den kleinen Venuslippen empfindsamer sind, und wiederum andere ein tiefes Eindringen besonders mögen. Die Vagina selbst ist zwar weitgehend unempfindsam, ihr Eingang jedoch ist als Teil der Klitoris sehr empfindlich, und die Venengeflechte um Harnröhre und Vagina sind ebenfalls Teil dieses aktiven, erogenen Systems.

In der für Frauen sehr stressigen Debatte um den sogenannten »vaginalen« Orgasmus, in der nur Frauen als reif angesehen wurden, die durch das Eindringen des Penis (und nicht durch die Reizung der Klitoris) zum Orgasmus kamen, versteckte sich die Rechtfertigung männlichen Sexualgehabes, das weiblichen Bedürfnissen nicht gerecht wird. Die Vorstellung, daß nur die beglückend erlebte Penetration eine reife Sexualität sei, hat viel mit männlicher Machtanmaßung über den weiblichen Körper zu tun und wenig mit seiner Kenntnis.

Nur ein kleiner Anteil der Frauen erreicht einen Orgasmus durch das alleinige Eindringen des Penis in die Vagina, und auch hierbei wird der Orgasmus durch die indirekte Reizung der Klitoris ausgelöst. Jede Frau hat verschiedene Vorlieben und Techniken, zum Orgasmus zu kommen. Kaum eine Frau befriedigt sich wie die andere. Es gibt unendlich viele Variationsmöglichkeiten. Ein Orgasmus ist ein Erlebnis, das – herzlos physiologisch gesprochen – primär im Zentralnervensystem, im Gehirn also wahrgenommen wird, egal ob der Orgasmus vom Ohrläppchen, von der Spitze der Klitoris oder vom »G-Punkt« ausgelöst wird. Das sexuell empfindsamste Organ bei der Frau aber ist und bleibt die Klitoris.

Wir haben uns im Patriarchat viel über den Unterschied anhören müssen. Über den Unterschied im Beruf und in der Politik; über den Unterschied im Haushalt und im Bett. Zu Beruf, Haushalt und Politik haben wir Frauen bereits einige Anmerkungen gemacht in den letzten zehn, zwanzig Jahren. Zum Bett ebenfalls.

Und nun gibt es rein körperlich dies noch hinzuzufügen: Der Mythos von der natürlichen Passivität und Hingabebereitschaft der Frauen einerseits und der natürlichen Aktivität und Potenz der Männer andererseits ist eine Lüge des Patriarchats. Frauen sind rein körperlich auch im sexuellen Bereich den Männern gleich. Und rein seelisch werden sie es mehr und mehr sein. Sie werden selbst bestimmen, wie ihnen gerade zumute ist: Mal unten und mal oben, mal passiv und mal aktiv, mal hingegeben und mal potent.

Sabine zur Nieden
Oktober 1987

Wo ist eigentlich die Politik in der Lesbenbewegung geblieben, fragt sich Janice G. Raymond, Professorin für Frauenforschung an der Universität von Massachusetts, die zusammen mit der Öko-Ingenieurin Pat Hynes ein feministisches Forschungsinstitut leitet.

Wir redeten früher häufig über Lesbianismus als einer politischen Bewegung – damals, als es noch selbstverständlich war, daß Lesbianismus mit Feminismus zusammenhängt – wobei auch der Ausdruck lesbischer Feminismus oft auftauchte. Heute hören wir mehr über lesbischen Sadomasochismus, Lesben, die Kinder bekommen, und alles, was Lesben über Sex wissen sollten – die modische Politik der Lust. Ich möchte über Lesbianismus als einer politischen Bewegung sprechen, doch bevor ich damit beginnen kann, muß ich mich mit Lesbianismus als »Lifestyle« auseinandersetzen, das heißt Lesbianismus als sexuelle Vorliebe ohne feministisches Bewußtsein.

Dahinter verbirgt sich der Dogmatismus, der besagt, daß der Sex die Triebfeder der Macht sei – nicht die Kreativität, nicht das Denken; der Sex, und nichts anderes als der Sex, sei das Wichtigste. Mit ihrem vagen Freudianismus üben die Libertären einen zunehmend konservativen Einfluß auf den Feminismus und den Lesbianismus aus, indem sie eine kaum definierte »Macht der Lust« als natürlich und wesentlich voraussetzen.

Auch in der lesbisch libertären Literatur scheint die Sexualität allem zugrunde zu liegen, nur diesmal nicht unbedingt als biologischer Trieb verstanden, sondern als eine gesellschaftliche Antriebskraft, die entscheidenden Einfluß nimmt. Sexualität erhält den Charakter eines neuen Naturgesetzes, indem die Sexualtheorie, daß »Anatomie Schicksal sei«, in eine Theorie des gesellschaftlichen Determinismus umgekehrt wird. Sex als ein originär biologischer Trieb erscheint nun als originär gesellschaftlicher Motor, der sich selbst Erfüllung verschafft, indem er alle männlichen Machtformen sexueller Verdinglichung, Unterordnung und Unterdrückung benutzt. Und wie jeder Motor benötigt auch Sex Reparaturservice und Technik. Das mechanistische Modell setzt sich wieder einmal durch.

Können wir so bereitwillig glauben, daß Sex unsere Rettung ist? Haben wir das nicht schon einmal gehört – daß das einzige, was wirklich zählt, die Qualität unseres Sexuallebens, unserer Orgasmen sei?

Die jüngste Welle des Feminismus hat einen Großteil ihrer Zeit damit zugebracht, das Bild von Frauen in den Medien, in der Wirtschaft und im Kosmos allgemein zu entsexualisieren. Die libertären Lesben können als Erfolg für sich verbuchen, Frauen resexualisiert zu haben.

Einst hatte die Bewegung, lesbischer Feminismus genannt, Leidenschaftlichkeit, Prinzipien und politische Inhalte. Ohne diese Zeit als das Goldene Zeitalter des lesbischen Feminismus romantisieren zu wollen, möchte ich doch ins Gedächtnis rufen, was diese Bewegung war und wofür sie stand.

Diese Bewegung des Feminismus war die größte Herausforderung für die Hetero-Realität. Sie stellte die Weltsicht in Frage, daß Frauen für Männer und in erster Linie auch in Beziehung zu ihnen existieren. Sie stellte die Geschichte der Frauen als eine Geschichte, die sich vor allem in der Familie zeigte, in Frage – eine Geschichte, die, wenn überhaupt, Frauen nur in ihrer Beziehung zu Männern und männlich bestimmten Ereignissen sah. Sie stellte die scheinbar ewige Wahrheit in Frage, dieses »thou as a woman must bond with a man« (daß »Du Dich als Frau mit einem Mann verbinden sollst«), daß wir also auf immer unsere verlorenen Hälften in der Ergänzung durch Hetero-Beziehungen suchen müßten. Sie stellte sogar die Definition von Feminismus selbst in Frage, wo er sich als die Gleichheit von Frauen mit Männern verstand. Statt dessen realisierte sie eine Vision der Gleichheit von Frauen mit ihrem Selbst. Sie definiert Gleichheit als das Gleichsein mit Frauen, die sich für Frauen einsetzen, jenen, die für die Freiheit von Frauen leben, und jenen, die dafür gestorben sind; jenen, die für Frauen kämpfen und durch die Stärke von Frauen überleben; jenen, die Frauen lieben und die erkennen, daß ohne das Bewußtsein und die Überzeugung, daß Frauen in ihrem Leben an erster Stelle stehen, alles andere schief in den Blick kommt.

Lesbischer Feminismus war eine Bewegung, die sich auf die Kraft eines »wir« stützte, nicht auf die Phantasie oder die Ausdrucksform einer individuellen Frau. Sie war eine Bewegung, die eine eigene Politik hatte – die begriff, daß Prostitution, Pornographie und sexuelle Gewalt nicht als therapeutisch, ökonomisch oder sexy umdefiniert werden können, nur um – im Namen freier Wahlmöglichkeiten – der Laune der einzelnen Frau zu entsprechen.

Es war einmal, zu Beginn dieser jüngsten Welle des Feminismus, daß es einen feministischen Konsens gab, der besagte, daß die Entscheidungsmöglichkeiten der Frauen vom Patriarchat konstruiert, eingegrenzt, geschmälert, begrenzt, erzwungen, vorgeformt usw. seien. Niemand wollte damit sagen, daß die Entscheidungsmöglichkeiten von Frauen determiniert oder Frauen passive oder hilflose Opfer des Patriarchats seien. Viele Frauen glaubten an die Kraft des Feminismus, das Leben von Frauen verändern zu können, und es war offensichtlich, daß Frauen sich nicht verändern könnten, wenn ihre Rollen gesellschaftlich determiniert oder sie nur geschmeidige Knetmasse in der Hand der Patriarchen wären. Wir sprachen sogar von Zwangsmutterschaft und, ja, auch von Zwangsheterosexualität. Wir sprachen über die Art und Weise, wie Frauen und Mädchen zur Prostitution herangezogen, an Schläge von Männern gewöhnt und gezielt in niedrig bezahlte und ausweglose Arbeitssituationen gedrängt werden. Und die Gemäßigteren unter uns sprachen über Geschlechtsrollensozialisation. Die Radikaleren schrieben Manifeste, wo die patriarchale Konstruktion der Unterdrückung von Frauen im Detail beschrieben wurde. Wie auch immer es genannt wurde, stimmten die meisten von uns darin überein, daß Frauen nicht frei sind, um einfach »ein Mensch wie du und ich« zu sein.

Die Zeit verging, und eine »nuanciertere« Sichtweise des Feminismus tauchte auf. Sie wies uns an, uns davor zu hüten, von den Frauen als Opfern zu sprechen. Immer mehr Frauen besuchten höhere Schulen, wurden »schlauer«, erhielten ihre Zulassung als Anwältinnen, wurden Akademikerinnen und Expertinnen auf allen möglichen Gebieten. Sie hatten teil an der Macht, die die männlichen Götter geschaffen hatten, und »also sahen sie, daß es gut war«. Sie spürten die Fülle der Möglichkeiten, die ihnen offenstanden, und übertrugen dies auf alle Frauen, und – »voilà«, damit war das Evangelium unverfälschter Entscheidungsfreiheit geschaffen. Sie fingen an, Dinge zu sagen wie: ». . . große Mühe müsse darauf verwendet werden, Frauen nicht so darzustellen, als seien sie unfähig, verantwortungsvolle Entscheidungen zu treffen« (Lori Andrews, 1987).

Einigen Frauen kamen diese Worte bekannt vor, als hätten

sie sie schon einmal gehört, aber die feministischen Diskursanalytikerinnen schienen nicht sonderlich daran interessiert zu sein, dies zurückzuverfolgen bis zu dem, was »altmodische« Feministinnen als liberalen patriarchalen Diskurs bezeichneten. Sie sagten, das sei langweilig und veraltet, Frauen hätten davon bereits genug gehört, und es sei deprimierend. Laßt uns nicht vereinfachen und die Männer beschuldigen, sagten sie, da diese Analyse »so wenige Ansatzpunkte zum Handeln biete, so wenige Ideen für Visionen von Veränderung biete« (Snitow u. a. 1983). Statt dessen begannen sie, über das »glückliche Zuchtvieh« (»Happy Breeders«; Breeders ist in den USA eine abwertende Bezeichnung der Schwulen und Lesben für Heterosexuelle), die »glücklichen Huren« und die »Frauen, die es geil fanden«, zu sprechen, und die, die es geil finden würden, wenn sie nur »die Freiheit und den gesellschaftlich anerkannten Raum hätten, um die robuste Ausdruckskraft der traditionell männlichen Sprache (lies: Pornographie) für sich selbst beanspruchen zu können«.

Kurze Zeit zuvor hatte der Justizminister eine Kommission zum Thema Pornographie ins Leben gerufen, die sich Zeugenaussagen von Frauen anhörte, die man dazu gebracht hatte, in der Porno-Industrie zu arbeiten. Howard Kurtz von der ›Washington Post‹, ein anderer Mann von Gefühl, stellte die Wahrhaftigkeit der Aussagen dieser Frauen in Frage, indem er ihre Gefühle karikierte: »Eine Parade selbsternannter Opfer, die ihre traurigen Geschichten hinter einem undurchsichtigen Wandschirm erzählen. (...) Viele Experten beider Seiten sind der Ansicht, daß derartig anekdotische Leidensgeschichten nichts über die Auswirkungen deutlich sexueller Materialien aussagen.«

Um mich kurz zu fassen: Männer lernten diese Sprache der Ungläubigkeit von Feministinnen, die uns jetzt erzählen, Opfer von Pornographie hätten sich die Betten selbst ausgesucht, in denen sie liegen.

Alle Männer und Frauen mit etwas Gefühl verstehen das. Es ist unser Recht auf Entscheidungsfreiheit, das hier auf dem Spiel steht. Pornographie und Leihmutterschaft schützen dieses Recht. Diese Art von Entscheidungsfreiheit, diese Art von Freiheit ist Liberalismus. Und leider ist auch der Lifestyle-Lesbianismus Liberalismus.

Der Liberalismus des Lifestyle-Lesbianismus bedeutet, daß wir – das heißt Lesben – nicht mehr wir sagen können. Statt dessen sagen Frauen: »Meiner Meinung nach«, oder »für mich« oder »wie ich das sehe« oder »ich habe ein Recht auf das, was mich anmacht«. Was bleibt uns also? Sicherlich nicht ein politischer Lesbianismus, da er an diesem Punkt der lesbischen Geschichte nicht einmal einen Satz in der ersten Person Plural bilden kann. Nein, eher eine extrem ichbezogene lesbische Weltsicht. Und uns bleibt eine Tyrannei der Toleranz, die als Unterschiedlichkeit durchgeht.

Lesbischer Feminismus ist etwas anderes. Als lesbische Feministinnen haben wir ein klares und präsentes Bewußtsein, daß die »boys«, und auch einige »girls«, uns nicht mögen werden, und daß wir uns wohl einigen Ärger einhandeln werden. Als lesbische Feministinnen sind wir radikal anders, als die Hetero-Gesellschaft uns haben will. Es ist kein scheinbarer, sondern ein echter Unterschied. Zum Beispiel ist lesbische Sexualität anders, da sie auf dem lesbischen Vorstellungsvermögen beruht.

Es ist nicht dieselbe alte Sexualität, der sich Frauen in der Hetero-Realität unterwerfen müssen. Es ist nicht Pornographie, nicht »butch« und »femme«, und es ist nicht Fesselung und Herrschaft. Es ist eine Sexualität des Vorstellungsvermögens, das in der Realität wurzelt. Wie Andrea Dworkin es in ihrem Buch ›Intercourse‹ (New York, 1987) ausdrückt: »Vorstellungsvermögen ist kein Synonym für sexuelle Phantasie . . .« »Phantasie« kann nur all die gehabten Tricks heraufbeschwören, die eine endlose Wiederholung heterosexueller konformistischer Praktiken darstellen. »Das Vorstellungsvermögen findet neue Bedeutungen, neue Formen; Werte und Handlungen. Eine Person mit Vorstellungsvermögen wird von diesem vorangetrieben in eine Welt der Möglichkeiten und Risiken, in eine andere Welt der Sinnbedeutung und Entscheidung« (Dworkin), also nicht auf den heterosexuellen Schrottplatz der lesbisch libertären und Lifestyle-Aktivitäten, wo diese für Frauen als phantastische Waren »recycled«, wiederverwertet werden. Lifestyle-Lesben setzen Phantasie an die Stelle des Vorstellungsvermögens.

Habt ihr schon bemerkt, daß alle über ihre Phantasien und nicht über ihr Vorstellungsvermögen sprechen?

Als lesbische Feministinnen machen wir weiter. Auch wenn es nicht populär ist. Auch wenn es keine Anerkennung dafür gibt. Nicht nur gestern. Nicht nur heute. Nicht nur an einigen Stunden am Wochenende. Lesbischer Feminismus ist eine Lebensart, eine Art, für unser tiefstes Selbst und andere Frauen zu leben.

Und die, die denken, daß die Verdinglichung, Unterordnung und Vergewaltigung von Frauen akzeptierbar ist, solange sie lesbische Erotica oder lesbischer Sadomasochismus genannt werden – die sind keine lesbischen Feministinnen. Und die, die denken, daß es in der Privatsphäre ihrer Schlafzimmer, wo sie es genießen, wo sie – insbesondere sexuell – darauf abfahren, akzeptierbar ist, sind keine lesbischen Feministinnen. Wie Mary Daly es ausdrückte, sie sind Lesben »von der Taille an abwärts«.

Ich möchte schließen mit einer Vision lesbischer Sexualität und einem möglichen Umfeld dafür. Für all die, die Gebrauchsanleitungen haben wollen, wird dieses Ende eine große Enttäuschung sein. Ich möchte andeuten, wie Sexualität aussehen könnte, die in einem lesbischen Vorstellungsvermögen wurzelt und nicht in den Hetero-Phantasien lesbischer Pornographie. Dies ist eine Vision, ein Kontext, eine Schlußbemerkung, die eigentlich einen Anfang darstellt.

Diese Vision von Sexualität schließt die »Fähigkeit zu berühren und berührt zu werden« ein. Aber mehr noch: eine Berührung, die eine Verbindung herstellt, wie James Baldwin es ausgedrückt hat. Andrea Dworkin, die sich auf Baldwin bezieht, schreibt über Sexualität als dem Akt, dem Kontaktpunkt, wo Berührung Verbindung herstellt, wenn Selbstkenntnis vorhanden ist. Es ist aber auch der Akt, der Kontaktpunkt, wo sich die Unfähigkeit einer Berührung offenbart, eine Verbindung herzustellen, und wo die Resultate verheerend sein können.

In der Sexualität ist Intimität immer möglich, wie sehr wir auch betonen mögen, Sex sei eben Sex – das heißt, schlichter Genuß. In der Sexualität wird eine Reihe von Gefühlen über das Leben ausgedrückt, wie unverbindlich oder unpersönlich der Sexualverkehr auch sein mag – Gefühle von Verrat, Wut, Isolation, Bitterkeit ebenso wie Hoffnung, Freude, Zärtlichkeit, Liebe und Verbindung (Dworkin). Alle diese Gefühle, wenn auch nicht alle auf einmal, wohnen dieser Leidenschaft inne, die wir Sexualität nennen. Sexualität ist der Ort, wo diese Gefühle erreichbar sind oder verschüttet werden.

Janice G. Raymond
(November 1989; aus: ›beiträge‹ 25/26, Köln)

Ihnen genügt es nicht mehr, uns mit Netzstrümpfen, Dekolleté und Häschenohren darzustellen. Sie fesseln uns. Foltern uns. Ermorden uns. Denn genau das macht den neuen Mann heiß: die kaltgemachte Frau. Ihm reicht's endgültig mit der Emanzipation.

Auf dem ersten Foto liegt die Frau auf dem Rücken nackt auf einem bloßen Laken. Ihre Knie sind angezogen, an den Füßen hat sie hochhackige, glänzende Pumps. Ihre Kopf und Oberkörper sind bis zum Bauch eingeschnürt in einen Müllsack. Neben ihr liegt ein langes Elektrokabel.

Auf dem zweiten Foto liegt die Frau auf der Schondecke eines Hotelbettes. Sie ist nackt, bis auf die glänzenden, hochhackigen Schnürstiefel. Kopf und Körper sind durch ein (Leder?) Band gefesselt und bis zur Unkenntlichkeit verdeckt. Auf dem Boden neben dem Bett stehen, halb umgefallen, Cowboystiefel.

Auf dem dritten Foto liegt die Frau ebenfalls auf einem nackten Bettlaken. Diesmal allerdings auf dem Bauch. Sie trägt einen Brautschleier, der sie bis zur Hüfte verdeckt, dazu einen weißen Strapsgürtel, weiße Strümpfe und weiße, hochhackige Pumps. Ihre Hände sind mit einem schwarzen Kabel auf den Rücken gefesselt. Ihr Hintern ist bloß. Neben ihr auf dem Bett liegt der Brautstrauß, weiße Nelken.

Auf dem vierten Foto liegt die Frau in einer Badewanne. Sie ist, bis auf einen schwarzen Tanga, nackt. Ihre Fußgelenke sind mit einem schwarzen Band gefesselt, ihre Hände sind hinter ihr an der Wand an die Armaturen gebunden. Ihr langes, strähniges dunkles Haar verdeckt ihr Gesicht. Am Wannenrand liegen schwarze Gummihandschuhe und ein Rasiermesser. Neben der Wanne stehen hochhackige Pumps.

Jede dieser Frauen ist gesichtslos. Jede ist gefesselt.

Sie alle sind »Männerphantasien«, sind »die Träume eines Bürgers«, sind »Zeitgeist« (so der Titel). Sie sind auf je einer Doppelseite im Zeitgeist-Magazin ›Wiener‹ abgebildet, das, nach eigener Aussage, »raffinierten Journalismus für 20- bis 40jährige« macht und damit »seit sechs Jahren außerordentlichen Erfolg« hat. In Österreich. Und seit Anfang des Jahres auch einen gewissen in der Bundesrepublik. Der ›Wiener‹ ist, laut Eigen-Prospekt für die Werbewirtschaft, »die Nr. 1 bei den jungen Aufsteigern mit überdurchschnittlicher Bildung«. Denen also, die überdurchschnittlich schnell schalten.

Der ›Wiener‹ wird auch von eben solchen Trendis gemacht: nämlich überwiegend von jungen Journalisten (und einigen Journalistinnen), die aus den sogenannten »Szene«-Blättern kommen. Aus dem sich für links haltenden Frankfurter ›Pflasterstrand‹ zum Beispiel und aus den sich als alternativ gerierenden Stadtteilzeitungen. Auch aus ›konkret‹ und ›Playboy‹ rekrutiert sich die forsche Mannschaft.

Dieselbe Zielgruppe, die gleichen Macher und denselben eiskalten Sexismus hat das Konkurrenzblättchen ›Tempo‹, das in großer Hast und in Rivalität mit dem ›Wiener‹ auf den Aufsteiger-Markt kam.

In ›Tempo‹ plaudert zum Beispiel Ex-Pflastersträndler Matthias Horx mal über den »Mythos RAF«, und das im Aktenzeichen XY-Stil (»Sechs gegen 60 Millionen«); mal über die »neue Hochzeitsmode« (»Sei mein«), und das im Stil eines Batailles der Bastei-Heftchen. Da feiert der wendige Trendi das »Ritual, das allein die Kraft hat, aus einer abgenutzten Alltäglichkeit ein sinnliches, erotisches Geheimnis zu machen«; die Enthaltsamkeit, »bis alle Schleusen brechen«; die »kleinen spitzen Schreie« am Altar beim Ringaustausch; den Abgang im weißen Jaguar; und, nach gebührender Wartezeit, die »Hochstufe der Lust: den Betrug«.

Gefesselt ans Bett. Gefesselt an die Ehe. Hauptsache gefesselt. Und das alles immer hübsch verpackt und cool layoutet.

›Tempo‹-Kollege Jan Philipp Senker hatte in der Nummer zuvor schon das realistische Ende des Rituals vorweggenommen: »Statt Scheidung Mord«. Denn »Frauen erschlagen den Ehemann, Liebhaber erwürgen die Freundin. Alle 16 Stunden endet in Deutschland eine Liebe tödlich«. – Mal so, mal so. Mal trifft's sie, mal ihn. Oder? Was Senker bei dem Tempo zu sagen vergaß, ist, daß bei neun von zehn Beziehungsmorden Frauen die Leichen sind und Männer die Mörder. »Tendenz steigend«. Und Psychologe Maisch orakelt dazu: Das wird »das beherrschende Thema der nächsten 30, 40 Jahre sein«. Thema? Fakt ist das!

Womit wir wieder beim ›Wiener‹ wären. Der New Yorker Fotograf Thomas Glover durfte diese »Männerphantasien« für das Herrenjournal inszenieren. Er hat sich auch was dabei gedacht: Die Frau in der Mülltüte ist laut seinem Beitext »eine Flaschenpost«, von der er sich wünscht, »daß sie verstanden wird«. Und die Frau in der Badewanne ist für ihn »vielleicht sogar realer« als die Realität. Eben. Der Mister hofft, daß »ihre Zeichen zu entschlüsseln« sind. Durchaus. Die Flaschenpost ist angekommen.

Das Wort Pornographie kommt aus dem Altgriechischen und setzt sich zusammen aus »graphos« (Abbildung) und »porne« (Hure). Es handelt sich also bei Pornographie um die Abbildung von Huren, beziehungsweise von Frauen, die von Männern als Huren gesehen und dargestellt werden.

Pornographie zelebriert und demonstriert die Degradierung von Frauen. Und damit die Erhebung der sie darstellenden und konsumierenden Männer über die Frauen. Der Kern von Pornographie ist die Darstellung männlicher Macht über weibliche Ohnmacht. Pornographie hat den Sinn, Frauen zu demütigen und einzuschüchtern, ihnen Angst zu machen. Und: Männer zu heroisieren und ihnen (Hoch)Mut zu machen. Mut zum Benutzen, Demütigen, Vergewaltigen, Fesseln, Foltern, Töten.

In den USA, in denen Mister Glover seinen Phantasien freien Lauf gelassen hat, wird laut offizieller FBI-Statistik alle 18 Sekunden eine Ehefrau geschlagen und alle drei Minuten eine Frau vergewaltigt. Die Tendenz der Frauenmorde ist steigend. Wie in der BRD.

Der gerade erschienene offizielle Report über die Produktionsbedingungen und Auswirkungen von Pornographie in den USA hat auch hierzulande Staub aufgewirbelt. Ein Jahr lang haben elf Frauen und Männer versucht, »das Wesen und Ausmaß der Pornographie in den USA« sowie deren »Einfluß auf die Gesellschaft« zu erfassen. Dazu hörten sie 208 Zeug/inn/en. Was sie hörten, war meist grauenerregend. Rapide steigt die Zahl der Porno-Models für den immer größer werdenden Pornokonsum. Viele der Models sind Kinder. Sie werden, wie die Frauen, nicht selten in »harter Sklaverei gehalten«, zur Pornoproduktion mit Gewalt und Erpressung gezwungen. Der sogenannte Meese-Report kommt zu dem Schluß, daß »zwischen gewaltverherrlichender Pornographie und sexuell motivierter Gewalt gegen Frauen eine ›ursächliche Beziehung‹ besteht«.

So berichtete ›Der Spiegel‹ – und hielt es dennoch für angebracht, den Artikel unter dem neckischen Titel »Sex mit Huhn« und dem Vorspann zu präsentieren, hier »rüste das rechte Amerika zum Kampf gegen die Unmoral«.

Die TAZ fand es gar nicht erst nötig, überhaupt auf den Inhalt des 2000 Seiten umfassenden Reports einzugehen. Sie beschwor lieber gleich das Dilemma, daß »die« Frauenbewegung »Weggenossin fundamentalistischer Gruppen werden« könnte. Dabei unterschlug die linke ›Tageszeitung‹, daß es Feministinnen waren, die die Regierung zwangen, Pornographie ernster zu nehmen und endlich die Untersuchung in die Wege zu leiten. Dieselben radikalen Feministinnen übrigens, die seit Jahren scharf die bigotten, reaktionären Fundamentalisten kritisieren.

Von *einer* Haltung »der« Frauenbewegung zur Pornographie kann auch nicht die Rede sein, dazu ist »die« Frauenbewegung in den USA zu vielfältig. Die für ihre reformistischen Positionen bekannte NOW-Führerin Betty Friedan zum Beispiel hält den feministischen »Krieg gegen die Pornographie« für eine »Obsession einzelner« und eine »Verschwendung von Energie«, entsprechend »irrelevant« scheint ihr der Pornographie-Report. Die radikale Feministin Andrea Dworkin, seit Jahren eine der Speerspitzen im Kampf gegen Pornographie, begrüßt die Existenz des Anti-Porno-Reports, auch wenn sie keineswegs mit allen Schlüssen, die die Meese-Kommission zieht, einverstanden ist.

Daß auch konservative bis rechte Kräfte versuchen, ihr Moralsüppchen auf dem Anti-Porno-Kampf zu kochen, ist nicht überraschend. Daß sie das mit anderen Motiven und Zielen als die Feministinnen tun, ist bekannt. Nur: weil auch sie *gegen* etwas sind, müssen wir noch nicht *dafür* sein. Und wenn Rechte gegen Pornographie sind, so sollte das das Problem der Pornographen sein und nicht das der Feministinnen.

In der Tat kommt die Eskalation zur harten Pornographie und die Tendenz zur allgemeinen Verharmlosung eher aus der linken und liberalen Ecke als aus der rechten. Es sind die fortschrittlichen jungen Männer von ›Wiener‹ und TAZ (»Warum sollte frau nicht ein paar schnelle Mark in der Peepshow verdienen«), die uns das bescheren. So ist es wohl kein Zufall, daß die TAZ-Bericht-Erstattung den Pornographie-Report irreführend in den gleichen Topf warf wie die steigende Repression gegen Homosexualität, und so suggerierte, dies sei eine Front. – Für wen? Und wer ist hier wessen Weggenosse? Vielleicht die linken Chauvis die der harten Pornographen?!

Auch in den USA sind es vor allem die Frauen, sind die radikalen Feministinnen die einzigen, die es wirklich wagen, gegen die Sklavinnen-Propaganda der neuen Superindustrie Pornographie zu Felde zu ziehen. Ihnen, den Gedemütigten, sind dabei viele Mittel recht. Auch neue Gesetze (gegen Pornographie!), die sie, uns, schützen könnten. Zensur? Gefahr für die Meinungsfreiheit? – Für welche Freiheit?! Die, aufs Schild zu schreiben »Whites only!« oder »Türken raus!«? Doch sicher nicht. Die, Frauen als erniedrigte Objekte und Opfer vorzuführen? Ganz sicher auch nicht!

Auch in der Bundesrepublik sind Frauen spätestens seit dem 1978 von ›Emma‹ initiierten ›Stern‹-Prozeß (gegen die Frauen erniedrigenden Titelbilder) hellhörig geworden. Diese ›Stern‹-Titel aber muten einen schier wie Opas Gartenlauben-Sex an im Vergleich mit den zu allem entschlossenen Frauenbildern des Nachwuchses.

Da kommt etwas auf uns zu, Frauen, was das, was wir bisher erlebt haben, noch weit zu übertreffen scheint.

Das ist die Reaktion auf uns. Wir haben es gewagt, nicht nur Arsch, sondern auch Kopf zu haben. Wir haben es gewagt, ein Gesicht zu haben. Und genau das will man uns wieder nehmen. Das ist die Reaktion. Die Reaktion auf die Frauenemanzipation. Das ist die Reduktion. Die Reduktion weiblicher Menschen auf ihren Körper. Auf einen kolonialisierten Körper, auf dem der Mann seinen Claim absteckt, wie es ihm beliebt. Den er benutzt, verhöhnt, verstümmelt.

Das ist die Antwort. Die Antwort der neuen Männer auf die neuen Frauen.

Und das infamste ist, daß diese »neuen Männer« sich dieses Bild von der »neuen Frau« im Namen der »neuen Freiheiten« machen.

Ein berühmter Ökonom, Galbraith, hat einmal gesagt: der Fortschritt des 20. Jahrhunderts ist, daß jetzt jeder Mann gratis ein Dienstmädchen hat, im 19. hatten das nur die Bürger. Der Fortschritt des späten 20. Jahrhunderts ist, daß jetzt jeder Mann gratis eine Heim-Nutte hat (oder zumindest haben will), früher hatten das nur zahlende Männer außer Haus. Längst bietet die Kaufhof-Wäsche-Abteilung Dessous an, die es bis vor ein paar Jahren nur in Spezialgeschäften am Bahnhof gab. Von Erotik ist da wenig die Rede. Von Unterwerfung viel. Jetzt pochen die jungen Aufsteiger auf ihre Gratis-Vorstellung. Und wenn die nicht klappt, darf die Szene auch mal locker in den hard-porno kippen. Da gehört Gewalt einfach dazu. Und Vergewaltigung. Und ein Mord aus Versehen ist auch mal drin.

Und die Schwestern in der ›Wienerin‹ und in ›Cosmopolitan‹ kichern aufreizend dazu.

»Die Jungs bauen auf unsere Ignoranz und unsere Angst. Wir haben uns immer geweigert, das Schlimmste zu sehen, was Männer uns angetan haben«, schreibt Andrea Dworkin. »Die Jungs wetten darauf, daß ihre Darstellung von uns als Huren uns niedergeschlagen machen und stoppen wird. Die Jungs wetten darauf, daß ihre Fäuste und Messer und Penisse und Vergewaltigungen uns zu dem machen werden, was wir nach ihrer Aussage sind. Die Jungs glauben fest daran. Die Jungs liegen falsch.«

Ja, die Jungs liegen falsch. Nicht auf dem Markt, wo »fortschrittliche« Publikumszeitschriften heute mit den Methoden von Hart-Porno-Postillen Auflage zu machen scheinen. Aber bei uns. Bei uns liegen sie ganz falsch. Uns kriegen sie nicht mehr drunter.

Wir werden das nicht hinnehmen. Wir werden uns ernsthaft fragen, was zu tun ist. Und wir werden ihnen zu antworten wissen.

Alice Schwarzer
September 1986

Die Würde der Frau ist antastbar

In diesen letzten Monaten habe ich mir einiges ansehen müssen. All das, wovor Frauen normalerweise die Augen verschließen. Schön war das nicht. Nach abgründigen Stunden allein mit den »Hart-Pornos« habe ich den ›Playboy‹-Stapel zusammen mit einer Freundin durchgesehen. Und siehe da, wir guckten uns, überrascht, an und gestanden es: Ehrlich gesagt hab ich's mir schlimmer vorgestellt . . .

Was war passiert? Hatten ›Playboy‹ und Konsorten gelernt aus dem Protest der Frauen? Waren ihre Hasen jetzt frauenfreundliche Hasen? Wir verglichen mit alten Ausgaben. Nein, nicht ›Playboy‹ hatte sich verändert. Wir hatten uns verändert. Unser Blick hat sich verändert. Das tägliche Bombardement mit Pornographie ist auch an uns nicht spurlos vorübergegangen.

Längst ist die illegale harte Pornographie in legale Billig- und Hochglanzzeitschriften übergeschwappt. Denen genügt es nicht mehr, unsere Haut zu Markte zu tragen. Die ziehen uns die Haut ganz vom Leib. Die gefolterte und zerstückelte Frau – das ist *seine* Antwort auf *unsere* Emanzipation.

Wer kann sich bei diesem Stand der Dinge noch über nach Inzest gierende Schulmädchen und nach Befriedigung lechzende Hündinnen im ›Playboy‹ echauffieren? Old-Boy-Pornos, wie die Amerikanerinnen sagen. Die New Boys ziehen da ganz andere Saiten auf.

Dabei haben die Old Boys in den letzten zehn Jahren auch ganz schön dazugelernt. Waren früher die ausklappbaren Pin-Ups unbekannte Schöne, die nichts als ihre Siliconbrüste darboten, so sind es heute Frauen, zu deren bloßen Brüsten ›Playboy‹ in Kinderschrift Geburtsort und Lieblingsspeise, Hobbies und Träume preisgibt.

Ihr beschwert euch darüber, daß wir Männer uns nur für eure Titten und Ärsche interessieren? Aber nein doch. Wir interessieren uns auch für eure Seelen. Die verkaufen wir jetzt gleich mit dazu.

Doch auch das kann den »Soft«-Porno nicht retten. Er verliert unerbittlich seine Marktanteile an den »Hart«-Porno. Folgerichtig, ist doch der Hart-Porno nur die logische Konsequenz aus dem Weich-Porno. Die Grenzen sind fließend, beides wird aus einer Quelle gespeist: aus der der Verachtung von Frauen. Der Unterschied ist nur ein Unterschied in Graden, nicht in der Sache. Und die Dosierung richtet sich nicht nach Männerlust, sondern nach Frauenstärke: Je bedrohlicher (für Männer) die Emanzipation, um so bedrohlicher die Pornographie.

Für diese These lieferte ausgerechnet das Zeitgeist-Blatt ›Tempo‹ jüngst ein hübsches Beispiel aus dem Bereich der »angewandten Psychologie«: Beim Betrachten »brutaler Sexszenen« schnellten bei den Frauen die Kurven höher: »Gehirn- und Herzströme, Pupillenerweiterung, Schweißbildung«. Klar, Angst. – Oder? Nein, doch nicht klar. Für das Jungherrenmagazin handelt es sich bei diesen registrierten Reaktionen selbstverständlich um »sexuelle Erregungskurven«. Jetzt klar?

82 Prozent aller Männer zwischen 18 und 65 kennen Pornos. Zwei Drittel aller Schüler/innen einer Frankenthaler Hauptschule sehen wöchentlich elf und mehr Porno- und Gewaltvideos. Jede dritte ausgeliehene Videokassette ist harte Pornographie.

Gesehen hat die natürlich keiner. So wie ja auch niemand die Pornohefte liest. Und der ›Playboy‹ nur wegen der (vorgeblich) guten Interviews gekauft wird. – Wo also sind sie, all diese Jungs, die bis zur Halskrause vollgefüllt sind mit erniedrigenden und gewalttätigen Bildern von uns Frauen?

Sie sind auf der Straße. Am Arbeitsplatz. Im Parlament. An der Uni. In den Medien. In der Schule. Nebenan. Zu Hause. Sie sehen die Pornos. Und sie sehen uns. Und sie sehen wieder die Pornos. Und sie sehen wieder uns. Genau das ist einer der Gründe, warum so viele Frauen die Bedrohung durch die Pornographie nicht wahrhaben wollen:

Das soll ich sein? Dieses Stück Fleisch? Dieses willige Geschöpf? Diese winselnde Hündin? – Zu der Sorte Mensch soll ich gehören? Eine, die nur existiert, um *seine* Allmacht zu zelebrieren. Eine, die wimmert: Nimm mich, wie du willst! Mach mit mir, was du willst! Verfüge über mich. Benutze mich. Zerstöre mich. – So eine soll ich wirklich sein? – Nein. Das bin ich nicht! Lieber verschließe ich die Augen.

Und dann? Dann kriechen zu den Bildern von draußen die Bilder von drinnen. Und die sind oft nicht weniger beklemmend.

Denn die Erotik der Frauen selbst ist ja nicht frei von all

dem, sie ist ganz einfach auch Produkt der herrschenden Verhältnisse – und damit keineswegs immer auf der Höhe feministischer Erleuchtung. Das gilt für Nicht-Feministinnen wie für Feministinnen.

Mit dem Widerspruch müssen (manche) Frauen leben: Sie kämpfen gegen eine Verachtung und Erniedrigung, die so manches Mal sogar unter ihrer eigenen Haut sitzt, zur Selbstverachtung und Selbsterniedrigung umschlägt. Auch und gerade erotisch. Da heißt das dann »Masochismus« und ist neuerdings wieder ganz schick.

Aber halt: Diese passiven, sich den Mächtigen anpassenden und unterwerfenden Phantasien von Frauen sind keine Realität. Die sexualisierten Machtphantasien von Männern hingegen, die sind Realität. Die meinen es ernst. Wie ernst, das zeigt uns die rasende Desensibilisierung und Brutalisierung in der privat wie öffentlich vorgeführten Erotik: Immer mehr Männer erwarten auch von ihren eigenen Freundinnen/Frauen die erniedrigenden Re-Inszenierungen von Pornographie. Zunehmend werden Vergewaltigungen und Sexualmorde nach Porno-Vorlagen »nachgespielt«.

Die Scham und die eigenen Widersprüche. Zwei gute Gründe, Pornographie nicht wahrhaben zu wollen. Und es gibt noch einen dritten sehr guten Grund: die Angst. Denn Frauen, die den Kampf gegen die Pornographie aufnehmen, machen sich unbeliebt. Sehr unbeliebt.

Das wurde ja oft genug an mir selbst und an ›Emma‹ exemplarisch demonstriert. Der von ›Emma‹ angezettelte sogenannte »›Stern‹-Prozeß« gegen die sexistischen (will sagen: pornographischen) Titelbilder brachte uns viel Dreck und viel Ärger (aber auch viel Zustimmung). Noch Jahre danach zerrte uns der ›Stern‹ von Prozeß zu Prozeß, was uns ökonomisch fast kirre machte. Und der Auslieferungsboykott der letzten ›Emma‹-Ausgabe durch einen Teil des Handels ist auch alles andere als ein Zufall: Er ist eine prompte Antwort der Porno-Branche. Hier wird nicht diskutiert, hier wird ökonomisch Tacheles geredet ... Denn an der Pornographie verdienen sie (fast) alle. Direkt wie indirekt. Pornographie ist ja soviel mehr, als das, was wir juristisch in unserem Gesetzesvorschlag zu erfassen suchen. Die konkret benennbare Pornographie ist in Wahrheit nur ein Teil des Problems: Was da lebensbedrohlich auf uns zukommt, das ist die Pornographisierung der ganzen Sexualität, ja der gesamten Geschlechter-Beziehungen.

Es geht bei der Pornographie nicht um Lust. Es geht um Macht. Daß Männer nur zu gern Lust mit Macht verwechseln, ist bekannt. Die herrschende Sexualität hat der Lust weitgehend den Garaus gemacht. Eros liegt plattgewalzt unter den Rädern der Sexmaschine.

Sexualität ist kaum Natur, sie ist vor allem Kultur. Sie ist Produkt vieler bewußter und unbewußter Einflüsse, Phantasien, Gebote und Zwänge unseres Lebens. Der erste scheue Kuß; der erste heimliche Sex; die Frauen, die eigentlich nicht wollen/dürfen und die mann zur »Liebe« erobert oder zwingt – all das haben nicht nur die Männer drauf, das haben auch wir Frauen drin.

Wo Staaten sich streiten, sind die Grenzen dicht. Wo Klassen sich bekämpfen, sind sie durch Wohnviertel getrennt. Wo Geschlechter aufeinanderprallen, ist oft kein Millimeter Raum mehr zwischen den Leibern. Männer und Frauen teilen Tisch und Bett. Diese Erkenntnis ist nicht neu. Die Konflikte, die daraus resultieren, müssen dennoch täglich neu durchgestanden werden. Nach außen wie nach innen. Auch und gerade von den Frauen und Männern, die es anders, die es besser machen wollen.

Sex und Gewalt sind heute in den Phantasien und Bedürfnissen von uns allen nur schwer lösbar miteinander verbunden. Es gibt jetzt wieder Sexualwissenschaftler, die das für angeboren halten. Feministinnen antworten ihnen: es ist anerzogen und angeprügelt. Und die Pornographie festigt erneut und schürt verstärkt diese unselige Verknüpfung.

Pornographie macht die Frauen *und* die Sexualität kaputt. Pornographie, dieses »kalte Herz der Frauenfeindlichkeit« macht »Sexismus sexy« (McKinnon). Mehr noch: Sie macht den Geschlechterkampf zum Geschlechterkrieg. Pornographie ist Kriegspropaganda gegen Frauen.

Sie sind in diesem ihren Krieg schon ganz schön weit gekommen: Am Anfang haben sie uns »nur« ausgezogen; dann haben sie uns »nur« vergewaltigt; dann haben sie uns »nur« gefoltert; jetzt zerstückeln sie uns. Immer mehr wird die Porno-Produktion zur Gewalt-Porno-Produktion. Jeder Bürger ein de Sade. Das ist Demokratie im Patriarchat.

Wir leben in einem Land, in dem die Propagierung eines plumpen Antisemitismus auf Protest stößt: Wer Bilder von hakennasigen, raffgierigen, kinderschändenden Juden veröffentlichen würde, bekäme Ärger. Zu Recht. Wir leben in einem Land, in dem, weit ab vom Schuß, die Propagierung eines plumpen Rassismus auf Protest stößt: Wer Bilder von trolläugigen, blöden, allzeit dienstbaren Schwarzen veröffentlichen würde, bekäme Ärger. Zu Recht. Wir leben in einem Land, in dem, mitten im Geschlechterkampf, die Propagierung eines plumpen Sexismus eine Selbstverständlichkeit ist, Teil der »Meinungsfreiheit« und »echt in« in modernen Kreisen: allezeit bereite, dümmliche, unterwürfige, verfügbare, benutzbare, mißbrauchte Frauen. Es gibt nur wenige Männer, die das empört. Was nicht verwunderlich ist. Gehören sie doch nicht zur Kategorie der Opfer, sondern zu der der Täter. Und Täter können bekanntlich gemeinhin besser schlafen als Opfer. Doch auch unter den Frauen sind noch längst nicht alle gegen Pornographie. Das ist schon befremdlicher! Denn *sie* gehören zur Kategorie der Opfer. Ob sie wollen oder nicht. Wenn wir den Kampf gegen die Pornographie nicht gewinnen, verlieren wir den Kampf um unsere Emanzipation. So einfach ist das.

Nicht zufällig schließlich lautet der allererste Satz des Grundgesetzes: »Die Würde des Menschen ist unantastbar.«

Die Würde der Frau ist antastbar. – Wie lange noch?

Alice Schwarzer
(›Emma‹-Sonderband ›PorNO‹, 1988)

PorNO – Eine Bilanz

Im Oktober 1987 startete ›Emma‹ ihre zweite PorNo-Kampagne (die erste war die sogenannte »›Stern‹-Klage« 1978). Im Dezember 1987 präsentierte ›Emma‹ den Anti-Porno-Gesetzesentwurf. Das ganze Jahr 1988 über tobte die Debatte. Und sie tobt weiter.

Erhitzte Diskussionen in den Medien. Aktionen von Frauen an der Basis. Hearings von Parteien in Bonn. Umfragen von Meinungsforschungsinstituten allerorten. Spätestens seit Beginn der PorNO-Kampagne hat die Pornographie in der BRD ihre bis dahin so schamlos postulierte öffentliche Unschuld verloren. Denn wie auch immer frau oder mann zu der Sache stehen mag: Für (gegen) Pornographie gibt es heute ein Problembewußtsein. *Pornographie ist peinlich*. Und genau das ist wohl der größte erste Erfolg dieser Kampagne.

Eine Kampagne, die ohne die regelmäßige, nicht zum Verstummen zu bringende Stimme von ›Emma‹ nicht möglich gewesen wäre. Denn die Gegenkräfte sind stark. Sehr stark.

Vor uns stehen die Presse- und Materialordner, in denen alle Berichte über Pornographie und die PorNO-Kampagne (d.h. zumindest die, die uns erreichten) aus dem Jahre 1988 gesammelt wurden. Es lohnt sich, diese meist prallgefüllten Ordner aufzulisten: Ein Ordner »Presse allgemein«, ein Ordner »Spiegel/Stern/Zeit/Frankfurter Rundschau/Süddeutsche Zeitung«, einer TAZ, zwei »alternative Stadtzeitungen/Pflasterstrand/autonome Linke«, einer »Frauenzeitschriften und Fachpresse«, einer »Ausland«, einer (dünn bestückt) »Sex- und Zeitgeist-Magazine«, einer »autonome feministische Presse«, einer (dünn bestückt) »Schwulenpresse«, zwei (prall gefüllt) »Partei-Hearings«, einer (prall gefüllt) »Basis-Aktionen«.

An der Spitze der Reaktionen steht die alternative Tageszeitung TAZ, quantitativ gesehen. Mit ihr ›Pflasterstrand‹, Stadtzeitungen und linke Organe.

Auf die '88er Berichterstattungen in den linken Yuppie-Organen TAZ und ›Pflasterstrand‹, die zum Teil extrem polemisch bis demagogisch war, ist ›Emma‹ im Laufe des vergangenen Jahres wiederholt eingegangen. In den Stadtzeitungen lief es pluralistischer als in den Sponti-Zentralorganen. In der »Provinz« hängt die Berichterstattung offensichtlich davon ab, wer gerade die Initiative ergreift: ein Pornofreund oder eine Pornofeindin.

Die Organe der außerparlamentarischen Linken schließlich, wie z. B. die ›SoZ‹, reagierten mit der der Sache angemessenen Ernsthaftigkeit. Der ›Arbeiterkampf‹ beklagte sogar, die ›Emma‹-Kampagne sei nicht effektiv genug und es sei zu befürchten, daß das Ganze mal wieder im Sande verlaufe . . .

Anlaß genug, einmal laut darüber nachzudenken, was eine von einer Zeitschrift initiierte Kampagne überhaupt kann und soll. Sie kann informieren, aufklären, initiieren. Sie kann Argumente für die Kampagne liefern und sie öffentlich machen (und so die Mauer des Schweigens der Männerpresse durchbrechen). Aber eine Zeitschrift kann natürlich keinesfalls eine Kampagne alleine führen und verkörpern. Sie hat, als engagierte politische Zeitschrift, allerdings die Pflicht, Proteste/Aktionen/Kampagnen nicht willkürlich anzuzetteln, sondern sich sehr genau zu fragen, ob hier wirklich ein Handlungsbedarf (wie Herr Lueg sagen würde) vorliegt. Und das haben wir uns gefragt. Sehr lange und sehr genau. Beim § 218 (Verfassungsklage!) ebenso wie bei der Pornographie.

Ob die Idee einer Kampagne dann auch wirklich Realität wird – ja, das hängt dann von allen ab. Und nicht nur von der Zeitschrift/Gruppe/Organisation, die den Anstoß dazu gibt.

Der Verlauf der von ›Emma‹ angezettelten PorNO-Kampagne hat gezeigt, daß der »Handlungsbedarf« übergroß war: zündelnde Amazonen in Berlin und protestierende Pfadfinderinnen in Wittlich; Aufklärung an den Schulen nicht nur in Brakel und Nachdenken in den Parteien nicht nur in Bonn; PorNO-Gruppen in der ganzen BRD, in der Schweiz und in Österreich; Beschwerden beim Werbe- und Presserat satt. Und alle drei Frauenaktionstage ’88 in fast allen deutschen Städten machten Putz unter dem Motto: PorNO! Randale in Sex-Shops zu Weiberfastnacht. Demos und Farbeier zum 8. März. PorNO-Putz auch in der Walpurgisnacht am 30. April (»Wir brauchen keine Fleischbeschauer – wir sind nicht süß, wir sind sauer«).

In Frauenzentren und an Unis wird (wieder) nachgedacht – und weitergedacht! – über die Funktion frauenerniedrigender Bilder, die Propagierung von Gewalt gegen Frauen, die Verknüpfung von Gewalt und Sexualität. Darüber allerdings haben die etablierten und linken Männermedien nur äußerst selten und nur in den spektakulärsten Fällen berichtet. Wenn sie Frauen zu Wort kommen ließen, dann mit Vorliebe Pro-Porno. ›Der Spiegel‹ ging sogar so weit, die im Januar '88 veröffentlichte kritische Titelstory des Kultur-Ressort-Chefs Karasek über die Pornographisierung von Medien und Kultur gleich zweimal im Laufe des Jahres zu widerlegen: beidemal von Frauen, die in dem Hamburger Herrenmagazin ganz breit versichern durften, wie geil Frauen Pornos finden und wie frustriert die Porno-Gegnerinnen sind . . .

Der ›Stern‹ hielt sich diesmal in der Häme zurück – schließlich hatte er schon 1978 einfach zu viele Leserinnen durch die »›Stern‹-Klage« verloren. Aber auch er leistete sich, auch zehn Jahre danach, trotz halbwegs bemühter Berichterstattung selbstverständlich weiterhin grob sexistische Titelblätter und im Dezember einen betont naiven Bericht über Pin-up-Fotos am Arbeitsplatz (die vorgestellten Pin-up-Fans: sieben Männer und eine Frau). Titel der ›Stern‹-Porno-Story: »Wir sind so frei.« Genau.

Die Überraschung des Jahres im liberalen Print- und Medienspektrum war für InsiderInnen die ›Süddeutsche Zeitung‹. Sie hat reichlich mit (G)Eifer gegen die PorNO-Kampagne polemisiert, hart gefolgt von der ›Frankfurter Rundschau‹ (die ja, in ergebener SPD-Verbundenheit, seit Bestehen der Neuen Frauenbewegung ein besonderes Problem mit den radikalen autonomen Feministinnen hat).

Wirklich liberal unter den liberalen Medien hat sich nur die ›Zeit‹ verhalten. Hier war es genau umgekehrt wie im ›Spiegel‹: Der Kulturchef Greiner griff für die Pornographie ganz tief in die Tasten. ›Zeit‹-Redakteurinnen reagierten darauf mit Wahrhaftigkeit, im Journalismus rare Momente.

Auch das Ausland beachtete die PorNO-Kampagne. In der Schweiz und in Österreich lief die Debatte fast so intensiv wie in der BRD. Italien, Frankreich und Skandinavien warfen die deutschen Argumente in die heimischen Diskussionen. Und in Spanien nahmen Madrider Feministinnen die Anregungen ›Emmas‹ auf und zettelten im Dezember selbst eine Anti-Porno-Kampagne an.

Bei der Diskussion um Pornographie verschoben sich im Laufe des Jahres 1988 die Fronten. Viele bis dahin passive Frauen engagierten sich, indifferente Männer wurden nachdenklich. Aber es zeigte sich auch, wo die beinharten, ganz und gar undurchdringlichen Bastionen stehen. Obwohl ›Emma‹ die Entwicklung der Pornographie und die Pro-Porno-Argumente präzise dokumentierte und ihre Kritik detailliert darlegte, wurden in allen Medien, quer durch politische Schattierungen und quer durch jedes intellektuelle Niveau, die Klischees und Vorurteile gepflegt (kein Wunder, sie haben ja auch ihre Funktion).

Klischee 1. Die Kampagne ist aus den USA importiert. – Daran konnte auch die noch einmal genau dokumentierte Tatsache, daß deutsche Feministinnen ihren Kampf gegen Pornographie 1975 begannen und ›Emma‹ ihre erste Anti-Porno-Kampagne 1978 lancierte (die amerikanische Gruppe »Women against pornography« wurde jedoch erst 1979 gegründet), nichts ändern.

Klischee 2. Die PorNO-Kampagne spielt den Rechten in die Hände, ›Emma‹ macht gemeinsame Sache mit den Rechten. – Daran konnte auch die Tatsache, daß in der BRD »die Rechten« die Berührung mit der ›Emma‹-Kampagne meiden wie der Teufel das Weihwasser, nichts ändern.

Klischee 3. Die Pornographie ist nicht mehr und auch nicht härter geworden. Ihre Existenz hat keine Auswirkung auf die Mentalität der Menschen. – Daran konnten auch konkrete Gegenbeweise und eigene Erfahrungen nichts ändern.

Klischee 4. Jede Kritik an der Pornographie ist gleichzusetzen mit einer Kritik der (Hetero)Sexualität überhaupt. Wer etwas gegen Pornographie hat, hat was gegen die Männer schlechthin. – Daran konnte auch die Absurdität, daß frau die Männer vor einer so männerverachtenden Haltung (Mann = Pornograph) fast in Schutz nehmen müßte, nichts ändern.

Klischee 5. Wer für ein Anti-Porno-Gesetz ist, ist für Zensur. – Daran kann auch der Hinweis auf die gesamten Menschenrechtsgesetze, die die Grenzen der Freiheit der einen da ziehen, wo sie auf Kosten der anderen geht, nichts ändern.

Ach ja, das Gesetz. Da ist es so gelaufen, wie ›Emma‹ es schon zu Beginn der Kampagne prophezeit hat. Nur die Grünen – die waren mal wieder für eine Überraschung gut.

Die Regierungsparteien CDU/CSU und FDP stellten sich tot.

FDP-Justizminister Engelhard verhielt sich einmal und nie wieder (er schrieb ›Emma‹ am 14. 12. 87, der ›Emma‹-Gesetzesentwurf werde geprüft, und er werde sich dann melden). Irmgard Adam-Schwätzer möchte an die Tatsache, daß sie eine Frau ist, offensichtlich nur noch bei Wahlen erinnern – ansonsten ist Adam-Schwätzer wohl eher zur Sorte der Transvestiten zu rechnen.

Die CDU/CSU-Männer finden es schon unerhört, daß Vergewaltigung in der Ehe bestraft werden soll, in ihren Pornokonsum wollen sie sich also schon gar nicht reinreden lassen. Und die CDU/CSU-Frauen kämpfen um ihr Überleben, das Beispiel Süssmuth warnend vor Augen. Sie werden bis auf weiteres nicht wagen, das Wort Pornographie in Gegenwart ihrer Parteikameraden auch nur auszusprechen. – Allerdings: die christdemokratische »Junge Union« und die christdemokratische »Junge Arbeitnehmerschaft« hat sich geregt. Die Jungen in der CDU wollen was tun gegen Pornographie! Dazu müssen sie aber erstmal den alten Pornographen Zunder machen.

Die Oppositionsparteien versuchten, so zu tun, als täten sie was – taten aber gar nichts.

Die SPD. Sie tippt seit Monaten die Bänder vom Hearing im September ab. Mit einer »Auswertung« darf gerechnet werden. Ansonsten herrscht Schweigen. Auch von der Nürnberger SPD-Abgeordneten Renate Schmidt, die durch ihr Engagement gegen Pornographie bundesweit bekannt wurde, war in der letzten Zeit nichts mehr zu hören. Zumindest nicht in Sachen Anti-Porno-Gesetz. Die SPD scheint zu glauben, daß sie mit dem Medienspektakel »Hearing« ihre Schuldigkeit getan hat. – Aber auch hier regt sich die Basis. In zahlreichen Städten organisierten AsF-Frauen und Jusos Diskussionen und Aktionen.

Die Grünen. Ach ja, die Grünen. Auch die machten, Kopf an Kopf mit der SPD, im September ein Hearing. Die Presse resümierte es so: »Grünes Licht für Porno.« Vor allem Waltraud Schoppe (und leider nicht nur die), die einst mit dem Feminismus Karriere gemacht hat (lange her), hörte nicht auf, über ihre Freude an »geilen Bildern« und die »alternative Pornographie« zu plaudern. An der Bonner Spitze der Grünen sind die Pro-Pornos anscheinend in erdrückender Mehrheit, quer durch alle Strömungen. – An der Basis allerdings sieht es anders, nämlich genau umgekehrt aus: Die grünen Basis-Initiativen und -Aktionen gegen Pornographie sind zahlreich und gehen auch weiter.

Kein Wunder. Ergab doch auch die ›Emma‹-Umfrage des Sample-Instituts im Juli '88, daß 98 Prozent aller Grünen-Wählerinnen für ein Anti-Porno-Gesetz sind. Ebenso 86 Prozent aller SPD-Wählerinnen. Und 82 Prozent aller CDU/CSU-Wählerinnen. Selbst bei der FDP sind es noch 69 Prozent. – Aber wo kämen wir denn hin, wenn sich die Parteien nach den WählerInnen-Willen richten wollten. Das könnte ja glatt zur Demokratie ausarten.

Übrigens: Über die ›Emma‹-Sample-Umfrage berichteten nur ganz wenige Medien, und das nur äußerst zurückhaltend. Klar, die paßt mit ihrer überwältigenden Absage an die Pornographie nicht ins liebgewordene Klischee von den »Frauen, die Pornos lieben« und den »frustrierten Männerhasserinnen«, die mit ihrer Kritik an der Pornographie alleine stehen.

Für ›Emma‹ geht die Kampagne weiter. Versteht sich. Wir hoffen, für euch auch. Was wir uns für 1989 vorgenommen haben? Unter anderem die Durchleuchtung der Rolle der Sexualwissenschaft bei der Pornographisierung der Sexualität (sehr interessant!). Das Frauenbild in der Werbung, und weiterhin die ganz konkrete Forderung an die Parteien nach einem Anti-Porno-Gesetz. Schließlich wollen die 1990 gewählt werden.

Februar 1989

Tatort Gericht

Politische Prozesse – von Weimar bis Memmingen

Mit dem Recht ist das so eine Sache. Es richtet sich nicht nur nach den Buchstaben des Gesetzes, sondern auch nach dem, was den Richtenden rechtens scheint – und dem Zeitgeist opportun. Zwei Prozesse führten das in diesen letzten Monaten besonders deutlich vor Augen: der Prozeß gegen Monika Weimar und der Prozeß in Memmingen. Dieses bayerische Verfahren gegen die 277 Frauen, die abgetrieben haben, und den helfenden Arzt nannte Hildegard Hamm-Brücher (FDP) zu recht einen »politisch motivierten Prozeß«, denn er ist weniger eine Frage des Rechts und mehr eine Frage der Politik. Hier wird die Demütigung und Entmündigung ungewollt Schwangerer und die Einschüchterung solidarischer Ärzte öffentlich demonstriert. Zur Warnung. Ende offen.

»Durchaus offen« war bis zuletzt auch der Ausgang des Revisionsantrages in einem der »aufregendsten Indizienprozesse der Nachkriegszeit« (›Süddeutsche Zeitung‹). Und ganz wie die Memminger müssen sich die Fuldaer Richter, die das Weimar-Urteil gesprochen haben, und die Karlsruher, die die Revision abgelehnt haben, die Frage gefallen lassen, ob es sich nicht auch hier um einen »politisch motivierten Prozeß« gehandelt hat.

In Memmingen steht die selbstbestimmte Mutterschaft vor Gericht. Im Prozeß gegen »Mutter Weimar« war (auch) die moderne Mutterschaft angeklagt: die, die sich nicht nur aufopfert und sich nicht um jeden Preis an einem eigenen Leben hindern läßt.

Ginge es nur nach den Buchstaben des Gesetzes, hätte dieselbe Monika Weimar in demselben Fall im Namen derselben Gesetze freigesprochen werden können. Doch die geschriebenen Gesetze werden nach ungeschriebenen Gesetzen angewandt. Nicht Computer spucken die Urteile aus, sondern Menschen (meist Männer) sprechen sie – nach jeweiligem Ermessen. Dieses menschliche Ermessen ist zwangsläufig ein Produkt ihrer Prägungen und Interessen, es kann also nicht frei sein von der herrschenden Moral, nicht frei vom Tenor der tonangebenden Medien, nicht frei von der sogenannten öffentlichen Meinung (die treffender die »veröffentlichte Meinung« hieße).

Justitia ist nicht blind. Im besten Falle ist sie klarsichtig. Im Klima der »Hexenjagd« des Weimar- und des Memmingen-Prozesses hätten die Richter gegensteuern müssen. Haben sie das getan? Im Weimar-Prozeß prägten nicht Feministinnen, sondern Anwalt Bossi schon im Sommer '88 den Satz vom »Vorfreispruch des Mannes« und der »Vorverurteilung der Frau«. Im Memmingen-Prozeß ist auch Nicht-FrauenrechtlerInnen längst klar, daß hier wohl kaum um das »Recht des Ungeborenen« gestritten wird – das nur durch eines wirklich geschützt werden kann: durch eine *gewollte* Mutterschaft – sondern daß es hier vor allem gegen das Recht der Frauen auf eben diese selbstbestimmte Mutterschaft geht.

Ein politischer Prozeß hat immer eine doppelte Funktion: Er trifft den/die AngeklagteN direkt und meist besonders hart, und er statuiert indirekt ein Exempel – zur Abschreckung aller (noch) nicht Angeklagten. Das herrschende Klima wirkt sich also nicht nur auf den Prozeß aus, sondern der Prozeß wirkt sich auch seinerseits auf das herrschende Klima aus. Das ist eindeutig im Fall Memmingen. Während und nach diesem § 218-Prozeß sind Frauen und Ärzte eingeschüchterter als zuvor.

Ich behaupte: Das betrifft auch den Fall Weimar! Auch er war ein solcher politischer Prozeß, auch er hatte eine abschreckende und einschüchternde Funktion für Frauen. So wie Jahre zuvor der Prozeß gegen bzw. für Bubi Scholz, eingeklagt: das Recht auf Männergewalt. Oder davor der »Fall Lundi«, eigentlich ein Fall Driest, eingeklagt: das Männerrecht auf Vergewaltigung. Oder, wieder Jahre zuvor, der Prozeß Ihns/Andersen, angeklagt: die Frauenliebe. Auch der Prozeß gegen »die Hexe« Vera Brühne in den bigotten frühen 60er Jahren gehört in diese Reihe.

Ein jeder dieser Prozesse hat in bestimmten historischen Etappen eine ganz bestimmte öffentliche Rolle gespielt. So war Gegenstand des juristischen und öffentlichen Prozesses, der Monika Weimar gemacht wurde, nicht nur der Tod der Kinder, sondern auch der Lebenswandel der Mutter: eine ganz normale Frau aus eher konservativen Verhältnissen, die nicht (mehr) funktioniert wie erwartet. Sie bricht aus einer lustlosen Ehe aus, wird wieder berufstätig, nimmt sich einen jüngeren Geliebten; sie will nicht länger nur Mutter und Ehefrau sein.

Daß die »Ami-Hure« und »ahl Hex'« schuldig ist, das wußten die Philippsthaler im ganzen Land noch vor dem Richter. Und dann gab sich die berufstätige Krankenpflegerin vor Gericht auch noch »beherrscht« und »kühl«, statt Tränchen zu zerdrücken – ganz ungünstig. Besonders ungünstig in einer Zeit, in der es eine CDU-Familienministerin schon fast den Kopf kostet, wenn sie sich erlaubt, nur darauf hinzuweisen, daß das Hausfrau- und Muttersein heutzutage »keine lebenslange Beschäftigung« mehr ist . . .

Der Weimar-Prozeß mußte für vieles, für zu vieles herhalten. Das »Flittchen« konnte sich der Aggressionen aller »gehörnten« Ehemänner sicher sein; aber auch all derjenigen Frauen, die vom Ausbruch noch nicht einmal zu träumen wagen (dafür aber um so öfter vom Kindsmord).

Der Verlauf des Indizienprozesses gegen Monika Weimar war quälend. Es gab mehr als eine Ungereimtheit. Der erste ermittelnde Staatsanwalt, der von der Schuld des Vaters überzeugt schien, wurde abgelöst. Die zahlreichen für die Mutter sprechenden Indizien wurden bis zuletzt links liegengelassen. Die vielfachen Quasi-Geständnisse des Vaters wurden überhört. Sein Versuch, neu auszusagen, wurde von seinem Anwalt und seiner Familie zuletzt sogar als geistige »Verwirrung« abgetan: Sie lieferten ihn zwei Monate vor der Ablehnung des Antrags auf ein neues Verfahren für Monika Weimar kurzerhand in eine geschlossene psychiatrische Abteilung ein. Am Tag der Ablehnung ihres Revisionsantrags wurde »Vater Weimar« wieder entlassen.

Psychologisch sehr aufschlußreich ist es, daß trotz dieser Umstände, die selbst die Richter zögern ließen, der in der Berichterstattung tonangebende ›Spiegel‹-Autor (und Hobby-Richter) Mauz kategorisch jeden Zweifel negierte und, fast beschwörend, die »schreckliche Tat« als »Verbrechen« der Monika Weimar festschrieb. – Sie *muß* es gewesen sein! Er *darf* es einfach nicht getan haben.

Doch schuldig oder unschuldig – das spielt letztendlich bei der Analyse der frauenfeindlichen Funktion dieses Prozesses keine entscheidende Rolle. Allerdings: die symbolische Funktion des Weimar-Prozesses erhöhte die Gefahr der Einseitigkeit. Richter und Journalisten müssen sich auch in Zukunft fragen, ob hier nicht ein Fehlurteil gesprochen wurde.

Sie war »schmallippig«, »energisch«, »kalt« und »ihm überlegen«; er war »schwach«, »ein armes Schwein« und »eigentlich von ihr abhängig«. So wurde über Monika und Reinhard

Weimar geschrieben. Und so wurde, wortwörtlich, auch über Bubi und Helga Scholz geurteilt. ›Bild‹ über das Ehepaar Scholz: »So quälte Helga Bubi«. Die ›FAZ‹ über das Ehepaar Weimar: »Er war abhängig von ihr«.

Egal, ob sie Opfer sind oder Täterinnen scheinen: Der Mann ist allemal der Bedauernswerte und die Frau allemal das Luder. Einzige Ausnahme: die Mutter, die tötet, um ihre Kinder zu schützen. Die herrschende Justiz ist eben nicht nur eine Klassenjustiz, sie ist auch eine Männerjustiz.

Die Statistik spricht dazu eine klare Sprache. Bei der »Tötung von Intimpartnern« kommt auf zehn tote Frauen nur ein toter Mann. Wenn Frauen töten, dann tun sie das fast immer nach langen Mißhandlungen durch ihren Mann/Freund. Wie sie töten, wird ihnen meist als »Heimtücke« angelastet – ein Kriterium, das automatisch die Qualifikation der Tat als »Mord« und damit »lebenslänglich« nach sich zieht. Bei den männlichen Tätern spielt dagegen die »verletzte Männerehre« eine häufige Rolle (weil sie ihn »nicht ernst nahm«, »beschimpft hatte« oder »nicht ranließ« etc.), sie handeln »im Affekt«. – Folge: mildernde Umstände.

»Vor Gericht macht Bubi eher den Eindruck eines Opfers, denn eines Täters«, schrieb die ›Saarbrücker Zeitung‹ 1984. Und sprach damit einer Männer-Mehrheit aus dem Herzen. Und Mauz seufzte im ›Spiegel‹: seine Tat »gleicht einem Selbstmordversuch, so abhängig wie Gustav Scholz von seiner Frau war«. – Die Richter hatten ein Einsehen. Drei Jahre für Bubi, ein Jahr davon auf Bewährung. »Unser Bubi bald frei!« jubelte ›Bild‹.

Zwei Jahre nach den tödlichen Schüssen auf seine Frau: Abgang im weißen Mercedes und mit hochbeiniger Blondine (von der die Boulevardpresse zu berichten wußte, daß »er sie seit fünf Jahren kennt«). Und da das Leben ungern mit Pointen geizt, kassierte Bubi Scholz zu guter Letzt auch noch die Lebensversicherung seiner Frau – 650000 Mark.

Wie das möglich ist? Ganz einfach. Die Richter stuften die Tat des »Boxers mit dem gebrochenen Herzen« nicht als »Mord«, auch nicht als »Totschlag«, sondern als »fahrlässige Tötung« ein. Das sicherte Bubi den Zugang zur Lebensversicherung der von ihm erschossenen Helga Scholz. Übrigens: Auch Vater Weimar hat die Lebensversicherung seiner Töchter längst kassiert. Alles rechtens. Daß ausgerechnet der Scholz-Prozeß 1984 so gefeiert und so gehandelt wurde, das lag nicht nur am prominenten Täter. Es lag auch daran, daß die Bubis der Nation nichts mehr hören wollten von dem Gerede über die »Gewalt in der Ehe« etc. Überfüllte »Häuser für geschlagene Frauen« in fast allen Städten! Die Forderung nach Strafe auch für Vergewaltigung in der Ehe! Dabei »weiß doch jeder«, daß es auch »in einer Ehe nach 29 Jahren mal handgreiflich zugehen kann« (›Der Spiegel‹). Na eben. Mit dem Scholz-Prozeß wurde es allen Frauen und Männern noch mal deutlich demonstriert, dieses Gewohnheitsrecht der Männergewalt in der Ehe.

Daß die Frauenliebe gar nicht erst zur Gewohnheit wird, davor warnte zehn Jahre zuvor ein mindestens ebenso spektakulärer Prozeß: der gegen Marion Ihns und Judy Andersen, die eine Liebesbeziehung gehabt hatten, und 1979 in Itzehoe vor Gericht standen, weil sie einen Killer beauftragt hatten, den Ehemann Ihns zu beseitigen.

Marion Ihns war von ihrem Ehemann jahrelang mißhandelt und vergewaltigt worden. (›Bild‹ verständnisvoll: Ihns »mußte sich einen Rausch antrinken, um sich mit Gewalt holen zu können, was ihm von ›Rechts wegen‹ zustand.«) Die Dänin Andersen war bereits im Alter von vier Jahren vergewaltigt worden. Dennoch berücksichtigte das Gericht weder den sozialen Hintergrund, noch die psychische Not der Angeklagten. Mord. Lebenslänglich für beide.

›Bild‹ in einer Serie zum Prozeß: »Wenn Frauen nur Frauen lieben, kommt es oft zu einem Verbrechen.« Und: »Vater des Toten verflucht lesbische Frauen«: Allgemeines Medienraster: die verführte, feminine Marion Ihns und die schuldige, maskuline Judy Andersen. ›Spiegel‹-Gerichtsreporter Mauz (ja, ja, immer wieder) verstieg sich damals sogar zu der These, die zarte Judy Andersen, die Frau mit dem »zwergenhaften Mopsgesicht«, sei schon von ihrer »körperlichen Konstitution her« zum Lesbischsein verurteilt gewesen.

Abstruse Stimmungsmache? Nein. Präzise ideologische Reaktion, drei Jahre nach Beginn der neuen Frauenbewegung. In einer Zeit also, in der die Männer durch eine neu aufbrechende weibliche Komplizität, ja mehr noch, durch die sogenannte »neue Zärtlichkeit« (zwischen Frauen) verunsichert und beunruhigt waren. Antwort: Ein Prozeß gegen die Frauenliebe. Und die deutliche Erinnerung daran, daß Frauenmord ein Kavaliersdelikt ist, Männermord aber die Tat abartiger Bestien.

Ein Gutes allerdings hatte der Ihns/Andersen-Prozeß: Erstmals protestierten kritische JournalistInnen (144 Frauen und 44 Männer) beim Presserat gegen die »frauenfeindliche« Berichterstattung. Von da an sollte es eine gewisse öffentliche Sensibilität für groben Sexismus in Prozessen und der Berichterstattung über sie geben. Sie ging selbst an dem ›Spiegel‹-Berichterstatter nicht spurlos vorüber. So schrieb zum Beispiel der vielzitierte Mauz 1980 über den »Fall Lundi«: »Die Berichterstattung über den Prozeß gegen Burkhard Driest hat ›eine Gewalt gegen Frauen‹, eine brutale und schmierige Einstellung zu dem Thema Vergewaltigung offenbart – nach der man sich dem Satz ›Gewalt gegen Frauen ist eine Selbstverständlichkeit‹ nicht mehr entziehen kann.«

Der öffentliche Prozeß, der hier nicht etwa dem Täter, sondern dem Opfer gemacht wurde, fand übrigens in der BRD juristisch gar nicht statt: In Kalifornien hatte 1979 ein Krankenhaus Anzeige erstattet gegen Burkhard Driest, den »attraktiven Brutalinski, dem nachts im Park nur begegnen möchte, wer ernsthaft daran interessiert ist, vergewaltigt zu werden« (›Die Zeit‹ 1973). Grund: Die Einlieferung der vergewaltigten, schwer verletzten Monika Lundi (Schauspielerin vom Typ nette, naive Blondine). Trotz massiver Beweise gegen Driest wurde die Klage in den USA abgeschmettert. In der BRD wurde sie erst gar nicht mehr erhoben.

Aber der öffentliche Prozeß fand statt, angeklagt war die Frau, die Sperenzchen machte. Und das nicht zufällig in einer Zeit, in der Vergewaltigung in aller Munde war: Frauen hatten genau in diesen Jahren endlich ihr schamvolles Schweigen gebrochen und forderten: Schutz und Strafe für Vergewaltiger! »Notrufe« für vergewaltigte Frauen überall! Untersuchungen über den »Vergewaltiger von nebenan«! Antwort: der Lundi-Prozeß, der eigentlich ein Driest-Prozeß hätte sein müssen. Das war 1980.

1989 war sich die Berichterstatterin der FAZ nicht zu dumm, nach Ablehnung der Weimar-Revision den Spieß umzudrehen und ausgerechnet Feministinnen für das »Lebenslänglich« für Monika Weimar verantwortlich zu machen. Weimar hätte bei einem »Geständnis« auf »Milde« hoffen können: Doch »nur mit einem unschuldigen, weiblichen Opfer«, argumentierte die FAZ, »ließ sich aus der feministischen Sicht mancher Medien gegen die ›Männerjustiz‹ agitieren.«

Nun, ob die Illustriertenschlacht und der Kitsch zwischen,

zum Beispiel, ›Stern‹ (Pro-Mutter) und ›Quick‹ (Pro-Vater) etwas mit Feminismus zu tun hat, sei dahingestellt. Mir scheint es eher unfeministisch – und unpolitisch überhaupt –, eine Schuld im juristischen Sinne als vorgebliche Unschuld zu verteidigen. Feministisch allerdings wäre es, an die psychologischen, sozialen und politischen Implikationen einer »Schuld« zu erinnern! Aus diesem Grund waren bisher auch die – juristisch schuldigen – Kindsmörderinnen eher ein feministisches Thema als die »unschuldigen Mütter« (denen es unter den gegebenen Umständen auch nicht gerade leicht gemacht wird, unschuldig zu sein – und zu bleiben).

Um die Mutterideologie – und damit den Kern der Frauenrolle – geht es auch in Memmingen. Die politische Funktion dieses Prozesses ist klar: Kirche und Konservative gehen verstärkt in die Offensive. Der § 218, der diesen Prozeß immerhin juristisch möglich macht (indem er Abtreibung bei Strafe verbietet und nur in Ausnahmefällen aus Gnade gewährt: »Indikationsregelung«), genügt ihnen noch nicht. Sie hätten gerne die guten alten Verhältnisse wieder. Sie wollen die Geschichte um 20 Jahre zurückdrehen, in die Zeit, in der ungewollt Schwangere allein, verzweifelt und verachtet waren. Die 277 Frauen, gegen die im schwarzen Memmingen ermittelt wird – und die vermutlich überwiegend Katholikinnen sind! –, stehen, also ganz wie der Arzt, für uns alle. Seht nur her, das kann euch passieren, wenn ihr glaubt, abzutreiben, sei euer Recht! Denn was rechtens ist, bestimmen wir. Wurde Monika Weimar zu Recht verurteilt? Oder haben die (geschlechter)-politischen Implikationen dieses Falles den Richtern den Blick auf die Wahrheit verstellt? Diese Frage bleibt offen. So offen, wie es (noch) der Ausgang des Prozesses in Memmingen ist, dessen Urteil nicht nur von den Buchstaben des § 218 abhängt, sondern auch vom Zeitgeist – und den herrschenden Machtverhältnissen. Wer wird siegen, 18 Jahre nach unserem öffentlichen Bekenntnis »Ich habe abgetrieben – und ich fordere das Recht dazu für jede Frau!«? Die Frauen, die sich nicht länger die Mutterschaft aufzwingen lassen wollen? Oder die Pfaffen und Politiker, die uns wieder entmündigen und abhängig machen wollen?

Alice Schwarzer
April 1989

Monika Weimar: Die alte Hexe war's

Auf der Anklagebank sitzt Monika Weimar. Nicht nur ihr Anwalt ist davon überzeugt, daß sie unschuldig ist. Auch der mitten im Verfahren abgesetzte Staatsanwalt wird als Zeuge der Verteidigung aussagen! Für sie deutet alles darauf hin, daß der Ehemann von Monika Weimar, der Vater der Kinder, sich schuldig gemacht hat. Doch der sitzt nicht auf der Anklagebank. Im Gegenteil: er ist Nebenkläger im Prozeß gegen seine eigene Frau.

»De ahl Hex', was se is! Wie ich die sah us de Lichenhall ruuskomme! Wie se heule tät, gelle. Dem Sonntich, wo die zwo Kingerchen begrabe sein worn, dem Sonntich muß die scho bei den ahl Ami in de ahl Disco gewast sein. So eine dürft' überhaupt net wieder ruus.«

Die Leute im hessischen Philippsthal haben ihr Opfer bekommen, die bundesweite Öffentlichkeit auch: Monika Weimar ist angeklagt, am 4. August 1986 zwischen 11 und 12 Uhr in oder außerhalb ihres Pkw ihre 7jährige Tochter Melanie erstickt und ihre 5jährige Tochter Karola erwürgt zu haben, weil die Kinder »ihrer ehebrecherischen Beziehung« zu dem amerikanischen Soldaten Kevin Pratt »im Wege standen«.

Mit dieser Begründung klagt die Staatsanwaltschaft des Landgerichts Fulda die 28jährige Frau des zweifachen heimtückischen Mordes an und spricht damit offenbar im Namen des Volkes. »Drecksau« und »Ami-Hure« keiften die Menschen in Philippsthal ihr hinterher. »Aus! – Handschellen für die Mutter«, triumphierte ›Bild‹. Seit fünf Monaten sitzt Monika Weimar in Untersuchungshaft in Frankfurt-Preungesheim, Zelle 212.

Als man am 7. August 1986 die Leichen der beiden Mädchen auf einem Parkplatz, neben einer Landstraße, nicht weit von ihrem Elternhaus entfernt, fand, suchte zunächst »eine ganze Nation nach der Bestie«, nach dem »Trieb-Mörder«, der »die beiden süßen Kinder« (›Bild‹) getötet haben mußte.

Dann gerieten die Eltern ins Blickfeld. Jeder Polizist in und um Philippsthal wußte schließlich, was alle Nachbarn wußten: »Der Reinhard Weimar ist ein armes Schwein. Die Frau hat die Hosen an. Die betrügt den.«

Nun geriet die Mutter in Verdacht: auch wegen ihrer anfangs widersprüchlichen Aussagen. Dann der Vater. Der war der einzige, der bei näherem Hinsehen wirklich ein Motiv hatte.

Der erfahrene zuständige Staatsanwalt Sauter wollte den Vater verhaften lassen. Nach ausführlichen Verhören hielt er die Aussagen der Mutter für glaubwürdig, dagegen den Vater für überführt. Motiv: Eifersucht.

Und dann passierte das Ungeheuerliche: Staatsanwalt Sauter, der den Fall Weimar mit der Verhaftung des Vaters abschließen wollte, wurde zum Rücktritt gezwungen. Die ihm übergeordnete Behörde verlangte von ihm, die »Sache Weimar« abzugeben. Der Haftrichter in Bad Hersfeld verweigert, den Haftbefehl gegen Reinhard Weimar auszustellen. Sauter habe sich »da in etwas verbissen«, hieß es in Pressemeldungen.

Wenig später wurde Monika Weimar verhaftet – erwartungsgemäß. Die Ermittlungen gegen ihren Mann wurden von der neu besetzten »Sonderkommission Weimar« am 21. November eingestellt.

Monika Weimar sagt: »Mein Mann hat die Kinder getötet.« Sie habe die Mädchen in der Nacht vom 3. auf den 4. August gegen 3 Uhr tot in ihren Betten gefunden, und ihr Mann habe weinend daneben gesessen. Er sagt: »Ich war es nicht.« Reinhard Weimar will in dieser Nacht bis morgens gegen 11 Uhr geschlafen haben.

Im Schwurgericht Fulda wurde nun in der vergangenen Woche der Prozeß eröffnet, dem eine nahezu beispiellose Vorverurteilung der Mutter vorausging und der mit ihrem Freispruch enden oder gar schon vorher platzen müßte, denn Monika Weimar scheint unschuldig.

Doch für die Menschen in Philippsthal ist sie es gewesen. Den betrogenen Ehemann (»der Ami kriegt meine Kinder nicht«) wollen die Philippsthaler nicht auf der Anklagebank sehen.

Der Ort, in dem man sich seit Generationen gut kennt, ist eine künstliche Kleinstadt, zusammengefügt aus drei Dörfern, in deren Mitte nicht etwa ein Kirchturm als Orientierungspunkt in den Himmel ragt, sondern zwei riesige Fabrikschlote, zwei unablässig qualmende Schornsteine. Sie gehören zum Kali- und Salzbergwerk, dessen mächtige Halde wie ein künstlicher Vulkan in der sanften Hügellandschaft steht. Hier hat schon Monika Weimars Vater unter Tage gearbeitet und nun ihr Ehemann; beide im selben Schacht, in der gleichen trockenen, warmen, salzigen Luft. Die Laufräder der Grube Hera drehen sich im Wechsel mit den Schichten der Männer.

Erwerbstätig sind auch die meisten Frauen, dann aber oft ohne soziale Sicherung als Putzfrau, als Verkäuferin, als Küchenhilfe in einer Werkskantine oder als Bedienung in der Kneipe. Sie »gehen arbeiten«, weil sie »auch etwas vom Leben« haben wollen.

Auf den Straßen von Philippsthal ist die Welt noch in Ordnung: Die Männer fahren in schnellen Wagen die viel zu breit gebauten Dorfstraßen hinauf und hinunter, zur Arbeit oder nach Hause oder zum Fußball oder zur Brieftaubeneinsatzstelle »Glück-Auf« oder in die Kneipe, und die Frauen fahren den Kinderwagen.

Zur einen Seite ist Philippsthal nach wenigen hundert Metern zu Ende und die westliche Welt auch: Dort beginnt die DDR, und kein Weg führt hier weiter. Aber auf der anderen Seite liegt Bad Hersfeld, und dann kommt Amerika. Nur in diese Richtung also gibt es einen Ausweg, wenn einem Philippsthal zu eng wird. Die in Bad Hersfeld stationierten Soldaten der USA sind der lebende Beweis dafür, daß es auch noch etwas anderes außer Kali und Salz gibt.

Viele von ihnen kommen sehr wohl aus ähnlichen Provinznestern, doch das spielt keine Rolle. Amerika ist weit, gerade auch dann, wenn es als ›Denver‹ oder ›Dallas‹ ins nordhessische Philippsthal kommt. Die »Amis« sind zwar hier, um für den Ernstfall zu trainieren, aber wenn sie damit abends fertig sind, flirten, tanzen und trinken sie in den Discos und machen den jungen Frauen aus der Gegend den Hof. Nicht wenige sind in den Staaten verheiratet, haben sogar schon Kinder, was sie nicht hindert, neue Beziehungen anzufangen. Ihnen gegenüber steht die einheimische Männer-Front, die den NATO-Partner, die Konkurrenz aus Amerika, zur Hölle wünscht.

Zu ihnen gehört auch Reinhard Weimar. Der 34jährige, vierschrötige Mann hat allen Grund, eifersüchtig zu sein. Seine Frau Monika Weimar liebt seit Anfang April 1986 den USA-Soldaten Kevin Pratt. Wenn der Amerikaner nicht im Manöver ist oder Wache schieben muß, geht Monika mit ihm in die Disco. Erst gegen 3 Uhr morgens kommt sie dann nach Hause. Alle in Philippsthal wissen es.

In solchen Nächten schlafen die beiden Mädchen Melanie

und Karola üblicherweise bei Monika Weimars Mutter, deren Mann vor vier Jahren starb, die selbst »eine harmonische Ehe« geführt hat und von ihrem Schwiegersohn Reinhard nicht viel hält. Monika Weimars Elternhaus beherbergt inzwischen die Großfamilie der weiblichen Linie. Hier wohnt ihre älteste Schwester Ursula mit deren Mann Jürgen, ihre jüngste Schwester Brigitte mit dem amerikanischen Koch Ray, über ihr wohnt ihre Mutter und dann noch Adele, die Urgroßmutter der beiden Kinder und Mutter ihrer Mutter.

Am Sonnabendnachmittag, dem 2. August, muß Monika Weimar ihre Mutter überraschend ins Krankenhaus fahren. Eine Operation am Ellenbogen. Erst fünf Tage später soll sie entlassen werden. Die Kinder können in dieser Nacht vom 2. auf den 3. August bei ihrer Urgroßmutter Adele bleiben. Am Sonntag, dem 3. August, machen Monika und Kevin mit den zwei Mädchen einen Ausflug nach Kirchheim in den Seepark. Vorher gibt es noch Krach zwischen dem Ehepaar Weimar. Er will auf einmal mitkommen. Sie sagt: »Du kannst doch gar nicht schwimmen.« Er stößt sie zurück. Sie wehrt sich: »zum erstenmal«. Dann nimmt sie ihre beiden Töchter und den Picknick-Korb und fährt davon. Kevin steigt vor der Kaserne dazu.

Gegen 18 Uhr sind sie wieder zu Hause. Reinhard Weimar sitzt vorm Fernsehapparat. Monika geht mit Melanie und Karola ins Badezimmer. Während sich die eine die Zähne putzt, wäscht sie der anderen die Füße. In welcher Reihenfolge, weiß sie nicht mehr. Das ist tägliche, alltägliche Frauenarbeit. Routine. Sie zieht den Kindern die Nachtsachen an, die sich in diesen warmen Sommernächten nicht wesentlich von den Tageskleidern unterscheiden: T-Shirt und kurze Hosen. Dann schiebt sie ihre beiden Kinder vor sich her und sagt: »Jetzt geht ihr ins Wohnzimmer zum Fernsehen. Der Papa sitzt ja auch da.«

So selbstverständlich dieser Satz klingt, so wenig stimmt noch das harmonische Bild. Daß sich die Kinder zu ihrem Vater setzen, daß der Vater mit ihnen zusammen fernsieht, auf sie aufpaßt, sie rechtzeitig ins Bett bringt, das alles ist schon lange nicht mehr selbstverständlich bei den Weimars.

Aber um 20.30 Uhr – so schildert Monika Weimar – ist sie mit ihrem Liebsten verabredet. Sie muß sich beeilen. Sie kehrt ins Badezimmer zurück und macht sich zurecht. Bevor sie das

Haus verläßt, verabschiedet sie sich noch von den Kindern. »Ich habe sie gedrückt und geküßt.« Dann geht sie und läßt Melanie und Karola in der Obhut des Vaters zurück. In der Obhut?

Als sie gegen 3 Uhr nach Hause kommt, sieht sie im Eßzimmer Licht brennen. Von dort geht sie ins geöffnete Kinderzimmer. Auf Karolas Bett sieht sie ihren Mann sitzen. »Was machst du denn hier?« erinnert sie sich, gefragt zu haben. Er reagiert nicht, sitzt da und heult vor sich hin. Sie packt Melanie am Arm, danach Karola, rüttelt die Kinder. Die Mädchen sind tot. »Ich stand da und wußte nicht, was ich machen sollte.« Sie geht ins Schlafzimmer, setzt sich auf ihr Bett und weint. Sie empfindet zutiefst, ihre Kinder, die zwei Mädchen im Stich gelassen zu haben: Sie kommt nach Hause, und es ist passiert.

In ihrem Gutachten über die Glaubwürdigkeit von Monika Weimar bestätigt später Professor Elisabeth Müller-Luckmann, Braunschweig: Monika Weimar habe sich als eine Art Auslöser für das »Geschehene« erlebt. Sie und ihr Mann hätten immer »alles Wesentliche in sich hineingefressen«. Frau Weimar sei auch in »jener Nacht so verstört gewesen, weil sie gefühlt habe, daß sie sich jetzt zum erstenmal gegen die Kinder gestellt habe, indem sie nichts gegen ihren Mann« unternahm. »Sie hasse ihn nicht und habe ihn zu keiner Zeit gehaßt. Er habe ihr leidgetan.« Sie habe, heißt es im Gutachten, gefühlt, daß er »sehr schwer gelitten« haben müsse. »Sie sei aus den Armen ihres Geliebten in diese häusliche Situation gekommen. Das habe sie alles verwirrt und belastet.«

Während Monika Weimar noch wie benommen auf dem Bett sitzt, hört sie draußen das Auto wegfahren und nach einer Weile zurückkommen. »Jetzt kriegt keiner von uns die Kinder«, soll Reinhard Weimar gesagt haben, als er das Schlafzimmer betrat. Auf ihre Frage, »wo hast du die Kinder hingebracht?«, soll er laut Monika Weimar geantwortet haben: »Auf den Parkplatz, Richtung Wölfershausen.« Richtung Kali-Grube. Am nächsten Morgen steigt Monika Weimar gegen zehn Uhr in ihr Auto. Sie fährt für ihre Großmutter zur Post, für ihre Mutter zur Bank und erst jetzt wie zwangsläufig zum Parkplatz Richtung Wölfershausen. »Ich wollte einen Grund haben, die Kinder zu suchen«, sagte sie später zur Gutachterin Müller-Luckmann. Gegen 11 Uhr kommt sie dort an. Sie findet nur die Leiche von Melanie. – Soweit Monika Weimar.

Ihren Mann zeigte sie nicht an, um nicht diejenige zu sein, die ihn »auch noch ins Gefängnis bringt«. Später heißt es dazu in den Ermittlungsakten und Zeitungsartikeln, Monika Weimar habe »ihren Mann gedeckt«.

Doch zunächst einmal sucht ganz Deutschland »die Bestie«. Wie so oft, wenn spannungsreiche Eheverhältnisse deutlich auf eine Beziehungstat hinweisen, wird nach dem Unbekannten gefahndet. Und anfangs schweigt Monika Weimar. Ihren Mann zeigt sie nicht an – doch ihre Kinder als »vermißt«. Dadurch gerät sie in Zugzwang. Die Polizei ermittelt, Nachbarn werden vernommen, sie auch. Die Beamten fragen das Übliche. Seit wann die Kinder vermißt werden und wie vorher der Tagesablauf war. Monika Weimar antwortet das Übliche: Sie habe ihnen Frühstück gemacht, dann seien die Mädchen auf den Spielplatz gegangen. Daran ist überhaupt nichts Auffälliges, nichts (Be-)Merkenswertes.

Zollbeamte mit Suchhunden, Bundesgrenzschutz per Hubschrauber, Feuerwehr, Bereitschaftspolizei und US-Soldaten suchen die Gegend ab und finden die Mädchen nicht. Es ist unglaublich, aber so ist es. Die Kinderleichen liegen da draußen vier Nächte und drei Tage, Wind und Wetter ausgesetzt. Monika Weimar schreibt zwei anonyme Briefe an sich selbst, die sie der Polizei übergibt. Sie sind nicht einmal gefälscht, keine ausgeschnittenen Wörter oder Druckbuchstaben, sondern mit ihrer Hand: »Das hatte ja so kommen müssen«, steht auf dem einen Zettel. Sie will die Polizei, die dem anonymen Ungeheuer nachjagt, dadurch veranlassen, sie noch einmal zu vernehmen. So geschieht es. Doch die geheimnisvollen Briefe, die auch für die Bad Hersfelder »Sonderkommission Weimar« fraglos von Monika sind, werden ihr nun zum Verhängnis. Sie gerät in Verdacht, »ihre Tat« auf ihren Mann schieben zu wollen.

Jetzt reist die Presse an. Philippsthal kommt in die Schlagzeilen. Die Mutter soll's gewesen sein. Den Leuten ist es recht so. Am Freitag, dem 29. August ist Pressekonferenz in Hersfelds »Kurparkstuben«. Um 17 Uhr wird die Presse auf 20 Uhr vertröstet. Um 20 Uhr wird um eine weitere Stunde Geduld gebeten. Dann erscheint der ermittelnde Staatsanwalt Sauter: »Frau Weimar wird nicht dem Richter vorgeführt, ein Tatverdacht läßt sich nicht begründen.«

Ein Aufheulen geht am folgenden Tag bundesweit durch die Überschriften: »Kaum zu glauben« (›Hersfelder Zeitung‹), »Wahnsinn ohne Ende« (›Bild‹), »Höllenqualen für Reinhard Weimar« (›Morgenpost‹), »Lügen einer Mutter« (›Quick‹). Staatsanwalt Sauter, der unter Kollegen als besonnener Ermittler gilt, legt sich nach anfänglichem Zögern in der Mordsache 105 Js 8247/86 fest: Der Vater war es, nur er habe »infolge der Untreue seiner Frau ein einleuchtendes Motiv« gehabt.

Diesmal ist das Geschrei noch lauter. Vor allem die Leute aus der Gegend sind völlig außer sich. Die Polizei zählt am 3. September nun »insgesamt 1018 Hinweise aus der Bevölkerung«. Viele richten sich gegen Monika Weimar. Die traut sich kaum noch auf die Straße. Unablässig klingelt es an ihrer Tür. Wenn sie öffnet, feuern die Photographen mit ihren Blitzlichtern. Das Telephon steht nicht still. Journalisten wollen Interviews, anonyme Anrufer und Anruferinnen wollen sie beschimpfen. Dem US-Soldaten Kevin Pratt wird von seinem Truppenchef förmlich verboten, die Kaserne zu verlassen, um Monika Weimar zu treffen.

Reinhard Weimar ist inzwischen zu seinem Bruder gezogen. Monikas Schwager Jürgen Z., der vor Jahren einmal mit ihr hatte schlafen wollen, sie aber nicht mit ihm, der seit Wochen seiner Schwiegermutter vorwirft, »du nimmst ihr die Kinder ab, da kann sie dann mit dem Ami weggehen«, Jürgen Z. macht nun das Geschäft seines Lebens. Für 200 bis 500 Mark das Stück, heißt es in den Kneipen, verkaufte er Familienphotos der Weimars. Philippsthal kassiert, die Journalisten zahlen. »Die hat den Staatsanwalt richtig eingepulvert, also verarscht«, schimpfen die Männer am Stammtisch. »Haben die nicht zusammen mal Tennis gespielt oder sogar einen Abend mal gekegelt . . .?« Die ›Hersfelder Zeitung‹ nimmt die Geschichte zum Anlaß für eine Fotomontage. Das Filmplakat von »Staatsanwälte küßt man nicht« zeigt in der Ausgabe vom 11. Oktober 1986 Sauters Gesicht und darunter den Text: »Die explosivste Kriminalkomödie«, dann die Namen der Akteure – »Raimund Sauter, Monika Weimar«. Der ermittelnde Staatsanwalt wird öffentlich als Frau Weimars »Komplize« disqualifiziert.

Nicht ganz zwei Wochen danach ist die Welt wieder in Ordnung. Sauter wird abgelöst, offiziell aus »gesundheitlichen Gründen«. Erst danach bekommt er einen Herzanfall und drei

Bypass-Operationen. Was ihn nicht hindern wird, im Prozeß als Zeuge aufzutreten.

Monika Weimar wurde am 13. April 1958 in Hilmes, Kreis Hersfeld, geboren. Sie ist aus der Gegend, wie ihr Mann auch. Sie ist immer »ein ruhiges, stilles Kind« gewesen, die Mittlere von drei Schwestern. Nach dem Hauptschulabschluß wurde sie zur Krankenpflegerin ausgebildet; ihr Berufswunsch. Im Herbst 1977 lernte sie Reinhard Weimar kennen, ein junger Arbeitskollege ihres Vaters und ihres Schwagers Jürgen Z. »Besser den als gar keinen«, hatte sie sich gedacht. So groß war die Auswahl ja auch nicht. Reinhard Weimar ist ihr erster Mann, ihr erstes sexuelles Erlebnis: »schmerzhaft«. Später glaubte sie, sich daran gewöhnt zu haben. »Er kam immer zu schnell« und war »nie zärtlich«. Sie beschwerte sich bei ihm, daß es ihr keinen Spaß mache, statt dessen weh tue. Darauf er: »Ist ganz normal so«.

Nach Karolas Geburt blieb ihr Mann immer öfter fort, besonders an den Wochenenden. War er zu Hause, legte er sich aufs Sofa ins Wohnzimmer und schlief. 600 Mark Haushaltsgeld gab er ihr, behielt selbst 300 Mark Taschengeld für seine Hobbies und verlangte vom Haushaltsgeld zurück, wenn er nicht auskam.

Ab Januar 1982 begann Monika wieder zu arbeiten, achtmal Nachtdienst im Monat für 850 Mark. Und: »Ich kam wieder unter andere Menschen.« Seit Anfang 1985 wuchs ihr Widerwille gegen ihren Ehemann. »Pack mich nicht mehr an. Ich kann das nicht mehr haben!«

Schließlich ließ er sie in Ruhe. Über ein Jahr später, im April 1986 lernte sie dann Kevin Pratt kennen. Mit ihm machte ihr die Liebe Spaß. »Es war so schön gewesen. – Es war etwas, was ich noch nie erlebt habe.«

Daraus versucht nun die Staatsanwaltschaft Fulda ein Tatmotiv zu machen. Was Gutachterin Elisabeth Müller-Luckmann bereits benannt hatte – »Frau Weimar erlebte vor allem zum erstenmal sexuelle Zufriedenheit, und sie genoß sie« –, dem sollte Gutachter Willi Schumacher im Auftrag des Gerichts dagegen als mögliches Motiv nachgehen: »sexuelle Hörigkeit«. Doch der Professor aus Gießen – so Verteidiger Schultze – teilt die Ansicht seiner Kollegin: Zufriedenstellendes Liebesleben. Gewiß kein Normalzustand in den meisten Ehen, aber deshalb gleich Hörigkeit argwöhnen? –

Bleiben noch zwei angenommene Tatmotive: »Die Kinder

standen ihr im Wege.« – Hätte sie mit Kevin allein in die USA gehen wollen, wären ihre Töchter in der mütterlichen Großfamilie bestens aufgehoben gewesen. Frau Weimar wollte aber gar nicht nach Amerika, und sie knüpfte ihre Zukunftspläne auch nicht an ihren Geliebten. Sie wollte sich mit den Kindern eine kleine Wohnung in Bad Hersfeld nehmen, nicht zu weit (27 km) von der helfenden Mutter entfernt. Kevin hätte dann bei ihnen sein können, wann immer er keinen Dienst gehabt hätte.

Der amerikanische Liebhaber mag für Monika Weimar die letzte Motivation für den endgültigen Ausstieg aus ihrer Ehe gewesen sein, aus einer Ehe allerdings, mit der sie längst innerlich abgeschlossen hatte. Der Grund war Kevin Pratt nicht.

Zweites Tatmotiv: »Keiner kriegt die Kinder.« – Es war für sie nicht anzunehmen, daß bei einer Scheidung, die sie schon lange wollte, ihr Mann aber nicht, ihm die Kinder zugesprochen worden wären. Monika Weimar lebte ihre Beziehung zu Kevin Pratt völlig offen und selbstbewußt, trotz Provinzklatsch. Sie traten wie eine kleine Familie auf, bei Ausflügen, auf Spaziergängen gemeinsam mit den Kindern, die der 23jährige US-Soldat mochte.

Daß Monika Weimar als verheiratete Frau sich das Recht genommen hat, so zu leben, wie sie wollte, glücklich zu sein »mit dem Ami«, hat bei Philippsthals Eheleuten viel Unwillen, auch Unruhe ausgelöst. Eine Ungeheuerlichkeit, für die mit versteckten Vorwürfen auch der Ehemann Reinhard verantwortlich gemacht wird: Versager, Schlappschwanz, Pantoffelheld, läßt sich von »dem Ami Hörner aufsetzen«.

Die Großfamilie Weimar hat sich längst in zwei Lager gespalten: hie Frauen – da Männer. Der offene Ehebruch einerseits und das glückliche Verhältnis zwischen Monika und Kevin andererseits ist für viele zum Ventil geworden. Zum Ventil für eigene Probleme. Mancher Mann und manche Frau ist unter den 50 geladenen Prozeßzeugen, der oder die darum schon vor Beginn des Verfahrens mehr und mehr und noch mehr wissen, und erinnern, als für ihr eigenes Gewissen verträglich sein dürfte.

Für Verteidiger Wolf-Rüdiger Schultze ist Monika Weimar unschuldig: »Zeitlich hätte sie es gar nicht schaffen können. Außerdem ist die Tatzeit völlig absurd.« Eine Zeugin der Anklage will die Kinder wie jeden Morgen auch an diesem Morgen ziemlich genau gegen 11 Uhr noch auf dem Spielplatz gesehen haben.

Schultze: »Frau Weimar hätte dann in irgendeiner Weise und jedenfalls unbeobachtet die Kinder in den Wagen lokken, sie dort am hellichten Tag in irgendeiner Weise umbringen und sie anschließend in irgendeiner Weise zu den beiden Fundorten bringen müssen. Wann hätte sie das alles tun sollen?«

Im gerichtsmedizinischen Gutachten ist im Zusammenhang mit den Kinderleichen von einem »sanften Tod« die Rede. Schultze: »Auch das spricht für die Unschuld von Monika Weimar. Die Kinder haben sich im Zusammenhang mit dem Tod weder eingenäßt noch eingekotet, was für einen schnellen Erstickungstod im Schlaf spricht, also nicht bei Bewußtsein, am Vormittag und einzeln im Wagen und nacheinander und wie denn wohl?« Er ist der Meinung: »Der Vater war es, nachts im Bett.«

Für die von der Anklage benannten Gutachter Elisabeth Müller-Luckmann und Willi Schumacher scheint es gleichfalls sehr unwahrscheinlich zu sein, daß es Monika Weimar getan haben soll. Für die Journalisten dagegen ist sie in jedem Fall schuldig, auch dann, wenn der Vater den Doppelmord an seinen Kindern begangen haben sollte.

Und Reinhard Weimar: »Alle wissen, daß meine Frau lügt.«

Viola Roggenkamp
April 1987

Im Namen des Männervolkes?

»Haben Sie Freitagabend die ›heute‹-Sendung aus Fulda gesehen, wie man Monika Weimar wegführte? Haben Sie gesehen, wie Hunderte von lachenden Menschen pfeifend und schreiend und höhnisch den Wagen umringten, in dem die Verurteilte saß? Ist das Karneval in Rio oder Hexenverbrennung im Mittelalter? Oder Deutschland 1988?« – Die so fragte am Tag nach der Urteilsverkündung, das war nicht ›Emma‹, sondern ›Bild am Sonntag‹. Monika Weimar wurde am 8. Januar »schuldig« gesprochen. Schuldig, einen Liebhaber gehabt zu haben? Schuldig, nicht die duldende Ehefrau, sondern das ausbrechende »Ami-Liebchen« gewesen zu sein? Nein, schuldig, ihre beiden Töchter umgebracht zu haben. Dafür bekam sie »lebenslänglich«. – Oder?

Der Prozeß war reich an Vorurteilen und arm an Indizien. Derselbe Vorsitzende Richter, Klaus Bormuth, hatte wenige Wochen zuvor einen Mann, angeklagt des dreifachen Frauenmordes, freigesprochen. Mangels Beweisen. Bei Monika Weimar reichten sie aus, die Beweise, befand das Fuldaer Schwurgericht (drei Berufs- und zwei Laienrichter – alles Männer).

Das Philippsthaler Volk gratulierte Richter Bormuth zum Urteil. Und auch sein Vorgesetzter, der Präsident des Fuldaer Landgerichtes, drückte ihm die Hand. Der Präsident schien beruhigt, seine Nachfolge gesichert: demnächst rückt Richter Bormuth auf seinen Stuhl.

Es macht den Rechtstaat aus, daß er die Schuld eines Angeklagten zu beweisen hat. Es machte den Weimar-Prozeß aus, daß die Angeklagte ihre Unschuld zu beweisen hatte.

Das wenige, was in den Augen des Gerichts gegen sie sprach, hätte auch anders interpretiert werden können. So die Weizenmehlreste im Magen von Karola.

Stammten die wirklich vom Frühstück des Mordtages?

Oder hätten das nicht auch Rückstände von nächtlich gegessenen Keksen sein können (das Kind war nachts aufgestanden und durch die Wohnung geirrt)?

Die »ahl Hex«, die »Ami-Hure« war's. Die Philippsthaler im ganzen Lande hatten es immer gewußt. Und sie sollten recht behalten. Trotz der extrem fragwürdigen Beweislage. Und trotz des fehlenden Motivs. Einer, der es schon sehr früh anders gesehen hatte, der am Anfang des Falles zuständige ermittelnde Staatsanwalt Sauter, war sehr rasch abgesetzt worden: Er schien zu sehr von der Unschuld der Monika Weimar überzeugt ... Sauters Kommentar nach dem Urteil: »Ich bin sprachlos. Damit habe ich nie gerechnet.«

Im Zweifelsfalle für den oder die Angeklagte/n? Nein: Im Zweifelsfalle für den Mann und gegen die Frau. Egal, ob sie der mögliche Täter, wie im Falle Weimar, oder das sichere Opfer, wie im Falle Scholz, ist. Einer von beiden mußte die beiden kleinen Mädchen getötet haben: Die Mutter (am Vormittag) oder der Vater (in der Nacht). Das Gericht entschied sich für die Mutter. –

Daß der Vater schon bei seiner Vernehmung vorsorglich

von einem eventuellen »Blackout« in der Mordnacht gesprochen hatte, spielte keine Rolle. Reinhard Weimar war von Anbeginn an »das arme Schwein«. (Mauz im ›Spiegel‹ nach der Urteilsverkündung einfühlsam: »Er konnte kein Partner sein, jedenfalls nicht für Monika Weimar, so arm, wie er mit sich dran ist.«)

Der Weimar-Prozeß ist nicht zufällig so spektakulär geworden. Das Gericht sprach die Mutter trotz dürftiger »Beweise« nicht zufällig in einer Zeit schuldig, in der Männer zunehmend nervös werden, weil ihre Frauen nicht mehr alles hinnehmen – und eben manchmal auch gehen.

Die Ehe Weimar war vermutlich eine ziemlich übliche Ehe. Und Monika Weimar war vermutlich eine ziemlich übliche Ehefrau. Sie stand in diesem Prozeß für viele. Für viele, die nicht hinnehmen, daß ihr Leben so früh zu Ende sein soll. Für viele, die nicht hinnehmen, daß sie schon mit 28 Jahren lebendig begraben sein sollen.

Dieser Prozeß war kein Zufall. Er kam zur rechten Zeit. Hier wurde ein Exempel statuiert. Hier wurde eine vorgeführt. Hier wurde allen Ehefrauen gezeigt, womit so eine zu rechnen hat, die ... Ja, die was?

Monika Weimar sitzt jetzt wieder im Frauengefängnis von Frankfurt-Preungesheim. Gegen ein Schwurgerichtsurteil »im Namen des Volkes« gibt es keine Berufung. Ihre Anwälte hoffen auf Revision. Die aber wird ihr der Bundesgerichtshof Karlsruhe nur dann zugestehen, wenn das Fuldaer Schwurgericht nach seiner Meinung einen Verfahrensfehler gemacht hat.

Was aber, wenn das ganze Verfahren ein Fehler war?

Alice Schwarzer
Februar 1988

Das Geständnis

August 1988: Edith Anton, Goldschmiedin in Koblenz, trifft sich mit dem Schlosser Reinhard Weimar. Er ist der Vater der am 4. August 1986 im hessischen Philippsthal ermordeten Mädchen Melanie, 7, und Karola, 5. Ihre Mutter heißt Monika Weimar. Sie sitzt zu diesem Zeitpunkt seit fast zwei Jahren im Gefängnis.

Juni 1990: Edith Anton geht in Hamburg zur Polizei und informiert die Presse. Was sie zu sagen hat, könnte das Leben von Monika Weimar, die im Januar 1988 wegen Mordes aus »Selbstsucht und Heimtücke« zu Lebenslänglich verurteilt wurde und seither im Frauengefängnis Frankfurt-Preungesheim sitzt, entscheidend ändern. Denn Edith Anton sagt eidesstattlich aus: »Reinhard Weimar hat mir 1988 gestanden: Ich war das. Ich habe die Kinder totgemacht.« – Alle, die den Prozeß näher verfolgt haben, horchen auf: »totgemacht« – das ist Reinhard Weimars Sprachgebrauch. Das ist genau die Formulierung, die er immer wieder gebraucht hat. Und: Es ist auch nicht sein erstes Geständnis.

August 1990: Der Hamburger Rechtsanwalt Gerhard Strate, in Revisions- und Wiederaufnahmeverfahren spezialisiert, sitzt an der Formulierung eines Wiederaufnahmeantrags für Monika Weimar. Sein Revisionsantrag, in dem er nach dem Urteil versuchte, dem Gericht Verfahrensfehler nachzuweisen, wurde am 17. 2. 1989 vom Bundesgerichtshof in Karlsruhe abgeschmettert. Damit ein Prozeß wiederaufgenommen wird, muß es neue Beweismittel geben. Da kommt Strate die Aussage der Zeugin Anton gerade recht. »Ich halte die Zeugin für sehr glaubwürdig«, sagt der erfahrene Anwalt, der lange und ausführlich mit Edith Anton gesprochen hat. Dennoch ist sein Optimismus gebremst, denn: »Eher geht ein Kamel durch ein Nadelöhr, als daß ein bundesdeutsches Gericht eine Wiederaufnahme zuläßt.«

Edith Anton, die weniger Erfahrung mit Gerichten hat, ist überzeugt, daß es gerecht zugehen muß in der Rechtsprechung. Sie schreibt an Monika Weimar, die »Rabenmutter«, das »Ami-Liebchen«, die »ahl Hex«, die sie für viele brave Bürger ist. Sie schreibt der Frau, deren Indizienprozeß so skandalös verlief, daß sogar die ›Bild-Zeitung‹ nicht umhin konnte, von einem »Hexenprozeß« zu sprechen, einen Brief ins Gefängnis: »Ich hoffe, daß Sie bald frei sind.« Warum hat Edith Anton nicht schon 1988 geredet? Sie hatte Angst vor den Konsequenzen – und vielleicht gar nicht so unrecht damit. Aber ihr Gewissen ließ ihr einfach keine Ruhe. Und dann redete ihr ihr neuer Lebensgefährte Michael Z. auch noch zu: »Du mußt endlich reinen Tisch machen.«

Edith Anton hat sich entschlossen, die ganze Geschichte zu erzählen: Im August 1988 verbringt die Goldschmiedin, die damals noch in Koblenz wohnt, vier Tage und vier Nächte mit

Reinhard Weimar. Sie hat mit dem Vater der toten Mädchen Kontakt aufgenommen, weil er ihr »irgendwie leid tut«. Am ersten Abend, einem Samstag, beide haben schon »einige Biere« getrunken, fragt er sie, ob er ihr »etwas anvertrauen« könne. »Ich hab ihn gefragt, ob es was Schlimmes sei. Und da hat er mir wörtlich gesagt: Ich war das. Ich habe die Kinder totgemacht.« Und dann, so erinnert sie sich, habe er voller Haß hinzugefügt: »Meine Frau könnte ich auch noch umbringen. Die hat das nicht anders verdient. Die hat mich so mißbraucht und enttäuscht.« Am nächsten Morgen bringt Edith Anton ihrem Gast einen Kaffee ans Bett und fragt ungläubig: »Weißt du eigentlich, was du mir gestern erzählt hast?« Reinhard Weimar hat ausgeschlafen. Er ist nüchtern. Und da habe er ganz ruhig zu ihr gesagt: »Ja, ich war es. Das stimmt.«

Heute will Reinhard Weimar von dem Geständnis nichts mehr wissen. Doch daß er ein Verhältnis mit Edith Anton hatte, stimmt. Das bestätigt auch seine Mutter. Aber der Rest? »Die Frau Anton erfindet das, um sich interessant zu machen«, sagt Reinhard Weimar.

Sehr interessant fühlt sich Edith Anton nun nicht gerade. Die Presse bestürmt sie. Sie geht kaum noch ans Telefon. Und bei einem neuen Prozeß in Sachen Weimar muß die Zeugin damit rechnen, daß ihr Leben in den Dreck gezogen wird, um so – nach bewährter Manier – ihre Glaubwürdigkeit zu erschüttern. Aber sie bereut es trotzdem nicht: »Monika Weimar darf nicht länger unschuldig im Gefängnis sitzen.«

Vier Jahre zurück: Am 30. 8. 1986, genau 22 Tage nachdem die Leichen der beiden ermordeten Mädchen in Gebüschen in der Nähe ihres Wohnorts Philippsthal gefunden worden sind, wird Reinhard Weimar in Handschellen von der Polizei abgeholt. Zwei Tage zuvor, am 28. August, ist bereits die Mutter der Mädchen, Monika Weimar, verhaftet, aber am nächsten Tag gleich wieder freigelassen worden. Nach ihrer Aussage hält der Ermittler, der erfahrene Staatsanwalt Raimund Sauter aus Fulda, nicht mehr sie, sondern ihren Mann Reinhard für »dringend tatverdächtig«. Er verhört den Vater der Kinder.

Was Reinhard Weimar damals auf die drängenden Fragen des Staatsanwalts stammelnd und stockend geantwortet hat, wird später im Prozeß verlesen: »Wenn ich das hier zugebe, werde ich eingesperrt.« – »Wenn ich tatsächlich etwas damit zu tun gehabt haben sollte, dann muß es ein Ausfall gewesen sein. Dann war ich nicht im Vollbesitz meiner geistigen Kräfte.« – »Das weiß ich nicht. Wenn, dann war es ein Blackout. Wenn ich die Kinder totgemacht habe, kann ich mich nicht mehr erinnern.« – »Aber ich bin mir fast sicher, daß ich die toten Mädchen nicht abtransportiert habe.« Fast sicher.

Selbst Richter Klaus Bormuth, der später Monika Weimar zu Lebenslänglich verurteilen wird, findet: »Es gibt intensivere Arten, eine Tat zu leugnen, gell?« Monika Weimars Verteidiger Schultze und Dähn sprechen sogar von »Quasi-Geständnissen«, die ihre Mandantin entlasten. Richter Bormuth hakt noch einmal nach: »Herr Weimar, hatten Sie selber Zweifel, ob Sie es doch gemacht hatten?« Die Antwort von Reinhard Weimar: »Eigentlich nicht.« Eigentlich nicht.

Reinhard Weimars Verhör bei der Sonderkommission in Bad Hersfeld wurde damals abgebrochen. Einer der Beamten, die dabei waren, sagt später: »Wenn wir den Mann noch eine Stunde länger bearbeitet hätten, dann hätte der jeden Mord in der Bundesrepublik zugegeben, jeden!« Und genau das darf nicht sein. Lieber kein Geständnis als eines zuviel. Schuld ist die Mutter. Das scheint von Anfang an festzustehen. Der Mann wird wieder freigelassen. Er arbeitet wieder im Kali-Bergwerk Philippsthal; seine Kumpel halten zu ihm. Zwischen Kripo Bad Hersfeld und Staatsanwaltschaft Fulda, aber auch zwischen den Ermittlern untereinander, entbrennt ein Streit. Staatsanwalt Sauter, der den Vater immer noch für »dringend tatverdächtig« hält, muß schließlich auf Druck von oben den Fall abgeben. Sein Nachfolger Hans Wachter läßt nun wieder die Mutter, Monika Weimar, verhaften. Sauter erleidet eine Herzattacke.

Auch Monika Weimar wird verhört. Im Gegensatz zu ihrem Mann hat sie nie ein Geständnis abgelegt, sich jedoch anfangs widersprüchlich verhalten. Erst versucht sie noch, mit falschen Aussagen (was sie später zugibt) ihren Mann zu decken: »Ich wollte nicht diejenige sein, die ihn ins Gefängnis bringt.« Endlich, am 29. August, wird sie deutlicher: Sie hat – so sagt sie aus – in der Nacht auf den 4. August 1986 die Kinder »leblos« in ihren Betten vorgefunden, daneben sitzend ihren Mann. Er sei ihr »abwesend« vorgekommen wie bei seinen Erkrankungen, habe am Morgen nur gesagt: »Jetzt kriegt keiner die Kinder.« Das erste Geständnis von Reinhard Weimar?

Am 7. August 1987, genau ein Jahr nachdem die toten Mädchen gefunden wurden, berichtet der abgeschobene

Staatsanwalt Sauter als Zeuge im Weimar-Prozeß über seine Ermittlungen: »Ich fragte Herrn Weimar nach dem Verhältnis zu seinem Schwager Z. (dem Mann von Monika Weimars älterer Schwester, d. Red.). Herr Weimar antwortete mir: ›Der hängt ja auch mit drin‹. Ich war wie vom Donner gerührt. Herr Weimar wurde plötzlich blaß, dann wieder knallrot und sagte: ›Der ist ja der Patenonkel der Kinder‹.«

Am 8. 1. 1988 sitzt Reinhard Weimar in der Wohnung seines Anwalts vor dem Fernseher. Aus den Nachrichten erfährt er von dem Urteil gegen seine Frau: Lebenslänglich. Er jubelt, macht einen Luftsprung. Und er geht feiern in eine Diskothek. Wie immer sind Journalisten dabei. Doch bald geht es Reinhard Weimar schlechter. Er ist bedrückt, fängt stark zu trinken an und redet viel. Zwei Reportern der Boulevard-Presse soll er etwas erzählt haben über die »schrecklichen Fliegen«, die sich in den Augen der toten Mädchen tummelten, als sie im Gebüsch lagen. Dabei kann er die nach seiner eigenen Version des Mordtages gar nicht gesehen haben ...

Reinhard Weimar redet weiter. Im Dezember 1988, vier Monate nach seinem Besuch bei Edith Anton, erzählt er seinem Anwalt Lothar Göb: »Monika hat's nicht allein gemacht, da hat noch jemand geholfen.« Göb darauf: »Mensch, Reinhard, was erzählst du für Storys. Das stimmt doch nicht.« Weimar: »Doch, ich weiß es, mein Schwager Jürgen hat Melanie getötet.« Schon wieder der Schwager.

Weimar versucht auch, bei der Kripo anzurufen. Den Kripochef Hornung bedrängt er: »Ein Verwandter hat Monika bei der Tat geholfen.« Ein paar Stunden später ist Weimar schon wieder am Apparat: »Ich muß Ihnen etwas Wichtiges mitteilen, rufen Sie mich zurück.« Seine Eltern, bei denen er inzwischen wohnt, drängen ihn schließlich, sich in die Psychiatrische Klinik Marburg-Cappel aufnehmen zu lassen – geschlossene Abteilung. Dort ist er für Journalisten nicht zu sprechen: »Ich darf nichts sagen. Ich darf nichts sagen.« Schon titelt ›Bild‹ am Neujahrstag 1989: »Mutter Weimar – Der größte Justiz-Irrtum?« Die Staatsanwaltschaft kündigt neue Ermittlungen an. Doch sie stellt sie wieder ein, als Reinhard Weimar in einem Brief aus der Klinik schriftlich versichert: »Es waren nur Phantasien.« Diesmal sind angeblich schwere Medikamente schuld. Am 17. Februar 1989 wird das Revisionsgesuch von Monika Weimar vom Bundesgerichtshof in

Karlsruhe abgelehnt. Am gleichen Tag wird auch Reinhard Weimar aus der Klinik entlassen.

Werden die Frankfurter Richter, die über die Wiederaufnahme zu entscheiden haben, Monika Weimar eine neue Chance geben? Sicher ist das nicht. Schon im Fuldaer Prozeß, der im Januar 1988 mit der Verurteilung von Monika Weimar endete, war Recht nicht gleich Gerechtigkeit. ›Emma‹ schrieb damals: »Im Prozeß gegen ›Mutter Weimar‹ war (auch) die moderne Mutterschaft angeklagt: die, die sich nicht nur aufopfert und nicht um jeden Preis an einem eigenen Leben hindern läßt. Ginge es nur nach den Buchstaben des Gesetzes, hätte dieselbe Monika Weimar in demselben Fall im Namen derselben Gesetze freigesprochen werden können.«

Wie ist es mit Reinhard Weimar? Könnte der freigesprochen werden, wenn er heute vor Gericht stünde und wenn Recht wirklich Gerechtigkeit wäre? Der Vater der toten Kinder leidet immer noch unter schweren Depressionen und wird mit Tabletten behandelt. Auf Fotos wirkt er aufgedunsen, starrt ins Leere.

Und Monika Weimar? Sie ließ sich scheiden und nahm wieder ihren Mädchennamen an: Monika Böttcher. Und sie hofft erneut, daß sie bald frei sein wird. Mit ihr hoffen die Mitgefangenen in Preungesheim. Sie sammeln Unterschriften für eine Wiederaufnahme des Prozesses.

Alice Schwarzer
August 1990

Ein Mann mißbraucht sexuell zwei Mädchen. Die Mutter zeigt ihn an. Nun, Männerjustiz, nimm deinen Lauf: Die Kinder sitzen im Heim, die Mutter ist im Gefängnis und der Mann ist auf freiem Fuß.

Auf ihrer letzten Seite, wo Vermischtes »Aus aller Welt« präsentiert wird, meldete aus Bochum am 24. Februar die ›Frankfurter Rundschau‹ in einer unscheinbaren Meldung: »Mutter mißbrauchter Kinder zu Haftstrafe verurteilt«. – ›Emma‹ ging der Geschichte nach.

Ein 60jähriger Mann mißbraucht sexuell ein elf- und ein 13jähriges Mädchen, zwei Schwestern, die er aus entfernter Nachbarschaft kennt. Die Mutter zeigt ihn bei der Polizei an. Der Mann ist anderntags wieder auf freiem Fuß. Dagegen werden die beiden Mädchen »wegen drohender Verwahrlosung« vom Jugendamt ins Heim gesteckt. Die Mutter darf ihre Töchter nicht besuchen und ihnen nicht einmal schreiben.

Im Dezember vergangenen Jahres wird der 60jährige Bergmann Karl Josef Schürenfelder aus Wanne-Eickel angeklagt, »sexuelle Handlungen an Kindern vorgenommen zu haben, und von Kindern an sich habe vornehmen lassen, wobei er auch versuchte, den Beischlaf mit einem Kinde zu vollziehen« (Anklageschrift).

Die Staatsanwaltschaft übernimmt fast wörtlich das polizeiliche Vernehmungsprotokoll mit der Tatschilderung des Täters, denn Schürenfelder ist »voll geständig«, zumindest glaubt ihm die Ermittlungsbehörde das, »und so was zahlt sich immer aus«, bestätigt sein Verteidiger Gerd Reitz.

Die Staatsanwaltschaft nennt denn auch in der Anklage keinen einzigen Hinweis auf das Verhalten der beiden Mädchen, die – so vermittelt es inhaltlich die Anklageschrift – angeblich widerspruchslos alles zuließen. Ein eigenes Bild von den beiden minderjährigen Opfern machten sich Gericht und Staatsanwaltschaft der Jugendschutzkammer Bochum nicht.

Die Kinder hätten den Bergmann Karl Josef Schürenfelder auf einem Parkplatz um Zigaretten gebeten, die er ihnen gegeben habe. Die Anklageschrift wörtlich: »Er sei etwas angetrunken gewesen, weil er zu Hause schon etwas getrunken gehabt habe. Die Mädchen hätten ihm dann seine zwei oder drei Einkaufstaschen getragen und ihn nach Hause begleitet. In seiner Wohnung hätten die Kinder Illustrierte durchgesehen. An zwei weiteren Tagen hätten sie ihn dann in seiner Wohnung aufgesucht. Alexandra (13 Jahre alt) habe dann beim ersten Mal zu ihm gesagt, daß sie ›bock‹ habe. Sie sei dann mit Bianca (11 Jahre alt) im Nebenzimmer verschwunden. Nach einigen Minuten sei er herbeigerufen worden. Die beiden Mädchen hätten nackt auf dem Boden in Bauchlage gelegen. Er habe eine Turnhose und ein offenes Hemd angehabt.«

Weiter heißt es verteidigend und nicht etwa anklagend im Text der Staatsanwaltschaft: »Alexandra sei aufgestanden, habe ihm das Hemd aufgemacht und die Hose heruntergezogen. Er habe sich dann auf den Rücken gelegt, und Alexandra habe ihn dann aufgefordert, mal so zu machen wie im Kino. Sie habe sich dann auf seinen Penis gesetzt. Er habe aber keine Erektion gehabt. Als er auf dem Rücken gelegen habe, habe Alexandra noch an seinem Glied gespielt. Anschließend habe er mit der Hand an der Scheide der Bianca gespielt. Am nächsten Tag sei es wieder so gewesen. Alexandra habe sich auf ihn gesetzt. Er habe dann an ihren Brüsten und auch an denen der Bianca gespielt. Er habe sein Glied wieder nicht in ihre Scheide einführen können. An einem Tag sei es zum Samenerguß bei ihm gekommen.« Abschließend fügt der Staatsanwalt noch hinzu: »Nach Lage der Dinge kann nicht ausgeschlossen werden, daß die Initiative von den Mädchen ausgegangen ist.« – Das macht einen erwachsenen Mann vor den Schranken des Gesetzes nahezu unschuldig.

Pflichtverteidiger Gerd Reitz: »Das Ziel der Verteidigung ist es, daß man bei solchen Verhandlungen prinzipiell versucht, die Minderjährigen aus dem Prozeß herauszuhalten. Das ist für die ja nicht schön, so vor den Schranken des Gerichts noch mal alles sagen und anhören zu müssen. Das belastet die ja auch.«

Zwei minderjährigen Mädchen wird unterstellt, sie hätten die Initiative ergriffen. Gleichzeitig will aber das Gericht ihnen angeblich die verbale Wiederholung des Geschehens ersparen. Man wolle sie nicht belasten. – Wen nicht belasten? Den beschuldigten Mann?!

Karl Josef Schürenfelders Verteidiger: »Die beiden Mädchen waren ja vorher von zwei Polizistinnen vernommen worden. Obwohl, besonders geschult sind die auch nicht. Eigentlich gar nicht. ›So, Mädchen, nun erzähl mal‹, heißt es dann und wird in diesem Protokoll-Deutsch aufgeschrieben. Danach fragt sie niemand mehr.«

Bei der Gerichtsverhandlung, »die hat höchstens zwei Stunden gedauert«, das sei alles ganz zügig gegangen, erinnert sich der Verteidiger, habe Schürenfelder »eben auch erzählt und erzählt und richtig gesungen«. Das sei auch sein Glück gewesen. Verteidiger Reitz: »Er hat den Reuigen, den Sünder rausgekehrt, und so etwas wird vom Gericht eindeutig honoriert.«

Als Rechtsanwalt Reitz als Pflichtverteidiger »dem Gericht signalisieren konnte«, daß sein Mandant, »der Angeklagte also bei seiner Version bleiben würde«, die er schon bei der Vernehmung durch die Polizei abgegeben hatte, »war das Urteil bereits einigermaßen klar. Er konnte Milde erwarten.« Reitz weiter: »Ach, wissen Sie, Gerichte arbeiten schnell, müssen die auch. Da liegt zu viel an. Und wenn die übersehen, was dabei so erfahrungsgemäß rumkommt – Täter geständig, Zeugenaussagen liegen vor – ja, und dann war die Verhandlung auch noch im Dezember gewesen. Das war uns allen klar, daß das Urteil für den Frührentner ein verfrühtes Weihnachtsgeschenk war.«

Angeklagt gewesen war Karl Josef Schürenfelder. Er soll: sexuelle Handlungen an den beiden elf- und 13jährigen Mädchen vorgenommen haben und die Kinder veranlaßt haben, sexuelle Handlungen an ihm vorzunehmen, einschließlich versuchten Beischlafs an einem der Mädchen. Das Urteil: Ein Jahr. Zur Bewährung ausgesetzt.

Ursula Loock, 45 Jahre alt und alleinstehend, die Mutter der beiden Mädchen, versucht nun, ihren Kummer, ihre Wut im Alkohol zu ertränken. Sie gerät in Zorn: »Ich kam nicht darüber hinweg, daß der Kerl wieder frei herumläuft und meine Kinder im Heim sind«, sagte sie später vor Gericht. Stark angetrunken (mindestens 1,8 Promille) steht Ursula Loock vor der Wohnungstür des Sexualtäters. Sie klingelt. Er öffnet. Ursula Loock und Karl Josef Schürenfelder stehen sich gegenüber.

Die Frau – behauptet der Mann bei der Polizei und später vor Gericht – habe ihn mit einem Messer von hinten plötzlich angegriffen und verletzt. »Dem habe ich Grüße aus Solingen bestellt«, soll die aufgebrachte Mutter danach zu einer Nachbarin gesagt haben. Am Arm und am rechten Oberschenkel finden die begutachtenden Ärzte harmlose Ritz- und Schnittwunden. Zum Zeitpunkt der Tat war die rechte Hand der Frau obendrein in einem Zinkleimverband.

Ursula Loock wird noch am selben Tag verhaftet. Die Tatwaffe indessen ist bis heute nicht gefunden worden. Die Frau wird angeklagt und in Untersuchungshaft gesteckt. Die Staatsanwaltschaft formuliert die Anklage: »Versuchter Mord mit Heimtücke«. Und dies für ein Vergehen, das bei einem Mann als Körperverletzung angeklagt worden wäre, Körperverletzung, dazu strafmildernd in alkoholisiertem und äußerst erregtem Zustand. Vergehen, wie sie täglich verübt werden von Männern an Männern, von Männern an Frauen.

Was einem Mann zum Vorteil gereicht hätte, wird ihr, der Frau zum Nachteil. Sie trinke zu oft. Dann sei sie »renitent« und wolle »anderen Leuten an die Wäsche«, wirft die vorsitzende Richterin Ruth Rissing van Saan der wie erstarrt dasitzenden Mutter vor.

Das Gericht verurteilt Ursula Loock zu zwei Jahren und drei Monaten Gefängnis. Sie hatte bereits vorher fünf Monate in Untersuchungshaft gesessen und dort ohne anwaltliche Beratung auf ihre Verhandlung warten müssen. Der Mann, der sich an ihren minderjährigen Töchtern vergangen hat, bekam ein Jahr auf Bewährung und konnte als freier Mann nach Hause gehen. Die beiden Mädchen bleiben im Heim. Die Mutter hat sie vor Antritt der Haftstrafe noch nicht einmal mehr sehen dürfen.

»Was ist denn an dem Fall so interessant«, wundert sich Richterin Rissing van Saan am Telefon, Kammervorsitzende des Landgerichts Bochum, als ›Emma‹ anrief. »Die Frau kann ganz zufrieden sein mit dem Urteil. Wir haben den versuchten Mord im Laufe der Verhandlung fallen lassen und nach ›versuchtem Totschlag in minder schwerem Fall‹ verurteilt.« Selbst der »von der Frau verletzte und geschädigte Mann« habe noch vor Gericht »darum gebeten«, man möge die Frau Loock nicht so hart bestrafen. Er selbst habe ja »auch Mist gemacht«.

Im Verfahren wurde nur mit wenigen Worten auf die Biographie Ursula Loocks eingegangen: Als Zehnjährige verliert sie ihren Vater. Mal bei der Großmutter, Tante oder Mutter wächst sie recht herumgestoßen auf. Eine Friseurausbildung bricht sie ab, mit unvollständiger Berufsausbildung und ohne Arbeitsplatz heiratet sie früh und bekommt ihr erstes von insgesamt fünf Kindern.

Ihr Bruder ersticht im Streit ihren Mann. Ursula L. geht wieder arbeiten, nachts vor allem, als Putzfrau, in der Fabrik, um tagsüber für die Kinder da zu sein. Sie lernt neue Freunde kennen, Beziehungen mit Männern ergeben sich, die ihre »materielle und psychische Not« nur noch vergrößern. Konflikte, das lernt sie aus ihren sogenannten Partnerschaften, werden nicht im Gespräch, sondern im Rausch ausgetragen.

Ein Psychologe der Justizvollzugsanstalt wies das Gericht auf eine »starke Polarisierung bei der Angeklagten« hin, auf wenig bis »gar nicht reflektiertes Körperleben«. Was immer das meinte, das Gericht hörte zu und fragte nicht weiter nach. Pflichtverteidiger Detlev Köhler auch nicht.

Richterin Ruth Rissing van Saan meinte nach dem harten Urteilsspruch, den Ursula Loock wie versteinert entgegennahm, noch einmal moralisch Maß nehmen zu müssen: Mit dem Alkohol gehe es so nicht weiter, damit ließen sich keine Probleme aus der Welt schaffen, reiner Zufall, daß bei der »ziellosen Messerstecherei keine ernsthaften Verletzungen« entstanden seien. Die Angeklagte dürfe sich in Konfliktsituationen »nicht so gehen lassen«.

Und zum Fall des sexuellen Mißbrauchs an den Töchtern der verurteilten Mutter – eine Angelegenheit, die die Richterin nicht zu beurteilen gehabt hatte –, meinte Frau Rissing van Saan doch noch dies sagen zu müssen: »Die Kinder sind initiativ gewesen und nicht in eine Falle gelockt worden.« Ein letzter richterlicher Rat: »Sie haben es in der Hand, Frau Loock, was aus Ihnen und Ihrer Familie wird.«

Der Pflichtverteidiger der so verurteilten Ursula Loock nahm das unverhältnismäßig schwere Urteil für seine Mandantin rasch an: Zwei Jahre und drei Monate Gefängnis.

Die ›Frankfurter Rundschau‹ weiß dazu in ihrer kleinen Meldung nur zu berichten: »Die Kammervorsitzende Ruth Rissing van Saan begründete das Urteil auch damit, das Gericht habe der Frau ihre Zukunft nicht verderben wollen.«

Der Mann ist frei. Die zwei Mädchen sind im Heim. Die Frau sitzt hinter Gittern.

Viola Roggenkamp
April 1987

Wer liebt wen mehr: Mr. Smith seinen Boy John oder Vater Ben Ayad seine Tochter Malika?

Mr. Smith ist Südafrikaner und Weißer. Wegen der Unruhen in seinem Land zog er vor einigen Jahren in die Bundesrepublik. Er fand sich hier nur schwer zurecht. In seinem Land war er reich und angesehen und hatte ein Haus voller Dienstboten. Hier aber blieb er der Ausländer, entwurzelt und allein. Umsorgt wurde er nur noch von seinem schwarzen Dienstboten, dem Boy John, den er mitgebracht hatte. John erhielt, wie es in Südafrika üblich ist, keinen Lohn.

Wenn er etwas falsch machte, wurde er beschimpft und auch schon mal geschlagen. Mr. Smith, der inzwischen angefangen hatte zu trinken, war dennoch sehr auf John angewiesen, denn außer ihm hatte er kaum Kontakte. Als John eines Tages andeutete, er wolle seinen Herrn verlassen, sah Mr. Smith rot. Er beschimpfte John und drohte ihm, ihn umzubringen. Mr. Smith trug, ganz wie in seiner Heimat, immer eine geladene Pistole bei sich. John wandte sich in seiner Not an die Nachbarn, sagte ihnen, er habe Angst davor, daß Mr. Smith ihn töte. Die Nachbarn nahmen das nicht so recht ernst (obwohl sie schon öfter gehört hatten, daß Südafrikaner nicht gefügiges Dienstpersonal töten). Mr. Smith erschoß John am 4. August 1985. In der Verhandlung im Juli '86, in der sowohl der Richter als auch der Staatsanwalt und der Gutachter Schwarze waren, wurde Mr. Smith trotz der Umstände nicht wegen »Mordes« zu lebenslänglich verurteilt, sondern – unter Berücksichtigung seiner »kulturellen Herkunft« lediglich wegen »Totschlags« zu sechs Jahren Haft. Die linke Tageszeitung TAZ berichtete sehr einfühlsam über den Fall. Sie schilderte ausführlich den Seelenzustand von Mr. Smith, seine Prägung durch den nun mal landesüblichen Rassismus und bedauerte, daß der Weiße nicht geschickter verteidigt worden war. Auch dieser Artikel war von einem Schwarzen geschrieben worden.

So, genau so ist es passiert. In Frankfurt. Nein, nicht ganz so. Das Opfer war weder schwarz noch männlich, sondern eine Marokkanerin. Der Täter war kein Rassist, sondern ein Sexist. Es war der Vater des getöteten Mädchens. Der Staatsanwalt, der Richter, der Sachverständige und der Journalist waren keine Schwarzen, sondern Frauen.

Die TAZ berichtete, wie zahlreiche andere Tageszeitungen, im Juli '86 über den Prozeß gegen den 41jährigen Abdeslam Ben Ayad, der am 4. August 1985 seine zwölfjährige Tochter Malika im Frankfurter Stadtwald durch drei Messerstiche ins Herz getötet hatte.

Der berberische Teppichknüpfer Ben Ayad war 1971, also als 26jähriger, zum Broterwerb in die BRD gekommen. Seine Familie ließ er 1980 nachkommen. Seine Frau ist, wie die meisten Frauen seines Dorfes, Analphabetin. Die sechsjährige Malika aber lernte gerne. Sie wurde rasch zur Tüchtigsten der Familie, half der Mutter und übersetzte bei den Behörden.

Vater Ben Ayad hatte sich inzwischen offensichtlich eingelebt in der Bundesrepublik. Er befahl seiner Frau, ohne Kopftuch auf die Straße zu gehen und sich zu schminken, aß Schweinefleisch und trank Alkohol (schwerer Verstoß gegen islamisches Gesetz). Er verlor seine Stelle, trank immer mehr und warf die Familie schließlich aus der Wohnung (aus der er kurz darauf ganz ausziehen mußte).

Frau und Kinder finden Zuflucht im Frankfurter Frauenhaus. Im autonomen (also feministischen) Frauenhaus. Sie sehen den Vater regelmäßig. Mimouna Ben Ayad wäscht weiterhin für ihren Mann die Wäsche und kocht ihm das Essen. Im Frauenhaus.

Malika wird immer selbständiger, trifft sich zunehmend ungern mit dem Vater, der ihr den Vorwurf macht, sie sei ein »Flittchen«, weil sie mit ihren Freundinnen baden geht und sich auch schon mal schminkt. Die Spannung steigt. Malika, so werden die Sozialarbeiterinnen später im Prozeß berichten, hat wochenlang jede Nacht Alpträume. Sie träumt »von einem fremden Mann, der an ihr Bett tritt und sie in einer unbekannten Sprache bedroht«.

Der Vater, der inzwischen wohnungslos ist und auf Parkbänken schläft, bedroht bei jeder Gelegenheit Frau und Tochter: »Ich schlachte euch ab!«

Am 2. August '85 kommt es zu einer Szene auf der Straße, weil er Geld von seiner Frau will. An diesem Abend wirft die zwölfjährige Malika einen Brief in den Briefkasten des Frauenhauses. Darin steht: »Wenn ihr mich tot findet, kann es nur mein Vater gewesen sein.«

Am 3. August spricht eine Sozialarbeiterin des Hauses mit

Malika. Vor Gericht sagt sie aus, über die Todesdrohung habe sie trotz des Briefes nicht mit ihr gesprochen. Die Berichterstatterin der TAZ, Heide Platen, beschreibt dies später als »Verfolgungsphantasien« Malikas.

Am 4. August treffen Mutter und Kinder Abdeslam Ben Ayad in der Frankfurter Innenstadt. Der Vater beschimpft und bedroht erneut Malika. Sie läuft weg. Er holt sie zurück und zwingt sie, mit in den Stadtwald zu fahren. Dort ersticht er Malika mit dem Messer, das er immer im Schuh trägt. Sie hatte ihm gesagt, daß sie nicht nach Marokko zurück will. Zeugen, die ihn neben der Leiche finden, sagt er ruhig: »Ja, ich habe es getan. Das war gut so.« Polizisten berichten, er habe »völlig unbeteiligt« gewirkt. Kommentar der TAZ-Berichterstatterin: »apathisch eben«.

Die Sachverständige und Ethnologin Hannelore Schönig macht darauf aufmerksam, daß nach marokkanischer Sitte auch ein Fehlverhalten des Mannes die Frauen nicht von der Pflicht zum absoluten Gehorsam entbinde. Die Staatsanwältin Helga Goy-Fink kommt gar nicht erst darauf, auf Mord zu plädieren. Die Richterin Johanna Dirks beteuert bei der Urteilsverkündung, sie habe »die kulturelle Herkunft des Angeklagten ausdrücklich einbezogen«. Und die Mutter, die den ungeheuren Mut hatte, als Nebenklägerin aufzutreten, sagt im Prozeß: »Malika hat nichts Schlechtes getan. Du hast sie umsonst getötet.«

Der Verteidiger des Angeklagten versichert: »Als Berber stach er zu, um die Ehre seiner Tochter zu retten.« Der Angeklagte selbst schließlich »flüstert« vor Gericht: »Ich habe sie geliebt.«

Was ich noch vergaß zu sagen: Mr. Smith hing sehr an seinem Lieblingsboy John. Man darf auch nicht vergessen, daß er aus einer ganz anderen Kultur kommt. Aus einer Kultur, in der die Schwarzen nun mal Untermenschen sind. So wie im Islam die Frauen. Und in der es nun mal Sitte ist, ungehorsame Schwarze umzubringen.

Wir aber sind Gott sei dank ein aufgeschlossenes Land. Wir plädieren inzwischen sogar für die Unterweisung ausländischer Kinder im Islamischen in bundesdeutschen Schulen. Wir dulden die Vielfalt der Kulturen nicht nur, wir schützen und fördern sie sogar. Zumindest, solange es sich um sexistische Kulturen handelt.

Alice Schwarzer
September 1986

Inzest: Eine Mutter wehrt sich

Lange schwiegen die Mütter und Kinder. Jetzt reden sie. Irene Lang aus Essen kämpft um ihre vierjährige Tochter, die zum Vater, den die Mutter des Inzest beschuldigt, zurück soll. Ursula Baumgardt, eine Schweizer Psychologin, bringt mit ganz neuen Methoden die Kinder, die dem eigenen Vater zum Opfer fallen, zum Sprechen. Noch immer sind es schätzungsweise allein in der BRD 3 Millionen Kinder im Jahr, die wehrlos ihren Vätern ausgeliefert sind. Nicht zuletzt war das bisher möglich, weil auch die Mütter nicht wagten, Widerstand zu leisten. Jetzt wagen sie es.

Irene Lang (Name v. d. Red. geändert) hatte den Mut, den viele nicht haben: Sie zeigte den eigenen Ehemann an. Der Mann, mit dem sie seit acht Jahren verheiratet ist, hat, davon ist sie überzeugt, die gemeinsame Tochter Claudia jahrelang sexuell mißbraucht.

Nach der Anzeige geschah jedoch das Unfaßbare. Die ermittelnde Staatsanwaltschaft Darmstadt stellte nach nur zwei Wochen das Verfahren ein. Kein »hinreichender Tatverdacht« hieß es lapidar. Doch damit nicht genug. Jetzt muß Irene Lang auch noch befürchten, daß ihr das Sorgerecht für die Tochter entzogen wird. Im zur Zeit laufenden Scheidungsverfahren hat der Vater angekündigt, er wolle die heute 4jährige Claudia »ordnungsgemäß« und »liebevoll« durch eine Kinderfrau oder Tagesmutter betreuen lassen.

Angefangen hatte alles, als Claudia acht Monate alt war. Ein Knick in der Gewichtskurve war das erste, was die Mutter registrierte. Das kleine Mädchen nahm plötzlich nicht mehr zu und war außerdem von da an ständig krank: Anämie, Bauchschmerzen, Durchfall, Pseudo-Krupp, Fieber, Muskelschwund, und zuletzt auch noch eine Pilzinfektion der Genitalien. Irene Lang stand vor einem Rätsel. Aber nach einem Zwischenfall (die Putzfrau hatte gehört, daß der Vater dem Kind drohte), ließ sie Claudia vorsichtshalber nicht mehr mit ihrem Mann allein. Als der Vater eines Tages für längere Zeit verreiste – Claudia war inzwischen dreieinhalb Jahre alt – führte das Kind plötzlich sexuelle »Spiele« vor und erzählte, die habe sie »immer mit dem Papa machen müssen.«

»Es war wie ein Ritual«, berichtet Irene Lang, »erst die Rolläden runter, ›damit die Leute nicht gucken‹, wie Claudia sagte, danach hat sie ihre Kleider weggetan, und dann ging es los.« Die »Spiele« ihrer Tochter hat die Mutter mit dem Tonband aufgezeichnet: »Finger in den Popo«, »Papier drunterlegen, damit es nicht tropft«, »tut weh«, »ich schreit«, »wippewappe«, »stinkig und dreckig war der Papa«, das sind nur einige von Claudias Erklärungen dazu.

Für die Staatsanwaltschaft Darmstadt ebensowenig ein ausreichendes Beweismittel wie zwei Gutachten über Claudia, die übereinstimmend feststellen, daß solche Äußerungen und Verhaltensweisen nicht ausschließlich der Phantasie eines dreieinhalb Jahre alten Kindes entspringen könnten. Zu »konkret« und zu »kindgerecht« auch, so eine Essener Diplom-Psychologin, um das Ergebnis einer Beeinflussung durch Erwachsene zu sein.

Als »ungeheuerlich« weist der Anwalt des Beschuldigten derweil im laufenden Scheidungsverfahren am Essener Familiengericht die Tatvorwürfe zurück. Seiner Meinung nach ist es die Mutter, die sich durch solche Anschuldigungen disqualifiziert. Schließlich, so ließ der Anwalt wissen, sei sein Mandant Geschäftsführer einer großen Firma, Mitglied einer Wirtschaftsexpertenkommission und als solcher bekannt mit führenden Politikern.

Das Familiengericht hat Irene Lang die Tochter bis heute nicht zugesprochen. Nach der Entdeckung der mutmaßlichen Tat hatte die Mutter die gemeinsame Wohnung der Familie, ein Reihenhaus in einer hessischen Kleinstadt, sofort verlassen. Ihre Tochter nahm sie mit. Fast eineinhalb Jahre sind seitdem vergangen. Sie fand zunächst bei ihren Eltern Unterschlupf. Heute lebt sie mit Claudia in Essen, in der Nähe der Großeltern, die ihre Enkelin betreuen, wenn die 37 Jahre alte Angestellte zur Arbeit geht, zur Teilzeitarbeit, denn Claudia braucht, so ihre Mutter, immer noch sehr viel Liebe und Zuwendung.

Anzeige erstattet hatte Irene Lang nach ihrem Umzug bei der Essener Kriminalpolizei. Danach hörte sie von dort zwei Monate lang erst einmal gar nichts. Die Akten wurden schließlich von Essen an die Staatsanwaltschaft in Darmstadt weitergeleitet, in deren Zuständigkeitsbereich der Beschuldigte lebt.

Zwei Wochen nahm sich die Darmstädter Behörde Zeit, um

zu dem Schluß zu kommen, daß weitere Ermittlungen nicht zu rechtfertigen wären. Für Irene Lang, bis dahin voll Vertrauen zur Justiz, war dies ein Schock. »Noch nicht einmal die von mir genannten Zeugen sind vernommen worden«, stellt sie fassungslos fest.

Die Anzeige, die für den Beschuldigten bisher keine Folgen gehabt hat, ist für die verzweifelt um ihre Tochter kämpfende Mutter immer mehr zur Belastung geworden. Von verschiedenen Seiten wurde ihr nahegelegt, ihre Anschuldigungen doch zurückzunehmen. Auch bei Rechtsanwälten fand Irene Lang zunächst kaum Unterstützung. Mehrfach mußte sie die Anwälte wechseln, weil sich diese weder im Scheidungsverfahren noch in der davon unabhängigen Strafsache ausreichend engagierten.

Schon jetzt haben die langsam mahlenden Mühlen der Justiz Irene Lang an den Rand des finanziellen Ruins gebracht. Auf 17000 DM belaufen sich inzwischen die Anwaltskosten, mehr als 1000 Mark mußte sie für psychologische Gutachten über Claudia auf den Tisch legen. Ihr Noch-Ehemann wollte weder für seine Frau, noch für seine Tochter Unterhalt zahlen. Das Essener Familiengericht nahm schließlich einen in der Tagespresse erschienenen Artikel über den Fall zum Anlaß, den Unterhalt für die Mutter vorläufig zu streichen. Die Veröffentlichung sei, so der Richter, geeignet, »den Antragsgegner in seinen persönlichen, gesellschaftlichen und geschäftlichen Belangen schwer« zu beeinträchtigen.

Immerhin gab sich der Essener Familienrichter mit den Ermittlungen der Darmstädter Staatsanwaltschaft nicht zufrieden. Er beauftragte das Institut für Gerichtspsychologie in Bochum, ein Gutachten über Claudia zu erstellen. Die Expertise soll die Frage klären, »wie die elterliche Sorge im Sinne des Kindeswohls am besten zu regeln ist«.

Nur über das Sorgerecht kann in Essen entschieden werden, in der Strafsache muß die Darmstädter Staatsanwaltschaft aktiv werden, und diese steht vor einem nur allzu bekannten Problem. Wie so oft bei sexuellem Mißbrauch gibt es auch im Fall L. keine Zeugen, die die mutmaßliche Tat selbst beobachtet hätten. Und Claudia, die einzige Zeugin, ist zu klein, um vor Polizei, Staatsanwaltschaft und auch noch vor Gericht aussagen zu können.

In vielen Fällen kommt es deshalb noch nicht einmal zum Prozeß. Das Verfahren wird, wie auch hier zunächst geschehen, eingestellt, und dies, obwohl längst das ganze Ausmaß des sexuellen Mißbrauches bekannt ist. So schätzt das Bundeskriminalamt, daß jährlich rund 300000 Kinder mißbraucht werden. Auf jede Anzeige kommen, so die Expert/inn/en, 12 bis 15 unbekannte Fälle.

Die Berliner Rechtsanwältin Ingrid Lohstöter und die Soziologin Barbara Kavemann halten sogar diese Zahlen noch für zu gering. Die Autorinnen (›Väter als Täter‹) gehen inzwischen davon aus, daß jede vierte oder sogar jede zweite Frau in ihrer Kindheit schon einmal sexuell mißbraucht worden ist.

Nur sechs Prozent der mißbrauchten Kinder (Opfer sind zu 80 bis 90 Prozent Mädchen) kennen den Täter überhaupt nicht, die meisten kennen ihn dagegen sehr gut: In einem Viertel der Fälle ist es der eigene Vater, Stiefvater, Bruder oder ein anderer in derselben Wohnung lebender Mann.

Dabei hat das, was sich in den vier Wänden des »Zuhauses« abspielt, für die Opfer die gravierendsten Folgen. Florence Rush (›Das bestgehütete Geheimnis – Sexueller Mißbrauch von Kindern‹) schrieb über die physischen Folgen des Inzest: »Sexuelle Beziehungen zwischen Erwachsenen und Kindern sind auch ein zunehmend ernstes medizinisches Problem. Fälle von Rissen und Verletzungen des Rektums, mangelnder Kontrolle über den Schließmuskel, zerschundenen Scheiden, Fremdkörpern in After und Vagina, durchstoßene After- und Scheidenwände, Tod durch Ersticken, chronischen Atembeschwerden durch Tripperinfektionen im Rachen sind fast immer auf sexuelle Kontakte Erwachsener mit Kindern zurückzuführen. Von 20 Fällen im Alter von ein bis vier (!) Jahren gingen in 19 Fällen sexuelle Kontakte mit Erwachsenen voraus.«

Die psychischen Folgen sind nicht minder schwerwiegend, denn im Gegensatz zu einem einmaligen Mißbrauch durch völlig Fremde werden Kinder von Familienangehörigen meist wiederholt mißbraucht. Und dies manchmal jahrelang. Ist der Täter der eigene Vater oder ein naher Verwandter, ist der Vertrauensmißbrauch besonders schlimm. Solche Erlebnisse können zu schweren Depressionen, Funktionsunfähigkeit, Psychosen und Selbstmord führen.

Die Täter jedoch kommen meist ungestraft davon. Sie werden entweder gar nicht erst angezeigt, oder die Tat kann ihnen nicht nachgewiesen werden. Makabererweise wirkt es sich also strafmildernd aus, daß sie sich so junge Opfer ausgesucht haben, Opfer, die der Justiz immer noch als »nicht zeugenfähig« gelten. So wie Claudia.

Nicht zeugenfähig sind die ganz jungen Opfer allerdings nur im herkömmlichen Sinne. In den USA und zunehmend auch in europäischen Ländern haben Expert/inn/en inzwischen Methoden entwickelt, mit denen sie einem Verbrechen wie sexuellem Mißbrauch auch dann auf die Spur kommen, wenn sich keine körperlichen Verletzungen nachweisen lassen.

So analysiert die Schweizer Psychotherapeutin Ursula Baumgardt, die auch Dozentin und Lehranalytikerin am Züricher C. G. Jung-Institut ist, in ihrer Praxis Zeichnungen von Kindern. Ursula Baumgardt bringt stumme Kinder zum Sprechen, denn sie versteht ihre Sprache. Nur auf den ersten Blick muten die von Kindern gemalten Bilder harmlos an, schon beim zweiten Hinsehen sind sie verblüffend aussagekräftig.

So kann die Schweizer Psychotherapeutin in ihrem Buch ›Kinderzeichnungen – Spiegel der Seele‹ beispielhaft nachweisen, daß die viereinhalb Jahre alte Elisabeth von ihrem Vater sexuell mißbraucht worden ist. Zeichnen sei, so die Expertin, eines der wichtigsten Ausdrucksmittel von Kindern. Diese könnten damit Leidenserfahrungen und Konflikte sichtbar machen, mit denen sie allein nicht mehr fertig werden, oder die ihnen anders auszudrücken verwehrt sind.

Die von Ursula Baumgardt analysierten Bilder verraten nicht nur die Tat, sie machen auch deutlich, *wie* ein betroffenes Kind den Mißbrauch erlebt. Die Psychotherapeutin: »Das Kind kann sich nicht schützen, weil ihm dieses Verhalten von seiten des Vaters nicht vertraut ist, es erlebt eine Art Überraschungsangriff, dem es vorerst völlig ausgeliefert ist. Seine Welt, seine Orientierung fällt ihm plötzlich zusammen: anstelle von Schutz erfährt es Bedrohung! Das löst unweigerlich Angst, panische Angst aus.« Dazu, so fährt Ursula Baumgardt fort, erlebe das kleine Mädchen den Vater in völlig entstellter Art: »Es erschrickt vor seinem starken Schnaufen, vor seinem Gesicht, vor seinen gierigen Händen, vor seinem Glied.« Oft seien Vater und Tochter allein zu Hause, »der Vater gibt keine Erklärungen für sein Tun, er verbietet dem Kind zu schreien, er droht, wenn es darüber auch nur das mindeste bei anderen Familienmitgliedern oder Leuten äußern würde – und dies alles, während er auf recht brutale Weise am Körper des Mädchens herummanipuliert.«

Solche fundierten Analysen und Argumente scheinen die

Justiz bisher nur wenig zu beeindrucken. Hier herrscht immer noch die Tendenz vor, den sexuellen Mißbrauch durch Väter zu verharmlosen. So berichtet Ursula Baumgardt von einem Schweizer Richter, der sie zweieinhalb Stunden als Expertin gehört und anschließend in »beinahe familiärem« Tonfall gefragt hätte: »Nicht wahr, so zwischen uns gesagt, dies ist ja gar nichts Schlimmes fürs Kind? Im Gegenteil, es erfährt so eine ausgesprochen starke Zuwendung des Vaters; er kann auf diese Art seiner Tochter zeigen, wie sehr er sie liebt.«

Von »Liebesbezeugung« kann jedoch, so Ursula Baumgardt, keinesfalls die Rede sein. Das betroffene Mädchen erlebe das Verhalten des Vaters vielmehr als Angriff auf die eigene Person und als einen »Akt der Macht und Willkür«.

Die kleine Claudia hat nicht gezeichnet, sie hat »gespielt«, was nach ihren eigenen Worten mit ihr geschehen ist. Und sie hat es nicht nur einmal gespielt, sie hat es immer wieder getan. Jeden Tag. Monatelang. Ein Verhalten, das, so der Vorsitzende der »ärztlichen Beratungsstelle gegen Vernachlässigung und Mißhandlung von Kindern in Essen e. V.«, Professor Hermann Olbing, für »sehr stark traumatisierende Erlebnisse mit ihrem Vater« spreche.

Bei der Darmstädter Staatsanwaltschaft gibt es dagegen bis heute keine Zweifel am eigenen Vorgehen. »Die Angaben des Kindes sind zu vage, als daß man dem Beschuldigten Vorhaltungen machen könnte«, erklärt hierzu Pressesprecher Hubert Spohn. Zur Zeit »ruhe« in Darmstadt das Verfahren. Die Behörde will das vom Familiengericht beim Bochumer Institut für Gerichtspsychologie in Auftrag gegebene Gutachten abwarten. Von dessen Ergebnis wird es wohl auch abhängen, ob der wegen Mißbrauches Angezeigte von der Staatsanwaltschaft vernommen wird.

Bisher mußte der Vater nämlich noch nicht einmal selbst Rede und Antwort zum Tatvorwurf stehen. Eine Vernehmung, so hatte der Staatsanwalt mitgeteilt, werde eh nicht zu einem Geständnis führen, da der Beschuldigte ja schon gegenüber dem Anwalt von Irene Lang erklärt habe, »die Vorwürfe seien aus der Luft gegriffen«.

Irene Lang zittert nun vor dem Gutachten des Bochumer Instituts. Von diesem Gutachten hängt nicht nur ab, ob die Darmstädter Staatsanwaltschaft noch einmal ihre Ermittlungen aufnimmt. Auch die Frage, ob Claudia bei ihrer Mutter bleiben kann, oder ob sie zu ihrem Vater zurück muß.

300 Fälle von sexuellem Mißbrauch werden so pro Jahr allein in diesem einen Institut begutachtet. Methoden, wie sie die Schweizer Psychotherapeutin Ursula Baumgardt empfiehlt, werden in Bochum leider bisher noch nicht angewandt. Nach Auskunft des Institutsleiters Arntzen werden auch die ganz jungen Kinder hier nur befragt; es dominiert also das Gespräch, das von Expert/inn/en für »Aussagepsychologie« durchgeführt wird. Eine Methode, die nach den neuesten Erkenntnissen ergänzt werden könnte.

Zwei weitere Gutachten, vier sind es nun insgesamt, kann Irene Lang inzwischen vorweisen. Eines davon stammt von der renommierten Elisabeth Trube-Becker, seit 37 Jahren Gerichtsmedizinerin und seit mehr als 20 Jahren Professorin am Institut für Gerichtliche Medizin der Universität Düsseldorf. Spätestens seit ihrer Veröffentlichung über ›Gewalt gegen das Kind‹ gilt sie bei Inzest als Expertin.

Wie zuvor schon ihre Kollegen kommt auch Elisabeth Trube-Becker zu dem Schluß, daß Claudia sexuell mißbraucht worden ist, wenn die ihr geschilderten Spiele und Äußerungen von Claudia den Tatsachen entsprechen. Nach mehr als einem Jahr hat sich das Verhalten des kleinen Mädchens normalisiert, sie hat sich, so Trube-Becker, das Erlebte »von der Seele gespielt«.

Nur eines ist an dem kleinen Mädchen noch auffällig, wie ein Kinderpsychiater festgestellt hat: ihre Angst vor Männern. Vor jedem Mann.

Gudrun Friese
Mai 1986

Drei von vier Frauen, die in der Psychiatrie landen, sind Opfer sexueller Gewalt. Die meisten von ihnen sind Inzest-Opfer: Sie sind als Mädchen von ihrem Vater, ihrem Onkel, ihrem Bruder mißbraucht worden. Auf dem Kongreß »Frauen in der Psychiatrie«, der vom 24. bis 27. Mai 1990 in Schleswig stattfand, wurden diese Zahlen erstmals öffentlich genannt. Dort gaben Expertinnen auch folgende erschreckende Schätzungen ab: Jede zweite Patientin, bei der die Diagnose »Schizophrenie« (also eine Spaltung der Persönlichkeit) gestellt wird, ist ein Opfer von Inzest. Drei von vier Frauen mit Eßstörungen, vier von fünf Fixerinnen sind Opfer sexueller Gewalt. Das Ausmaß wird erst allmählich deutlich. Der gerade Weg vom Inzest in den Wahnsinn – er wird in der stationären Therapie in Kliniken bislang überhaupt nicht gesehen. Wird eine Patientin mit der Diagnose »paranoide Schizophrenie« oder »schwere Depression« eingeliefert, wird sie häufig gar nicht nach sexuellen Gewalterfahrungen gefragt, so beklagte Nervenärztin Elisabeth Pahl auf dem Kongreß in Schleswig. Den meist männlichen Ärzten und auch dem Pflegepersonal sei der Zusammenhang noch nicht einmal bewußt. Therapeutinnen und Psychiaterinnen forderten jetzt eine »Neudefinition der Diagnose« – also ein Überdenken der Ursachen für psychische Leiden von Frauen.

Das kennen die Beraterinnen aus Gruppen für sexuell mißbrauchte Mädchen schon lange: Inzest-Opfer werden magersüchtig, um dem Schicksal des Frauwerdens zu entgehen. Inzest-Opfer werden eßsüchtig, um sich den Vater »auf Abstand« zu halten. Inzest-Opfer können nachts nicht schlafen aus Angst vor den Schritten des Vaters auf dem Flur. Inzest-Opfer leiden an Sprachstörungen und Lähmungen, sie »machen sich steif, um nichts mehr zu spüren«, es verschlägt ihnen die Sprache.

Noch schlimmere Folgen des Mißbrauchs: Mädchen werden alkohol- oder drogenabhängig, um die Erinnerung an den Inzest zu betäuben. Sie drücken brennende Zigaretten auf der Haut aus oder schneiden sich ins Fleisch, um den Schmerz zu spüren, um zu spüren, daß sie noch leben. Mädchen begehen Selbstmord, weil sie glauben, anders der Scham und der Verzweiflung kein Ende setzen zu können. Das sind Erfahrungen, die Beraterinnen in dem gerade erschienenen Buch ›Zart war ich – bitter war's‹ (Kölner Volksblatt-Verlag) aufgeschrieben haben. Weil MedizinerInnen, SozialarbeiterInnen, TherapeutInnen diese Hinweise auf die sexuelle Ausbeutung meist fehlinterpretieren, so die Autorinnen, tragen sie zur Verlängerung des Leidens der Mädchen bei.

Doch damit nicht genug: Zahlreiche männliche Therapeuten ignorieren in der Therapie nicht nur die Inzest-Erfahrung ihrer Klientin, sie nutzen sie sogar für sich aus. Sie fangen mit der hilfesuchenden Frau ein Verhältnis an und verkaufen dies als moderne Therapie-Methode. Indem sie die Inzest-Erfahrung der Klientin wiederholen, fügen sie ihr schweren psychischen Schaden zu, treiben sie nicht selten in Depression, Drogensucht oder sogar Selbstmord.

Der folgende Bericht erzählt von einer Frau, die als Kind vom Vater und als erwachsene Frau von ihrem Therapeuten mißbraucht wurde. In einem Musterprozeß hat sie ihren Therapeuten erfolgreich auf Schmerzensgeld für »schwere seelische Schäden« verklagt. Ursula Ott besuchte sie.

Eine Frau geht zum Psychotherapeuten. Sie vertraut ihm, erzählt ihm intimste Dinge von sich selbst. Er ist der erste Mensch, der ihr wirklich zuhört. Sie verliebt sich in ihn. Das kommt täglich vor.

Fortsetzung: Der Therapeut nimmt sexuelle Beziehungen mit der Klientin auf und läßt sich dafür mit 120 Mark die Stunde bezahlen. Er verkauft Sex als neue, aufgeklärte Therapie-Methode.

Das verstößt gegen das »Abstinenzgebot«, dem sich Therapeuten verpflichten. Und trotzdem kommt es zunehmend vor – häufiger, als die Therapeuten zugeben. In den USA hat inzwischen mindestens jeder fünfte Therapeut sexuelle Beziehungen zu seiner Klientin. Er fügt ihr dabei meist großen psychischen Schaden zu. Und bei uns in Europa? Da wird – noch – nicht darüber gesprochen.

Sabine M. (Name von der Red. geändert) hat dieses Schweigen gebrochen. Sie hat ihren Therapeuten verklagt und den Prozeß gewonnen. 10000 Mark Schmerzensgeld hat ihr das Düsseldorfer Oberlandesgericht für »seelische Schäden« zugesprochen. »Ohne diesen Prozeß«, sagt Sabine, »würde ich heute nicht mehr leben«.

Sabine lebt – aber wie. Sie wurde durch die sexuellen Übergriffe in der Therapie alkoholabhängig, hat Selbstmordgedanken, ist schwer depressiv und auf Dauer arbeitsunfähig. Als ich sie in ihrer Düsseldorfer Wohnung besuche, hat sie die Nacht zuvor, wie so oft, wach im Bett gelegen. »Es fällt mir schwer«, sagt sie mit leiser Stimme, »das alles zu erzählen.«

Als Sabine im Jahr 1982 die Therapie aufnimmt, ist sie ein selbständiger, lebensfroher Mensch. Sie ist 36 Jahre alt, arbeitet als Kauffrau in einem Düsseldorfer Industrieunternehmen, hat mehrere Jahre alleine in Brasilien gelebt. Weil sie Probleme mit ihrem Freund hat, entschließen sich beide zu einer Paartherapie. Sabine will dabei auch Erfahrungen aus der Kindheit aufarbeiten: Ihr Vater hat sie mehrere Jahre lang sexuell mißbraucht und ist dafür auch ins Gefängnis gekommen.

Der Hausarzt empfiehlt einen Therapeuten, Helmut K. im benachbarten Ratingen. K. ordnet eine Einzeltherapie an, für Sabines Freund hat er vorerst keine Zeit. Spontan ist der Therapeut der Hilfesuchenden sympathisch. »Er konnte unheimlich gut auf Frauen eingehen, er wußte genau, was ich brauche«, erinnert sich Sabine, »er war der wichtigste Mensch für mich, ich habe ihm vertraut.«

Sie geht immer häufiger zur Therapie, bis zu dreimal in der Woche. Endlich kann sie über alles reden, über den sexuellen Mißbrauch in der Kindheit, über sexuelle Probleme. K. hört ihr zu, ist sensibel, verständnisvoll. Ein weicher Typ, linksalternativ angehaucht, mit Bart, im Regal Frauenbücher. Er trifft sich privat mit Sabine, schenkt ihr das feministische Buch ›Die Scham ist vorbei‹.

Ganz aufgeklärter Linker, findet der Therapeut auch nichts dabei, in der Therapiestunde Kinderpornos mit Sabine anzuschauen: »Damit Du an Deine Gefühle herankommst.« Ihre Inzest-Erfahrungen aus der Kindheit findet er »nicht so schlimm«. »Dein Vater«, erklärt er Sabine, »sitzt nur im Knast, weil die Moral in der Gesellschaft so verklemmt ist.«

Inzwischen ist Sabine verliebt mit Haut und Haaren. Der Therapeut schafft es, sie von ihrem Freund und ihren Bekannten völlig zu isolieren. »Ich war völlig fixiert auf ihn«, erinnert sie sich. »Ich war begeistert, daß ich für ihn arbeiten darf.« Sie erledigt für ihn Büroarbeiten, tippt Manuskripte für sein geplantes Buch »über Beziehungsgeschichten«. »Ich hätte alles für ihn getan«, sagt sie heute, »ich wäre für ihn sogar auf den Strich gegangen, wenn er es verlangt hätte.« An dieser Stelle kann sie erst mal nicht mehr weitererzählen, faßt sich mit der

Hand an die Kehle. »Da sitzt ein Kloß«, sagt sie mit erstickter Stimme, »es ist, weil ich mich einfach so schäme.«

Damals, im Februar 1984, sind die beiden beinahe ein Paar: Sie fahren in Urlaub, schlafen miteinander, er verspricht ihr ein gemeinsames Leben, gemeinsames Altern – »Musik in meinen Ohren«, erinnert sich Sabine. Allerdings kassierte er nach wie vor Geld für die Therapiestunden, inzwischen sogar 150 Mark.

Sabine verschuldet sich total, unterschreibt einen Ratenzahlungsvertrag, zwackt das Geld von ihrem knappen Arbeitslosengeld ab, da sie kurz zuvor ihren Job verloren hat. Erst allmählich bemerkt sie, daß K. andere Frauen hat. Als sie ihn zur Rede stellen will, droht er ihr mit Einweisung in die Psychiatrie: »Wenn du nicht gehst, hole ich die weißen Männer.« Sabine will die Beziehung beenden, doch die Psycho-Falle schnappt immer wieder zu. »Du läufst in deinem Leben vor allem weg«, »Du mußt auch mal was durchhalten« – das will sie sich natürlich nicht vorhalten lassen.

Erst Ende November 1984 beendet sie die Therapie, sechs Monate später auch die Beziehung. Sie bekommt heraus, daß K. zu mehreren Klientinnen Beziehungen unterhält (und sich auch von allen dafür bezahlen läßt). Doch keine traut sich an die Öffentlichkeit. Nur Sabine erstattet Strafanzeige: wegen Mißbrauchs von Abhängigen. Das Verfahren wird eingestellt.

Sabine fängt an zu trinken. Stationäre Therapien muß sie abbrechen, weil sie die Anwesenheit von Männern in den Therapiegruppen nicht mehr erträgt. Eine Aushilfstätigkeit im Büro scheitert ebenfalls an den männlichen Kollegen: »Ein Kollege wollte mir die Hand geben, da mußte ich aus dem Raum rennen.« Erst die Gespräche bei einer Frauenberatungsstelle und die Arbeit in einer Selbsthilfegruppe haben sie wieder halbwegs auf die Beine gebracht. Und vor allem: der Prozeß. Vier Jahre lang führt Sabine durch die Instanzen hindurch einen Musterprozeß. Noch nie vorher hatte es eine Klientin gewagt, ihren Therapeuten zu verklagen.

Zunächst eine Niederlage: Das Landgericht Düsseldorf entscheidet, sie müsse zwar die ausstehenden Therapiekosten nicht bezahlen. Doch Anspruch auf Schmerzensgeld bestehe nicht, da sie »aus Eifersucht in die behauptete seelische Krise geraten« sei. Aber die nächste Instanz, das Oberlandesgericht, macht klar: Die Aufnahme sexueller Beziehungen sei eindeutig ein »Behandlungsfehler« mit »katastrophalen Auswirkungen« auf Sabines Seelenleben – K. müsse 10000 Mark Schmerzensgeld an Sabine bezahlen.

Ein bahnbrechendes Urteil: »Erstmals wird ein klares richterliches Votum gegen die sexuelle Ausbeutung von Klientinnen durch männliche Therapeuten bekannt«, kommentiert die Juristinnen-Zeitschrift ›Streit‹ (1/90) den Fall. Der Therapeut kann sich nach diesem Urteil auch nicht darauf zurückziehen, daß die Frau die »treibende Kraft« gewesen sei und ihm ihre Verliebtheit »gleichsam aufgedrängt« habe. Er als Fachmann müsse die Gefahren kennen und die persönliche Distanz unbedingt einhalten. Gerade als Opfer von sexuellem Mißbrauch sei die Klientin besonders »verlustsensibel«, die Trennung von dem Therapeuten habe sie deshalb völlig »aus der Bahn geworfen«, so das Urteil.

Auffallend oft sind es gerade die Inzestopfer, die von ihren Therapeuten noch einmal sexuell ausgebeutet werden. Sie suchen ihr Leben lang nach einem »Vater«, der ihr Vertrauen nicht mißbraucht und stoßen auf einen Therapeuten, der genau das wieder tut. Das macht sie (wieder) hilflos. Läßt der Therapeut sie dann fallen, fühlen sie sich als ein »Nichts«, als »abgestorben mitten im Leben« (so zitiert die Schweizer Psychotherapeutin Ursula Wirtz eine Klientin).

In ihrem Buch ›Seelenmord‹ zeigt Wirtz das Ausmaß der sexuellen Übergriffe in Therapien auf: In den USA gehen die Versicherungen davon aus, daß 20 Prozent aller Therapeuten während ihrer Karriere mindestens einmal mit einer Klientin sexuelle Kontakte haben! Deshalb lehnen die Berufs-Haftpflicht-Versicherungen inzwischen eine Haftung für sexuelle Übergriffe in der Therapie ab. In den USA laufen dennoch zunehmend Prozesse gegen Therapeuten wegen sexueller Übergriffe. Mit Erfolg. Die Gerichte verhängen Strafen wie Geldbußen oder Verlust der Praxisbewilligung.

In Deutschland ist das Thema noch tabu, lediglich aus dem Bereich der Drogen-Therapien liegen Zahlen vor. Die Zeitschrift ›Psychologie heute‹ zitiert eine Studie, wonach jedeR dritte BeraterIn von Suchtkranken mit Klientinnen zu tun hat, die mit einem »Helfer« intim geworden waren. »Helfer« sind auch Geistliche, Lehrer, Anwälte, Ausbilder – mächtige Männer, denen hilfesuchende Frauen besonders viel Vertrauen entgegen bringen. Diese Frauen sind besonders leicht auszubeuten.

Oft sind es – wie in Sabines Fall – besonders »aufgeklärte«

Therapeuten. In den USA ist es die seit 1966 aufgekommene »Love-Treatment«-Bewegung, die Sex als Therapie verkauft. Und auch bei uns machen sich Gurus breit, die den Koitus des männlichen Therapeuten mit der Klientin als »Öffnen des Scheidenchakras« mystisch verklären. »Es ist mir aufgefallen«, so Wirtz in ihrem Buch, »daß ich trotz meiner Vertrautheit mit Körpertherapie-Methoden keine weibliche Therapeutin kennengelernt habe, die diese Methode in ihrer Praxis benutzt«. Bezeichnend sei auch, daß sich die Therapeuten vor allem an jungen, sexuell attraktiven Frauen vergreifen.

Neu ist das Thema nicht: Schon Freud warnte seinen Vertrauten Ferenczi vor Intimitäten mit Klientinnen. In einem Brief an Ferenczi schreibt Freud am 13. Dezember 1931: »Sie haben kein Geheimnis daraus gemacht, daß Sie Ihre Patientinnen küssen und sich von ihnen küssen lassen. (...) Nun malen Sie sich aus, was die Folge der Veröffentlichung Ihrer Technik sein wird. (...) Soundsoviele unabhängige Denker in der Technik werden sich sagen: Warum beim Kuß stehenbleiben?«

In der Tat: Nicht beim Kuß stehen blieb Freud-Kollege Carl Gustav Jung, der mit seiner jungen Klientin Sabina Spielrein ein Verhältnis anfing. Freud, der Vater des Abstinenz-Gebotes, wurde zum verständnisvollen Komplizen von Jung. Denn Freud bangte stets um den guten Ruf der Psychoanalyse, die es gegenüber der Ärzteschaft zu verteidigen galt.

Diesem guten Ruf kommt bis heute entgegen, daß die wenigsten betroffenen Klientinnen wagen, über die Übergriffe in der Therapie zu reden. Auch die Klientinnen des Münchner Star-Therapeuten Freitag, zu dessen »Methode« zumindest das Nacktausziehen (der Klientinnen) gehört, haben geschwiegen: Aus Scham darüber, daß sie – nachdem sie sich unter großen finanziellen Opfern Hilfe in Krisen-Situationen erhofften – wieder einmal nur ausgebeutet wurden.

Dieses Schweigen brechen jetzt immer mehr Frauen. Die Freiburger Sozialwissenschaftlerin Martina B. (Name von der Redaktion geändert) hat jetzt ebenfalls ihren Therapeuten wegen sexueller Übergriffe angezeigt. »Er war der wichtigste Mensch in meinem Leben«, steht in der Strafanzeige (wegen Körperverletzung, Beleidigung, sexueller Nötigung), »seit dem Abbruch der Therapie bin ich unfähig, eine erotische Beziehung zu einem Mann einzugehen.« Auch Martina ist Inzestopfer, auch sie fühlte sich deshalb besonders »unfähig, mich abzugrenzen gegen seine Annäherungsversuche«.

Das Verfahren gegen den stadtbekannten »Professor Dr. Dr.« wird in der Freiburger Psycho-Szene mit Sicherheit Aufsehen erregen. Und, wenn es zu einem Prozeß kommt, vielleicht auch einen therapeutischen Effekt haben: Wie für Vergewaltigungsopfer ist es auch für sexuell ausgebeutete Psycho-Klientinnen wichtig, ihre Selbstachtung wieder zu erlangen, indem der Täter wirklich für schuldig erklärt wird.

Mit einem Urteil alleine ist es allerdings nicht getan: die Düsseldorfer Leidensgenossin von Martina, die prozeßgeprüfte Sabine, wartet bis heute auf die 10000 Mark Schmerzensgeld. Ihr Ex-Therapeut K. betätigt sich inzwischen als »freier Schriftsteller«, gilt als »unpfändbar« und hat einen Offenbarungseid geleistet – er wird vermutlich keinen Pfennig an Sabine bezahlen. Sabine lebt indessen von Sozialhilfe und von gelegentlichen Putz-Jobs. Ihr Vertrauen in Menschen, vor allem in Männer, ist auf Dauer geschwunden. »Hier in meiner Wohnung«, sagt sie bestimmt, »kommt mir keiner mehr über die Schwelle.«

Ursula Ott
Juli 1990

Im Namen der Liebe

Ich darf vorstellen: ein Mann, der seine Frau verloren hat. »Gustav Scholz ist sehr allein«, schreibt Gerhard Mauz im Januar '85 im ›Spiegel‹, »seine Frau ist tot.«

Der einsame Witwer ist besser bekannt unter dem Namen »Bubi« Scholz. Seine Frau ist tot, weil er sie erschossen hat. Daß sich bei der Berichterstattung über sein »Schicksal«, wie es immer heißt – so, als sei es ohne sein Zutun über ihn gekommen – Mitleid regt, ist beabsichtigt. Die ›Saarbrücker Zeitung‹ titulierte ihren Kommentar zur Sache damals mit der Zeile: »Täter und Opfer in einem«, und klagte: »Vor Gericht macht ›Bubi‹ eher den Eindruck eines Opfers, denn eines Täters. Zerknirscht, reumütig den Tränen nah, rührte er bei vielen Prozeßbeobachtern wohl eher Mitleid als Abscheu auf.«

Wie Täter zu Opfern gemacht werden, um dann als Opfer einigermaßen ungeschoren davonzukommen, davon handelt dieser Text. Zunächst ein paar Zahlen:

Die Zahl der polizeilich registrierten Tötungsdelikte lag Anfang der 80er Jahre bei etwa 3000 jährlich. Die Zahl der registrierten Tatverdächtigen liegt immer etwas höher. Seit Ende der 60er Jahre hält sich der Frauenanteil unter den Tatverdächtigen konstant zwischen 10 und 11 Prozent.

Das war nicht immer so. Mitte der 50er Jahre stellten Frauen immerhin 1/5 der registrierten Tatverdächtigen. Dann konnten sie mit der Entwicklung nicht mehr mithalten. Männliche Täter trieben die Zahlen sprunghaft in die Höhe: von 1000 Ende der 50er Jahre, auf 2000 Ende der 60er und 3000 Anfang der 80er. Hatten 200 tatverdächtige Frauen in den Fünfzigern noch zu einem Anteil von 20 Prozent ausgereicht, machten 300 Frauen Anfang der 80er nur noch einen Anteil von 10 Prozent aus.

Nun hinterläßt allerdings nicht jedes von der Polizei sogenannte »Tötungsdelikt« auch wirklich Tote. Ganz im Gegenteil: zwei von drei Opfern erfreuen sich nach einem »Tötungsdelikt«, wenn nicht immer bester Gesundheit, so doch ihres nackten Lebens. Von den ehemals 3000 Tatverdächtigen werden schließlich nur knapp 1000 wegen eines Tötungsdeliktes vom Gericht verurteilt, davon etwas mehr als 80 Frauen.

Wo bleibt der Rest? Das haben sich die Rechtssoziologen, und vor allem die Polizei selbst, auch schon gefragt.

Da sind zunächst die Taten, die wegen Unzurechnungsfähigkeit, Tod oder Selbstmord des Täters von der weiteren Strafverfolgung ausscheiden. Diese Fälle erklären jedoch nur einen geringen Teil des Fallschwundes, nur etwa 10 Prozent. Darüber hinaus scheint es so, als würde die Polizei allgemein zu einer Überbewertung der Taten neigen, die dann von Staatsanwaltschaften und Gerichten wieder zurückgenommen wird. Diese Überbewertung ist möglich, weil einige Straftatbestände fließende Übergänge haben. So unterscheidet sich die »Körperverletzung« von der »versuchten Tötung« vor allem durch den subjektiven Tötungswillen; die »fahrlässige« von der »vorsätzlichen Tötung« darin, ob mit dem »Erfolgseintritt« gerechnet oder auf sein Ausbleiben gehofft wird usw. usf. ...

Auf den ersten Blick scheint es deshalb ganz vernünftig, daß Staatsanwalt und Gerichte manchmal den Tatvorwurf abmildern. Nur für Frauen kann sich diese »Milde« einmal mehr nachteilig auswirken, denn hinter vielen sogenannten »Tötungsversuchen« finden sich, wie die Untersuchung solcher Taten gezeigt hat, Frauenmißhandlungen unterschiedlicher Intensität. Das Verfahren, das nicht als Tötungs-, sondern als Körperverletzungsdelikt geführt wird, kann dann als »Familienstreitigkeit« »mangels öffentlichem Interesse« eingestellt werden. Dies bedeutet gleichermaßen eine Schutzlosstellung des Opfers wie eine Bagatellisierung der Handlung.

Damit wären wir beim eigentlichen Thema: dem Tötungsopfer Frau.

Während die Machtverhältnisse zwischen den Geschlechtern so ungleich sind, daß Frauen nur in einem von 10 Fällen *Täterinnen* einer Tötungshandlung sind (wobei sie übrigens nur wiederum in der Hälfte der Fälle erwachsene Männer angreifen), haben sie eine große Chance, *Opfer* einer Tötung zu werden, denn vor Gericht sind die Hälfte aller Tötungsopfer Frauen.

Diese Relation ist seit Ende der 60er Jahre fast gleich geblieben, was bedeutet, daß durch die seither eingetretene Steigerung der Tötungsdelikte auch die Zahl der weiblichen Opfer gestiegen sein muß. Laut polizeilicher Kriminalstatistik werden jährlich etwa 1200 Frauen getötet.

Leider läßt sich aufgrund unterschiedlicher Datenerfassung

in den verschiedenen Statistiken nicht genau verfolgen, wieviele Männer schließlich angeklagt und verurteilt werden, weil sie Frauen getötet oder dies zumindest versucht haben. Anhaltspunkte dafür waren früher einer Mord- und Totschlagsstatistik zu entnehmen. Diese wurde jedoch im Jahr 1976 – wie es heißt aus Geldmangel – eingestellt. Interessant ist hier vielleicht noch, daß diese Statistik Frauen – ganz entsprechend der gesellschaftlichen Realität – zwar nicht als Täterinnen, dafür aber als Opfer getrennt auswies (es sei denn, sie fielen gleichzeitig unter die Rubrik »Ausländer«).

Nur am Rande sei erwähnt, daß Frauen zu fast 90 Prozent von Männern angegriffen werden, die restlichen 10 Prozent entfallen im wesentlichen auf Taten, bei denen Frauen weibliche Kinder töten. Kaum einmal wird eine erwachsene Frau von einer anderen Frau getötet – und wenn, ist in der Regel ein Mann im Spiel.

Eine andere interessante Frage, die aus den Statistiken nur unzulänglich zu beantworten ist, ist die, von wem die Frauen getötet werden. Tötungsdelikte sind Beziehungstaten. Je nachdem, wie weit man den Begriff der Beziehung faßt – also ob man nicht nur Ehegatten, Kinder, Verlobte und Geliebte hinzurechnet, sondern auch Verwandte und Bekannte – kommt man auf einen Beziehungsanteil zwischen 70 und 90 Prozent. Dabei besteht in bezug auf die Nähe zum Täter ein deutlicher Geschlechterunterschied: In der Berliner Statistikauswertung sind Frauen zweieinhalb mal so oft Opfer innerhalb des engeren Beziehungskreises als männliche. Mit anderen Worten: Frauen werden vor allem von Männern in ihrer näheren Umgebung getötet. Je besser eine Frau einen Mann kennt, um so gefährlicher ist er ...

Im Jahre 1972, so ist der bundesweiten Mord- und Totschlagsstatistik zu entnehmen, richteten sich von insgesamt 76 »Ehegattentötungen« 64 gegen Frauen, nur zwölf mal brachte eine Frau ihren Mann um. Bezeichnenderweise wurde weder vor noch nach 1972 der Frauenanteil noch einmal getrennt ausgewiesen – es hätte wohl kein gutes Licht auf deutsche Ehemänner geworfen!

Die Berliner Auswertung kommt für einen Zeitraum von 10 Jahren zu ähnlichen Zahlen: von 47 Ehegattentötungen trafen 44 Frauen. Zusätzlich wurden noch acht Frauen Opfer ihrer bereits geschiedenen Ehemänner. Natürlich ist in 10 Jahren keine geschiedene Ehefrau auf die Idee gekommen, ihren ehemaligen Ehemann zu töten. Und was ist naheliegender, als die Tötung – der Ehefrauen natürlich – zum Betriebsrisiko jeder normalen Ehe zu erklären, wie es der ›Spiegel‹ im Fall »Bubi« Scholz tut, wenn er schreibt: »Daß es in einer Ehe nach 29 Jahren handgreiflich zugehen kann, das weiß doch jeder.«

Nachdem ich nunmehr den wissenschaftlichen Anforderungen genüge getan habe, möchte ich mich – unter Außerachtlassung jeder wissenschaftlichen Objektivität, die bei meinem Anliegen nur hinderlich wäre – zwei Einzelfällen zuwenden und die Methoden untersuchen, mit denen die männlichen Täter nachträglich zu den eigentlichen Opfern gemacht werden.

Zunächst folgender Fall: Ein Soldat verliebt sich in eine Frau. Ihretwegen meldet er einen Diebstahl nicht, den er während seiner Wache beobachtet hat. Die Frau, die ihn dazu überredet hat, belohnt ihn dafür. Er ist allerdings nicht der einzige, der sich um die Frau bemüht. Auch sein Vorgesetzter meldet Interesse an. Er überrascht die beiden und stellt den Soldaten zur Rede. Der wiederum verliert die Nerven und ersticht den Vorgesetzten. Als er deswegen fliehen muß, versteckt ihn die Frau. In der Folge schlägt er sich mit Diebstählen durch und wohnt bei der Frau. Bis diese einen anderen Mann kennenlernt und unseren eifersüchtigen Soldaten verlassen will. Da ersticht er auch sie.

Kommt Ihnen dieser Fall bekannt vor? Nein? Auch nicht, wenn wir aus der Frau eine unberechenbare Person machen, der es nur um ihre persönliche Freiheit geht, die den Soldaten bindet und zurückstößt, die sich mit ihm verabredet und ihn dann versetzt, die ihn durch ihre Worte, ihre Tänze, ihre gesammelte Weiblichkeit reizt und ihn demütigt, zurückstößt und schließlich verlassen will?

Kennen Sie die Geschichte jetzt? Immer noch nicht? Vielleicht, wenn wir sie in Spanien ansiedeln und die Geschichte singen lassen?

Natürlich: Es ist ›Carmen‹. Kenner/inne/n dürften einige Unstimmigkeiten aufgefallen sein.

Die literarische Fassung der ›Carmen‹ von Prosper Mérimee aus dem Jahre 1845, die ich hier etwas verfremdet nacherzählt habe, ist ein Kriminalfall. Sie berichtet aus der Sicht eines zivilisierten Europäers über die wilden Sitten Spaniens und insbesondere der Zigeuner. In dieser Version hat Don José seinen untadeligen Ruf versaut, bevor er die Armee endgültig verläßt, zu den Zigeunern überläuft und schließlich Carmen tötet. Dieser Don José weiß, was er will, und er weiß, worauf er sich einläßt.

Er ist wild, stolz, hitzig und er wird nicht erst dadurch zum Mörder, daß er Carmen tötet, sondern ist in einem Streit unter Männern schon lange vorher zum Mörder geworden. Nicht nur Carmen, sondern vor allem seine männliche Unüberlegtheit bringt ihn in Schwierigkeiten. Und es ist Carmen, die ihn schützt. Was sie allerdings nicht davor bewahrt, auch in der literarischen Urfassung als ein Beispiel an Triebhaftigkeit, Unberechenbarkeit und Rücksichtslosigkeit dargestellt zu werden. Auch in der Novelle wird die Entlastung Don Josés, der die Geschichte erzählt, nachdem er zum Tode verurteilt ist, durch die Schuldsprechung Carmens erreicht.

Um der ›Carmen‹-Fabel den Rang des Archetypischen zu geben – Carmen als Urweib, Don José als hypnotisiertes Opfer – reichte Bizet die unvorteilhafte Darstellung Carmens in der Novelle offenbar noch nicht aus. Er nahm einige zusätzliche Änderungen vor, die Don José zum besseren Menschen – und damit zum bemitleidenswerten Opfer – machten. Zunächst wird aus dem stolzen, wilden Spanier ein zaudernder Tenor. Der männliche Baß bleibt dem Torero vorbehalten. Dann wird Don José, als Gegenpol zum Urweib Carmen, von zwei weiteren Frauen umgeben: von der unsichtbaren Mutter, die er über alles liebt, und der sichtbar aufopfernden Micaela, die ihn über alles liebt und ihm überallhin folgt, unsichtbar, wie es sich für eine gute Frau gehört. Die Moral ist klar: Ein Mann, der seine Mutter verehrt und den ein anständiges Mädchen bis zur Selbstaufgabe liebt, der kann kein schlechter Mensch sein.

Und je anständiger Don José wird, um so unanständiger wird Carmen: ein Teufelsweib, ein Flittchen – mit Klasse. Erlaubte Erotik fürs erlauchte Opernpublikum, auch heute noch. Weibliches Objekt männlicher Phantasien. Schließlich, wer hätte nicht gerne eine so aufregende rassige, auch unberechenbare Geliebte. Die ständige Herausforderung, sie zu bändigen, was doch nie gelingen darf, weil sie sonst ihren Reiz verliert. Und weil Carmens Zähmung kein angemessenes Ende wäre, muß sie eben sterben – ungebändigt.

Wer will es Don José nach all den Qualen am Ende verdenken, daß er Carmen tötet, als sie sich weigert, zu ihm zurückzukehren, nachdem er alles für sie aufgegeben hat und obwohl er ihr anbietet, auch in Zukunft alles für sie zu tun; und um so mehr, als sie ihm dann noch ins Gesicht sagt, daß sie sich in einen anderen Mann verliebt hat? Ein glatter Fall von »Affektdurchbruch«, wie er ja auch unserem »Bubi« zugute gehalten wurde.

Auch Bizet hat einen Weg gefunden, den Täter zum Opfer zu machen, ihn unseres Mitleides zu versichern. Aber die Geschichte hat eine darüber hinausgehende subtilere Moral: Carmens Freiheitsdrang, ihr Unabhängigkeitsstreben, ihre draufgängerische Weiblichkeit ist angebracht, solange sie dazu dient, nicht nur Don José, sondern auch das Publikum in Carmens Bann zu ziehen. Sie wird mitleidslos bestraft, wenn sie ihren Freiheitsdrang gegen einen Mann durchzusetzen versucht.

Carmen ist nicht die einzige Frau, die den Grund für ihre Tötung selbst geliefert hat. ›Bild der Frau‹ ist auf 15 gute Gründe gekommen, »warum Männer ihre Frauen umbringen«. Carmen hat gleich mehrere dieser Bild-Motive geliefert: »sie betrog ihn«, »sie wollte nicht zu ihm zurück«, »sie wollte mehr reisen, frei sein«, »sie warf ihn raus« und »sie ließ sich nicht einschüchtern« (O-Ton ›Bild der Frau‹).

Der arme Täter ist nicht nur Held in Romanen und Opern, er wird auch – durch Fußnoten als wissenschaftliche Erkenntnis ausgewiesen – von Rechtssoziologen verbreitet. Zum Beispiel von dem eher als progressiv-liberal geltenden Professor Klaus Sessar, der schreibt: »Tatsächlich hat die Gewalt unter Ehegatten sehr viel mit dem institutionellen Charakter der Bindung zu tun, die Ehe richtet Grenzen nach außen, schafft Solidarität und führt zu Kleingruppenbildungen. Löst sich dann ein Partner vom anderen, wird dieser nicht nur verlassen, sondern auch zur Aufgabe zahlreicher anderer Orientierungen, Beziehungen und Rollen gezwungen. Entsprechend heftig ist das Bemühen, bei aller Zerrüttung der Ehe an ihr festzuhalten, entsprechend heftig ist die Reaktion, wenn dies nicht gelingt.«

Ich frage mich, warum dann nicht mehr Frauen zuschlagen, denn sie verlieren bei der Trennung weit eher ihre Orientierungen, Beziehungen und Rollen. Und warum so verschleiernd von »einem« Partner die Rede ist – wo doch auf der Hand liegt, daß es meist der Mann ist:

»Freilich ist die Gefühlsebene nicht zu vernachlässigen«, räsoniert Sessar weiter. »In aller Abneigung und allem Haß mögen immer noch oder immer wieder Reste von Zuneigung zu finden sein; es ist die Ambivalenz der Gefühle, die Haßliebe, welche Ehekonflikte gefährlich macht.« Hauptsächlich für die Frau.

»Hierdurch bedingt«, so Sessar, »ist es beinahe schon nicht mehr wesentlich, wer Opfer und wer Täter ist. Zwar ist der Ehemann immer noch häufiger Täter als die Frau, doch liegt dies eher an seiner physischen Überlegenheit, weniger an der aggressiven Energie, die beide in das Geschehen einbringen. Daher ist es auch müßig, eine Opferprovokation zu untersuchen. Sie liegt in jedem Fall vor, sei es verbal oder in Form von Tätlichkeiten, doch provoziert der Täter in gleicher Weise.« Zu beachten ist die Reihenfolge: der Täter provoziert in gleicher Weise wie das Opfer.

Und dann die Fallbeispiele, die Rechtssoziologe Sessar für seine Auffassung anführt und die wohlmeinende Interpretationen endgültig ausräumen müssen. Sessar: »Der Ehemann hängt infolge seiner Triebhaftigkeit sehr an seiner Frau, die jedoch ihn wie auch den Haushalt vernachlässigt und eine Beziehung zu einem anderen Mann aufnimmt, was den Ehemann zum Alkoholiker werden läßt; im Zustand der Trunkenheit erschießt er seine Frau, als diese sich auf seine Aufforderung hin weigert, nach Hause zu kommen.« Oder: »Als die langjährige Lebensgefährtin des Mannes infolge sich verschärfender Konflikte eine Drittbeziehung aufbaut, verliert er jeden Halt, versucht immer wieder die Frau umzustimmen, was diese in zunehmendem Maße aggressiv macht, so daß sie anläßlich einer heftigen Auseinandersetzung auf ihn einzuschlagen beginnt; sie wird daraufhin von dem Mann erschossen.«

Es wäre sicher auch interessant, die Sprache solcher Falldarstellungen einmal zu analysieren, zum Beispiel den häufigen Gebrauch von passiven Wendungen, bei denen sie erschossen wird, nicht: er sie erschießt.

Gegen die beiden Fälle männlicher Täter, stellt Sessar, ganz emanzipiert, zwei Fälle weiblicher Tötungstaten: »Die Ehefrau wird von ihrem Mann, einem Trinker, erheblich tyrannisiert und geschlagen, auch ist sie unappetitlichen sexuellen Zumutungen ausgesetzt, so daß sie ihn erneut bedrängt, mit einem Beil erschlägt.« Und: »In einem anderen, ähnlich gelagerten Fall schlägt der Ehemann im Vollrausch die Wohnungsmöbel zusammen und bedroht seine Frau in einer Weise, daß sie zu einem Küchenmesser greift und ihn quasi in Notwehr ersticht.«

Obwohl der Ehemann randaliert und seine Frau bedroht, ersticht sie ihn nur quasi in Notwehr. Und hinter den sogenannten »unappetitlichen sexuellen Zumutungen« könnten sich, wie zum Beispiel in dem kürzlich entschiedenen Fall Fortunato, tägliche Vergewaltigungen, erzwungener Analverkehr oder auch, wie dort, 15 Schwangerschaften in 20 Ehejahren verbergen.

Mit welch subtilen Mitteln der Täter in der Presse zum Opfer gemacht wird, kann am Beispiel des Falles »Bubi Scholz« nachgezeichnet werden. Ich stütze mich dabei nur auf die sogenannte seriöse Presse, hauptsächlich den ›Spiegel‹.

Der erste Bericht des ›Spiegel‹ 1984 »über den Tatverdächtigen Bubi Scholz« beginnt mit den drei Menschen, an denen das Herz eines echten Berliners hängt: dem toten Bürgermeister Ernst Reuter, der »nach Amerika abgehauenen« Hildegard Knef und Bubi Scholz, der »jetzt im Knast sitzt«. Er endet damit, daß es Bubi »Zeit kosten wird, die Trunksucht zu überwinden und Trauerarbeit zu leisten. So könnte es Herbst werden, Winter gar, ehe Berlin sein Idol wieder hat, das letzte.«

Aber Bubi Scholz ist nicht im Knast, um eine Entziehungskur zu machen. Auch nicht, um Trauerarbeit zu leisten, sondern wegen eines Tötungsdeliktes. Zwischen Anfang und Ende des Berichtes tut der ›Spiegel‹ viel dafür, daß Berlin im Winter, vier Monate nach der Tat, sein Idol wiederhaben könnte.

Zunächst erklärt er den Gärtner an dem Schicksalsschlag für unschuldig und seine Herrschaften auch. Das ist gekonnt. Natürlich ist der Gärtner unschuldig! Auch werden Schuld und Unschuld von Anfang an nicht an der Tat orientiert, sondern an den Umständen: »Es ist wohl die kaputte Stadt und ihr Sozial-Streß, im Bund mit König Alkohol, der die Familie Scholz nach langem Kampf endlich besiegt hat.« – Die Anspielung auf einen Boxkampf, aber auch die Assoziation mit dem natürlichen Tod eines nach langem Leiden Hinweggerafften, sind beabsichtigt. Dieser natürliche Tod trifft die Familie Scholz als soziale Einheit.

Wir wissen ja schon, »daß es in einer Ehe nach 29 Jahren handgreiflich zugehen kann, daß der große Durst auch große Risiken hat.« Dieses natürliche Risiko hat sich realisiert. Insofern führte Familie Scholz eine normale Ehe – außer daß sich »das kinderlose Paar einen Schäferhund hielt«, anstelle eines Kindes, soll das wohl bedeuten (noch nicht einmal Mutter, diese Frau Scholz).

Zu einer normalen Ehe gehören normale Menschen. Zumindest »Bubi« ist ein ganz normaler Mensch. Sohn eines Schmiedes und einer Schneiderin aus ärmlichen, proletarischen Berliner Verhältnissen. »Der kleine Gustav, genannt ›Bubi‹, hat es trotzdem – oder gerade deswegen – geschafft«, seinen ›Weg aus dem Nichts‹, wie der Titel seines Buches heißt, das er natürlich nicht selbst geschrieben hat. Der Gärtner darf zu Bubi »Bubi« sagen, »denn eine richtige Herrschaft ist Familie Scholz ja nie geworden«. »Hochmut war nicht Bubis Art«, schwärmt der ›Spiegel‹, »in schweren Zeiten war er vielen ein Nothelfer und keinem ein Feind« – außer vielleicht seiner Frau. Und der ›Spiegel‹ fragt: »Wer will da einen Stein werfen?« Der ›Spiegel‹ jedenfalls nicht.

Und wenn, dann wird auf Helga gezielt. »Sie war eine schmallippige, energische und attraktive Frau.« In letzter Zeit allerdings mit »verschwommenem Gesicht, denn sie trank auch«. »Gelernte Friseuse«, jetzt »Chefin von zwei Parfümerien, die gutes Geld bringen«, während es Bubis Werbeagentur schlecht geht. Später erfahren wir noch, daß zwischen den schmalen Lippen eine »spitze Zunge« gesteckt hat. Und wir erfahren auch, daß die energische Frau ihren Versuch, das Regiment in der desolaten Familie Scholz zu übernehmen, nicht überlebt hat. Selbst schuld. Später beim Plädoyer hält es der Staatsanwalt für möglich, daß Bubi Helga mit dem Gewehr nur gefolgt sei, »um ihr zu zeigen, daß er einmal dominiert«. Immerhin ist es mehr als 20 Jahre her, daß er von seinen 96 Boxkämpfen 49 durch k.o. gewonnen hat.

Über die Ehe erfahren wir, daß beide »unverdrossen das Rührstück ›ideales Ehepaar‹ spielten«. Auch noch, als »sie längst an Scheidung dachte und er an die Prügel, die sie verdiene«. Das ist normal nach 29 Ehejahren. Aber nicht die ehelichen Aggressionen, sondern den Vorsatz des Unterschichtaufsteigers Bubi (»Nie wieder unbewaffnet«) erklärt der ›Spiegel‹ zum »Verhängnis der Familie Scholz«. Denn Bubi hatte einen Gewehrschrank in Berlin, wo der Besitz von Waffen durch die Alliierten mit dem Tode bedroht ist. Ohne das Gewehr wäre es vielleicht bei den ehelichen Prügeln geblieben.

Damit ist Bubi endgültig zum Opfer der Umstände erklärt. Was dann, unvermeidlich, Ausführungen über seine Alkoholsucht nach sich zieht und eine Beschreibung seines Zustandes während des Alkoholentzugs im Knast: »Er schwitzt, seine Hände zittern, das Herz rast, Angstvorstellungen quälen ihn: ›Helga lebt‹.« Er begeht einen völlig untauglichen Selbstmordversuch und bittet, wen würde das nicht rühren: »Helft mir doch.« Der ›Spiegel‹ hilft: »Bubi gehört, darüber ist man sich einig, nicht hinter Gitter – nicht für lange Zeit.« Man, das ist ganz Berlin, das »ein schlechtes Gewissen« gegenüber Helga hat und sie »deshalb rasch vergessen und ihren Witwer die Tat nicht vergelten lassen« wird.

Merke: Je geringer die Strafe für Bubi, um so schlechter das Gewissen gegenüber Helga. In der Tat: Wer will da einen Stein werfen, wenn die wahre Wiedergutmachung an Helga in der Vergebung für Bubi liegt?

Die zwei weiteren Berichte im ›Spiegel‹, die unmittelbar über den Prozeß gegen Bubi berichten, stammen von dem Laienpsychologisierer Gerhard Mauz. Sein Credo, im Interesse mordender Männer, eröffnet er in Sachen Scholz mit dem Satz: »Gustav Scholz ist in seiner Aussage gerade dort aufrichtig, wo er – auf den ersten Blick – fast unerträglich unaufrichtig wirkt.«

Da der erste Blick offensichtlich nicht zur Wahrheitsfindung beiträgt, beäugt Gerhard Mauz den Fall Bubi Scholz ohne Umschweife mit einem zweiten Blick und assoziiert frei. Mauz weiß, was Bubi nicht weiß, denkt, was Bubi nicht zu denken wagt, sagt, was Bubi sich nicht eingestünde: »Gestände er sich ein, was seine Ehe tatsächlich war – er gäbe nicht nur das Fiasko dieser Ehe, sondern das Scheitern seines Lebens zu.« – »Seine Ehe war für ihn wirklich ein Bestand, den er nicht verlieren durfte, den er bewahren mußte.« – »Er wäre längst zusammengebrochen, aus irgendeinem Anlaß, wäre da nicht seine Frau Helga gewesen.« – Jetzt ist Gustav Scholz »sehr allein, nicht weil man ihn alleine läßt. Seine Frau ist tot.«

Gustav Scholz ist ein Mann, der seine Frau braucht und allein ist, nachdem er sie erschossen hat. Darüber philosophiert Mauz an Hand der Aussage des Gärtners: »Herr Scholz hat seine Frau abgöttisch geliebt, der braucht doch die Frau«, soweit der Gärtner. Jetzt O-Ton Mauz: »Liebe, abgöttische Liebe sogar? Der Gärtner drückt sich so aus. Doch er will sagen, daß Gustav Scholz seine Frau brauchte, und er will das so sehr sagen, daß er ins Präsens fällt, als lebe Helga Scholz noch. Gustav Scholz ist in der Tat in seiner Aussage gerade dort aufrichtig gewesen, wo er – auf den ersten Blick – fast unerträglich unaufrichtig wirkte.«

Aber vielleicht ist der Gärtner ja gar nicht so doof und verwechselt nicht Präsens und Perfekt. Vielleicht meint er ja, was er sagt, daß Gustav Scholz »die Frau braucht« – irgendeine. Glaubt man bestimmten Presseveröffentlichungen, hat unser Bubi nie aufgehört, eine Frau zu haben: seine jetzige Freundin, die er angeblich auch heiraten will, soll er fünf Jahre vor Helgas Tod kennengelernt haben. Er braucht eben immer eine – irgendeine: Präsens! Auch wenn er, während er eine hat, eine andere abgöttisch geliebt hat. Perfekt!

Die Einzige, die im Bericht von Gerhard Mauz »unter Alkohol zu bösen, gräßliche Wunden reißenden Worten fähig war«, ist Helga Scholz. So gerät es fast zu ihrer Entschuldigung, wenn Mauz schreibt: »Diese Ehe war keine Partnerschaft, aber sie war das Zusammenleben von zwei Menschen, die miteinander so sehr ins Ausweglose geraten waren, daß man in der Inszenierung bis zum Einsturz der Bühne durchhielt.« – Katastrophe durch technischen Defekt. Natürlich trägt niemand eine persönliche Schuld.

Gustav Scholz, so darf Mauz feststellen, »wird vor Gericht nicht verweigert, was seine Lebenssituation war in der Gesellschaft«. Ihm wird kein »Prominentenbonus, aber Fairneß zuteil«. Schließlich »gehört dem Gericht eine Frau an«.

Dafür sind sie gut, die Frauen. Das wissen auch die ›Zeit‹ und die ›Frankfurter Rundschau‹, die die Prozeßberichterstattung über den Fall Bubi Scholz, ganz untypisch, dieses Mal Frauen überlassen haben – mit entsprechendem Erfolg, für Bubis sensible Präsentation in der Öffentlichkeit.

Im dritten und letzten ›Spiegel‹-Bericht, als es schon darum geht, das »Bubi Scholz-Urteil« gegen eine empörte Öffentlichkeit zu verteidigen, zeigt Gerhard Mauz, was er kann: »Helga Scholz ist 49 Jahre alt geworden. Während des Prozesses über ihren Tod entstand der Eindruck, sie sei noch glimpflich davongekommen, als sie einem Schuß zum Opfer fiel. Denn in Wahrheit hätte sie als Hexe verbrannt gehört. (...) Diesen Eindruck hat nicht das Gericht entstehen lassen. (...) Den Eindruck, die getötete Helga Scholz sei die Täterin, hat die veröffentlichte Meinung auf dem Gewissen, falls sie ein Gewissen hat!«

Das (feministische) Zuckerl am Anfang soll die bittere Pille: zwei Jahre und sieben Monate für Helgas Tod, schlucken helfen. Das gelingt, indem sich – ausgerechnet – Mauz durch die Presseschelte zum unbestechlichen Beobachter gemacht hat.

Mauz packt sogar noch eins drauf: »Es gibt schlimme Urteile in Prozessen« um die Tötung von Intimpartnern. Und nur zu oft »treffen die schlimmen Urteile Frauen. (...) Wäre Gustav Scholz zu Tode gekommen, *dieses* Gericht hätte auch gegenüber Helga Scholz (...) berücksichtigt, was das Leben neben einem Depressiven aus ihr gemacht hat.«

Nur, Helga Scholz, aus der das Leben neben einem Depressiven zunächst eine Alkoholikerin, dann eine Leiche gemacht hat, hat Gustav Scholz nicht getötet, hat sich, wie jährlich 300 andere Frauen auch, lieber selbst umbringen lassen – zuerst langsam, dann schnell. Und ich bin sicher, hätte sie das Berliner Idol »Bubi« ins Nichts befördert, von wo er einst seinen Weg antrat, Helga wäre nicht mit zwei Jahren und sieben Monaten davongekommen.

Das zeigt sich unschwer daran, wie Mauz darstellt, was das Leben neben Bubi aus Helga gemacht hat. »Helga Scholz hat die Depressionen ihres Mannes nicht mehr ertragen können. Sie hat kein Gefühl mehr für die Selbständigkeit des Leidens Depression. Sie sieht nur den Alkohol. Sie lenkt die Therapie in eine falsche Richtung, auf das Symptom der Depression, den Alkohol.«

Bubis Arzt Dr. Grewe sagt im Prozeß, Helga habe darauf achten sollen, daß Bubi nicht mehr trank und regelmäßig seine Tabletten nahm. Grewe: »Wir haben sie mehrmals zur Rede gestellt.« Und Mauz zitiert Bubi: »Seine Frau sei ein wenig inkonsequent gewesen. Ganz abstinent habe er nicht sein sollen. Ab und zu einen Drink. Er habe Tabletten von seiner Frau bekommen und blindlings genommen.«

Kein Zweifel: Bubi macht seinem Namen alle Ehre. Und Mauz, der unbestechliche Kritiker, beteiligt sich kräftig an der Hexenverfolgung. Er unterstellt Helga: »Zuletzt kommt es sogar zu Todeswünschen. Soll der andere doch sterben, wenn er nicht mehr will.« Aber nicht der depressive Bubi stirbt, sondern Helga. Alice Schwarzer bemerkt in ›Emma‹ lakonisch dazu: »Depressive Frauen zerstören sich selbst, depressive Männer zerstören ihre Frauen. So ist das eben.«

Helga hat sich einfach aus dem Staub gemacht und ihren

depressiven Bubi allein zurückgelassen. Der ist jetzt »sehr allein. Seine Frau ist tot. (...) Die Barmherzigkeit, wenigstens das Scheitern gemeinsam ertragen zu können, gibt es für ihn nicht mehr«, sülzt Mauz.

Da durfte es nicht mehr wundern, daß es bei Gustav Scholz, nachdem er »seiner Frau gegenüber stillgehalten hat«, jahrelang, »zu einem aggressiven Durchbruch kommt, in dem er schießt«. So die Argumentation von Psychiater und Gericht für die verminderte Schuldfähigkeit von Bubi Scholz und die Grundlage seiner geringen Strafe.

Nachdem Bubis Unfall-Version ein Reinfall und der behauptete Alkoholspiegel tödlich war (aber Bubi lebt), war es seine Depression und das psychiatrische Gutachten, die ihn gerettet haben. Und im nachhinein noch Mauz, der die Psychokiste für den Versand in die kritische Öffentlichkeit fertig gemacht hat. Unter Hinweis auf Raschs Buch ›Die Tötung des Intimpartners‹ spricht Mauz von »sich musterhaft wiederholenden Tötungshandlungen überindividueller Vorprägung«, in denen der Täter »nur als Funktionsgröße in einem über ihn selbst hinweggehenden Geschehen« erscheint. Was übersetzt heißt, daß Bubi nichts dafür kann.

Das meint auch der Gutachter. Für ihn war die Tat »persönlichkeitsfremd«. – Aber es gibt keine persönlichkeitsfremden Gewalttaten. »Die Gewalt, die man(n) nach außen hin verbreitet, ist nur die logische Konsequenz der inneren«, schreibt Simone de Beauvoir.

Persönlichkeitsfremd ist die Tat aber auch deshalb nicht, weil Bubi sich selbst 1977 in einem ›Playboy‹-Interview so beschrieben hat, wie er jetzt handelte: »Ich bin sogar jähzornig, aber sehr kontrolliert. Ich kontrolliere das so lange, bis es sich an einem Punkt im Bruchteil einer Sekunde entladen kann!« Etwas anderes hat der Psychiater auch nicht gesagt. Das ist ein »Affektdurchbruch«, oft auch »Affektstau mit Entladung« oder einfach nur »Primitivreaktion« genannt, was, finde ich, der Sache am nächsten kommt.

Nach alledem und vor allem anderen müssen wir uns wohl die Frage stellen, die Simone de Beauvoir vor 10 Jahren schon gestellt hat: Liebe als Recht auf Tötung? Zumindest: Liebe als Entschuldigung für die Tötung?

Noch einmal Gerhard Mauz: »Gustav Scholz hat nicht töten wollen. Er hat sich des Menschen beraubt, mit dem zusammen er gescheitert ist. (...) So abhängig wie Gustav Scholz von seiner Frau war, glich die Tat einem Selbstmordversuch!« Der arme Bubi.

Happy-End zum guten Schluß. Drei Jahre bekam Bubi Scholz für den Tod seiner Frau. Seit dem 2. Januar dieses Jahres ist er Freigänger und kann »gelegentlich« ein Wochenende zu Hause bleiben. Werktags fährt Bubi in seinem Mercedes Coupé ins Büro (wo er laut ›Bunte‹ 2000 DM im Monat verdient). Am Wochenende trifft er dann »einen Menschen, der mein verkorkstes Leben mit mir teilt, der mir hilft.« Dieser Mensch ist nicht der vielzitierte Jesuiten-Pater Franz, sondern, wer hätte das gedacht, die 20 Jahre jüngere Claudia, »groß, schlank und temperamentvoll«. Ihre Liebe, meldet ›Bild der Frau‹, »begann vor fünf Jahren«.

Vor knapp zwei Jahren starb Helga Scholz. Drei Jahre bekam Bubi Scholz für diesen Tod. Ist er doch mal in der Zelle und denkt über das »Unglück« nach, dann fragt er sich und die ›Bunte‹: »Schuld? Was ist denn Schuld?« Und: »Wer ist eigentlich der Betroffene: der, der es hinter sich hat, oder der, der damit fertig werden muß?«

Ein Schicksal, ein echtes Schicksal hat dieser Mann. Ein Glück, daß er schon ab Ende August dieses Jahres mit Entlassung auf Bewährung rechnen kann und allerspätestens im August '87 rauskommt.

Dann wartet nicht nur Claudia, dann warten auch die 625000 DM von der Lebensversicherung von Helga Scholz auf Bubi. Wäre er wegen »Mord« oder »vorsätzlicher Tötung« verurteilt worden, würde er das Geld nicht kriegen. Justitia sei dank, daß unser Bubi nur wegen »fahrlässiger Tötung« verurteilt wurde. So steht's ihm zu.

Dagmar Oberlies
April 1986

DDR

Neue Frauen hat die DDR

Ich schreibe diesen Kommentar am 11. Dezember 1989. In elf Tagen wird die ›Emma‹ am Kiosk liegen – bis dahin kann schon wieder viel passiert sein im anderen Deutschland. Denn in diesen Tagen kann selbst die ›Bild‹-Zeitung nicht so schnell drucken (in Schwarz-Rot-Gold, versteht sich), wie sich die deutsch-deutschen Verhältnisse ändern.

In demselben Tempo handeln jetzt auch die Frauen! Noch vor wenigen Wochen sah es so aus, als würden sie den Anschluß verpassen, als würde die neue Politik wirklich nur von den »neuen Männern« gemacht. Nicht ein einziges öffentliches Wort über die Frauen in diesen ersten Wochen des Aufbruchs; auch nicht auf der Kundgebung vom 4. November, nicht aus dem Munde einer der wenigen Rednerinnen, ja noch nicht einmal aus dem von Christa Wolf . . .

Doch schon wenige Tage später fangen sie an, sich zu regen. Ein Treffen hier, ein Transparent da. Die ersten überregionalen Begegnungen mit hitzigen Diskussionen, das erste Frauenfest. Und schon wenig später, am 3. Dezember, wird ein autonomer feministischer »Dachverband« ins Leben gerufen.

Über 1000 Frauen waren dabei. »Wir bestehen darauf, daß Frauenfragen keine gesellschaftlichen Randprobleme sind, sondern existentielle Grundfragen«, erklärte programmatisch eine der beiden neugewählten Sprecherinnen, die Kunstwissenschaftlerin Ina Merkel, in ihrem ›Manifest für eine autonome Frauenbewegung‹. Die Sorge so mancher Westlerinnen war also verfrüht: die Frauen in der DDR mischen sich ein. Und das mit Macht! Was lehrreich werden kann, auch für uns im Westen. Denn wir BRD-Frauen sind zwar die gestandeneren Feministinnen, aber die DDR-Frauen sind die gestandeneren Bürgerinnen: sie sind berufstätiger, sie sind qualifizierter und sie sind politisierter – zumindest, was die allgemeine Gesellschaftspolitik angeht. Und in Sachen Frauenpolitik scheinen sie justament die Siebenmeilenstiefel angezogen zu haben.

Noch Anfang November konnte die FAZ süffisant über »typische Heiratsannoncen« in der DDR berichten, in denen 30jährige, meist schon einmal geschiedene Frauen einen »lieben Partner, bei dem ich mich anlehnen kann« suchen. »Selbständig und anpassungsbereit«, laute die mausgraue Devise, so spottete die Berichterstattung aus dem goldenen Westen.

Und sie hatte gar nicht einmal so unrecht damit. Denn genau das war in der Tat bisher das Dilemma der Frauen in der DDR: In Beruf und Gesellschaft standen sie ihren Mann, zumindest auf den unteren Sprossen der Karriereleiter. In der Familie und mit den Kindern aber blieben sie ganz Frau: DDR-Frauen sind quasi allein zuständig für Hege und Pflege, sie schieben nach der ersten (bezahlten) die zweite und dritte (unbezahlte) Schicht.

Doch diese Doppelbelastung war bisher in der DDR so wenig Thema wie die ganze strukturelle Benachteiligung der Frauen (auch) in den Ostblock-Ländern. Schlimmer noch: Die »Mutti-Politik« wurde in den letzten Jahren in der DDR auch noch gesetzlich festgeschrieben durch »Babyjahr« und »Haushaltstag«. Haus- und Kinderarbeit sollte auch in Zukunft im »real existierenden Sozialismus« keine Menschenarbeit sein, sie sollte Frauenarbeit bleiben. In der Tat: die Ideologie wog schwerer als die Realität. Müde Mütter an harten Arbeitsplätzen und in langen Schlangen.

Resultat: der »Störfall Frau« im Beruf und eine eigenartige Schizophrenität im Kopf: Die Frauen in der DDR waren selbstbewußt, aber unbewußt. Ihr Protest artikulierte sich nicht politisch, sondern privat. Immer mehr Scheidungen, immer weniger Kinder.

Die DDR-Frauen waren in der Sackgasse gelandet. Vor ihnen türmte sich unüberwindlich die diktatorisch-staatliche Behauptung, die Gleichberechtigung der Frau sei ein längst erfülltes Soll in der DDR. Unter diesen Umständen war die Entwicklung eines Problembewußtseins, gar eines Wir-Gefühls von Frauen scheinbar kaum möglich.

In den Jahren des weltweiten westlichen Aufstands der Frauen herrschte tiefes Schweigen in der DDR. Nur eine Stimme erhob sich: die der Schriftstellerinnen. Wohl nicht zufällig sind die DDR-Autorinnen seit Jahren die interessantesten unter den deutschsprachigen. Formal wie inhaltlich. Sie hatten und haben etwas zu sagen. Im Rückblick allerdings scheint es, als hätten sie, die Schriftstellerinnen, den Rahm von einer Milch geschöpft, die jetzt überkocht.

Jetzt reden die Frauen in der DDR! Und sie reden selbstbewußt. Und bewußt. Und fordernd. »Ohne Frauen ist kein Staat zu machen!«, verkündeten über 1000 am 3. Dezember in der Ostberliner Volksbühne. Und sie scheinen genau zu wissen, was sie wollen. Auf keinen Fall die Herrschaft der »mittelmäßigen Männer«. In Ost so wenig wie in West.

Das erste Elf-Punkte-»Sofort-Programm« der neuen Frauen hat Hand und Fuß. Sie fordern den Zugang zu allen Informationen und Konzepten der Regierung, die Frauen betreffen. Sie fordern die Einrichtung eines »Frauenförderfonds« beim Ministerrat und von »Frauenausschüssen« in den Volkskammern. Sie fordern eine frauenfreundliche Preispolitik und Quoten in allen Bereichen. (Was nun, Jungs? Es gibt sie nämlich in der DDR, die qualifizierten Frauen in allen Bereichen!)

Ja, sie fordern »autonome Publikationsmöglichkeiten« und »regelmäßige Sendezeiten in Fernsehen und Rundfunk«. Sie wollen »Frauenberatungsstellen und Frauenzentren«, in den und mit den »bereits vorhandenen räumlichen und finanziellen Möglichkeiten« (für den parteihörigen Mutti-Verband DFD heißt das: Leine ziehen). Und sie streben ein konkretes »Gleichstellungsgesetz« an, also ein Anti-Diskriminierungs-Gesetz.

Diese neuen Frauen lassen sich auch von den alten Herren in der BRD nichts vormachen: »Wiedervereinigung hieße in der Frauenfrage drei Schritte zurück«, erklärte selbstbewußt Sprecherin Ina Merkel. »Es hieße: wieder kämpfen um das Recht auf Arbeit, kämpfen um einen Platz für den Kindergarten, um die Schulspeisung. Es hieße, vieles mühsam Errungene aufzugeben, statt es auf eine neue qualitative Stufe zu heben.«

Der in diesen Wochen wiedererwachten, bierseligen Nationalstaatlichkeit unseres deutsch-deutschen Einig-Volk-von-Brüdern setzen die neuen Frauen in der DDR einen stolzen Satz entgegen. Er lautet: »Wir Frauen haben kein Vaterland zu verlieren, sondern eine Welt zu gewinnen.«

In diesem Sinne, Schwestern.

Alice Schwarzer

... nimmt unsere Kollegin Gislinde Schwarz. Es fällt ihr nicht leicht. Denn dieses Land hat sie »gehaßt und geliebt«. Und sie weiß heute: »Menschen wie ich haben es geschafft, daß sich dieses System so lange halten konnte.« – Nachfolgend Auszüge aus ihrem Tagebuch (kursiv). Und Überlegungen von jetzt.

Ich gehe durch Marzahn, mein liebgehaßtes Neubau-Zuhause. Bunt das Angebot in den Geschäften. Bunt, fremd und schön. Ein Straßencafé mit gelbem Camel-Schirm. Duft nach Pizza und frischen Blumen. Doch die meisten Stühle sind leer... Ich muß Abschied nehmen von meinem Land. Ein Land, das mich klein gehalten hat, mich einschnürte und einpreßte. Ein Land, in dem ich aber auch gewachsen bin, geliebt habe, gehaßt, in dem ich meine Kinder geboren habe, das mir Arbeit gab. – Sterben nun meine Träume mit diesem Land?

September 1989.

Für das Festheft zum 40. Jahrestag der DDR-Gründung soll ich die Meinung einer jungen Mutter zu Papier bringen – ein Jubelbeitrag wird erwartet. Ich will das nicht. Aber ich habe in langen Jahren Disziplin gelernt. Wir sitzen uns gegenüber, reden davon, wie es uns geht. Die Fernsehbilder aus Ungarn. Junge Familien, auf der Flucht alles hinter sich zurücklassend. Warum? Die Lügen, die Propaganda: »Wir weinen ihnen keine Träne nach.« Beide gehören wir zu jenen, die hierbleiben wollen. Aber wir haben so wenig Hoffnung für unser Land, für Veränderung. Zu oft sind Erwartungen enttäuscht worden. Was läßt sich jetzt noch ehrlich schreiben? Weshalb leben wir hier? Sie diktiert mir den ersten Satz: Weil ich hier beides kann – berufstätig sein und Mutter...

Habe ich diese DDR geliebt? Nein. Aber den nebulösen Traum: Daß es uns gelingen könnte, eine bessere, gerechtere Gemeinschaft zu schaffen. Es lebt sich gut mit solchem Traum. Und ich war damit korrumpierbar. In einer Gesellschaft, die ich ablehne, ist es leichter, mutig zu sein, sich zu wehren. Die Grenzen sind klar. Ich ging einen Kompromiß nach dem anderen ein – um »der Sache« nicht zu schaden. Wußte oft gar nicht mehr, worin diese Sache eigentlich besteht...

Mit 13 wollte ich weg aus diesem Land, fliehen. Nicht, weil mich die BRD lockte, sondern weil mich mein Zuhause enttäuscht hatte. Ein Zuhause, an das ich bis dahin absolut geglaubt hatte. Westfernsehen – in (fast) jeder Familie üblich, auch bei uns. Aber ich wußte: Darüber darf ich nicht reden. Wozu brauchte es diese Lüge? Was war dann noch gelogen? Plötzlich schien nichts mehr zu stimmen. Dann lieber dort leben, wo ich nicht glauben muß. Aber ich sah keine Chance, die Mauer zu überwinden, mit 13, 1966.

Und es war ja auch kein Wohin, sondern nur ein Weggehen.

Jahre hat es gedauert, bis ich begriff: Ein Traumland gibt es nicht. Ich mußte entscheiden: Wie will ich leben? Welcher Staat ist der Bessere? Dort wollte ich mitmachen, verändern. Mittendrin. Ich wurde Journalistin.

Die BRD hatte ich nie erlebt, hatte keine Verbindung dorthin.

Oktober 1989.

Ich bin in Neubrandenburg. Besuche Menschen, deren Fotos mir in einer Ausstellung auffielen. Bin neugierig, möchte über sie schreiben. Mit zwei jungen Punkerinnen gehe ich zur ersten Demonstration hier. Wir ziehen mit Kerzen durch die Stadt. Immer mehr reihen sich ein, andere stehen fassungslos abseits, manche sind empört – ihre Ordnung stimmt nicht mehr. Wir im Zug sind voller Hoffnung und Träume. Da ist Fröhlichkeit, Offenheit, Neugierde, Zusammenhalt. Eine Gewißheit: Jetzt sind wir unterwegs.

Die Angst war weg. Eine Angst, die ich immer verdrängt hatte und in der wir alle lebten. Sich rechtfertigen müssen: Wieso bin ich mit einem Pfarrer befreundet? Jeder gedruckte Beitrag eine Gratwanderung. Bei jeder vorsichtig geäußerten Kritik die Erklärung, nicht schaden zu wollen. Forderung: »Keine Klagemauer!« Seltene, mühsam besorgte BRD-Literatur. Mit wem durfte ich darüber sprechen, an wen sie weitergeben? Am Telefon der Satz: Du, darüber reden wir, wenn wir uns sehen. Nebulöse Gebote und Verbote – ein Disziplinarverfahren war schnell anberaumt: Nestbeschmutzer, Klassenfeind gar . . .

BRD-Frauen sagten mir später, daß auch sie Angst spürten, wenn sie sich der DDR-Grenzkontrolle näherten.

10. Oktober 1989.

Endlich! Honecker ist abgesetzt. Krenz, sein kurzzeitiger Nachfolger, hält im Fernsehen die Antrittsrede. Es sind die alten Worte. Auch die von den Frauen als »unentbehrliche Stützen der Gesellschaft«. Wende?

Wenig später lädt ›Für Dich‹ Frauenforscherinnen an einen Tisch. Wie war das wirklich mit der Gleichberechtigung? Was müssen wir tun? Was muß getan werden? Es entsteht ein Offener Brief mit knallharten Forderungen: Quotierung, Zulassung einer selbständigen Frauenbewegung, Förderung eigener Lebensräume für Frauen ...

Gleichberechtigung in der DDR – eine der größten Widersprüchlichkeiten. Mit ihrem Ziel trat dieser Staat an – und viele Voraussetzungen wurden schnell und mit großer Vehemenz geschaffen. Wir hatten Krippen und Kindergärten, waren gut ausgebildet, berufstätig. Die Kehrseite: Von Beginn an gab es keinerlei Diskussion darüber, was unter Gleichberechtigung eigentlich zu verstehen sei. Maßstab war die Situation des Mannes. Keine Lebensentwürfe, die darüber hinaus gingen. Und schon gar nicht durfte darüber nachgedacht werden, inwieweit auch eine sich sozialistisch nennende Gesellschaft patriarchal strukturiert ist.

Seit Beginn der 70er Jahre galt in der DDR die Frauenfrage als »soziale Frage« und als »gelöst«. Wenig später kam noch ein Stillhalte-Geschenkpaket dazu – die sozialpolitischen Maßnahmen, vom Babyjahr bis zur 40-Stunden-Woche. Nun ging es nicht mehr um Frauen, sondern um bevölkerungspolitische Ziele. *Sie* sollte stärker für den Kinderwunsch motiviert werden. »Privilegien« vorrangig oder sogar ausschließlich an Frauen adressiert! Ein deutlicher Platzzuweis auf *ihr* »natürliches« Ressort in der Familie. Folge dieser »Muttchen-Politik«: Frauen wurden zunehmend verunsichert und überfordert, Männer zogen sich aus der Vater- und Haushaltsverantwortung zurück. Auch in der Arbeitswelt werden Frauen nun verstärkt benachteiligt. Vorwand: Die Frau, der unberechenbare »Störfall«.

Dennoch: Wir lebten in der Überzeugung, daß wir vieles hatten, wofür unsere westlichen Schwestern noch kämpften. Aber es gab keine Chance, sich öffentlich mit unseren »Errungenschaften« auseinanderzusetzen. Unzufriedenheit zu benennen. Feminismus galt als »klassenfeindlicher« Begriff ...

9. November 1989.

Die Grenze ist auf, wird erstürmt. Nichts ist mehr, wie es war. Ich bin nicht mehr eingesperrt. Und nun?

14 Tage vorher war ich hinter der Mauer, zum ersten Mal in meinem Leben. Als Journalistin zu einem Treffen von Frauenforscherinnen in Westberlin. Das Visum hart erkämpft und bis zur letzten Minute ungewiß. Da saßen Frauen aus beiden Teilen der Stadt – neugierig aufeinander, ohne Angst. Ich wollte zuhören, reden – und am liebsten mit allen zuerst. Lief am nächsten Tag wieder durch diese Stadt. Zog vom Ku-Damm nach Kreuzberg – mit 5 DM Spesen. Sah, daß Bananen billiger sind als Äpfel . . . Ich wollte alles sehen, begreifen. Auch, um es mitzunehmen für meine Kinder. Und überlegte doch schon, mit welch anderen Augen sie all das sehen würden. Sie, für die ein bunter Kaugummi, ein Poster, doch immer schon seltenes Glück war . . .

Eng haben wir gelebt, unsere Welt war klein – und damit unsere Kenntnis von der Welt. In Westberlin war ich in einem Frauenbuchladen. Drei Stunden. Da waren so viele Titel, die ich wenigstens vom Hören kannte, unbedingt lesen wollte. Simone de Beauvoir, Kate Millett, Betty Friedan, Alice Schwarzer. Aber noch soviel mehr, von dem ich nie wußte, daß es dies gibt . . .

3. Dezember 1989.

Wir rasen auf die Bühne, kreischen, schlagen mit Löffeln, mit Deckeln. Etwa 40 Frauen, von denen ich einige seit Jahren kenne, andere erst wenige Wochen. Jetzt gründen wir unseren Verband! Frauen aus der gesamten DDR sind unserem Ruf in die Volksbühne gefolgt – so viele, daß die Feuerwehr um ihre Sicherheit besorgt ist.

Wir glauben, daß alles möglich sein kann: eine neue Gesellschaft, in der jede und jeder alle Möglichkeiten hat, sich zu entwickeln. Eine Gesellschaft, die nicht auf Konsum setzt, sondern auf Kultur. Nicht auf Autos, sondern auf ein öffentliches Verkehrsnetz, auf bessere Krippen, bessere Kindergärten, bessere Schulen. Wir wollen arbeiten und wir wollen Muße haben, für uns, unsere Kinder. Wollen nicht mehr soviel sinnlose Zeit verlaufen, verkochen, verwaschen müssen. Wollen Frauencafés und Zufluchtsstätten . . . wir wollen schreien und tun es!

Die mutige, fröhliche Revolution der DDR-Frauen . . . aber nur eines kleinen Teils. Der Novemberforderung »Neue Männer braucht das Land« stellten sie ihre eigenen entgegen, trugen sie in Demonstrationen, in basisdemokratische Initiativen. Selbstbewußt setzten sie ihre Teilnahme am zentralen

Runden Tisch der DDR und auf kommunalen Ebenen durch. Große Zeit der Hoffnung.

Aber: Aus dem Ruf »Wir sind das Volk!« wurde zunehmend der nach einem Volk. Und viele Frauen sahen erst mal weit wichtigere Probleme, als gerade jetzt »Frauenfragen« auf den Tisch zu packen: Was wollt ihr, wir sind doch gleichberechtigt. Es lag an mir, wenn ich bestimmte Dinge nicht geschafft habe. Andere überlegten, ob es nicht tatsächlich besser sei, sich auf Frausein und die Familie zu besinnen, wenn Kindereinrichtungen tatsächlich so schlecht sind, wie nun überall zu hören. Wäre dies nicht ein besseres Leben sofort – statt einer ungewissen Zukunft?

Januar 1990.

Die enthüllenden Nachrichten häufen sich: Wandlitz, Korruption, Waffenschmuggel, Walter Janka ... Was hat überhaupt je gestimmt? Jede Nachricht knüppelt mich tiefer. Ich wußte soviel und hab nicht wissen wollen. Eine Journalistin aus Bremen fragt, was ich mir wünschen würde, wenn eine Fee käme. Meine spontane Antwort: Wissen, was in zehn Jahren ist. Dann stocke ich. Schieb ich da nicht schon wieder Verantwortung von mir weg, suche den leichten Weg? Nein, ich habe keinen Wunsch.

Bitterste, schmerzhafteste Erkenntnis dieses Jahres: Nicht die Karrieristen und Dogmatiker konnten es schaffen, daß sich dieses System so lange halten konnte, sondern Menschen wie ich. Die, die ehrlich glaubten, vieles anzweifelten und doch immer wieder versuchten. Die, die hofften, mit ihrem Tun verändern zu können und dabei doch nie Grundsätzliches in Frage stellten. Nur sie waren wirklich glaubwürdig, konnten andere überzeugen ...

Fünf Jahre ist es her, daß ich gehen wollte. Weg von ›Für Dich‹, raus aus dem Journalismus. Nie mehr Halbwahrheiten sagen, die Lügen sind. Es gab eine Aussprache. Ein Satz: Daß nach mir vielleicht eine andere käme, die noch weniger versuche. Und so machte ich weiter diese schmale Gratwanderung zwischen Verbot und dem kleinen Mut, sich zur Wehr zu setzen. Schuldig.

Februar 1990.

Immer öfter klingelt auf meinem Redaktionsschreibtisch das Telefon. Ratlose Frauen: »Nun gibt es nicht mal mehr Milch.« »Die wollen unseren Kindergarten zumachen.« »Mir ist gekündigt worden.« Der stellvertretende Bildungsminister stellt sich hin und meint, man müsse über Hort und Schülerspeisung noch mal gründlich nachdenken. Schwangere werden nicht eingestellt, Müttern gedroht, wenn sie wegen Krankheit ihrer Kinder fehlen. Frauen ziehen Scheidungen zurück, fürchten, allein nicht mehr bestehen zu können.

Und immer wieder die Frage nach Gesetzen, Unterstützung. Die Unsicherheit ist groß und die Verzweiflung.

Wie lebten Frauen in der DDR? 40 Jahre lang wurde für sie ein Leitbild kreiert und weiter entwickelt, auch von ›Für Dich‹. Die emanzipierte Frau ist voll berufstätig, gut gebildet, gesellschaftlich aktiv und versorgt ihren Mann und (mindestens!) zwei Kinder. Fast jede Frau wünschte sich ganz selbstverständlich Kinder und bekam sie dann sehr früh. Sie stand im Beruf ihren »Mann« und leistete zusätzlich 75 Prozent der Hausarbeit. Hatte dank weitestgehender ökonomischer Unabhängigkeit ein sicheres Gefühl für den eigenen Wert, ließ sich ganz selbstverständlich scheiden, wenn sie eine Verbindung erdrückte – um dann oft krampfhaft nach dem nächsten Partner zu suchen.

Kaum vorstellbar: lange Orientierungsphasen, bewußtes Alleinleben oder Experimentieren mit Lebensformen. So wurde das Leitbild für nicht wenige zum Leidbild.

Die meisten sahen Mißerfolge als eigenes Versagen, erkannten kaum Ungleichheit und Unterdrückung und schon gar nicht die Ursachen dafür. Zu vieles wurde von oben gewährt statt selbst erstritten.

18. März 1990.

Ich sitze im Zug nach Budapest, klemme das Ohr an mein winziges Radio. Höre immer wieder die Wahl-Hochrechnungen, um sie zu begreifen: eindeutiger Sieg der »Allianz für Deutschland«, wenige Prozente für die Bürgerbewegungen, die Mutigen, die als erste für eine gerechtere Gesellschaft auf die Straße gingen. Vom Bündnis UFV/Grüne erfahre ich erst bei meiner Rückkehr. Ganze zwei Prozent der Stimmen – und kein Sitz für den Unabhängigen Frauenverband. Von den Abgeordneten in der Volkskammer sind nur ein Fünftel weiblich.

Die Öffnung der Grenzen löste bei nicht wenigen DDR-BürgerInnen, die den Westen bisher auch nur aus den Medien kannten, einen Schock aus. Ein Schwarz-Weiß-Bild fiel in sich zusammen – und damit auch alle Vorstellungen von Richtig und Falsch, Gut und Böse, Freund und Feind. Dazu ein Lebensstandard, der für die meisten bisher unvorstellbar war. Und hatten nicht gerade Frauen die Mühseligkeit des DDR-Alltags mit völlig ungenügenden Dienstleistungen, einer zerfallenen Infrastruktur und den ewigen Laufereien am unmittelbarsten erlebt?

April 1990.

Ost-West-Frauenkongreß. Symbolisch organisiert in beiden Teilen der Stadt. Ich sitze im Vorraum des Westberliner TU Hörsaales, verschanzt hinter Zeitungen. Bin geflüchtet, weil ich den Streit drinnen nicht mehr ertragen kann. So gehen Frauen miteinander um? So bösartig, so wenig bereit, einander zu begreifen? Frauen, die wissen, Frauen, die füreinander kämpfen wollen. Sieht so die Bewegung aus, von der wir soviel erhofft hatten? Vor allem: Ich kann nicht schon wieder Vorgefertigtes übernehmen, schon wieder blind vertrauen ...

Frauenchance Ost-West: Daß es gelingen könnte, unser unterschiedliches Wissen und unsere unterschiedlichen Erfahrungen zusammenzubringen. Daß wir einander zuhören, uns fragen – und antworten. Aber dies geht nur, wenn wir uns gegenseitig ernst nehmen. Miteinander streiten – aber nicht als Lehrmeisterin und Schülerin. Wir müssen Unterschiede kennen, um Gemeinsamkeiten zu begreifen. All dies geht nur bei gleich starken, selbstbewußten Menschen.

Juni 1990.

Eine Woche Arbeitsbesuch in München. Weg vom Ausverkauf zu Schleuderpreisen. DDR-Waren, nach denen wir vorher rumliefen, für Spottgeld. Ich wohne bei einem Soziologen. Wir reden, reden, reden. Seine Frage: Nun sag mir endlich, was dir an dieser DDR so wichtig war, daß dich ihr Untergang so fertigmacht! Ich habe keine Antwort.

Im Bett heule ich, stopfe die Decke in den Mund. Kann nicht mehr aufhören. Es ist das erste Mal in diesem Jahr.

Was passiert für die BRD? Sie wird ein Stück größer, nicht mehr, nicht weniger. Für uns: Anschluß, Notaufnahme. Wir haben unseren Alltag verloren, unseren Maßstab an die Dinge, unsere Identität.

Juli/August 1990.

Einen Tag vor der Währungsunion trennt mein großer Sohn das Pionieremblem von seiner Windjacke: »Mutti, ich weiß gar nicht, weshalb ich so traurig bin. Ich hatte mich doch so sehr auf die D-Mark gefreut ...«

Recherchen auf dem Arbeitsamt. Ich frage Frauen nach

ihrer Situation: »Mein Mann kontrolliert neuerdings alles, was ich am Tag tue«, sagt eine. »Er erwartet am Abend eine blitzsaubere Wohnung. Behandelt mich ... Dabei bekomme ich doch noch mein eigenes Geld.«

Freude über den Döner Kebab auf dem Alex, die Blumen, die Pfirsiche, die ich nun selbstverständlich kaufen kann. Neben der Markthalle ein Uralt-Lkw aus dem Bezirk Neubrandenburg. DDR-Ware, eine D-Mark der Sechserpack Eier. Wenige kaufen. Ich frage nach dem Gewinn der LPG bei solchem Preis. »Gewinn? Wir verkaufen, um wenigstens den Strom für den Stall zahlen zu können und Futter, damit die Hühner nicht sofort krepieren.«

Das Telefon teurer, die Post, bald nun auch Schulspeisung, Strom, Versicherung, Miete, die Kosten für den Trabbi, ohne den ich nicht arbeiten kann. Ich lege wieder Vorräte an wie ehedem. Nicht, weil ich Angst habe, daß es dies morgen nicht mehr gibt – nun sind es billige Sonderangebote.

Erst habe ich noch versucht zu rechnen, was zu schaffen ist, mit zwei Kindern, einem arbeitslosen Mann, dem Drittelgehalt einer West-Kollegin. Aber nichts läßt sich mehr planen, nichts übersehen. Meine Söhne sind schon sehr selbständig. Ich kann unterwegs sein, schreiben.

In meiner Kaufhalle habe ich einen Stapel BRD-Frauenzeitschriften gekauft – nach meiner eigenen muß ich lange suchen. Ich blättere, beschaue schöne Fotos. Wenige Beiträge, in denen ich mich festlesen kann. Dutzende Seiten voller Mode und Kochrezepte. Wie wichtig ist mir die Schönheit meiner Haut, die Schönheit meiner Haare, wenn es um Haut und Haar geht? Jetzt nicht, nicht für mich.

Eine neue ›Für Dich‹ wollten wir machen. Bleibt uns noch genug Zeit?

Hick-Hack um den zweiten Staatsvertrag. Der Männer-Wahlkampf hat begonnen. Ich seh mir die Gesichter an, dreh den Ton ab. Merke, daß ich wieder lachen kann. Am nächsten Tag die Nachricht: Fristenlösung als Übergang, nur noch fünf Tage bezahlte Freistellung bei Krankheit der Kinder, nicht mehr lange Haushaltstag, Kostenerhöhungen für Kindereinrichtungen. BRD-Recht.

Abschied von der DDR. Kein Abschied, aus dem etwas Neues entsteht. Deutschland, einig Vaterland, ist nicht zusammengewachsen, keine Partnerschaft Ebenbürtiger. Wir bleiben erst mal O und W – und Menschen zweiter und erster Klasse?

War es gut, im östlichen Teil aufzuwachsen? Entscheiden zu müssen zwischen Beruf und Baby: ich weiß nicht, wie ich gewählt hätte – und wie damit gelebt. Frauen, das unterdrückte Geschlecht? Das waren wir auch hier – und wußten es nicht einmal. Aber wir haben erfahren, daß wir Rechte hatten: Rechte auf selbstbestimmte Schwangerschaft, auf Arbeit, Wohnung, auf Krippen, Kindergärten, Schulspeisung, Hort. Sicher, für all das mußten wir unseren Preis zahlen. Heute wissen wir, daß vieles besser zu machen geht. Und daß wir dafür streiten müssen. Der Abschied ist fällig.

Kurze Zeit, in der wir unsere Kraft spürten, uns stark fühlten, von Unerhörtem träumten. Aber die Knüppel lagen schon bereit, auch in uns selbst. Nichts sollte bleiben von diesem Stolz, dem kurz erwachten Selbstbewußtsein: Lernt erst mal arbeiten – wenn ihr dürft! Lernt, ein schlechtes Gewissen zu haben! Lernt, dankbar zu sein!

Ent-Täuschung tut weh. Aber sie ist eine Chance. Wenn wir nicht verdrängen – nicht unsere Irrtümer und nicht unsere Träume, nicht unsere Schuld und vor allem: nicht unseren Mut. Langsames Erheben, keine Halbwahrheiten mehr. Mich wehren. Für mein Leben bin ich verantwortlich.

Jetzt werde ich BRD-Alltag kennenlernen – mit dem großen Vorteil, vergleichen zu *können. Ich bin neugierig* ...

Gislinde Schwarz
Oktober 1990

Emma-Leserinnen

So leben wir

Dies ist die dritte repräsentative ›Emma‹-Leserinnen-Umfrage, auch ihr liegen rund 2000 ausgewertete Fragebögen zugrunde. Im Mai 1990 veröffentlichte ›Emma‹ die 50 Fragen. Genau 2171 Antworten aus BRD und DDR, aus der Schweiz und Österreich wurden ausgewertet.

»›Emma‹-Leserinnen sind Frauen in Bewegung. Sie kündigen den Männern die Ungleichheit auf, begreifen sich als Gleichberechtigte (in Beruf und Öffentlichkeit) und die Männer als Gleichverpflichtete (im Haushalt und mit den Kindern). Begreift man die ›Emma‹-Leserinnen als repräsentativ für einen Trend, so ist mit einer generellen Verstärkung dieser Tendenz zu rechnen. Verstärken wird sich allerdings auch die Abwehr vieler Männer und die Angst so mancher Frauen, die sich diesen nicht immer leichten Weg nicht zutrauen und lieber in ein klassisches Rollenverhältnis flüchten. So oder so aber ist die Männermacht – über Gefühle, Sexualität, Arbeit, Gedanken und Träume von Frauen – angeknackt. Frauen fangen an, Alternativen zu sehen und zu leben. Zunehmend finden sie eher Befriedigung in der eigenen Arbeit und weniger im Berufserfolg des Mannes. Sie können mit einem Mann leben oder mit einer Frau, in einer Wohngemeinschaft oder alleine; sie können Kinder haben oder nicht.«

Mit diesen Worten resümierten wir 1980 unseren Bericht über die große ›Emma‹-Infratest-Umfrage. In der Tat gingen die ›Emma‹-Leserinnen in diesen zehn Jahren weiter auf ihrem Weg in die Emanzipation – und mit ihnen Millionen Frauen, die ausgebrochen sind aus den alten Rollen. Besonders aufschlußreich sind, versteht sich, die Domänen Liebe und Arbeit. Hier sind die Veränderungen der letzten zehn Jahre am eklatantesten.

Trotz erschwerter Bedingungen ist nämlich der Anteil der Berufstätigen noch höher geworden: 90 Prozent aller ›Emma‹-Leserinnen sind im Beruf oder in Ausbildung/Studium! Und trotz erhöhter Arbeitslosigkeit sind nur drei von 100 ›Emma‹-Leserinnen arbeitslos (1980 waren es noch vier). Auch die Bildung, häufig erreicht über den zweiten Bildungsweg, ist gestiegen: Abitur oder Hochschulabschluß hatte vor zehn Jahren noch gut jede zweite, jetzt sind es schon mehr als zwei von drei ›Emma‹-Leserinnen.

Entsprechend verstärkt erlauben es sich ›Emma‹-Leserinnen, allein oder allein mit Kind zu wohnen. Mehr noch: Immer mehr Frauen verstoßen gegen das Gebot Nummer 1 einer männerbeherrschten Gesellschaft, das da lautet: Du sollst *ihn* lieben. Jede dritte ›Emma‹-Leserin nimmt sich heute die Freiheit, *sie zu* lieben. Das sind doppelt soviele wie noch vor zehn Jahren. Aber gehen wir der Reihe nach.

Wohnort: 83 Prozent aller ›Emma‹-Leserinnen wohnen in der BRD, 8 Prozent in der DDR, 3 Prozent in Österreich, 4 Prozent in der Schweiz und die restlichen 2 Prozent sind über die ganze Welt verstreut. – So wie Eva Valtanen, »Finnin, geborene Feministin und von Beruf Forstmeisterin«, auf deren Brief als Absender steht: »Am Küchentisch, nachts um zwölf, in Finnland, am Polarkreis«.

Was die Verteilung über die Bundesländer angeht, so gibt es auch bei ›Emma‹, wie bei vergleichbaren Zeitschriften wie ›Zeit‹ oder ›Spiegel‹, ein Nord-Süd-Gefälle. Besonders stark wird ›Emma‹ in Berlin oder Hamburg gelesen, normal in Nordrhein-Westfalen oder Baden-Württemberg, weniger im Saarland und in Bayern. Überrepräsentiert ist ›Emma‹ in Orten mit 100- bis 500000 EinwohnerInnen.

Alter: Knapp jede zweite ist unter 30 (44,2 Prozent), jede dritte zwischen 30 und 40, der Rest über 40. Gerade die jungen ›Emma‹-Leserinnen legten übrigens besonders häufig einen Brief bei. So wie die 17jährige Constanze aus Hamburg,

die uns schrieb: »Man kann sich kaum vorstellen, wie schlecht die Situation für Mädchen (insbesondere Feministinnen) bei uns an der Schule ist. Offiziell sind natürlich alle gleichberechtigt. Aber Schulleiter und Stellvertreter sind männlich, und selbst der Schulsprecher ist ein Junge. Auch in den sogenannten ›wissenschaftlichen‹ Fächern liegen die Jungen vorn. Viele Mädchen trauen sich nicht, die Problematik zu benennen. Sie fürchten die Reaktion der Jungen.«

Bildung: In keinem Bereich ist der Unterschied zwischen der Lebenslage der ›Emma‹-Leserinnen und der Frauen allgemein so eklatant wie bei der Bildung und in dem (davon mit abhängenden) Beruf. Nur jede zehnte ›Emma‹-Leserin hat einen Hauptschul-Abschluß, jede fünfte einen Mittelschul-Abschluß – und mehr als zwei Drittel haben Abitur oder Hochschulabschluß.

Das Bildungsniveau der ›Emma‹-Leserinnen liegt damit nicht nur weit über dem Bevölkerungsdurchschnitt (wo die Kurve genau umgekehrt verläuft: zwei Drittel haben Hauptschulabschluß und 10 Prozent Abitur oder Hochschule). Sie sind auch gebildeter als die Leserinnen von ›Cosmopolitan‹, ›Spiegel‹ oder ›Zeit‹. Hinter jeder ›Emma‹ steckt eben ein besonders kluger Kopf.

Allerdings: Bildung haben gerade die ›Emma‹-Leserinnen nicht selten auf dem zweiten Bildungsweg erworben. So wie Uta, Jahrgang 1937, die als Mutter von drei kleinen Kindern mit 30 anfing zu studieren – gegen den Willen ihres Mannes. »Rückblickend«, schreibt sie, »würde ich sagen: oft habe ich erst gehandelt, dann analysiert, und dabei gab mir ›Emma‹ viel Information.« Zum Trost für alle, die weder Hochschule noch Abitur haben: Von den elf festen ›Emma‹-Frauen in Redaktion und Verlag gehören nur sechs zu diesen Spitzengebildeten – also gut die Hälfte. Die Schul- und Hochschulbildung der ›Emma‹-Macherinnen liegt also im Schnitt unter der der ›Emma‹-Leserinnen (Kommentar einer Betroffenen: »Ich habe im Leben gelernt.«).

Beruf: Nichts charakterisiert die typische ›Emma‹-Leserin so stark wie ihre Berufstätigkeit! 90 Prozent sind heute im Beruf oder der Ausbildung/im Studium. Das sind doppelt soviele wie in der Gesamtbevölkerung. Und es sind noch mehr als 1980 (da waren es 84 Prozent). Bemerkenswert auch, daß ›Emma‹-Leserinnen heute – trotz aller Schwierigkeiten – noch weniger arbeitslos sind als vor zehn Jahren: nur noch drei von

100 suchen vergebens eine Stelle (in der Gesamtbevölkerung sind es – offiziell, also ohne Dunkelziffer – 9 Prozent).

Die größte Überraschung ist dabei die Art der Berufe, in denen ›Emma‹-Leserinnen arbeiten: Mehr als jede dritte Befragte (37 Prozent) ist in einem traditionellen »Männerberuf«! Von den restlichen 63 Prozent in Frauenberufen ist die Hälfte in Ausbildungsberufen und die andere Hälfte in akademischen Berufen tätig. Auch der Anteil der Teilzeit-Arbeitenden ist relativ gering: unter den ›Emma‹-Leserinnen ist es nur jede Fünfte (in der Gesamtbevölkerung jede Dritte).

Wir haben uns die Mühe – und das Vergnügen – gemacht und eine Strichliste über jede einzelne der insgesamt 1216 Berufstätigen gefertigt. Das kam dabei heraus:

Die Liste der 13 häufigsten Berufe von ›Emma‹-Leserinnen führen die Lehrerinnen mit 16 Prozent an. Es folgen, hart auf dem Fuße, die kaufmännischen Berufe mit 15,3 Prozent. Dann kommt lange nichts und dann, in der Reihenfolge: die Sozialpädagoginnen/Sozialarbeiterinnen, die Uni-Assistentinnen/Dozentinnen, die Psychologinnen, die Krankenschwestern, die Journalistinnen, die Erzieherinnen, die Ärztinnen, die EDV-Berufe, die Bibliothekarinnen, die freien Künstlerinnen und die Handwerkerinnen (mit Ausbildung oder Studium, angestellt oder selbständig). Gut jede zehnte berufstätige ›Emma‹-Leserin wirtschaftet übrigens in ihre eigene Tasche: sie ist selbständig/freiberuflich.

Aber es gibt natürlich auch unter den ›Emma‹-Leserinnen so manche qualifizierte Frau, die dennoch – oder gerade deswegen – nur schwer eine adäquate Arbeit findet. So wie Brita, 34, Diplom-Chemikerin. Die Mutter zweier kleiner Töchter ist gezwungen, halbtags zu arbeiten und findet nichts. Selbst Stellen als Chemotechnikerin schlägt man ihr ab. »Begründung: Ich bin überqualifiziert.«

Na, und die Frauen in den typischen Frauenberufen wissen natürlich erst recht ein Lied davon zu singen . . . So fragt Elke aus Niedersachsen uns bei der Gelegenheit gleich nach »Infos über Berufe, die tendenziell ins Feministische gehen – bloß kein Weißkittelberuf mehr!« Da ist sie nämlich drin, als Zahnarzthelferin, und hat »die Schnauze total voll, denn es ist völlig sinnlos, irgendwelche Machtstrukturen verändern zu wollen.«

Ansonsten gibt es an Berufen nichts, was es unter den ›Emma‹-Leserinnen nicht gäbe. 31 freie Künstlerinnen waren unter den 2171 Befragten. Und 14 Verkäuferinnen. Aber auch (unter anderem): eine Lkw-Fahrerin, eine Souffleuse, eine Steinmetzin, eine Geigenbauerin, eine Schäferin, eine Schweißerin, eine Walzwerkerin, eine Molekularbiologin, eine Regisseurin, eine Forsträtin, eine Filmproduzentin, gleich zwei Theaterleiterinnen sowie acht Ingenieurinnen und acht Pastorinnen. Und: eine »Partnerschaftsagenturbesitzerin« und eine »Gewerkschaftsführerin«. Männergesellschaft, wir kommen!

Der hohe Bildungsstand, die qualifizierten und die Männerberufe – all das zeigt: ›Emma‹-Leserinnen sind nicht von gestern. Sie sind die Frauen von morgen. Sie lassen sich nicht länger einsperren in der Frauenrolle. Sie leben, wie es ihnen paßt.

Liebe/Sexualität: Die Antwort der ›Emma‹-Leserinnen auf die Frage, wie sie's mit der Liebe halten, ist vielleicht die sensationellste in der ganzen Umfrage. Sicher: fast drei Viertel aller ›Emma‹-Leserinnen lieben (auch) Männer (72 Prozent). Soweit, so üblich. Aber: fast ein Drittel aller ›Emma‹-Leserinnen liebt (auch) Frauen. Zwei von dreien dieser Frauen-Liebhaberinnen haben ausschließlich Beziehungen zu Frauen, eine von dreien bezeichnet sich als bisexuell. Der Anteil unter den ›Emma‹-Leserinnen, die Frauen lieben, hat sich innerhalb von zehn Jahren mehr als verdoppelt (von 14 auf 30 Prozent)! ›Emma‹ hat nun versucht zu recherchieren,

wie diese Entwicklung in der Gesamtbevölkerung ist – und feststellen müssen, daß es darüber quasi keine Informationen gibt. Selbst das Sexualforschungsinstitut in Frankfurt, das in Fragen der Homosexualität spezialisiert ist, wußte in bezug auf die weibliche Homosexualität nichts anderes als den Hinweis auf die Kinsey-Studie – die 37 Jahre alt ist (und nach der es damals rund 5 Prozent homosexuelle Frauen gab).

Die ›Emma‹-Umfrage scheint ein rares Indiz in bezug auf das sich verändernde Sexualverhalten von Frauen. Der Trend deutete sich allerdings bereits 1980 an: Schon damals war die Gruppe der »Bisexuellen« unter den bis 29jährigen dreimal so hoch wie unter den Älteren. Und die aktiven Feministinnen hatten bereits 1980 ebenso häufig Liebesbeziehungen zu Frauen wie es die Gesamtheit der Befragten heute hat (nämlich knapp jede Dritte).

Auch in der Umfrage 1980 war die Aufgeschlossenheit aller befragten ›Emma‹-Leserinnen (auch der heterosexuell lebenden) gegenüber der Homosexualität auffallend groß. Die »totale Aufhebung der Diskriminierung homosexueller Frauen und Männer« stand damals an dritter Stelle des Forderungskataloges der Frauen (gleich nach dem gleichen Lohn und den wirklich gleichberechtigten Beziehungen zwischen Frau und Mann). Und 88 Prozent fanden Homosexualität einfach »selbstverständlich«. Jetzt, zehn Jahre später, wird aus der Theorie anscheinend immer häufiger auch die Praxis. Daß die ›Emma‹-Leserinnen hier nur an der Spitze eines allgemeinen Trends zu liegen scheinen, darauf deutete schon 1976 der Hite-Report hin, nach dem bereits damals 12 Prozent der befragten Frauen homosexuell lebten (davon zwei Drittel ausschließlich mit Frauen und ein Drittel bisexuell). Dennoch – oder darum? – scheint es in den letzten 20 Jahren kaum relevante Untersuchungen über die sexuellen Präferenzen von Frauen gegeben zu haben. Vielleicht nach dem Motto: Wer nicht fragt, erhält auch keine (unbequemen) Antworten?

Lebensformen: Beim Vergleich mit der Umfrage 1980 fallen zwei Veränderungen besonders auf: Die Zahl der Frauen, die heute in Wohngemeinschaften leben, hat sich mehr als verdoppelt (von 6 auf 13 Prozent). Und die Zahl derer, die mit einer Frauen-Beziehung zusammenleben, hat sich mehr als verdreifacht (von 3 auf 10 Prozent). Dafür ist die Zahl derer, die mit ihrem Lebensgefährten zusammenwohnen, gesunken (von 42 auf 38 Prozent).

Mit dem Umzug in die WG – gemischt oder mit Frauen – erfüllen sich die bewegten Frauen einen Herzenswunsch. Denn schon 1980 schien die Wohngemeinschaft jeder zweiten ›Emma‹-Leserin »ideal«. Gut jede achte setzte inzwischen die Utopie in die Realität um.

Ebenfalls groß war schon damals das Interesse an einem Leben mit Frauen. Jede zehnte ›Emma‹-Leserin wohnt mit ihrer Lebensgefährtin zusammen – also die Hälfte aller, die von sich angegeben haben, ausschließlich Frauen zu lieben.

Die meisten ›Emma‹-Leserinnen aber, nämlich jede dritte, lebt mit ihrem Freund/Mann zusammen. Zwei von dreien sind mit ihm verheiratet.

Jede vierte ›Emma‹-Leserin lebt mit Kindern. Ihre Anzahl ist im Vergleich zu 1980 gestiegen! Vermutlich liegt das daran, daß Frauen häufiger mit Kindern zusammenleben, die nicht die ihren sind. Denn die Zahl der ›Emma‹-Leserinnen, die selbst Kinder haben, ist gleichgeblieben: Jede dritte hat ein oder mehrere eigene Kinder, die Hälfte davon zwei und mehr.

Aber: Auffallend ist, daß noch vor zehn Jahren jede fünfte Nicht-Mutter sagte: »Ich will noch ein Kind.« Heute will das nur noch jede zwanzigste. Auch damit liegen die ›Emma‹-Leserinnen im Strom der allgemeinen Entwicklung: Immer weniger Frauen wollen Kinder.

Wahlen und Parteien: Die bewegten Frauen mischen sich ein und lassen sich nicht einschüchtern von den Traditionen. Im Leben wie in der Politik. Nur jede 500. ›Emma‹-Leserin wählt »aus Desinteresse« nicht. 97 Prozent werden am 2. Dezember zur Urne gehen – und Bedingungen stellen. Wichtigste Voraussetzung für ihr Ja-Kreuz: Daß die Partei, die sie wählen,

sich für die Fristenlösung einsetzt! Geschieht das, wollen diesmal 53 Prozent die Grünen wählen und 37 Prozent die SPD.

Übrigens: Jede neunte ›Emma‹-Leserin ist Mitglied in einer Partei. Fast die Hälfte davon ist in der SPD, ein Drittel ist bei den Grünen.

Engagement: Zwei von drei deutschen ›Emma‹-Leserinnen sind über ihr eigenes Leben hinaus gesellschaftlich engagiert! In Österreich und in der Schweiz ist es jede zweite. An der Spitze dieses Engagements stehen die Aktivitäten in autonomen Frauengruppen: Fast jede zweite aktive ›Emma‹-Leserin ist in einer feministischen Gruppe engagiert.

Etwa gleich viele – nämlich jeweils jede achte – sind in einer Partei, in der autonomen Linken, in der Gewerkschaft oder im Umweltschutz engagiert. Zum Beispiel Anja aus Nordrhein-Westfalen, die schreibt: »Ich lebe nicht umweltbewußt, sondern naturbewußt. Aber ironisch könnte ich jetzt noch anführen, daß ich weiß, daß die Wälder sterben, aber trotzdem Auto fahre ...« Manche sind in mehreren Gruppen gleichzeitig aktiv, zum Beispiel in der autonomen Frauengruppe und in der Gewerkschaft.

Knapp jede vierte ›Emma‹-Leserin ist aktiv in einem Verein, meist in einem Sportverein. Es folgen die kulturellen und sozialen Vereine. Und jede zehnte ist aktiv in der Kirche. Zu zwei Dritteln sind diese engagierten Christinnen Protestantinnen. Dieses direkte gesellschaftliche Engagement von ›Em-

ma‹-Leserinnen auch über die Frauenbewegung hinaus ist bemerkenswert. Und es geht quer durch alle gesellschaftlichen Spektren, von den etablierten Parteien bis zur autonomen Linken, vom Sportverein bis zur Kirche und zum Tierschutz. Bei den autonomen feministischen Gruppen stehen die großen Themen des neuen Feminismus an der Spitze: (Sexual)Gewalt, Arbeit, Kultur und Homosexualität.

Hitliste

der 13 häufigsten Engagements 100% = 1346 (Mehrfachnennungen möglich):

1. Umweltschutz (18,2%)
2. Partei (18,1%)
3. Gewerkschaft (17,5%)
4. Autonome Frauengruppe – Kultur/Bildung (15,2%)
5. Kirche (14,8%)
6. Sportverein (14,7%)
7. Autonome Frauengruppe – (Sexual-)Gewalt (14,2%)
8. Autonome Frauengruppe – Beruf/Weiterbildung (12,8%)
9. Autonome Frauengruppe – Lesben (8,9%)
10. Tierschutz (7,2%)
11. Menschenrechtsgruppe (6,7%)
12. Freizeitgruppe (6,5%)
13. Bürgerinitiative (5,7%)

Interessen: ›Emma‹-Leserinnen sind Leseratten und Fernsehmuffel. Auf die Frage »Was tun Sie in Ihrer Freizeit häufig?« antworteten 88 Prozent: Lesen! Gleich danach kommt die Zeit für »Freundschaften« (63 Prozent) und fürs Musik hören (55 Prozent). Sodann verläßt die ›Emma‹-Leserin das Haus: Sie beginnt zu reisen, fährt Fahrrad oder Auto. Wieder zu Hause, beschäftigt sie sich besonders »häufig« mit ihrem Computer (29 Prozent), dem Fotografieren oder Filmen, hat Gäste oder lernt Sprachen. Wenn sie ausgeht, geht sie am liebsten ins Kino, ins Theater/Konzert oder zum Essen. Erst ganz am Schluß, zwischen Sport und Basteln, rangiert an 16. Stelle das Fernsehen. Was ›Emma‹-Leserinnen nicht gern tun? Faul sein – zumindest behaupten sie das.

Allerdings: So ganz fernsehmüde scheinen die ›Emma‹-Leserinnen nun auch wieder nicht zu sein. Nur jede elfte sagt kategorisch: Ich sehe nie fern. Alle anderen drücken durchaus ab und an auf den Knopf. Was sie dann am liebsten sehen? Nachrichten, Spielfilme und Talkshows.

Was lesen die bewegten Frauen, wenn sie mal nicht zur ›Emma‹ greifen? Vor allem: den ›Spiegel‹ und ›die Zeit‹ (jede vierte), den ›Stern‹ oder »andere feministische Zeitschriften« neben ›Emma‹ (jede zehnte). Die klassischen Frauenjournale lassen sie links liegen. Erst nach ›Geo‹ greift die ›Emma‹-Leserin zu ›Brigitte‹ (jede siebte) oder ›Cosmopolitan‹ (jede 25.) – die »anderen Frauenzeitschriften« rangieren ganz unter ferner liefen. Aber: 69 Prozent der Befragten lesen regelmäßig Tageszeitungen, 27 Prozent Stadtzeitungen.

Bei Büchern ist die ›Emma‹-Leserin nicht mehr zu stoppen. Frau stelle sich vor: 87 Prozent aller Befragten lesen mehrmals in der Woche bis täglich in einem Buch. Nur jede 200. greift nie oder nur einmal im Monat danach (zum Vergleich: 40 von 100 Deutschen hatten »seit langem kein Buch in der Hand«). Und was lesen sie dann? Am liebsten »Frauenliteratur«, aber fast genauso gerne allgemeine Literatur und Sachbücher. Auffallend ist ihre Schwäche für Krimis: jede fünfte läßt sich davon in Atem halten.

Tiere: Und während die typische ›Emma‹-Leserin auf ihrem Sofa hockt und liest, macht es sich neben ihr gerne eine Katze gemütlich: Gut jede fünfte hat eine – aber nur jede zehnte hat einen Hund. Acht Prozent haben »Vögel« und zehn Prozent »andere Tiere«. Der »Tierschutz« steht beim Engagement der ›Emma‹-Leserinnen an 10. Stelle (siehe Hitliste)!

Wohin nur gibt die ›Emma‹-Leserin ihre Vierbeiner, wenn sie verreist? Denn sie verreist gerne und oft.

Selbsteinschätzung: Spaß am Leben ist ihnen wichtiger als perfektes Aussehen, und die richtige Meinung interessiert sie mehr als der passende Lidschatten. Was nicht heißt, daß sie nicht das Leben genießen – ganz im Gegenteil. Aber ›Emma‹-Leserinnen lassen sich eben nicht länger einschüchtern.

Das bestätigen auch die Antworten auf die Frage 38. Darin ging es um die Selbsteinschätzung der ›Emma‹-Leserinnen. Es gab die Möglichkeit, der jeweiligen Aussage voll zuzustimmen (»trifft zu«), zum Teil (»trifft nur bedingt zu«) oder gar nicht (»trifft nicht zu«). Aus diesen Antworten wurden die Mittelwerte errechnet. Heraus kam: ›Emma‹-Leserinnen sind vor allem anderen experimentierfreudig und wagemutig, sie haben Verantwortungsbewußtsein und Erfolg, sind kontaktfreudig und genießen das Leben.

Die Aussage, mit der sie sich am stärksten identifizieren, lautet: »Ich probiere immer wieder gerne etwas Neues aus.« Gleich danach kommt: »Ich übernehme gern Verantwortung«, gefolgt von »Ich finde, man sollte das Leben genießen«.

Oktober 1990

Zum Abschied

Alternative Trauer

Auch Linke werden älter. Und Feministinnen ebenso. Und da ändert sich so manche Einstellung. Gestern noch in der Wohngemeinschafts-Küche als Gipfel der Spießigkeit belacht, kommt sie heute sogar in der TAZ zu neuen Ehren: Die gute alte Todesanzeige. Alternativ natürlich, klar. Cornelia Filter studiert sie täglich.

»Käthchen Streitbürger ist tot.« Wenn meine Mutter uns morgens am Frühstückstisch mit Nachrichten wie dieser überraschte, pflegte sich mein Vater noch tiefer als sonst in die Zeitung zu vergraben und noch beredter zu schweigen. Ich aber raffte mich allmorgendlich zu einem verächtlichen »Mußt du denn die Zeitung immer von hinten lesen?« auf. Worauf sie erwiderte: »Dein Vater gibt mir ja nie den vorderen Teil«, genußvoll in ihr frisches Brötchen biß und mit vollem Mund zu zitieren begann: »Käthchen Streitbürger hat uns für immer verlassen. Wir danken ihr für ihre große Güte und Liebe. Dr. K. A. Schwengel, Josef und Klara Amediek.«

»Guck mal, ihr Bruder Otto steht gar nicht drunter. Nicht mal im Tod kann er ihr vergeben, daß sie damals die Wiese geerbt hat und nicht er.« Solche und ähnliche Kommentare fügte meine Mutter ihren Rezitationen hinzu, und ich schwor mir jedes Mal von neuem: »Nie im Leben wirst du wie die Alte!«

Ein paar Jahre später dann in der Wohngemeinschaft haben wir uns mittags beim Frühstück die Todesanzeigen aus der Zeitung laut vorgelesen und uns dabei schiefgelacht: »Tiefbewegt geben wir davon Kenntnis, daß uns unser Chef und Mitinhaber plötzlich verlassen hat.« – »Ja, wo ist er denn hin?« brüllten wir schenkelklopfend.

»Auf Wiedersehen, liebe Margarethe, in einer anderen Welt.« – »Oh, Gott, oh, Gott«, schrien wir mit Lachtränen in den Augen und fuhren vor Vergnügen kreischend fort: »Wir haben versprochen, keine Tränen zu vergießen und keine Traurigkeit zu zeigen. Das haben wir in ihrem Sinne gehalten.«

Allmittäglich entbrannte ein heftiger Streit um den hinteren Teil der Zeitung – der vordere wurde ungelesen unter das

Katzenklo gelegt. Und wer die lustigste Anzeige entdeckte (»Schafzüchter, Schafhalter und Mitarbeiter bedauern den Tod ihres langjährigen Züchters, Betreuers und Kollegen. Er war in seiner Pflichterfüllung Vorbild«), der war für den Rest des Tages obenauf.

Sooft wir uns damals auch über Politik stritten und uns über die verschiedenen Wege, die zur Revolution führen sollten, in die Haare gerieten, so heftig wir uns auch unsere Utopien um die Ohren hauten – in einem waren wir uns völlig einig: Todesanzeigen waren der krasseste Ausdruck bürgerlicher Scheinheiligkeit, Doppelmoral und Verlogenheit.

Für uns zählte die Wahrhaftigkeit! Für uns zählte das Hier und Jetzt, das wir verändern wollten, und nicht das Jenseits – jenes Opium, welches das Volk in seinem Dämmerzustand hielt. Wir setzten den historischen Materialismus gegen den christlichen Pseudo-Idealismus und gegen spießbürgerliche Gefühlsduselei, die nur dazu diente, die werktätigen Massen einzulullen.

Irgendwann bestellten wir unser Lokalblättchen ab. Wir hatten nun eine eigene Zeitung, eine, die alles anders machen wollte: Wir abonnierten die alternative TAZ. Die war nicht in zwei Hälften gespalten, sie hatte keinen vorderen und keinen hinteren Teil, bei ihr war alles gleich wichtig. Vor allem aber hatte sie keine Todesanzeigen, und das bedeutete – das Ende unserer Wohngemeinschaft.

Nichts gab es mehr, was uns am alltäglichen Frühstückstisch einte; nichts mehr, was uns miteinander lachen ließ; nichts, was uns überdeutlich zeigte, wo unser gemeinsamer Feind stand. Wir stoben auseinander wie Blätter im Wind.

Heute lebe ich allein in einer Drei-Zimmer-Wohnung, habe einen Beruf, eine Putzfrau und eine Katze. Und die TAZ. Diese halte ich, doch ich lese sie nicht und lege sie, gleich nachdem ich sie aus dem Briefkasten genommen habe, unter das Katzenklo, und zwar komplett.

In letzter Zeit allerdings schaue ich manchmal hinein. Nicht etwa weil die Artikel interessanter geworden wären – oh nein! Ich schlage die alternative ›Tageszeitung‹ aus Berlin wegen der Todesanzeigen auf, die sie neuerdings bringt – wenn auch nicht schön ordentlich, als »Familiennachrichten« zusammengefaßt, im hinteren Teil, sondern über das ganze Blatt verstreut. Aber das stört mich nicht.

Ich suche und finde sie, studiere sie mit Eifer und bin gerührt über Anzeigentexte wie diesen: »Ein Leben ohne Adu? Undenkbar! Adu, es wird leer ohne Dich! Schrecklich leer ... Uns bleibt, trotzdem weiterzumachen. Danke, Adu!« Und dann schaue ich nach, wann der Betrauerte gestorben ist und wann er geboren wurde, und stelle schaudernd fest: »Vier Monate jünger als ich!«

Ausgesprochen beruhigt hat mich neulich, daß nicht nur Müslis, Spontis, Esoteriker und Grüne alternative Trauerarbeit leisten, sondern auch orthodoxe Linke. So nahm die Marxistisch-Leninistische Partei Deutschlands (MLPD) von »unserem Genossen, Freund und fürsorglichen Arzt Dr. med. Bernd W.« (»Sein Beitrag im Kampf ist uns Ansporn«) Abschied wie folgt: »Krebs ist besiegbar! Doch das erfordert den aktiven Widerstand der Volksmassen zur Überwindung der Umweltkrise!«

Etwas beunruhigt war ich, als ich in der TAZ für einen Dieter Soundso las: »Du fühlst uns, Dieter.« Zu meiner Erleichterung entpuppte sich das vermeintlich parapsychologische Phänomen jedoch als schlichter Druckfehler. Anderntags wurde die Anzeige wiederholt und das »Du fühlst uns« durch »Du fehlst uns« ersetzt.

Doch der Glaube an ein Leben nach dem Tode setzt sich auch bei linken Trauernden zunehmend durch, und sie sind bereit, dabei viel weiterzugehen als ihre bürgerlichen Leidensgenossen. Nur wenige Wochen nach meiner Begegnung mit Dieter stieß ich in der TAZ-Todesanzeige für eine entschlummerte Biggi auf diesen bemerkenswerten Satz: »Wir treffen uns mit Biggi am Freitag um 12 Uhr in der Kapelle des Beerdigungsinstituts ›Pietät‹.« Das geht mir doch ein wenig zu weit.

Dennoch, ehrlich gesagt: Auch mich schreckt seit zwei, drei Jahren der Gedanke daran, so ohne jedes Ritual, ohne jedes äußere Zeichen der Trauer, des Mitgefühls und Beileids verscharrt zu werden. Schließlich sind wir alle älter geworden, und auch für uns rückt das Ende in immer greifbarere Nähe.

Nicht umsonst haben weltliche Trauerprediger – meistens arbeitslose Geisteswissenschaftler, die verstorbenen Atheisten den christlichen Pfarrer ersetzen – Hochsaison. Nicht von ungefähr sind die Trauerräume von Beerdigungsunternehmen, die für ungläubige Linke gegen Bares Kirchen-Flair schaffen, wochenlang ausgebucht. Nicht ihres Vergnügens, sondern des Umsatzes wegen inseriert in der links-alternativen ›Hamburger Rundschau‹ regelmäßig Christa Grotepaß: »Erd-, Feuer-, See- und Anonym-Bestattungen. Vorsorgeberatung Tag und Nacht.«

Ich jedenfalls habe mich entschlossen, auch meinerseits das Nichts ein wenig aufzufüllen, jenes schwarze Loch, in das sie mich eines Tages werfen werden.

Kurt Raab, der Fassbinder-Freund und Schauspieler, hatte sogar testamentarisch festgelegt, wie er beerdigt werden wollte: mit schwerem Eichensarg, seidenem Sterbehemd, sechs schwarz gewandeten Trägern, silbernen Kandelabern und schärpengeschmückten Kränzen.

Nun, Raab war katholisch und hat es nie für sich behalten – im Gegensatz zu mir. Auch ich bin katholisch, und ich gestehe heute offen: Ich bin nie aus der Kirche ausgetreten. Zum Glück, kann ich heute nur sagen.

Heute mache ich keinen Hehl mehr daraus, daß auch ich ein christliches Begräbnis will und eine ordentliche Todesanzeige, und ich werde in meinem Testament verfügen, wie sie auszusehen hat. Denn: Sonst spielen mir meine Verwandten und Kolleginnen bestimmt einen bösen Streich, wie es jüngst der verstorbenen Großtante einer Freundin geschehen ist:

Tante Mathilde hat noch Anita Augspurg und Lida Gustava

Heymann persönlich gekannt, war eine Feministin der ersten Stunde, selbstverständlich nicht verheiratet und eine berühmte Naturwissenschaftlerin mit einem Professorinnen- und mehreren Doktorinnentiteln. Ihr ganzes Leben lang hat sie auf Männer geschimpft, auf Verwandte wie auf Bekannte und Kollegen. Und was taten ihr diese Männer, die ihr immer nur übel wollten, nach ihrem Tode an? Sie annoncierten ihr Dahinscheiden *Im Namen aller Angehörigen, Freunde und Kollegen* mit folgendem Text:

»Wir trauern um Fräulein Mathilde Kerstenbrock.
Prof. Dr. Dr. hc. Konrad Kerstenbrock,
Prof. Dr. Dr. Richard Habermehl,
Prof. hc. Dr. hc. Dr. hc. Leonidas Ruhmhofer,
Prof. Dr. phil. Dr. rer. pol. Dr. hc. Ernst-August Schäuble,
Prof. Dr. Prof. Dr. Sebastian Kerstenbrock-Gram,
Prof. Dr. phys. Prof. Dr. chem. Hannsklaus Seidensticker
und Honorar-Konsul Dr. hc. Linus Rinkens (Ritter des heiligen Grabs)«

Und das Mathilde, der klügsten Frau im Paderborner Land . . .

Meine Mutter würde sicherlich für mich eine Anzeige im alten Stil aufgeben, eine, wie sie schon Millionen von Frauen in die Ewigkeit begleitet hat und weitere Abermillionen begleiten wird: »Für uns alle unfaßbar nahm Gott der Herr heute, nach langem, schwerem Leiden, das sie tapfer trug, und nach einem arbeitsreichen, aber erfüllten Leben voller Treue und Pflichtgefühl, voller aufopfernder Liebe und steter Sorge für die Ihren unsere liebe Mutter, Schwiegermutter, Oma und Uroma, Schwester, Schwägerin und Tante zu sich.« Eine solche Anzeige will ich auf keinen Fall.

Vielleicht entscheide ich mich ja für einen schmalen lila Rand, in dem ganz ohne Schnörkel, aber groß und auf den ersten Blick ins Auge fallend – mein Name steht. Und links daneben ein zum Frauenzeichen stilisiertes Kruzifix, an dem ein weiblicher Corpus (eine Corpa) hängt. Und darunter der Satz: »Wir werden nicht als Frauen geboren, wir werden zu Frauen gemacht.« (Simone de Beauvoir)

Noch lieber allerdings wäre mir ein bescheidener Hinweis auf meinen unermüdlichen Einsatz für eine gute Sache und auf die unschließbare Lücke, die ich in die Reihen meiner Mitstreiterinnen reiße. Die TAZ-Anzeige, die »Birgit, Heike, Liliane, Micaela und Pieke« für »unsere Freundin und Kollegin Patricia« formulierten, könnte auch für meine Hinterbleibenden wegweisend sein:

»Sie war eine unserer radikalsten Kämpferinnen, ihr Drang zu Veränderung und zum Kämpfen hat nie vor ihr selbst haltgemacht: Sie hat sich stets mit aufs Spiel gesetzt. Sie hat uns alle immer wieder irritieren können, sie war weder gleichgültig noch pflegeleicht, sondern leidenschaftlich engagiert. Solche im besten Sinne anstößigen Frauen sind eine Kostbarkeit. Wir werden ihr Lachen, ihren Mut, ihre Wärme, ihre Zartheit und ihre Aufrichtigkeit nie vergessen.«

Nur – ob das meiner Mutter gefiele?

Cornelia Filter
November 1990

Barbara Frischmuth im dtv

Foto: Isolde Ohlbaum

Die Ferienfamilie

Auf den ersten Blick sind die Verhältnisse im Ferienhaus ein wenig kompliziert, aber nachdem alle erst einmal eingezogen sind, erscheint ihnen ihre Gemeinschaft ganz selbstverständlich.
dtv 10273 (Juni 1991)

Die Mystifikationen der Sophie Silber

Die Begegnung mit zaubernden Märchenwesen führt die junge Frau in eine Krise . . . dtv 10489

Kai und die Liebe zu den Modellen

Angespornt durch das lebhafte, eigenwillige, Zuwendung fordernde Wesen ihres kleinen Sohnes Kai sucht Amy nach neuen Lebensmodellen. dtv 10491

Traumgrenze · Erzählungen
dtv 10553

Das Verschwinden des Schattens in der Sonne

Eine Studentin entdeckt das verwirrende, faszinierende Leben der Türkei im Aufbruch. dtv 10932

Kopftänzer

Eine arbeitslos gewordene Journalistin trifft auf einen frischgebackenen Abiturienten . . .
dtv 11032

Amoralische Kinderklapper

Gewitzt und mit unerschöpflicher Phantasie versuchen sich die kleinen Helden dieser neunzehn Skizzen den Forderungen der Erwachsenen zu entziehen. dtv 11103

Herrin der Tiere

Eine junge Frau gibt ihren Büroberuf auf, um sich ganz ihrer Leidenschaft, den Pferden zu widmen.
dtv 11230

Über die Verhältnisse

Die attraktive Wirtin eines Wiener Spezialitätenrestaurants, die mit höchsten Politikern der Republik eng befreundet ist, setzt alle Hebel in Bewegung, um ihre verschwundene Tochter wiederzufinden.
dtv 11346

Rückkehr zum vorläufigen Ausgangspunkt/Haschen nach Wind
Erzählungen
dtv neue reihe 6339

Joyce Carol Oates im dtv

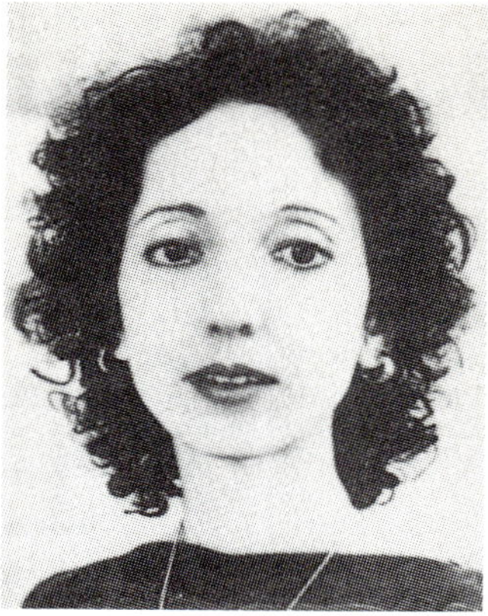

Grenzüberschreitungen

Zart und kühl, bitter und scharf analysierend, erzählt die Autorin in fünfzehn Kurzgeschichten von der alltäglichen Liebe, dem alltäglichen Haß und ihren lautlosen Katastrophen. dtv 1643

Jene

Die weißen Slumbewohner in den Armenvierteln des reichen Amerika, die sich nicht artikulieren können, sind die Helden dieses Romans. Die Geschichte einer Familie, aber auch die Geschichte Amerikas. dtv 1747

Lieben, verlieren, lieben

Von ganz »normalen« Menschen erzählt die Autorin, vor allem von Frauen, von Hausfrauen, Ehefrauen, Müttern und Geliebten. dtv 10032

Ein Garten irdischer Freuden

Ein Mädchen will ihren ärmlichen Verhältnissen entfliehen. Sie tut es – nichts anderes bleibt ihr übrig – mit Hilfe von Männern. dtv 10394

Bellefleur

Der Osten der USA ist der Schauplatz dieser phantastischen Familiensaga. Aus dem Leben der Menschen des Hauses Bellefleur wird ein amerikanischer Mythos. dtv 10473

Im Dickicht der Kindheit

In einem Provinznest lebt die starke, in ihrer Sinnlichkeit autonome Arlene mit ihrer jungen Tochter Laney, deren Schönheit und Wildheit der vierzigjährige Aussteiger Kasch verfällt. dtv 10626

Engel des Lichts

Die Geschichte einer alten Familie in Washington, die zwischen Politik und Verbrechen aufgerieben wird. dtv 10741

Unheilige Liebe

Auf dem Campus einer exklusiven Privatuniversität spielen die Mitglieder des Lehrkörpers eine »Akademische Komödie des Schreckens«. Sie lieben sich, sie hassen sich, aber keines dieser Gefühle hält vor. dtv 10840

Letzte Tage

Amerikanische Kleinstädte und europäische Metropolen sind die Schauplätze dieser sechs Erzählungen. dtv 11146

Die Schwestern von Bloodsmoor

Ein romantischer Roman, aber auch eine sarkastische Abrechnung mit den USA nicht nur des vorigen Jahrhunderts. dtv 11244

Fay Weldon im dtv

Die Teufelin

Die loyale, aber leider ziemlich unattraktive Ruth erträgt lange die sexuellen Eskapaden ihres Mannes. Irgendwann ist sie allerdings mit ihrer Geduld am Ende. Sie dreht den Spieß um und plant einen Rachefeldzug. Das erste, was in Rauch aufgeht, ist das Eigenheim. »Ein Buch, das seinen engagierten Kern (gegen die Weibchen, für die Frauen) mit soviel Witz ummäntelt, daß man sich von der ersten bis zur letzten Seite glänzend unterhält.« (Carna Zacharias in der Münchner ›Abendzeitung‹) dtv 11132

Herzenswünsche

Was Helen und Clifford aus der großen Liebe machen (natürlich eine Scheidung und diverse andere Dinge und noch eine Scheidung und die eine oder andere Karriere) und wie ihre verlorene Tochter Nell viel schöner und klüger wird, als es ihre Eltern verdient haben. Eine turbulente Schicksalskomödie, in der sich alle wiedererkennen, die auf der Jagd nach dem Glück noch nicht resigniert haben. dtv 11197

Du wirst noch an mich denken

Ein Mann und drei Frauen, die Geschiedene, die Neue und die Halbtagssekretärin – aus dieser nicht ungewöhnlichen menschlichen Konstellation macht Fay Weldon eine rasante psychologische Studie über Schein und Sein; mit einer Komik, die manchmal mörderisch ist. dtv 11225

Kleine Schwestern

Zusammen mit dem Antiquitätenhändler Victor, ihrem zwanzig Jahre älteren Liebhaber, fährt Elsa für ein Wochenende aufs Land. Der Besuch bei Victors reichen Freunden wird für Elsa zu einer Tour de force durch Liebe, Lügen, Sex und andere Ungeheuerlichkeiten. Aus Prinzen werden Frösche, und nichts bleibt, wie es war. dtv 11305

Marlen Haushofer im dtv

Foto: Peter J. Kahrl, Etscheid

Begegnung mit dem Fremden

Siebenundzwanzig zwischen 1947 und 1958 entstandene Erzählungen. »Ihre minuziösen Schilderungen der Welt im Kleinen, der sehr persönlichen, unauffälligen Schwierigkeiten des Zusammenlebens, ihre Darstellung eines sehr kunstvoll-bescheidenen Erzählerbewußtseins und ihr Stil der negativen Ironie gehören zum Genauesten und Bemerkenswertesten, das die moderne Literatur zu bieten hat.« (Tagesspiegel, Berlin) dtv 11205

Die Frau mit den interessanten Träumen

Zwanzig Kurzgeschichten aus dem Frühwerk der großen österreichischen Erzählerin über Themen wie Ehe- und Familienalltag, Kriegs- und Nachkriegserlebnisse, Kinderglück und Kinderleid, die Erkenntnis von der Schranke zwischen den Geschlechtern, der Umgang mit der Natur – dargestellt in oft ironischen Vignetten mit einer komischen und einer traurigen Pointe. dtv 11206

Bartls Abenteuer

Bartl teilt sein Schicksal mit vielen neugeborenen Katzen auf der ganzen Welt: Kaum stubenrein, wird er von der Mutter getrennt und muß sich in seinem neuen Zuhause einrichten. Zögernd beginnt der kleine Kater die Welt zu erkunden, besteht Abenteuer und Gefahren, erleidet Niederlagen und feiert Triumphe, wird der Held der Katzenwelt und in der Familie die »Hauptperson«. dtv 11235

Wir töten Stella. Erzählungen

»Das Kind, das die ersten nachhaltigen Erfahrungen mit den dunklen Seiten des Lebens hinter sich bringt, die junge Frau, die an der Gewalt der ersten Liebe zu ersticken droht, ein Mann, der mit sexueller Gier hemmungslos und egoistisch Leben zerstört: Marlen Haushofer schreibt über die abgeschatteten Seiten unseres Ichs, aber sie tut es ohne Anklage, Schadenfreude und Moralisierung.« (Hessische Allgemeine) dtv 11293

Schreckliche Treue. Erzählungen

»Marlen Haushofer beschreibt nicht nur Frauenschicksale im Sinne des heutigen Feminismus, sie nimmt sich auch der oft übersehenen Emanzipation der Männer an, die jetzt eine Chance haben, ihr jahrhundertelanges Rollenspiel zu überwinden und sich so zu zeigen, wie sie wirklich sind – genau wie die Frauen.« (Geno Hartlaub) dtv 11294

Das Buch

›Emma‹, gemacht von Frauen für Frauen und heute die einzige bundesweit verbreitete feministische Zeitschrift, gibt es seit 1977. ›Emma‹ rüttelt die Zeitgenossinnen auf – von den Zeitgenossen ganz zu schweigen –, packt jedes heiße Eisen zum Thema Frauenbefreiung und Gleichberechtigung an und informiert und diskutiert offensiv darüber. ›Emma‹ ist längst zur Institution geworden und mit ihr Herausgeberin Alice Schwarzer, die wie kaum eine Frau den Haß, aber auch die stürmische Zustimmung der Republik auf sich zog. Sie hat für das ›Neueste Emma-Buch‹ zum drittenmal eine Themenauswahl der Veröffentlichungen in ›Emma‹ aus den letzten Jahren zusammengestellt. Es geht um neue Väter, potente Frauen, den sogenannten Post-Feminismus, Koedukation, Quoten und Diäten, Sexualität und Gewalt, den Paragraphen 218, unsere »neuen Schwestern« aus der ehemaligen DDR und vieles andere mehr. Begleitet werden die Beiträge von den Zeichnungen Franziska Beckers, die mit ihren frechen Strichfrauchen ebenfalls erheblich zum neuen weiblichen Selbstbewußtsein beigetragen hat.

Die Herausgeberin

Alice Schwarzer, geboren am 3. Dezember 1942, Herausgeberin und Verlegerin von ›Emma‹, ist durch ihr kompromißloses Engagement in Frauenfragen längst zu einer Persönlichkeit der deutschen Zeitgeschichte geworden. Veröffentlichungen u. a.: ›Frauen gegen den § 218‹ (1971), ›Der kleine Unterschied und seine großen Folgen‹ (1975), ›Mit Leidenschaft. Eine Bilanz‹ (1981), ›Simone de Beauvoir heute – Gespräche aus zehn Jahren‹ (1982), ›Warum gerade sie? Weibliche Rebellen. 15 Begegnungen mit berühmten Frauen‹ (1989).